Christoph Spörlein
Eine soziologische Einführung in die Verhaltensgenetik

Sozialwissenschaftliche Einführungen

───

Herausgegeben von
Rainer Schützeichel †

Band 7

Christoph Spörlein

Eine soziologische Einführung in die Verhaltensgenetik

—

DE GRUYTER
OLDENBOURG

ISBN 978-3-11-141981-7
e-ISBN (PDF) 978-3-11-142191-9
e-ISBN (EPUB) 978-3-11-142242-8
ISSN 2570-0529
e-ISSN 2570-0537

Library of Congress Control Number: 2024934646

Bibliografische Information der Deutschen Nationalbibliothek
Die Deutsche Nationalbibliothek verzeichnet diese Publikation in der Deutschen Nationalbibliografie;
detaillierte bibliografische Daten sind im Internet über http://dnb.dnb.de abrufbar.

© 2024 Walter de Gruyter GmbH, Berlin/Boston
Illustrationen: Umsetzung durch Liela Glückert (Abb. 3, 4, 5, 6, 18, 30, 31, 32, 33, 39, 53, 54, 55)
Satz: Integra Software Services Pvt. Ltd.
Druck und Bindung: CPI books GmbH, Leck

www.degruyter.com

Danksagung

Mein Dank gilt allen Kolleginnen und Kollegen, die das Schreiben des Buches kritisch begleitet haben. Hervorheben möchte ich an dieser Stelle die großzügige Unterstützung bei der Entstehung und Vorbereitung des Buches sowie in der Diskussion der Inhalte durch Cornelia Kristen, Regine Schmidt, Marion Späth, Ann-Marie Ullein, Anna Berthold, Elmar Schlüter und Peter Hartmann. Ohne euren geschulten Blick für ungenaue Argumentation, Erklärung und Darstellung sowie euren motivierenden Zuspruch hätte das Schreiben deutlich weniger Freude bereitet. Danke auch an die bisherigen Kohorten meiner verhaltensgenetischen Seminare und Lehrfoschungsprojekte an der Heinrich-Heine-Universität Düsseldorf. Ihr Interesse an vertiefenden soziologischen Inhalten hat einen gewichtigen Teil zur Entstehung dieses Buches beigetragen. Dialektschädigungen und andere sprachliche Verirrungen wurden dankenswerterweise gekonnt und umfassend durch das Lektorat von Friederieke Moldenhauer korrigiert. Mein Dank gilt auch Liela Glückert für den grandiosen Transfer meiner Vorzeichnungen in wunderbare Illustrationen. Herzlichen Dank auch für die enge Betreuung durch Stefan Giesen und Maximilian Geßl vom Verlag. Alle verbleibenden Ungenauigkeiten und Fehler liegen voll und ganz in meiner Verantwortung.

Für die fünf $\frac{1}{2}$, die vier $\frac{1}{4}$ und das einzigartige H. Ihr findet euch an vielen Stellen wieder.

https://doi.org/10.1515/9783111421919-202

Inhalt

Teil 2: **Gene und ihre Umwelt**

Abbildungsverzeichnis

https://doi.org/10.1515/9783111421919-204

Tabellenverzeichnis

https://doi.org/10.1515/9783111421919-205

Teil 1: **Verhaltensgenetische Grundlagen**

1 Einführung

1.1 Neuerungen in der Soziologie

Es kommt häufiger vor, dass man als Sozialwissenschaftlerin bzw. Sozialwissenschaftler die latente Aufregung und Spannung aus benachbarten Disziplinen aufgrund von innovativen Neuerungen wahrnimmt. Manifest wird diese dann, wenn sie in der eigenen Disziplin in Form von Überblicksartikeln oder populärwissenschaftlich orientierten Büchern rezipiert werden. Und schnell wird deutlich, dass in diesen Feldern etwas ganz Wichtiges für die eigene Disziplin und Forschung passiert. Nicht zuletzt, da die Autorinnen und Autoren viel Aufwand und Mühe darauf verwenden, zu begründen, warum die präsentierten Neuerungen so umgreifend seien und wie man die neuen Methoden oder Erkenntnisse in eigene Forschung integrieren oder darauf aufbauen könne. Das war in jüngerer Vergangenheit so bei methodischen Entwicklungen wie Mehrebenenmodellen, Netzwerkanalyse, Big Data und Computational Social Science, aber auch bei all den theoretischen und empirischen Innovationen, die sich durch umfassende Datenprojekte wie das Nationale Bildungspanel oder die international vergleichenden PISA-Studien ergeben haben.

Meist sind diese Innovationen dergestalt, dass sie neue Möglichkeiten bieten, zum Beispiel theoretische Modelle genauer zu testen, wichtige Randbedingungen zu identifizieren oder bisher vernachlässigte Aspekte in den Fokus zu rücken. So lässt sich dieses Muster am Beispiel von Mehrebenenmodellen nachzeichnen. International vergleichende Soziologie wurde in der Geschichte des Fachs bereits bei den Gründern der Disziplin betrieben. Durkheim formulierte seine Idee zu Suizid und Anomie aus Erkenntnissen, die im direkten Vergleich verschiedener Gesellschaften gewonnen worden waren. Auf gleiche Weise generierte Weber seine Idee der protestantischen Ethik (Durkheim 1983 [1897]; Weber 2018 [1920]). Breiter angelegte Vergleiche waren später dann die Grundlage dafür, die Modernisierungstheorie im Bereich der sozialen Mobilität zu formulieren und empirisch zu testen, wenngleich damals ein fallstudienähnlicher Ansatz verbreitet war, bei dem eine kleine Anzahl an Ländern als Repräsentanten verschiedener institutioneller und gesellschaftlicher Konfigurationen untersucht wurden. Mit der Entwicklung von Mehrebenenmodellen haben sich weder die Theorien noch die Untersuchungsgegenstände gravierend verändert. Vielmehr hatte man nun ein Werkzeug, um in einem ersten Schritt das Ausmaß internationaler Unterschiede zu quantifizieren. Den Anteil der Varianz im Einkommen der europäischen Bevölkerung, die auf Länderunterschiede zurückzuführen sind, zu berechnen, war zurückblickend trivial einfach, aber dafür umso eindrücklicher, denn die Zufälligkeit sozialer Ungleich-

https://doi.org/10.1515/9783111421919-001

heit wird mit einer einzigen Zahl zusammengefasst. Je höher etwa der Anteil der Einkommensunterschiede zwischen Menschen, die auf Länderunterschiede zurückzuführen sind, desto gewichtiger die Rolle des Zufalls, der Personen in einem Hocheinkommenskontext hat zur Welt kommen lassen und nicht in einem relativ ärmeren Land. Mehr noch erlaubten diese Modelle aber das formale Testen des Einflusses von Länderunterschieden auf sozial relevante Unterschiede, indem die vermuteten verantwortlichen Merkmale der untersuchten Länder direkt gemessen wurden. Während vorher Vergleiche à la „Deutschland ist ein typisches Beispiel eines konservativen Wohlfahrtsregimes; die USA sind ein Repräsentant des liberalen Regimes, und deswegen ist das Ausmaß der Geschlechterungleichheit am Arbeitsmarkt höher in Deutschland als in den USA" gängige Praxis waren (vgl. Esping-Andersen 1990), so konnte man jetzt spezifische Indikatoren der Wohlfahrtsregimes unmittelbar empirisch messen und ihre relativen Einflüsse auf geschlechtsspezifische Erwerbsverläufe oder Arbeitsmarkterträge statistisch modellieren (Brady & Burroway 2012; Möhring 2015). Auch für sozialpolitische Ansätze ein enormer Gewinn, da somit gezielt einzelne Stellschrauben identifiziert wurden und nicht amorphe Systeme reformpolitisch unter Generalverdacht standen.

1.2 Verhaltensgenetische Inhalte in der Soziologie

Am Wissensfundament einer Disziplin rüttelten diese und andere Neuerung daher eher selten, vielmehr erhöhten sie die Komplexität der Untersuchungsgegenstände, weil es nun typischerweise mehr zu berücksichtigen gilt – mehr Faktoren, mehr Konditionen, mehr Spezialfälle. Mit den Erkenntnissen der Verhaltensgenetik, die aktuell verschiedentlich in der Soziologie wieder Aufmerksamkeit erfahren – zum Beispiel durch Überblicksartikel im *Annual Review of Sociology* (Mills & Tropf 2020), neuen Datengrundlagen wie der deutschen TwinLife-Studie, methodologischen Büchern (Mills, Barban & Tropf 2020) oder populärwissenschaftlichen Einführungen (Conley & Fletcher 2018, Harden 2021), ist ein „business as usual, nur komplexer" jedoch vermutlich nicht so einfach möglich. Diesmal geht es deutlich stärker an die Substanz unserer Disziplin und nicht „nur" um eine Refokussierung auf neue Details. Nimmt man die Verhaltensgenetik, die sich mit den biologischen Grundlagen menschlichen Verhaltens beschäftigt, ernst, so benötigen vereinzelte klassische Modelle oder Erklärungen der soziologischen Literatur in ihrer aktuellen Form eine deutliche Überarbeitung. Und das betrifft primär jene soziologischen Teildisziplinen, die sich mit der intergenerationalen Vererbung von Positionen und Einstellungen innerhalb von Familien sowie Mustern der sozialen Ungleichheit beschäftigten, also zentrale Teilbereiche der Sozialstrukturanalyse.

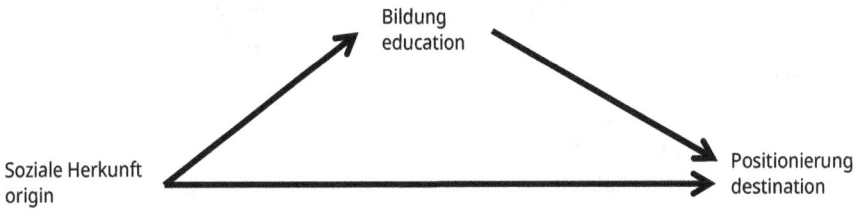

Abbildung 1: Origin-Education-Destination-Modell.
Quelle: nach Goldthorpe (2013: 4), eigene Darstellung.

Nehmen wir das sogenannte OED-Modell (origin-education-destination), ein sozio-logischer Klassiker und damit Teil ziemlich jeder Einführung in die Sozialstruk-turanalyse oder Vorlesung zur sozialen Ungleichheit (siehe Abbildung 1). Das OED-Modell stellt kurz und elegant dar, wie sich Dimensionen sozialer Ungleich-heit im Generationenverlauf reproduzieren. Darin wird die gesellschaftliche Posi-tionierung eines Individuums (zum Beispiel am Arbeitsmarkt) über seine oder ihre bisherige Bildungskarriere sowie über die soziale Herkunft – also die gesell-schaftliche Positionierung der Eltern – konzeptualisiert. Dabei kann die soziale Herkunft einmal direkt auf die soziale Positionierung des Individuums wirken. Mit Fragestellungen zu den genauen Mustern und zugrundeliegenden Prozessen dieses Zusammenhangs beschäftigt sich zum Beispiel die Literatur zur unter-schiedlichen familiären Ressourcenausstattung. Für die Platzierung am Arbeits-markt können diese Ressourcen etwa in den sozialen Kontakten und Netzwerken der Herkunftsfamilie gebunden sein und so zu einem unterschiedlichen Zugang zu attraktiven Positionen führen (Lin 2000; Behtoui 2007). Im Modell sind aber auch ex-plizit indirekte Einflüsse der sozialen Herkunft auf die Positionierung abgetragen, nämlich über deren Einfluss auf den Bildungserwerb. Sie werden in umfassender Li-teratur etwa zur sozialen Bildungsmobilität, sozialer Ungleichheit im Kompetenzer-werb oder sozial stratifizierten Bildungsentscheidungen dargestellt – in jeder dieser Teildisziplinen mit ihren jeweils eigenen theoretischen Modellen und empirischen Ansätzen (Breen & Jonsson 2005; van de Werfhorst & Mijs 2010; Esser 2021).

Das OED-Modell ist unter anderem auch ein Klassiker, weil es den Einfluss der sozialen Herkunft auf die Positionierung der Nachkommen an mehreren Etappen ihres Lebens quantifizierte und damit eine ganze Reihe von Forschungsfeldern ver-knüpfte. Damit wird das Modell immer auch als Illustration für eine zentrale sozio-logische Erkenntnis herangezogen: Unsere soziale Herkunft beeinflusst an vielen Etappen unseres Lebensverlaufs, welche Positionen wir erreichen. Und dabei rückt immer auch in den Mittelpunkt, dass unsere soziale Herkunft als ein letztlich qua Geburt zufällig zugewiesenes, askriptives und daher nicht eigenständig erworbenes Charakteristikum eine wichtige Rolle für die eigene Positionierung und damit im

Aggregat für Muster sozialer Ungleichheit spielt. Eben auch weil soziale Herkunft für viele Phänomene sozialer Ungleichheit nicht zu vernachlässigen ist, spricht man daher auch von der „Ungleichheitsmaschine Familie" bzw. betont die Bedeutung der „Familien-Lotterie" (Calder 2016).

Dabei besteht nur ein Problem: Als Soziologinnen und Soziologen priorisieren wir berufsbedingt soziale Erklärungen hinsichtlich der Wirkungsweise der Ungleichheitsmaschine Familie für Muster sozialer Ungleichheit. Kinder werden von ihren Eltern direkt oder indirekt sozialisiert, sie lernen Verhalten und Einstellungen von ihnen, und *deshalb* existieren für Merkmale wie kognitive Kompetenzen, Bildung, Freundschaften, politisches Engagement oder generalisierte Einstellungen positive Zusammenhänge zwischen Charakteristika von Eltern und ihren Nachkommen – kurzum, alle jene Phänomene, die in der Literatur zu Mustern sozialer Vererbung untersucht werden. Verhaltensgenetikerinnen und -genetiker würden nun dagegenhalten, dass, sobald die Ähnlichkeit zwischen Eltern und ihren Nachkommen Untersuchungsgegenstand ist, biologische Vererbungsprozesse mindestens eine Rolle spielen – für viele Merkmale sogar eine große Rolle. Wenn dem so ist – und das gilt es in den folgenden Kapiteln zu ergründen –, dann ist ein Teil des Zusammenhangs (oder vielleicht sogar der gesamte Zusammenhang) zwischen elterlichen Merkmalen und denen ihrer Kinder nicht nur sozial, sondern auch biologisch vererbt. Wenn aber soziale Prozesse an Gewicht verlieren, dann rüttelt das bedenklich am Fundament der Literatur zur sozialen Vererbung. Ziel dieses Buches ist es daher, für Soziologinnen und Soziologen darzulegen, warum wir von der überstarken bzw. ausschließlichen Betonung auf soziale Prozesse für Phänomene sozialer Ungleichheit abrücken sollten und verhaltensgenetischen Erkenntnissen ihren berechtigten Platz zugestehen müssen. Denn mindestens seit den 1950er-Jahren wird die Frage, inwieweit Verhalten *entweder* auf soziale *oder* biologische Ursprünge zurückzuführen ist, auch sozialwissenschaftlich intensiver diskutiert. Eine Antwort auf diese so grundlegende wie simple Frage liegt dabei keinesfalls auf der Hand, und jede Seite der Debatte kann gute Gründe ins Feld führen, warum soziale oder biologische Faktoren die Grundlage für Unterschiede zwischen Menschen liefern. Sozialwissenschaftlerinnen und Sozialwissenschaftler sehen schließlich in der überwiegenden Mehrheit ihrer Analysen, dass die soziale Herkunft zum Beispiel mit Kompetenzunterschieden korreliert, oder dass dieser Zusammenhang durch systematische Unterschiede im innerfamilialen Verhalten (etwa bei extrakurrikularen Aktivitäten oder in der kommunikativen Praxis) erklärt wird (zum Beispiel Baumert et al. 2003). Damit bleibt schlicht kein Raum für biologische Erklärungen und sowieso würden biologische Erklärungen einen Determinismus implizieren, der mit Phänomen sozialer Mobilität oder sozialen Wandels nicht integrierbar wäre – mal ganz abgesehen von ebenfalls impliziertem sozialpolitischem Defätismus. Im Gegenzug können Vertreterinnen und Vertreter biologischer Erklärungen darauf hinweisen, dass alle verhaltensrelevanten Prozesse ihren Ausgang im menschlichen Gehirn haben und dieses als biologisches Organ maßgeblich durch genetische Programme aufgebaut und betrieben wird. Genau jene genetischen Programme werden von den Eltern geerbt, und jede Korrelation zwischen elterlichen Merkmalen und jenen ihrer Kinder spiegelt lediglich biologische Ähnlichkeit wider. Und so dreht sich das „Entweder-oder"-Karussell weiter und weiter.

Hier soll keinesfalls eine „Anlage-oder-Umwelt"-Debatte in ihren notwendigerweise überhöhten Extrempositionen rekapituliert werden, auch wenn das meist der Startpunkt von Diskussionen über den Beitrag biologischer Erklärungen für soziale Phänomene ist. Diese Diskussionen sind nunmehr schon seit mehr als 20 Jahren mit dem „interaktionistischen Konsens" – also dem Zusammenspiel von Genen und Umwelt anstatt lediglich ihrer summativen Wirkung – abgeschlossen (Kitcher 2001). In einer illustrativen Anekdote antwortet ein Psychologe auf die Frage „Was trägt mehr zu Persönlichkeitsunterschieden bei: Gene oder Umwelt?" mit der Gegenfrage: „Was trägt mehr zur Fläche eines Quadrates bei: seine Breite oder seine Länge?" (Serpell 2013). Niemand erwartet daher von Soziologinnen und Soziologen das „Soziale" über Bord zu werfen. Ganz im Gegenteil, denn eines der fundamentalen Ergebnisse verhaltensgenetischer Untersuchungen ist, dass Unterschiede im menschlichen Verhalten das Produkt des Zusammenspiels von genetischer Prädisposition und (sozialen) Umweltbedingungen sind. Diese sogenannten Gen-Umwelt-Interaktionen sind also der perfekte Ort für ein Treffen von Soziologie und Biologie: Die Soziologie kann beispielsweise die theoretischen Erklärungen bereitstellen, um zu verstehen, über welche Mechanismen soziale Kontexte Verhaltenstendenzen verstärken oder unterdrücken, während biologisch-fundierte Erklärungen uns unter anderem die Rolle genetischer Einflüsse auf eben jene Verhaltenstendenzen deutlich machen.

1.3 Moderne Verhaltensgenetik ab 2000

Dies ist natürlich nicht der erste Versuch, Soziologinnen und Soziologen die Integration oder Anerkennung biologischer Mechanismen für die Erklärung sozialer Phänomene schmackhaft zu machen. Das haben andere bereits regelmäßig getan. So zum Beispiel prominent und weiterhin grundlegend Freese (2008) im *American Sociological Review* oder Diewald für die *Zeitschrift für Soziologie* (2010). Was ist heute anders? Die Argumente sind auch zehn bis fünfzehn Jahre später weiterhin identisch, aber die empirische Evidenz ist seither explodiert: Die Verhaltensgenetik hat eindeutig die biologischen Grundlagen für jede Form komplexen menschlichen Verhaltens demonstriert. In der Konsequenz überschätzen daher theoretische Modelle und empirische Untersuchungen von Mustern sozialer Vererbung den Einfluss sozialer Mechanismen, um die untersuchten Phänomene zu erklären. Selbst wenn man Anfang der 2000er-Jahre die Argumente und die vorgebrachte empirische Evidenz überzeugend fand, gab es in der Soziologie keine einfache Möglichkeit, verhaltensgenetische Erkenntnisse auch empirisch umzusetzen. Dafür fehlte es an Daten oder dem Vertrauen in die Validität indirekter Methoden, genetische Unterschiede in Form von beispielsweise Zwillingsdaten zu integrieren. Dieses Problem hat sich in den letzten Jahren aber massiv reduziert und die Integration von genetischen Informationen ist heute teilweise mit einer einzigen Messung – sogenannten polygenetischen Werten – vergleichsweise einfach möglich. Diewald (2010: 9–11) argumentiert zum Beispiel anschaulich, wie die soziologische Konsenserklärung für Muster sozialer Bildungsungleichheit vor dem Hintergrund verhaltensgenetischer Forschung reinterpretiert werden kann. Dabei fallen häufig einschränkende Formulierungen wie „mutmaßlich", „es gibt Hinweise" oder „scheinbar". So vorsichtig muss die Beschreibung empirischer Muster nicht mehr formuliert werden, denn neue Daten und Methoden haben relativ exakt die damals vermuteten Zusammenhänge gezeigt. Damit ergibt sich insgesamt ein gewaltiges Potenzial für die quantitative Soziologie: Der Zusammenhang von Merkmalen der Eltern und jenen ihrer Kinder berücksichtigt nicht ihre biologische Ähnlichkeit? Heute kann man in gewohnter Drittvariablen-Manier mehr oder weniger gut für genetische Unterschiede „statistisch kontrollieren". Dadurch lassen sich soziale Mechanismen der intergenerationalen Vererbung von Positionen weitestgehend ohne die „Konfundierung" durch biologische Transmission sehr viel eindeutiger und präziser herausstellen. Das wäre jedoch der einfache Weg, weiterhin „business as usual, nur (etwas) komplizierter" zu betreiben und gleichzeitig Verhaltensgenetik ernst zu nehmen. Damit würden wir aber weit unter den Möglichkeiten bleiben. Glücklicherweise existieren bereits eine ganze Reihe von Untersuchungen, die darüber hinausgehen und interdisziplinär Gen-Umwelt-Interaktionen untersuchen (dazu ausführlicher später mehr). Damit demonstrieren sie nicht nur, wie wir unser Verständnis sozialer Prozesse durch die Integration biologischer Mechanismen erweitern können, sondern zeigen auch auf, was biologisch-zentrierte Erklärungen von soziologischen Theorien und Methoden lernen können. Es klingt für sozialwissenschaftliche Ohren zweifellos befremdlich, dass Unterschiede in der Proteinsynthese bestimmter Körperzellen zu Unterschieden im Verhalten führen sollen. Aber aus biologischer Sicht sieht es nicht anders aus, wenn Menschen ohne konkrete Absprachen Verhaltenserwartungen in Form von sozialen Normen teilen sollen und diese wiederum mehr oder weniger strenge Grenzen für Verhalten in bestimmten Kontexten und Situationen darstellen. Aber beides lässt sich demonstrieren und beide Ideen zusammengenommen erlauben einen faszinierenden Blick auf soziale Phänomene wie Bildungsungleichheit.

Nach aktuellem Forschungsstand der Verhaltensgenetik blenden wir eine sehr gut replizierte und wichtige Erklärung (gemessen an ihrer Effektstärke) für Unterschiede im menschlichen Verhalten konsequent aus. Verzerrte Zusammenhänge, wie von elterlichen Merkmalen und denen ihrer Kinder, sind nur ein Ausdruck dieses Problems. Generell sind wir aber selten in der Lage, unverzerrte Zusammenhänge zu untersuchen – und zwar in keinem Teilbereich der Soziologie –, weil die Untersuchung menschlichen Verhaltens kausal sehr anspruchsvoll ist, da wir die kausale Erklärung vielleicht gar nicht identifizieren können oder ihre empirische Messung sehr schwierig oder ethisch fragwürdig wäre. Das trifft hier jedoch nur bedingt zu, denn wir wissen für viele Merkmale, dass ihre biologische Grundlage kausal wichtig ist. Darüber hinaus lässt sie sich immer besser und vor allem einfacher, sprich kostengünstiger, messen. Ein Ziel von Soziologie im Speziellen und Sozialforschung im Allgemeinen ist es auch, wirksame Maßnahmen zu entwerfen, um von der Gesellschaft als problematisch empfundene Muster etwa sozialer Ungleichheit langfristig und dauerhaft zu reduzieren. Das Ignorieren biologischer Komponenten steht diesem Ziel aber eindeutig entgegen. Einerseits ist die Erklärung sozialer Phänomene mit scheinbaren – aber tatsächlich inkorrekten – Erklärungen nicht mit dem Design wirksamer Maßnahmen vereinbar. Im Gegenteil, der Fokus auf die scheinbaren Erklärungen führt zur Verschwendung von Ressourcen. Nehmen wir als Beispiel den Zusammenhang zwischen der Anzahl der Bücher in einem Haushalt und den Lesekompetenzen seiner Kinder: Je mehr Bücher in einem Haushalt, desto höher sind typischerweise die Lesekompetenzen der Kinder. Bildungssoziologisch wird der Zusammenhang unter anderem damit erklärt, dass eine hohe Anzahl an Büchern Ausdruck einer stärkeren Bildungsorientierung der Eltern wäre, die sich unter anderem in gezielter Förderung der Nachkommen oder ihrer höheren Motivierung zum Lesen ausdrücken würde (Evans, Kelley & Sikora 2014). Zusätzlich kann die Verfügbarkeit von Büchern strukturelle Möglichkeiten schaffen, die intrinsische Lesemotivation von Kindern zu befriedigen. Und all diese Einflüsse unter Kontrolle der sozialen Herkunft. Betrachten wir zwei Familien gleicher sozialer Herkunft, so sind die Leseleistungen der Kinder des bücherreichen Haushalts tendenziell besser als die des Haushalts mit weniger Büchern. Welche Erklärung auch zutreffender ist, darunter liegt die einfache Idee, dass mehr Lesen zu mehr Lesekompetenz führt. Damit liegt die Maßnahme zur Steigerung der Lesekompetenz natürlich auf der Hand: Haushalten schnell möglichst viele Bücher zur Verfügung zu stellen! Nicht ganz, denn der Besitz vieler Bücher kann auch Ausdruck genetisch bedingter gesteigerter Leseneigung der Eltern sein (van Bergen et al. 2016). Damit wäre der vermutete kausale soziale Zusammenhang – Verhalten der Eltern im familiären Umfeld verursacht die höheren Lesekompetenzen der Kinder – in Wahrheit größtenteils ein biologischer Zusammenhang: Kinder erben die

Leseneigung ihrer Eltern[1] – und unsere Maßnahme „Mehr Bücher für alle!" würde damit weitestgehend im Sande verlaufen. Schlimmer noch: Sie könnte sogar den gegenteiligen Effekt besitzen und die genetischen Neigungen der im Durchschnitt bereits kompetenteren Leserinnen und Leser weiter fördern und damit Kompetenzungleichheit potentiell zusätzlich befeuern.

Das damit unter Umständen verknüpfte Scheitern soziologisch basierter Interventionen wirft dann wiederum auch kein gutes Licht auf unsere Disziplin. Wenn doch aber andererseits unser genetischer Code mit dem Akt der Zeugung lebenslang festgeschrieben ist, wie soll eine Integration genetischer Informationen in soziologische Forschung dazu beitragen, Mustern sozialer Ungleichheit zu ändern? Weil die Wirkung des menschlichen Genoms bzw. welche Gene jeweils „ausgedrückt" werden, stark von der Umwelt abhängt, in der das Individuum lebt. Damit ist die Soziologie durch ihre lange theoretische und empirische Tradition der Untersuchung kontextueller Unterschiede optimal positioniert, um einen echten Beitrag zur Beantwortung dieser Frage zu leisten. Erste Interventionsstudien – zwar nicht aus der Soziologie, sondern der Psychologie – die explizit Gen-Umwelt-Interaktionen untersuchen, um wirksame Maßnahme empirisch zu testen, zeigen auch, wie erfolgreich das sein kann: Um Alkoholismus unter Jugendlichen zu reduzieren, entwickelten Kuo und Kollegen (2019) ein Trainingsregime für Eltern, bestehend aus Methoden zur diskreten Beaufsichtigung sowie Möglichkeiten, den Jugendlichen Grenzen aufzuzeigen und diese auch durchzusetzen. Dadurch ließ sich das Aufkommen von Alkoholproblemen drastisch reduzieren, und zwar ganz besonders bei denjenigen Jugendlichen, die ein besonders hohes genetisches Risiko für die Entwicklung von Alkoholproblemen hatten. Der Fokus der Intervention war rein sozialer Natur, ganz ohne Genschere. Das genetisch sensitive Forschungsdesign hat sich lediglich das Wissen zu Nutze gemacht, dass das Alkoholismusrisiko auch genetische Wurzeln besitzt, und möglicherweise Betroffene damit unterschiedlich „anfällig" für diese spezielle Intervention sind.

1.4 Soziologische Vorbehalte

Vorbehalte, unveränderliche Gene in die Analyse soziologischer Phänomene einzubeziehen und damit zum Beispiel soziale Ungleichheit im Bildungssystem zu legiti-

---

[1] Auch wenn die Begrifflichkeiten erst später in diesem Buch definiert und veranschaulicht werden, so sei doch auf die hohe Erblichkeit der Leseneigung von 70 Prozent (van Bergen et al. 2016) verwiesen. Das bedeutet, dass 70 Prozent der Unterschiede in der Leseneigung zwischen Individuen durch genetische Unterschiede erklärt werden. Das gesamte Beispiel zur Leseneigung wird uns im Bereich der Gen-Umwelt-Korrelationen noch ausführlicher wiederbegegnen.

mieren, sind daher weitestgehend unbegründet. Denn Gene an sich geben ohne eine Umwelt gar keinen Ausschlag und sind alles andere als deterministisch. Damit ist der Ansatzpunkt für Interventionen und damit auch soziologische Kompetenzen weiterhin die (soziale) Umwelt! Ein erster Schritt in der Darstellung neuer Ideen liegt häufig in ihrer Kontrastierung mit etablierten Ansätzen. Dadurch werden die beiden Perspektiven aber direkt in Konkurrenz zueinander gestellt. Perspektive A erklärt Phänomen X besser als Perspektive B, Gene oder Umwelt, vererbt oder erlernt, „nature oder nurture". Die Literatur zeigt aber, dass es hier um ein Zusammenspiel, um die Interaktion von genetischer Ausstattung und sozialer Umwelt geht. Das heißt, auch wenn im Folgenden allzu oft erneut der Fehler begangen wird, die Kontraste der beiden Perspektiven herauszuarbeiten, so geschieht dies aus der Motivation, dass das Einnehmen einer anderen, möglicherweise antagonistischen Perspektive auch Verständnis erzeugen kann. Am Ende dieses Buches sollte dann aber deutlich geworden sein, dass die Gegenüberstellung „Entweder Gene oder Umwelt" schlicht falsch ist.

Eine fatalistische Sicht auf die Wirksamkeit sozialer Interventionen ist aber sicherlich nicht der einzige Vorbehalt dagegen, biologische Mechanismen in die Erklärung menschlichen Verhaltens zu integrieren. Die eugenische Bewegung Ende des 19., Anfang des 20. Jahrhunderts und die in ihrem Namen verursachten Gräuel im Kleinen (Zwangssterilisierung einzelner Familien) wie Großen (systematische Auslöschung „unwerten Lebens" mit dem Ziel der Rassenhygiene) lassen sich direkt auf die Anfänge der Verhaltensgenetik bzw. ihre Begründer zurückführen. Ihr heutiges Äquivalent findet sich in Bestrebungen bestimmter Gruppierungen, systematische biologische Unterschiede zwischen sozialen Gruppen oder menschlichen „Rassen" in gesellschaftlich relevanten Merkmalen zu dokumentieren und damit Ungleichheitsmuster zu legitimieren. Mit den Themen Eugenik, Sozialdarwinismus oder Rassismus werden wir uns ausführlicher im Verlauf des Buches auseinandersetzen, denn eine fundierte Diskussion benötigt mindestens ein grundlegendes Verständnis der genetischen Grundlagen, von Erblichkeit, von den empirischen Methoden, ihren Vorteilen und Schwächen und dem allgemeinen Zusammenspiel von Genen und Umwelt, das nötig ist, um individuelle Unterschiede zu erzeugen. Auf dieser Grundlage wird sich ein großer Teil der Vorbehalte in Luft auflösen.

Ein weiterer Vorbehalt verknüpft mit biologischen Unterschieden liegt in der Annahme, dass man die Familien-Lotterie (durch Zufall in eine Familie mit bestimmten Charakteristika geboren zu sein) durch Gen-Lotterie (durch Zufall Gene für bestimmte Charakteristika geerbt zu haben) ersetzt und dadurch etwas potenziell Veränderliches durch etwas Unveränderliches austauscht – mit den damit verknüpften Implikationen für die Legitimität sozialer Ungleichheit. Aber auch dieser Einwand orientiert sich an der überholten „Entweder-oder"-Dynamik der

„Anlage-oder-Umwelt"-Debatte. Ob nun Gen- oder Familien-Lotterie, beides sind Formen askriptiver sozialer Ungleichheit, die in der Strukturierung und Reproduktion sozialer Ungleichheit miteinander interagieren. Wie im Verlauf des Buches noch gezeigt wird: Ob das Ziehen des genetischen Hauptgewinns positive Konsequenzen hat, ist abhängig davon, keine Niete in der Familienlotterie zu ziehen und umgekehrt.

Auch soll keineswegs suggeriert werden, dass verhaltensgenetische Inhalte oder genetisch sensitive Methoden in jedes Feld der Soziologie Einzug halten müssen. Dem ist mitnichten so, dennoch gibt es Bereiche, für die diese Inhalte sehr zentral sein werden. Gerade Fragestellungen zur intergenerationalen Vererbung oder – allgemeiner – dem Einfluss von elterlichen Merkmalen und Verhalten auf das Verhalten ihrer Kinder sind ohne eine adäquate Berücksichtigung der beteiligten biologischen Prozesse anfällig für Fehlschlüsse oder konfundierte Ergebnisse. Das betrifft beispielsweise die meisten, wenn nicht alle Fragestellungen, zur Vererbung von Einstellungen und Positionen innerhalb von Familien. Zusätzlich profitieren Felder von einer Integration genetisch sensitiver Ansätze, wenn sie sich mit der systematischen Häufung von Individuen mit bestimmten Charakteristika in bestimmten Kontexten bzw. sozialen Umwelten beschäftigen. Dies beinhaltet Fragestellungen zum Beispiel zur Berufswahl, zur Teilnahme an Maßnahmen, zum Freizeitverhalten oder zur Struktur sozialer Netzwerke. Diese Beispiele im Rahmen von Gen-Umwelt-Korrelationen werden in Kapitel 5 noch ausführlicher diskutiert. Und zu guter Letzt können verhaltensgenetische Inhalte für vergleichende Fragestellungen von Relevanz sein, die etwa untersuchen, wie Positionierungsprozesse über soziale Kontexte variieren oder – allgemeiner – soziales Verhalten mit dem Kontext variiert (sog. Gen-Umwelt-Interaktionen). Entlang eben jener drei Grundpfeiler (Vererbung, Gen-Umwelt-Korrelationen und Gen-Umwelt-Interaktionen) wird sich daher auch die Struktur dieses Buches orientieren.

1.5 Über dieses Buch

Dieses Buch wurde in seiner Entstehung durch drei Beobachtungen gefördert: Erstens, verhaltensgenetische Erkenntnisse können auf eine außergewöhnlich gut replizierte Studienlage zurückgreifen, sprechen grundlegende Aspekte sozialer Ungleichheit an und sind dennoch nicht Teil des soziologischen Erklärungskanons. Zu einem großen Teil liegt dieser Umstand an einer Grundlagenliteratur zur Verhaltensgenetik, die sich fast exklusiv mit psychologischen Inhalten beschäftigt. Damit sind die Schnittmengen hinsichtlich theoretischer Modelle, analytischer Ansätze und zu untersuchender Phänomene für die Soziologie nur bedingt gegeben, und ein Einarbeiten in verhaltensgenetische Inhalte erfordert durch den fachfremden inhaltlichen Fokus zusätzliche Ressourcen. Eine Ausnahme stellt hier Forschung zu kognitiven Fähigkeiten dar, wobei der soziologische Fokus dann doch stärker auf dem nachgelagerten Kompetenz- und Bildungserwerb liegt. Zusätzlich finden sich einführende Inhalte ausschließlich in englischsprachigen Fachbüchern, was eine Integration vor allem in die Lehre weiter erschwert. Dazu gehören beispielsweise das Standardwerk „Behavioral Genetics" (Knopik et al. 2017), die eher für ein breites Publikum konzipierte Einführung „The Genetic Lottery" (Harden 2021) oder das methodologische Lehrbuch „An Introduction to Statistical Genetic Data Analysis" mit starkem Fokus auf moderne, molekulargenetische Methoden (Mills, Barban & Tropf 2020). Eine deutschsprachige Einführung aus soziologischer Sicht existiert bisher nicht.

Als zweiter Grund ist eine Einführung in das Thema nötig, da gängige soziologische Lehrbücher es konsequent ignorieren. Eine Durchsicht der Stichwortverzeichnisse der ersten Seite der Suchergebnisse für „Einführung Soziologie" auf gängigen Onlineplattformen fördert nicht einen entsprechenden Eintrag zutage. Selbst weiterführende Sammelwerke, die einen Schwerpunkt in analytischen Traditionen mit hochgradig quantitativem Ansatz und einem Interesse an Kausalerklärungen innerhalb der Soziologie vertreten, bieten zwar eine Einführung in verhaltensgenetische Inhalte, ignorieren diese dann jedoch konsequent in inhaltlichen Anwendungen (Hopcroft et al. 2022; Mills 2022, sowie dort repräsentativ für das Ignorieren der gesamte Teil „Part IV; Rigorous sociology in action: showcases"). Und zu guter Letzt können Argumente und empirische Erkenntnisse noch so überzeugend sein, ohne eine Datengrundlage zur Beantwortung soziologischer Fragestellung fehlen die strukturellen Rahmenbedingungen, um verhaltensgenetische Inhalte zu integrieren. Doch diese Situation hat sich spätestens mit der Veröffentlichung der Daten der deutschen TwinLife-Studie sowie der geplanten Veröffentlichung des Innovationssample mit molekulargenetischen Informationen des Soziooekonomischen Panels gravierend gewandelt (Hahn et al. 2016; Koellinger et al. 2021; Diewald et al. 2022). Beide Datensätze sind – zumindest für die wissenschaftliche Gemeinschaft – einfach zugänglich und gerade für Fragestellungen zur Entstehung und Reproduktion von Mustern sozialer Ungleichheit bestens geeignet. Was für eine breite Integration in relevante Teilbereiche fehlt, ist damit eine grundlegende Einführung in verhaltensgenetische Konzepte aus soziologischer Sicht.

Dieses Buch besteht aus zwei Teilen: Der erste Teil führt in die Verhaltensgenetik ein. Dabei werden die wichtigsten Konzepte und Ideen möglichst anschaulich anhand soziologisch relevanter Fragestellungen und Beispielen demonstriert. Dieser Teil ist sicherlich keine detaillierte Beschreibung biologischer Prozesse. Für das Verständnis verhaltensgenetischer Grundlagen ist der genaue Aufbau von Chromosomen, eine Beschreibung der Meiose in ihren Einzelheiten oder die fötale Entwicklung aus embryonalen Stammzellen zweitrangig. Wichtiger sind die damit verknüpften

Prinzipien und ihr Einfluss auf individuelle Unterschiede. Die verhaltensgenetische Einführung umfasst daher eine Darstellung der biologischen Grundlagen (Was ist DNA? Was sind Gene?) sowie Vererbung, und geht dann auf die Frage ein, wie man genetische Einflüsse auf Verhalten empirisch sichtbar macht. Dafür werden klassische Zwillingsstudien und methodologische Designs vorgestellt, ebenso wie moderne Methoden wie genomweite Assoziationsstudien und polygenetische Werte. Wie knifflig dann doch eine analytisch-theoretische Integration des klassisch soziologischen und des verhaltensgenetischen Ansatzes sein kann, wird im Kapitel 4. Eine Forschungsfrage, zwei Perspektiven ausführlich diskutiert.

Auf diesen Grundlagen aufbauend folgt in Teil 2 eine Diskussion der analytischen Ideen von Gen-Umwelt-Korrelationen und -Interaktionen – in direktem Bezug zu sozialwissenschaftlichen Forschungsdesigns. Die inhaltlichen Schwerpunkte liegen dabei auf Mustern sozialer Bildungsungleichheit, sozialer Mobilität sowie Einstellungen und politischer Partizipation, da sich diese Teilbereiche der Literatur mit verhaltensgenetischen Inhalten am stärksten überschneiden. So sind Fragen der intergenerationalen Transmission von Vorteilen im Kontext von Bildungsungleichheit in Form von Kompetenz- und Beteiligungsunterschieden ein prominenter Teil dieser Literatur und verhaltensgenetische Inhalte dafür unmittelbar relevant. Den Abschluss des zweiten Teils bildet eine Darstellung epigenetischer Grundlagen und Erkenntnisse, die einen direkten Mechanismus der Genregulation darstellt und damit die Verbindung zwischen der (sozialen) Umwelt und dem Genom eines Individuums herstellt.

Wann immer sinnvoll und möglich, werden Ideen, Zusammenhänge oder Analysen anhand Daten des frei verfügbaren deutschen TwinLife-Panels (siehe Infokasten) illustriert. Der dazugehörige Datenaufbereitungs-, Analyse- und Visualisierungscode für die Statistiksoftware R findet sich auf der Buchwebseite (https://www.degruyter.com/document/isbn/9783111419817/html). Das Quellenmaterial speziell zu biologischen Grundlagen im ersten Teil des Buches besteht primär aus Einführungen, Überblicksartikeln oder einflussreichen Fachartikeln. Diese liefern einen guten Kompromiss zwischen breiter Grundlage und idiosynkratischem Detailwissen. Im Kontext dieses Buches gibt man sich also zum Beispiel mit der Annahme zufrieden, dass eineiige Zwillinge 100 Prozent genetisch identisch sind, obwohl gleichzeitig bekannt ist, dass sich ihre DNA in wenigen Basen sehr wohl unterscheiden kann (Jonsson et al. 2021). Bei im Durchschnitt 5,2 Mutationen von insgesamt ca. 3 Milliarden Basen stellt diese Einschränkung aber für gewöhnlich lediglich einen vernachlässigbaren Rundungsfehler[2]

---

2 Der „Rundungsfehler" ist natürlich auch nur dann ohne Konsequenzen, wenn die Mutation nicht bei sogenannten monogenetischen Faktoren vorliegt. Monogenetisch sind all jene Phänomene, die durch ein einziges Gen hervorgerufen werden. Das trifft zum Beispiel für eine Reihe von Erbkrankheiten wie Huntington oder Mukoviszidose zu. Für menschliches Verhalten sind

dar (anstelle von 100 Prozent Übereinstimmung sind es im Schnitt „nur" etwa 2.999.999.994,8/3.000.000.000 ~ 99,999999826 Prozent). Der zweite Teil des Buches präsentiert den Stand der aktuellen Forschung mit inhaltlichen Bezügen, dort nimmt dann jedoch der Anteil von Fachartikeln deutlich zu.

Genetisch sensitive Daten

Genetisch sensitive Daten liegen typischerweise in zwei Formen vor: Noch vergleichsweise selten sind direkte Messungen der genetischen Ausstattung von Individuen anhand einer molekulargenetischen Analyse ihrer DNA. Deutlich gängiger sind indirekte Formen genetisch sensitiver Daten, die mittels unterschiedlicher Verwandtschaftsgrade zwischen diesen Individuen Aussagen über die biologische Grundlage von Verhalten ziehen. Zwillingsdaten und damit auch das hier häufig herangezogene deutsche TwinLife-Panel stellen hierbei einen besonderen Typus der indirekten Form dar, da ein- und zweieiige Zwillinge sich in ihrem Verwandtschaftsgrad (50 bzw. 100 Prozent genetische Übereinstimmung), nicht aber in ihrer Umwelt unterscheiden. (In Kapitel 2.2 Zwillingsstudien werden die methodologischen Grundlagen von Zwillingsstudien und damit auch die Annahme einer vollständig geteilten Umwelt ausführlicher diskutiert.)

In seiner ersten Welle 2014 wurden im TwinLife-Panel[3] Daten zu 4.096 Zwillingspaaren und ihren Familien von Forschenden der Universitäten Bielefeld, Bremen und des Saarlandes erhoben[4] (Diewald et al 2022). Insgesamt liegen damit Daten zu mehr als 21.000 Befragten vor. Das Panel ist als Multi-Kohorten-Sequenz-Studie konzipiert, womit sich insgesamt vier in etwa gleich große Startkohorten für bis zu acht Jahre im Zeitverlauf verfolgen lassen: 5-jährige, 11-jährige, 17-jährige und 23-jährige (Hahn et al. 2016: 664). Damit werden per Design wichtige Episoden im Lebensverlauf von Kindern und jungen Erwachsenen im Querschnitt abgebildet, beziehungsweise können je nach Kohorte auch im Längsschnitt untersucht werden: von frühkindlicher Förderung, Einschulung, Übertritt an weiterführende Schulen, Eintritt in den Arbeitsmarkt oder ersten romantischen Beziehungen (siehe Abbildung 2 für eine schematische Darstellung des Forschungsdesigns). Darüber hinaus wurden positionierungsübergreifende Individual- und Familienmerkmale umfassend erhoben, wie etwa kognitive Fähigkeiten, Persönlichkeitseigenschaften, Einstellungen, politische und soziale Partizipation, Delinquenz, Lebensereignisse, Zufriedenheit, Mediennutzung, Motivation, Formen psychischer und physischer Erkrankungen, aber auch Merkmale der häuslichen Umwelt und Erziehungsstile der Eltern. Neben den Einschätzungen der Zwillinge selbst beinhalten die Daten auch Einschätzungen über die Zwillinge von ihren Eltern oder anderen Familienmitgliedern. Aufgrund der umfangreichen Daten aller Haushaltmitglieder ist TwinLife damit unter anderem hervorragend für Fragestellungen zur intergenerationalen Vererbung von Positionen und Einstellungen geeignet.

---

zudem polygenetische – also durch viele hunderte oder sogar tausende Gene erzeugte Muster die Norm, wodurch die Wahrscheinlichkeit, dass Mutationen in einigen wenigen Basen zu systematischen und messbaren Effekten führen, sehr gering ist. Und schon ist man mit einer einfachen, einführenden Aussage bei immer weitergehenden Einschränkungen und idiosynkratischen Mustern angelangt. Ohne dabei zu stark zu vereinfachen, bemühe ich mich, diese Reduktionen zu minimieren.

3 https://www.twin-life.de/studie-twinlife (Abrufdatum 8.01.2024)

4 Die entsprechenden Daten lassen sich mittels eines Gesis-Zugangs hier beantragen: https://se arch.gesis.org/research_data/ZA6701 (Abrufdatum 8.01.2024). Alle im Rahmen des Buches durch mich durchgeführten Analysen des TwinLife-Panels basieren auf Datensatzversion v.6.0.0.

In Zukunft ist die Integration von direkten Methoden, um genetische Unterschiede zwischen Individuen zu messen, auch mit TwinLife möglich, da für ausgewählte Merkmale, wie kognitive Fähigkeiten, molekulargenetische Messungen erhoben wurden (In Kapitel 3. Moderne Methoden werden die Grundlagen direkter genetischer Messungen in sozialwissenschaftlichen Daten ausführlich beschrieben). Da die Autorinnen und Autoren der Studie großen Wert darauf legten, dass die Zwillingsfamilien „regulären" Familien möglichst ähnlich sind, lassen sich die Daten damit auch über Zwillingsdesigns hinaus für genetisch sensitive Fragestellungen nutzen.

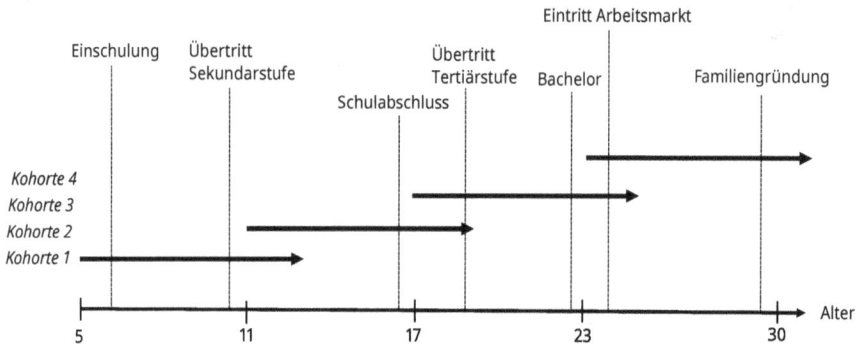

Abbildung 2: Schematische Darstellung des TwinLife-Panel-Designs mit ausgewählten Lebensverlaufsepisoden.
Quelle: Eigene Darstellung.

Literatur

Baumert, J., Watermann, R. and Schümer, G. (2003). Disparitäten der Bildungsbeteiligung und des Kompetenzerwerbs. Ein institutionelles und individuelles Mediationsmodell. *Zeitschrift für Erziehungswissenschaften* 6: 46–72.

Behtoui, A. (2007). The Distribution and Returns to Social Capital: Evidence from Sweden. *European Societies* 9: 383–407.

Brady, D. and Burroway, R. (2012). Targeting, Universalism, and Single-Mother Poverty: A Multilevel Analysis Across 18 Affluent Democracies. *Demography* 49: 719–746.

Breen, R. and Jonsson, J.O. (2005). Inequality of Opportunity in Comparative Perspective: Recent Research on Educational Attainment and Social Mobility. *Annual Review of Sociology* 31: 223–243.

Calder, G. (2016). *How inequality runs in families: Unfair Advantage and the Limits of Social Mobility.* Bristol: Policy Press.

Conley, D. and Fletcher, J. (2018). *The Genome Factor: What the Social Genomics Revolution Reveals about Ourselves, Our History & the Future.* Princeton: Princeton University Press.

Diewald, M. (2010). Zur Bedeutung genetischer Variation für die soziologische Ungleichheitsforschung. *Zeitschrift für Soziologie* 39: 4–21.

Diewald, M., Kandler, C., Riemann, R., Spinath, F.M., Baier, T., Bartling, A., Baum, M.A., Deppe, M., Eichhorn, H., Eifler, E.F., Gottschling, J., Hahn, E., Hildebrandt, J., Hufer, A., Kaempfert, M.,

Klatzka, C.H., Kornadt, A.E., Kottwitz, A., Krell, K., Lang, V., Lenau, F., Mönkediek, B., Nikstat, A., Paulus, L., Peters, A.-L., Rohm, T., Ruks, M., Schulz, W., Schunck, R., Starr, A. and Weigel, L. (2022). TwinLife. GESIS Data Archive. ZA6701. Data file Version 6.0.0. doi:10.4232/1.13932.

Durkheim, E. (1983). *Der Selbstmord*. Frankfurt a. M.: Suhrkamp.

Esping-Andersen, G. (1990). *The three worlds of welfare capitalism*. Princeton: Princeton University Press.

Esser, H. (2021). *„Wie kaum in einem anderen Land …"?: Die Differenzierung der Bildungswege und ihre Wirkung auf Bildungserfolg, -ungleichheit und -gerechtigkeit. Band 1: Theoretische Grundlagen*. Frankfurt a. M.: Campus.

Evans, M.D.R., Kelley, J. and Sikora, J. (2014). Scholarly Culture and Academic Performance in 42 Nations. *Social Forces* 92: 1573–1605.

Freese, J. (2008). Genetics and the Social Science Explanation of Individual Outcomes. *American Journal of Sociology* 114: S1–S35.

Goldthorpe, J.H. (2013). The Role of Education in Intergenerational Social Mobility: Problems from Empirical Research in Sociology and some Theoretical Pointers from Economics. Barnett Papers in Social Research. Oxford University.

Hahn, E., Gottschling, J., Bleidorn, W., Kandler, C., Spengler, M., Kornadt, A.E., Schulz, W., Schunck, R., Baier, T., Krell, K., Lang, V., Lenau, F., Peters, A.-L., Diewald, M., Riemann, R. and Spinath, F.M. (2016). What Drives the Development of Social Inequality Over the Life Course? The German TwinLife Study. *Twin Research and Human Genetics* 19: 659–672.

Harden, K.P. (2021). *The Genetic Lottery: Why DNA Matters for Social Equality*. Princeton: Princeton University Press.

Hopcroft, R.L., Dippong, J., Liu, H. and Kail, R. (2022). Evolution, biology, and society. In: Gërxhani, K., de Graaf, N.D. & Raub, W. (eds.). *Handbook of Sociological Science. Contributions to Rigorous Sociology*. Cheltenham: Edward Elgar Publishing.

Jonsson, H., Magnusdottir, E., Eggertsson, H.P., Stefansson, O. A., Arnadottir, G.A., Eiriksson, O., Zink, F., Helgason, E.A., Jonsdottir, I., Gylfason, A., Jonasdottir, A., Jonasdottir, A., Beyter, D., Steingrimsdottir, T., Norddahl, G.L., Magnusson, O.T., Masson, G., Halldorsson, B.V., Thorsteinsdottir, U., Helgason, A., Sulem, P., Gudbjartsson, D.F. and Stefansson, K. (2021). Differences between germline genomes of monozygotic twins. *Nature Genetics* 53: 27–34.

Kitcher, P. (2001). Battling the undead: how (and how not) to resist genetic determinism. In: Singh, R.S. et al. (eds.), *Thinking About Evolution: Historical, Philosophical, and Political Perspectives*. Cambridge: Cambridge University Press.

Knopik, V.S., Neiderhiser, J.M., DeFries, J.C. and Plomin, R. (2017). *Behavioral Genetics*. New York: Worth Publishing.

Koellinger, P.D., Okbay, A., Kweon, H., Schweinert, A., Linnér, R.K., Goebel, J., Richter, D., Reiber, L., Zweck, B.M., Belsky, D.W., Biroli, P., Tucker-Drob, E.M., Harden, P.K., Wagner, G. and Hertwig, R. (2021). Cohort Profile: Genetic data in the German Socio-Economic Panel Innovation Sample (Gene-SOEP). *bioRxiv*. doi: 10.1101/2021.11.06.467573.

Kuo, S.I., Salvatore, J.E., Aliev, F., Ha, T., Dishion, T.J. and Dick, D.M. (2019). The Family Check-up Intervention Moderates Polygenic Influences on Long-Term Alcohol Outcomes: Results from a Randomized Intervention Trail. *Prevention Science* 20: 975–85.

Lin, N. (2000). Inequality in Social Capital. *Contemporary Sociology* 29: 785–795.

Mills, M.C. and Tropf, F.C. (2020). Sociology, Genetics, and the Coming of Age of Sociogenomics. *Annual Review of Sociology* 46: 553–581.

Mills, M.C., Barban, N. and Tropf, F.C. (2020). *An Introduction to Statistical Genetic Data Analysis*. Cambridge: The MIT Press.

Mills, M.C. (2022). Sociogenomics: theoretical and empirical challenges of integrating molecular genetics into sociological thinking. In: Gërxhani, K., de Graaf, N.D. & Raub, W. (Eds.). *Handbook of Sociological Science. Contributions to Rigorous Sociology*. Cheltenham: Edward Elgar Publishing.

Möhring, K. (2015). Employment Histories and Pension Incomes in Europe: A multilevel analysis of the role of institutional factors. *European Societies* 17: 3–26.

Serpell, M. (2013). Guest Editorial. *British Journal of Pain* 7: 161.

Van Bergen, E., van Zujen, T., Bishop, D. and de Jong, P.F. (2016). Why Are Home Literacy Environment and Children's Reading Skills Associated? What Parental Skills Reveal. *Reading Research Quarterly* 52: 147–160.

Van de Werfhorst, H.G. and Mijs, J.J.B. (2010). Achievement Inequality and the Institutional Structure of Educational Systems: A Comparative Perspective. *Annual Review of Sociology* 36: 407–428.

Weber, M. (2018). *Die protestantische Ethik und der Geist des Kapitalismus*. Berlin: Holzinger.

2 Grundlagen der Verhaltensgenetik

Um die Einflüsse biologischer Unterschiede zwischen Personen auf ihr Verhalten zu untersuchen, gibt zwei Ansätze: Der indirekte Ansatz macht sich Unterschiede im Verwandtschaftsgrad zwischen Personen zu Nutze sowie einen Ansatz, der über eine direkte Messung des genetischen Erbguts versucht, Schlüsse auf Verhaltensunterschiede zu ziehen. Für den indirekten Ansatz ist die Zwillings- bzw. Adoptionsforschung repräsentativ, während genomweite Assoziationsstudien und daraus resultierende polygenetische Scores für den direkten Ansatz stehen. Vor einer Auseinandersetzung mit den klassischen und modernen Methoden der Verhaltensgenetik benötigen es zuerst eine kurze Einführung in die wichtigsten Grundlagen der Genetik und biologischen Vererbung (vgl. Meneely et al. 2017). Ziel dieser Einführung ist es jedoch nicht, die biologischen Abläufe in ihren Details zu erklären, sondern einen groben Überblick über die wichtigsten Konzepte zu liefern. Für die Integration von genetischen Informationen in die Erklärungen soziologisch relevanter Phänomene ist zum Beispiel der genaue Aufbau von Chromosomen oder eine detaillierte Beschreibung der Meiose nicht zielführend. Von zentraler Bedeutung ist jedoch das Verständnis, dass Gene nur über das Zusammenspiel mit unserer Umwelt für Erklärungen menschlichen Verhalten bedeutsam sind.

2.1 DNA und ihre Vererbung

2.1.1 DNA und Gene

Jede Zelle unseres Körpers enthält in ihrem Zellkern einen zusammengefügt circa zwei Meter langen Strang Erbgut, die DNA (**D**esoxyribo**N**uklein**S**äure; im Englischen Deoxyribonucleic Acid, daher DNA). Diese teilt sich auf 46 stäbchenförmige Chromosomen auf. Zwei dieser 46 Chromosomen sind die Geschlechtschromosomen, die bei Frauen aus zwei X-Chromosomen und bei Männern aus je einem X und Y-Chromosom bestehen. Die DNA selbst hat eine strickleiterartige Struktur, die um sich selbst gewunden die Form einer Doppelhelix annimmt (ähnlich einer Wendeltreppe). Während die „Seile" dieser Strickleiter Zucker-Phosphat-Verbindungen bilden, bestehen die „Sprossen" aus je zwei miteinander verbunden Basen. Insgesamt gibt es vier dieser Basen: **A**denin und **T**hymin sowie **C**ytosin und **G**uanin – wobei je zwei davon immer ein exklusives Pärchen bilden, also A immer mit T und C immer mit G (siehe Abbildung 3). Diese Abfolge von Basenpaaren repräsentiert die eigentliche Erbgutinformation. Teilen sich Zellen, dann hat der Umstand, dass es immer nur diese Paarung gibt bzw. geben kann, eine wichtige Funktion: Bei

https://doi.org/10.1515/9783111421919-002

einer Zellteilung wird die DNA in der Mitte in zwei Stränge getrennt und durch die festgelegte Paarung kann eine perfekte Kopie des Ausgangsstrangs erzeugt werden. Nehmen wir an, ein kurzer DNA-Abschnitt eines bereits geteilten Strangs lautet ATATGC, dann muss das Komplementärstück über dieses einfache Prinzip die Sequenz TATACG besitzen. Das menschliche Genom umfasst eine DNA-Sequenz von circa 3 Milliarden Basenpaaren.

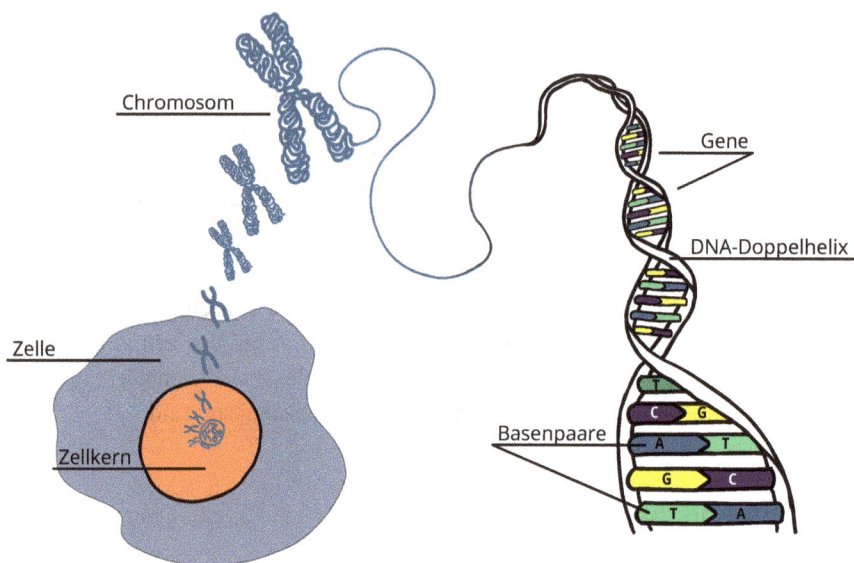

Abbildung 3: DNA in verschiedenen Detailgraden.
Quelle: Eigene Darstellung, basierend auf einer Darstellung des National Human Genome Research Institute.
Anmerkung: Im Zellkern der Zelle befindet sich die DNA, aufgespult zu Chromosomen. Die DNA selbst besteht aus einem zu einer Doppelhelix gedrehten, strickleiterartigen Faden aus Basenpaaren. Bestimmte Abschnitte variierender Länge der DNA beinhalten Gene.

Gene sind – sehr vereinfacht ausgedrückt – DNA-Abschnitte, die Proteine herstellen. Das menschliche Genom beinhaltet ungefähr 23.000 Gene. Für die Proteinbiosynthese wird eine Abschrift des relevanten DNA-Abschnitts von messenger RNA (mRNA, **R**ibo**N**uklein**S**äure; im Englischen **R**ibonucleic **A**cid, daher RNA) erstellt (Transkription). Diese Abschrift wird dann von transfer RNA in ein Protein übersetzt (Translation). Dieser Prozess läuft natürlich nur ab, wenn Gene auch „ausgedrückt" werden (Genexpression). Es muss also Mechanismen geben, die die Genexpression regulieren. Mit einem dieser Mechanismen beschäftigt sich die Epigenetik, die wir in Kapitel 7. Epigenetik noch detaillierter betrachten werden. Man kann sie als die

Verknüpfung zwischen Umwelt und den Genen verstehen. Gesteuert durch Umweltreize werden zum Beispiel bestimmte Gene physisch an der Expression gehindert indem sich bestimmte chemische Verbindungen „auf die Gensequenzen setzen" und damit zum Beispiel die Transkription erschweren oder sogar unmöglich machen (Moore 2017). Diese Umweltreize können verschiedene Quellen haben: in unmittelbarer Umgebung innerhalb der Zelle, in der auch die DNA verortet ist (etwa, weil bestimmte Moleküle fehlen und die Bildung zusätzlicher Rezeptoren angeregt wird), an einem anderen Ort im Körper (etwa, weil Geschlechtsorgane Hormone ausschütten, die bestimmte Hirnzellen auf eine bestimmte Art stimulieren) oder aber – soziologisch direkter relevant – aus der Umwelt außerhalb des Körpers stammen.

Implizit wird hier bereits eine wichtige Erkenntnis über die biologische Grundlage menschlichen Verhaltens angeführt: Gene allein „machen" also gar nichts – dafür sind Reize aus der Umwelt nötig. Unsere Gene sind zwar ein quasi unveränderlicher Bestandteil unseres Körpers, der aber explizit darauf ausgelegt ist, flexibel auf seine Umwelt reagieren zu können. Mukherjee (2017) illustriert dieses Prinzip elegant anhand einer Analogie: Bei Geburt sind unsere Gene wie ein frisches Manuskript. Sein Inhalt ist eindeutig festgelegt. Nun kommt direkt die Umwelt ins Spiel, die wie ein Redakteur oder eine Redakteurin das Manuskript ändert, indem bestimmte Passagen hervorgehoben, andere unleserlich gemacht werden oder das Blatt mit Bleistift gemachte Notizen erhält.

Die zugrundeliegende Flexibilität dieses Systems ist beeindruckend: Aus der Kombination von *nur* vier Basen können *nur* 20 Aminosäuren generiert werden, die wiederum zu tausenden von Proteinen kombiniert werden können (Barrett 2017: 38). Wenn Gene aber letztlich „nur" Proteine herstellen, warum sind Sie dann für Unterschiede im Verhalten relevant? Proteine sind an allen körpereigenen Prozessen beteiligt. Der letzte Satz wird der Tragweite der darin enthaltenen Aussage offensichtlich nicht gerecht. Daher noch einmal: Proteine sind an *allen* körpereigenen Prozessen beteiligt. Sie können zum Beispiel als Enzyme oder Hormone fungieren und sind damit an der Regulation des menschlichen Stoffwechsels beteiligt. Strukturproteine erfüllen wichtige Funktionen beim Aufbau von Zellen und Gewebe etc. Die Analogie der DNA als Bauplan des menschlichen Körpers kommt auch nicht von ungefähr. In groben Zügen bilden sich aus (pluripotenten) Stammzellen alle anderen Arten von Zellen und organisieren sich typischerweise so, dass am Ende des Prozesses ein funktionsfähiger menschlicher Körper entsteht (Carey 2015). Wenn bei Proteinen gilt, dass ihre molekulare Struktur auch ihre Funktion bestimmt, dann trifft es in gewissem Maße auch auf die in der menschlichen Entwicklung entstehende (Makro-)Struktur biologischer Systeme zu.

Folgende Beispiele verdeutlichen die Bedeutung der Strukturen biologischer Systeme für soziologisch relevante Faktoren:

1. Gene und die aus Ihnen ausgedrückten Proteine sind natürlich auch maßgeblich an der Entwicklung des Gehirns und seinen Strukturen beteiligt. Wird die Genexpression in diesem Prozess gestört oder ist weniger effektiv, so lassen sich langfristige Konsequenzen für die kognitiven Fähigkeiten der betroffenen Personen ausmachen (Cornell & Toyo-oka 2017). Das kann zum Beispiel bedeuten, dass sich Menschen darin unterscheiden, mit welcher Geschwindigkeit sie Informationen verarbeiten (Knowles et al. 2019). Wie wir später im Modell des Kompetenzerwerbs noch ausführlicher sehen werden, sollte eine geringere Verarbeitungsgeschwindigkeit – unter sonst gleichen Umständen – zu langsamerem Kompetenzerwerb führen.

2. Ähnlich der Hirnstruktur ergeben sich auch entwicklungsbedingte Unterschiede zwischen Individuen in der Ausprägung ihres Dopamin-Systems (siehe Sapolsky 2017: 252–258 für die nachfolgenden Ausführungen). Wie immer stark vereinfacht ausgedrückt ist Dopamin ein Neurotransmitter, dessen Ausschüttung bei Menschen „Glücksgefühle" erzeugt. Verfügen Menschen über bestimmte Genvarianten, so bilden sie häufiger Dopamin-Systeme aus, die weniger aktiv sind. Das kann zum Beispiel bedeuten, dass generell weniger Dopamin ausgeschüttet wird, weniger Rezeptoren vorhanden sind, um Dopamin zu erkennen oder die Reaktion auf Dopamin im System gedämpft ist. Relativ inaktive Dopamin-Systeme sind mit einer ganzen Reihe von Eigenschaften und Verhaltenstendenzen verknüpft: Betroffene Personen sind risiko-affiner, häufiger auf der Suche nach Neuem bzw. neuen Erfahrungen, extrovertierter, gehen häufiger fremd und leiden häufiger unter ADHS. Kurzum: Ihr Gehirn scheint mehr „Input" zu benötigen, um Glücksgefühle zu erzeugen und diese zusätzliche Stimulation wird entsprechend häufiger gesucht. Auch hier ist die Verknüpfung latenter Neigungen mit ungleichheitsrelevantem Verhalten für viele soziologische Themen leicht herzustellen. Der Nachteil, sich nicht ausdauernd auf Aufgaben konzentrieren zu können, wirkt sich vermutlich auch nachteilig im Kompetenzerwerb und damit langfristig auf die Bildungsbeteiligung aus. Ein verstärkter Hang, seine Partnerin bzw. seinen Partner zu betrügen, kann Schwierigkeiten mit sich bringen, langfristige Beziehungen einzugehen und aufrechtzuerhalten. Eine gesteigerte Risiko-Affinität kann sich negativ auf die Akkumulation von relevanten Ressourcen wie Vermögen auswirken und so weiter.

Obwohl wir die Bedeutung genetischer Prozesse im letzten Abschnitt in den Fokus gestellt haben, sollten wir nicht vergessen, dass Umweltbedingungen auch hier ein wichtiger Faktor sind, die zum Beispiel ein Grund für die Störung oder Ineffizienz der strukturgebenden biologischen Prozesse sein können (etwa Formen von Mangelernährung, Kar & Chandramouli 2008). Ebenso kann die soziale Umwelt auch derart strukturiert sein, dass bestimmte Neigungen unterdrückt werden. Dazu aber auch später mehr, wenn es um die zentrale Idee der Gen-Umwelt-Interaktion gehen soll. Es ist außerdem wichtig, auch hier noch einmal herauszustellen, dass all diese Phänomene multikausal sind und eine wie auch immer ausgeprägte Hirnstruktur oder ein Dopamin-System nur ein Faktor unter vielen sind – aber mit messbarem und daher nicht vernachlässigbarem Einfluss.

Auch wenn die vorangegangenen Ausführungen aus didaktischen Gründen Wert auf eine direkte Verknüpfung von biologischen Prozessen und soziologisch-relevanten Unterschieden zwischen Individuen gelegt haben, soll nicht der Eindruck vermittelt werden, dass diese Zusammenhänge immer im Einzelnen empirisch demonstriert wurden oder gar generelle, kontextunabhängige Muster sind. Dafür sind biologische Systeme einfach zu komplex und bedingend. Die einzelnen Komponenten mag man gut durchdringen haben und man mag auch plausibel darlegen können, wie sie möglicherweise miteinander interagieren – vielleicht wurde dies auch schon empirisch an einem Modellorganismus wie der Eintagsfliege oder Maus demonstriert – aber aktuell ist man noch nicht in der Lage, im Einzelnen den genauen kausalen Pfad von Genen → Proteinen → Verhalten für die meisten soziologisch relevanten Konstrukte zu formulieren (Harden 2021a). Man versteht kausale Pfade besser bei Phänomenen, die gut untersucht sind, wie etwa häufige Erkrankungen (z. B. Depressionen) oder Eigenschaften, die für viele Disziplinen relevant sind (z. B. kognitive Fähigkeiten). Bei anderen Phänomen wie zum Beispiel Einstellungen, Werten oder Normen sind die biologisch fundierten Mechanismen bzw. die Frage, ob diese überhaupt zum Tragen kommen, noch nicht geklärt. In Kapitel 3. Moderne Methoden wird bei der Diskussion von „candidate gene studies" noch genauer auf diese Problematik eingegangen.

2.1.2 Vererbung

Bisher lag der Fokus darauf zu ergründen, was Gene sind und wie sie Unterschiede im Verhalten erzeugen können. Diesen Prozessen vorgelagert ist jedoch die Entstehung unserer Erbinformation in der Kombination aus dem Erbgut unserer Eltern. Spermium und Eizelle bzw. die in ihnen enthaltenen genetischen Informationen sind das Ergebnis der Meiose. Mit der Ausnahme von Ei- und Samenzellen beinhalten alle andere menschlichen Körperzellen 46 Chromosomen. Die Meiose erzeugt in den Geschlechtsorganen Ei- und Samenzellen mit nur 23 Chromosomen und stellt damit sicher, dass die bei der Verschmelzung von Ei- und Samenzelle während der Befruchtung die entstehende Keimzelle wieder 46 Chromosomen besitzt. Da sie je einen Chromosomensatz ihrer Eltern erhalten, teilen Nachkommen also immer 50 Prozent ihrer Gene mit der Mutter und 50 Prozent mit dem Vater. Wichtig für verhaltensgenetische Untersuchung ist aber, dass während der Meiose eine Rekombination des mütterlichen und väterlichen Erbgutes stattfindet. Diese Durchmischung *vor* der Verschmelzung von Ei- und Samenzelle ist der Grund, warum Geschwisterkinder untereinander *im Durchschnitt* 50 Prozent ihrer DNA teilen, obwohl sie die gleichen Eltern haben (Knopik et al. 2017). Folgendes Beispiel, das näher an der sozialwissenschaftlichen Realität liegt, illustriert diesen Unterschied: Man stelle sich vor, es gibt eine Grundgesamtheit von zehn Einheiten (mütterliche DNA auf 46 Chromosomen). Aus dieser Grundgesamtheit ziehen wir eine 50 Prozent Stichprobe, und zwar so, dass wir immer die ersten fünf Einheiten ziehen. Vor der Stichprobenziehung werden die zehn Einheiten jedoch immer zufällig durchmischt (der durch die Meiose entstandene auf 23 reduzierte Chromosomensatz; siehe Abbildung 4).

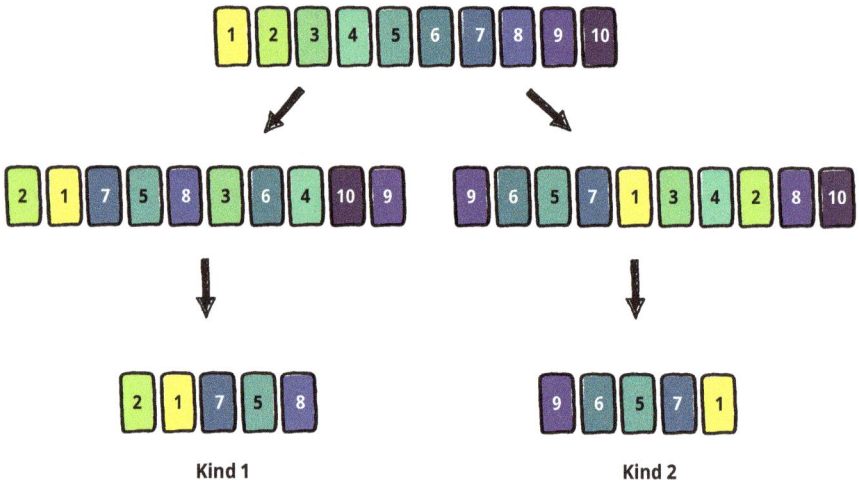

Abbildung 4: Durch Meiose entstehende Randomisierung eines Chromosomensatzes.
Quelle: Eigene Darstellung.

Unabhängig vom Ergebnis der Randomisierung der Reihenfolge beinhaltet die Stichprobe immer 50 Prozent der Einheiten der Grundgesamt. Zur Verdeutlichung der genetischen Ähnlichkeit zwischen Geschwistern benötigt man nun zwei Grundgesamtheiten (väterliche und mütterliche DNA auf 46 Chromosomen). Aus dieser Grundgesamtheit ziehen wir wieder jeweils eine 50-Prozent-Stichprobe, und zwar so, dass wir jeweils immer die ersten fünf Einheiten ziehen. Vor der Ziehung wird stets randomisiert (siehe Abbildung 5 und Abbildung 6).

Die neuen Grundgesamtheiten (Genome) von Kind 1 und Kind 2 – sortiert und zur Illustration untereinander notiert lauten damit

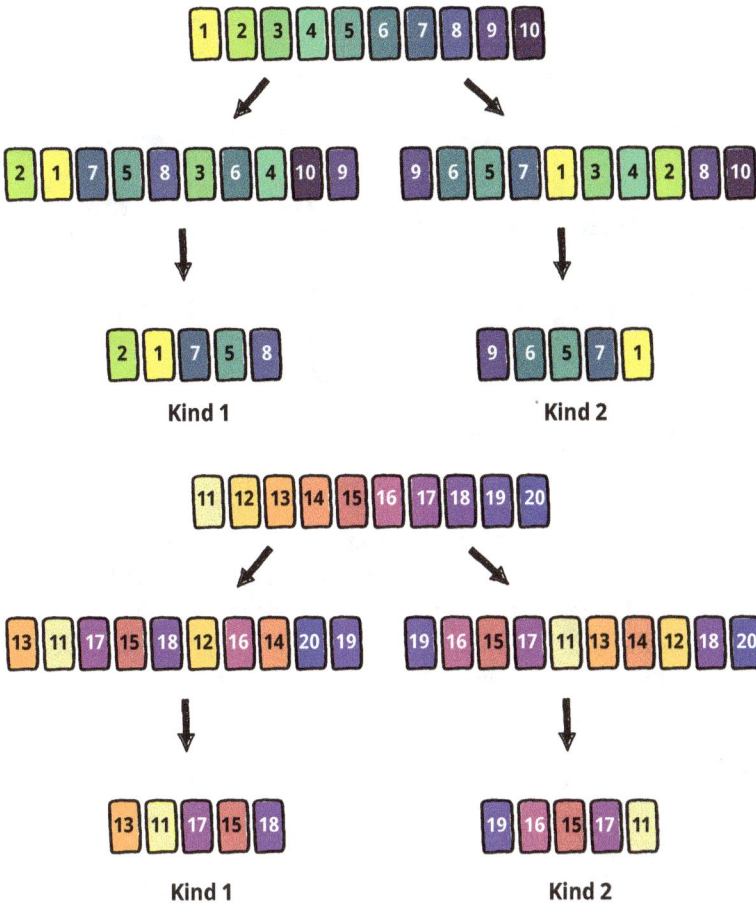

Abbildung 5: Randomisierungsprozess bei Mutter und Vater.
Quelle: Eigene Darstellung.

Insgesamt gibt es damit sechs von zehn Übereinstimmungen (vgl. schwarze Linien). Das liegt zwar etwas über den erwarteten 50 Prozent, aber erstens handelt es sich bei diesem Beispiel um eine sehr kurze DNA von zehn Basenpaaren, zweitens wird hier eine ganze Reihe von biologischen Prozessen ignoriert, die zum Beispiel dazu führen, dass ganze DNA-Abschnitte eine höhere Wahrscheinlichkeit besitzen, gemeinsam vererbt zu werden (sog. Linkage) und drittens ist 50 Prozent lediglich ein Durchschnittswert. Würde man dieses kleine Gedankenexperiment mit nur etwas realistischeren Ausgangsdaten – DNA mit 1000 statt 10 Basenpaaren – sehr oft wiederholen, läge man auch näher an diesem Durchschnittswert. Um das zu demonstrieren, wird das obige Gedankenexperiment 100.000-mal

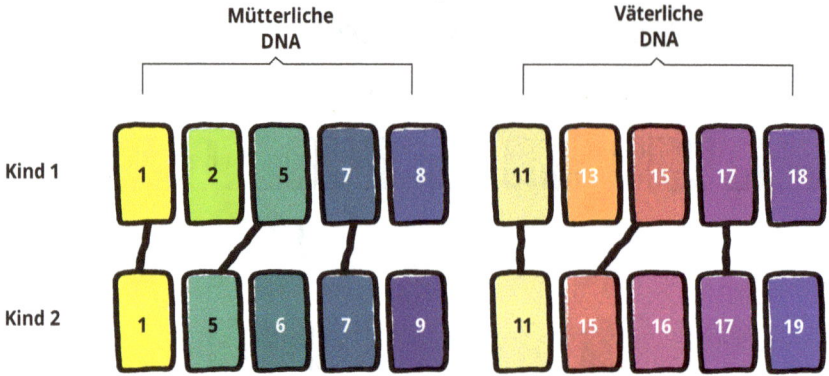

Abbildung 6: Überschneidung zweier Geschwistergenome.
Quelle: Eigene Darstellung.

durchgeführt und die Übereinstimmungsanteile in Abbildung 7 dargestellt. Und wie zu erwarten ist die Verteilung eindeutig um den Wert von 0,5 oder 50 Prozent zentriert. Wichtig ist an dieser Stelle, dass das Ziehen einer Stichprobe aus einer randomisierten Grundgesamtheit immer *exakt* eine Überlappung in Höhe des Stichprobenanteils erzeugt (d. h. exakt 50 Prozent zwischen Mutter oder Vater und Kind), während der gleiche Vorgang bei zwei Grundgesamtheiten eben nur *im Durchschnitt* den Stichprobenanteil erreicht und Werte darunter und darüber gleichfalls möglich sind (d. h. im Durchschnitt 50 Prozent bei Geschwistern).

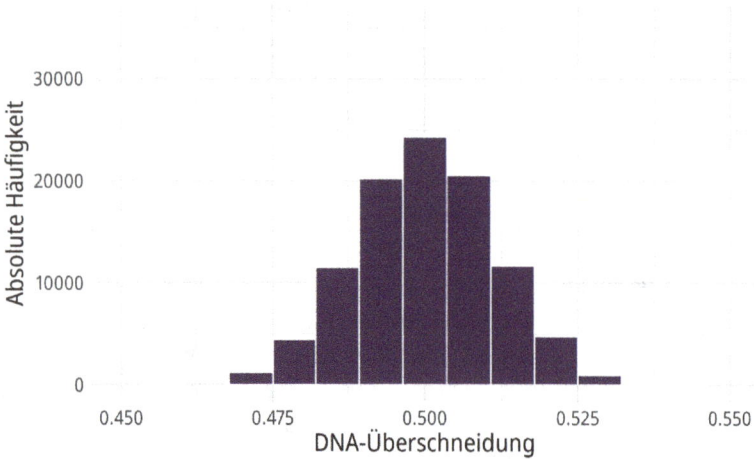

Abbildung 7: Simulierte Erbgutüberschneidungen zwischen Geschwistern.
Quelle: simulierte Daten, eigene Berechnung.

Eine implizite Annahme dieses Gedankenexperiment lautet, dass zufällig gepaarte Eltern (sprich Eltern mit zufälliger bzw. unkorrelierter DNA) Kinder bekommen. Als Soziologinnen und Soziologen wissen wir jedoch, dass das nicht der Realität entspricht und Muster der Homogamie – also eine Partnerschaft zwischen Personen mit gleichen oder ähnlichen Charakteristika – oftmals vorherrschen (Kalmijn 1998; McPherson, Smith-Lovin & Cook 2001). Homogamie ist zum Beispiel klassisch in der Dimension Bildung zu beobachten (Blossfeld & Timm 2003). Demnach ist die Wahrscheinlichkeit, dass zwei Personen gleichen Bildungsstands eine Beziehung miteinander eingehen und damit möglicherweise auch Nachwuchs zeugen, deutlich überzufällig. Ungefähr 65 Prozent aller Partnerschaften in Deutschland waren beispielsweise 2010 bildungshomogam (Grünheid 2011). Dieses Muster hängt unter anderem mit den systematisch unterschiedlich strukturierten Möglichkeiten zusammen, in Bildungsinstitutionen und am Arbeitsplatz Kontakte zu knüpfen. In Deutschland werden Kinder im internationalen Vergleich früh in physisch separierte Schulformen aufgeteilt. Damit sind die Möglichkeiten, Bekanntschaften und letztendlich Beziehungen mit Personen im selben Bildungszweig einzugehen, einfacher gegeben. Neben strukturellen Möglichkeiten zur Kontaktaufnahme spielen Präferenzen zum Beispiel hinsichtlich Freizeitaktivitäten, Konsum von Kulturangeboten oder generellen Lebenszielen eine wichtige Rolle, denn auch hier können homogame Tendenzen zu einer Verbreitung von Homogamie in der Bildung beitragen. In Kapitel 3.1 Genomweite Assoziationsstudien wird gezeigt, dass es belastbare Hinweise darauf gibt, dass identifizierbare Genvarianten einen wichtigen Beitrag zu Unterschieden in kognitiven Fähigkeiten und damit mittelbar auch für den Bildungserwerb haben. Wenn nun aber Personen mit ähnlicher Bildung – und demnach einer überzufälligen Wahrscheinlichkeit, viele oder zumindest einen Teil dieser bildungsförderlichen Genvarianten zu besitzen – häufiger Partnerschaften eingehen, dann überschneidet sich ihre DNA bereits und wir haben es eben nicht mit zwei komplett verschiedenen Grundgesamtheiten zu tun (um im Duktus unserer Analogie zu bleiben). Bekommen bildungshomogame Paare nun Kinder, so sollten diese auch mit höherer Wahrscheinlichkeit eben jene Genvarianten von den Eltern erben, die einen Beitrag zum Bildungserwerb geleistet haben. Schlussendlich kann Homogamie zu einer Erhöhung der DNA-Überschneidungen zwischen Geschwistern führen, was für die noch zu diskutierenden statistischen Verfahren bzw. methodischen Designs mit Problemen verbunden ist.

Um das Prinzip in aller Kürze zu demonstrieren, wird die Simulation von oben erneut durchgeführt, aber die DNA der Eltern ist nun nicht mehr effektiv unabhängig voneinander, sondern überschneidet sich zu 30 Prozent (siehe Abbildung 8). Die resultierende „homogame" Verteilung (in gelb) der DNA-Überschneidungen bei Geschwistern ist deutlich nach rechts verschoben, gibt also im Durchschnitt bereits eine höhere Überschneidung an und weist damit ein deutlich höheres Maximum auf. Trotz einer vergleichsweise hohen 30-prozentigen DNA-Überschneidung ist die Verschiebung der Überlappungsverteilung nur gering ausgeprägt. In der Realität liegt die durchschnittliche genetische Überschneidung bei ungefähr 5 Prozent (Domingue et al. 2014). Das heißt, die Sorge vor einer sich durch Homogamie stark verstärkenden Tendenz zur Verstetigung sozialer Stratifizierung in den kognitiven Fähigkeiten ist aus genetischer Sicht übertrieben (siehe dazu auch Conley & Fletcher 2017, Kapitel 4).

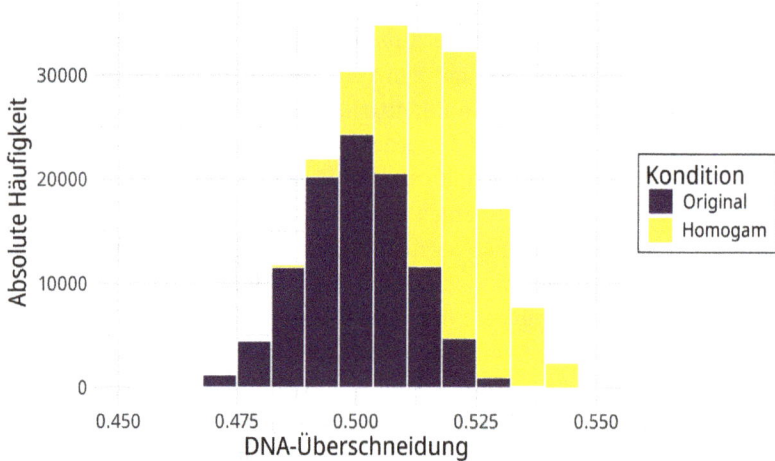

Abbildung 8: Erbgutüberschneidung zwischen Geschwistern bei Homogamie der Eltern. Quelle: simulierte Daten, eigene Berechnung.

Die Analogie des „Ziehens von Stichproben" aus Grundgesamten ist ebenfalls hilfreich, um nachzuvollziehen, warum Autorinnen und Autoren die Idee der „genetischen Lotterie" zur Illustration verhaltensgenetischer Implikationen heranziehen (siehe zum Beispiel Harden 2021a). Wie in einer klassischen Lotterie ist das Ergebnis der Kombination elterlicher DNA rein zufallsbasiert und entzieht sich weitestgehend einer Kontrolle. Die Eltern können lediglich mittels homogamer Paarung im Wunschcharakteristikum auf dieses Einfluss nehmen. Homogamie kann man sich im Kontext der Gen-Lotterie analog zum Kaufen mehrerer Lotterietickets vorstellen: Damit wird zwar nicht garantiert, dass der Hauptgewinn gezogen wird (es sei denn man kauft alle Tickets, was im Rahmen der Analogie jedoch impliziert, dass beide Elternteile identische DNA besitzen und damit eineiige Zwillinge sind und somit mindestens juristische Gründe gegen eine solche Verbindung sprechen), aber die Wahrscheinlichkeit dafür wird zumindest erhöht. Sie wird jedoch eben *nur erhöht* und verhindert nicht, dass eine zufällige Streuung um die Werte der elterlichen Gene entsteht. Überdurchschnittlich große Eltern bekommen häufiger überdurchschnittlich große Kinder, aber garantiert ist das eben nicht. Francis Galton systematisierte im Jahr 1886 (Friendly & Denis 2005: Figure 7) als einer der ersten diesen Gedanken mithilfe eines einfachen Streudiagams der durchschnittlichen elterlichen Körpergröße und der ihrer Nachkommen. Die historischen Daten sind in Abbildung 9 abgetragen, wobei die rote Ellipse Beispiele für Kinder überdurchschnittlich großer Eltern anzeigt. Obwohl der Elterndurch-

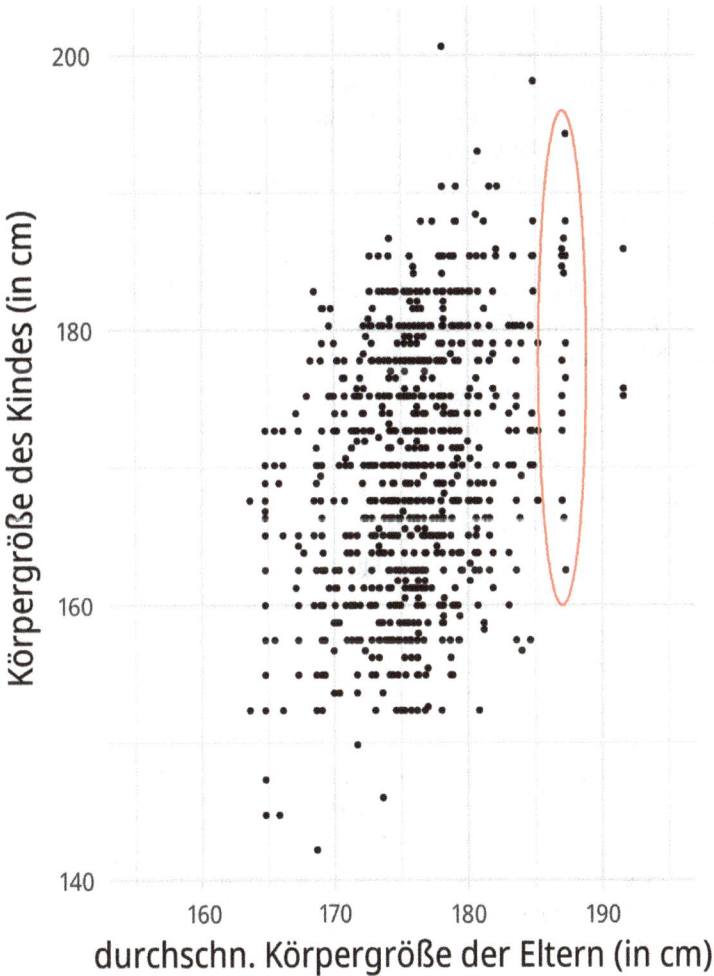

Abbildung 9: Streudiagramm von Galtons klassischen Körpergrößendaten. Quelle: Friendly (2021), eigene Darstellung.

schnitt bei allen etwa um die 187 cm liegt, decken ihre Kinder Körpergrößen zwischen von 166 cm bis 194 cm ab. Hinzu kommt, dass die rote Ellipse lediglich vier Familien beinhaltet. Demnach generieren vier identische Quellen dieses substantielle Ausmaß an Variation – immerhin wird etwas mehr als die Hälfte des gesamten Größenspektrums abgebildet – alleine durch die 19 abgetragenen Kindern aus vier Familien.

Erbgutüberschneidungen lassen sich für den gesamten Stammbaum angeben und folgen den gleichen Prinzipien wie bei Eltern und ihren Nachkommen. Im Allgemeinen gilt, je weiter entfernt der Verwandtschaftsgrad, desto geringer die Überschneidung im Erbgut. Da zum Beispiel die DNA der Mutter zu je gleichen Teilen aus der DNA der Großeltern besteht, haben Kinder demnach 50 Prozent von 50 Prozent, also 25 Prozent der DNA der Großmutter bzw. des Großvaters. Für Urgroßeltern ergibt sich dann 12,5 Prozent des Erbguts der Urgroßmutter bzw. des Urgroßvaters und so weiter. Diese einfachen Herleitungen funktionieren exakt bei direkter Abstammung nach der Idee der Stichproben aus Grundgesamtheiten. Betrachten wir jedoch seitliche Verwandte (Verwandtschaft „auf einer Ebene" im Stammbaum), dann kommt das Prinzip der kombinierten Stichproben wie bei Geschwistern zum Tragen. Demnach teilen sich zum Beispiel Cousins und Cousinen *im Durchschnitt* 12,5 Prozent ihres Erbguts. Die Angaben der Überschneidungen je nach Verwandtschaftsgrad sind nicht nur wichtig, um die biologischen Grundlagen zu verdeutlichen, sondern werden in weiterführenden Forschungsdesigns verwendet, um den Beitrag von genetischen Unterschieden besser isolieren zu können („extended family designs"). Die generationenspezifische Erbgutüberschneidung lässt sich einfach anhand folgender Überlegung berechnen: Da die Anzahl der Vorfahren sich formal über 2^n berechnet, wobei n die Generation bzw. den Verwandtschaftsgrad angibt, so lässt sich der Anteil der Erbgutüberschneidung als $1/2^n$ berechnen. Eltern sind beispielsweise Verwandte 1.Grades, wir besitzen $2^1 = 2$ Elternteile und daher teilen wir uns $1/2^1 = 1/2 = 0{,}5$ oder 50 Prozent unseres Erbguts mit je einem Elternteil. Oder: Jeder besitzt $2^3 = 8$ Urgroßeltern und teilt sich daher je $1/2^3 = 1/8 = 0{,}125$ also exakt 12,5 Prozent des Erbgutes mit je einem Urgroßelternteil.

Gelegentlich stolpert man über Aussagen wie „Wir teilen ungefähr 40 Prozent unseres Erbguts mit Bananen". Wie passt zusammen, dass wir fast so viel Erbgut mit Bananen wie mit unseren Eltern, Geschwistern oder Kindern teilen? Das hängt unter anderem mit terminologischer Ungenauigkeit zusammen. Einmal ist DNA nicht gleich DNA. Es gibt sogenannte kodierende DNA und nicht-kodierende DNA. Letztere macht ungefähr 98 Prozent unserer DNA aus. Die Funktion dieser nicht-kodierenden DNA bezieht sich teilweise auf die Genregulation, ist aber ansonsten noch weitestgehend unbekannt (Carey 2015). Die verbleibenden 2 Prozent der DNA sind Gene, die Proteine kodieren. Wir teilen uns damit 50 Prozent unserer *DNA* mit unseren Eltern aber 40 Prozent der *Gene* mit einer Banane.

Historischer Abriss der Idee der Gene: Galton bis Human Genome Project

Die Idee, dass menschliches Verhalten auch durch biologische Prozesse beeinflusst wird, ist mit Sicherheit nicht neu. Die systematische Erforschung dieser Vermutung setzte jedoch eine ganze Reihe von Ereignissen und Entwicklungen voraus. Die Grundlagen der Vererbung – zumindest gemessen an ihren Konsequenzen – mussten Menschen mindestens seit dem Neolithikum wenigstens implizit bewusst gewesen sein, denn (Haus-)Tierhaltung und Ackerbau wären ohne die Anwendung von Vererbungsprinzipien weit weniger erfolgreich gewesen. Die systematische Selektion von ertragreicheren oder robusteren Varianten von kultivierten Pflanzensorten und Nutztieren oder von zahmeren Haustieren sind im Laufe der Menschheitsgeschichte eine der Grundlagen dafür, dass die sesshafte Lebensweise so erfolgreich war und sich verbreitete. Von der Beobachtung, dass die Nachkommen von zahmeren Haustieren eine höhere Wahrscheinlichkeit haben, ebenfalls zahmer zu sein als die Nachkommen von zwei sich zufällig fortpflanzenden Haustieren, ist es dennoch ein weiter Schritt bis zur Erkenntnis der zugrundeliegenden Prinzipien. Zudem steht dieses Prinzip der lange dominanten Lehre – zumindest in monotheistischen Religionen – entgehen, dass der Mensch als Krone der Schöpfung über einfachen biologischen Prozessen stehe.

Im Zuge aufklärerischer Strömungen verliert die menschliche Sonderstellung an Gewicht und der Mensch selbst wird durch die Systematik der wissenschaftlichen Methode in verschiedenen sich neu entwickelnden Teildisziplinen untersucht (so natürlich auch in der Soziologie). Darwins „On the Origin of Species" (1859) setzte unter anderem den Grundstein für einen stärker von der Biologie geprägten Blick auf den Menschen und seine Entwicklung. Denn seine Überlegungen legten nahe, dass evolutionäre Prinzipien beim Menschen ebenso wie bei anderen Lebewesen greifen. Darwins Cousin Francis Galton versuchte als einer der ersten, diese Prinzipien auf Unterschiede zwischen Menschen anzuwenden und entwickelte seine Ideen als wissenschaftliche Grundlage der damals entstehenden eugenischen Bewegung („Hereditary Genius: An Inquiry into its Laws and Consequences", 1869). Diese basierte noch vorwiegend auf Beobachtungen der Nutztierzüchtung – ein echtes Verständnis der zugrundliegenden biologischen Vererbungsprozesse oder gar der molekularen Form des Erbgutes lag noch einige Jahre in der Zukunft. Vertreter der Eugenik – primär aus den Vereinigten Staaten, dem Vereinigten Königreich sowie Deutschland und untereinander gut vernetzt – sahen in einer Kontrolle der menschlichen Fortpflanzung einen erfolgversprechenden Weg, wahrgenommene soziale Probleme der damaligen Zeit im Speziellen zu bekämpfen und die „Gesundheit der menschlichen Rasse" im Allgemeinen sicherzustellen. Damit verknüpft war es, Anreize zu schaffen, dass sozial besser gestellte Personen mehr Nachkommen zeugten und gleichzeitig zu verhindern, dass Personen, die vermeintlich der „Volksgesundheit" schadeten, ihrerseits Nachkommen bekamen. Ihren grausamen Höhepunkt fand die Bewegung während der Zeit des Nationalsozialismus in der Systematisierung, was „lebenswertes Leben" konstituiert und was nicht. Menschen, die als Letztere gebrandmarkt wurden, fanden millionenfach ihren Tod in den Vernichtungslagern.

Im Jahr 1866 veröffentlichte Mendel die Ergebnisse seiner Bohnenexperimente, in denen er das Vererbungsprinzip qualitativer Merkmale aufdeckte – was jedoch fast 40 Jahre lang von der wissenschaftlichen Gemeinschaft unbemerkt blieb. Mendel konnte zum Beispiel demonstrieren, dass bestimmte Merkmale in dominanter oder rezessiver Form vorliegen und konnte so erklären, warum bestimmte Merkmalsausprägungen häufiger auftreten als andere (z. B. die Blütenfarbe oder die Stängelgröße). Diese wichtige Erkenntnis schien das Auftreten von qualitativen Merkmalen erklären zu können, aber war schwieriger mit empirischen Mustern zu quantitativen Merkmalen wie der Körpergröße zu vereinbaren. Der Statistiker R. A. Fisher löste dieses Problem 1918 über die Annahme, dass quantitative Merkmale durch viele, kleine genetische Effekte erzeugt werden, die ihrerseits aber nach Mendels Prinzipien auch für qualitative Merkmale funktionieren. Damit beschrieb er vor mehr als 100 Jahren das polygenetische Prinzip.

Die physische Grundlage der Vererbung – also die Frage, wo und wie genau die Erbinformation gespeichert ist, wurde erst Anfang und Mitte des 20. Jahrhunderts geklärt. Nach vielen Vermutung und unzähligen Rückschlagen wurde das Rätsel um den Sitz der Erbinformation in der DNA von Organismen durch Oswald Avery kurz vor Ende des Zweiten Weltkriegs gelöst. Die Struktur der DNA als mittlerweile ikonische Doppelhelix entdeckten James Watson und Francis Crick auf Grundlage der kristallografischen Analysen von Rosalind Franklin Anfang der 1950er-Jahre. Mit dem Wissen um die Grundbausteine und die Struktur der DNA nahm sich die internationale Kollaboration des Human Genome Projects die vollständige Sequenzierung der Basenabfolgen eines menschlichen Genoms zum Ziel.[5] Das Projekt startet 1990 und galt 2003 mit einem jedoch nur teilweise sequenzierten Genom als erfolgreich abgeschlossen. Erst 2022 war das menschliche Genom lückenlos sequenziert. Offenkundig existiert nicht „das" menschliche Genom, sodass das im Human Genome Project vollständig sequenzierte Genom die DNA mehrerer Menschen kombiniert repräsentiert. Weiterführende Projekte, wie das 1.000 Genomes Project wurden parallel durchgeführt, um menschliche Variation auch in ihrer geografischen Dimension abzubilden und entsprechende „Referenzgenome" zu erstellen. Zudem generierte der Erfolg des Human Genome Projects ähnlich gelagerte Anstrengungen etwa zur „Kartierung" der Nervenverbindungen im menschlichen Gehirn (Human Connectome Project), des menschlichen Epigenoms (siehe Kapitel 7. Epigenetik, Human Epigenome Project) oder der menschlichen mikrobiellen Flora (z. B. Genomsequenzierung der Bakterienstämme im menschlichen Darm, Human Microbiome Project)

2.2 Zwillingsstudien

Der Verwandtschaftsgrad war schon früh ein wichtiges Instrument, um den relativen Einfluss von Genen und Umwelt auf Verhaltensunterschiede zu untersuchen. Auffällig war zum Beispiel seit jeher, wenn bestimmte Erkrankungen in Familien gehäuft vorkamen (Mukherjee 2017). Die frühe Forschung hat sich daher auch häufig mit dem Stammbaum betroffener Personen oder Familien beschäftigt, um die Ursachen dieser Erkrankungen besser verstehen zu können (Zimmer 2019). Mehr als die Feststellung, dass die Korrelation von Merkmalen höher ist, je näher die Betroffenen miteinander verwandt sind, erlaubte dieser Ansatz jedoch nicht. Das fundamentale Problem dieses Vorgehens liegt darin, dass es unmöglich ist, eine der beiden „Variablen" Gene und Umwelt konstant zu halten, um den Einfluss von Unterschieden in der jeweils anderen Variable messbar zu machen. Vergleichen wir Geschwister, dann wissen wir zwar, dass deren Genom im Durchschnitt 50 Prozent identisch sind, jedoch ist die direkte familiäre Umwelt zwar ähnlich, aber nicht identisch. Das liegt unter anderem daran, dass es immer einen zeitlichen Abstand von mindestens einem Jahr zwischen Geschwisterkindern gibt (der Medianabstand zwischen erstem

---

5 https://www.genome.gov/human-genome-project (Abrufdatum 9.01.2024).

und zweitem Kind betrug 2020 etwa drei Jahre, Destatis [2022]). In dieser Zeit kann sich die Umwelt des zweiten Kindes im Vergleich zu der des ersten gewandelt haben: Eltern sind erfahrener im Umgang mit Kindern geworden, die Familie ist vielleicht umgezogen, die Eltern haben Berufs- oder Karrieremobilität erfahren oder das zweite Kind genießt nicht wie das erste Kind zumindest für eine Zeit die ungeteilte Aufmerksamkeit der Eltern. Das heißt, wir können nie mit Sicherheit feststellen, ob geschwisterliche Unterschiede auf die nur etwa zur Hälfte geteilte DNA zurückzuführen sind, oder weil sich in der Zwischenzeit die Umwelt verändert hat.

Glücklicherweise existiert mit Zwillingen ein „natürliches" Experiment, um das Problem eventueller Änderungen elterlichen Erziehungsverhaltens in der Geschwisterabfolge zu lösen. Zwillinge oder Mehrlingsgeburten allgemeiner treten selten auf. In Deutschland waren 2014 ungefähr 2 Prozent aller Geburten Zwillingsgeburten (Destatis 2016). Zwillinge sind entweder eineiig (monozygotisch bzw. MZ) oder zweieiig (dizygotisch bzw. DZ). Eineiige Zwillinge entstehen, wenn es kurz *nach der Befruchtung* der Eizelle mit dem Spermium zu einer Trennung in zwei separate Zellpopulationen kommt. Aufgrund der Verschmelzung einer Eizelle mit einer Samenzelle sind eineiige Zwillinge genetisch identisch und daher auch immer gleichgeschlechtlich. Zweieiige Zwillinge hingegen entstehen, weil *während des weiblichen Zyklus* zufällig zwei Eizellen entstanden sind und diese jeweils von einem Spermium befruchtet wurden. Die Genome von zweieiigen Zwillingen sind daher – genau wie bei anderen Geschwisterkindern – nur zu im Durchschnitt 50 Prozent identisch und können sich daher in ihrem Geschlecht unterscheiden. Ein nicht zu vernachlässigender Anteil der Gesamtpopulation zweieiiger Zwillinge hängt mittlerweile mit der gestiegenen Nutzung von Methoden assistierter Reproduktion (wie z. B. in-vitro Befruchtung) zusammen (Pison, Monden & Smits 2015: 633–636).

Abbildung 10: Ein- und zweieiige Zwillingspaare.
Quelle: Links: ultramarinfoto/iStock/Getty Images, rechts: privates Foto, freundlicherweise bereitgestellt von Familie Penger.

Ein weiteres fundamentales Charakteristikum von Zwillingen besteht darin, dass sie zur gleichen Zeit geboren werden und somit substanzielle Änderungen ihrer Umwelt, die nur das eine aber nicht das andere Geschwisterkind erleben, ausgeschlossen sind. Somit können wir bei konstanter Umwelt untersuchen, welchen Einfluss der Unterschied in der DNA-Überschneidung – 100 Prozent bei eineiigen zu 50 Prozent bei zweieiigen Zwillingen – auf Unterschiede im Verhalten oder anderen relevanten Attributen hat. Ähnelt sich das Verhalten von eineiigen Zwillingen etwa stärker als bei zweieiigen Zwillingen, so wäre das ein Hinweis darauf, dass Unterschiede im Genom auch mit Unterschieden im Verhalten zumindest korreliert sind, wenn nicht sogar dadurch erzeugt werden. Ein einfacher erster Schritt zur Untersuchung dieser Vermutung liegt in der Erstellung eines Streudiagramms der Zwillingswerte – getrennt nach der Zygosität. Abbildung 11 illustriert das anhand von Daten der ersten Welle der deutschen TwinLife-Studie für die kognitiven Fähigkeiten. Diese Fähigkeiten wurden anhand eines kognitiven Leistungstests erhoben: Je besser Zwillinge die Aufgaben des Tests lösen konnten, desto höher sind die erreichten Testwerte und desto höher ihre kognitiven Fähigkeiten. Eine wichtige Einschränkung gibt es jedoch noch im Vergleich zwischen eineiigen und zweieiigen Zwillingen: Da eineiige Zwillinge immer gleichgeschlechtlich sind, fokussiert man sich bei zweieiigen Zwillingen häufig auch jeweils nur auf gleichgeschlechtliche Paare.

In Abbildung 11 entspricht jeder Punkt der Kombination der kognitiven Fähigkeiten eines Zwillingspaars. Drei Aspekte sind auffallend: Erstens, in beiden Abbildungen besteht ein positiver Zusammenhang zwischen den kognitiven Fähigkeiten des einen Zwillings und den kognitiven Fähigkeiten des anderen Zwillings. Dieser positive Zusammenhang wird durch die von links unten nach rechts oben verlaufende Gerade zusammengefasst. Je höher also die kognitiven Kompetenzen des einen Zwillings, desto höher auch die kognitiven Kompetenzen des anderen und umgekehrt. Der erste Hinweis auf eine genetische Komponente bei den kognitiven Fähigkeiten ergibt sich aus dem zweiten wichtigen Aspekt – der Steigung der Zusammenhangsgeraden. Diese ist deutlich stärker positiv bei eineiigen Zwillingen verglichen mit zweieiigen Zwillingen und impliziert damit eine stärkere Korrelation der kognitiven Fähigkeiten unter eineiigen Zwillingen als unter zweieiigen Zwillingen. Anders ausgedrückt: Kennt man die kognitiven Fähigkeiten eines eineiigen Zwillings, so sind unsere Vorhersagen über die kognitiven Fähigkeiten seines Geschwisters präziser als das bei zweieiigen Zwillingen der Fall ist. Neben der Steigung der Zusammenhangsgeraden gibt uns auch die Form der Punktwolken selbst einen Eindruck über die Stärke des Zusammenhangs: Je ellipsoider, desto stärker ist der Zusammenhang bzw. je kreisförmiger, desto schwächer. In diesem Beispiel ist die Punktwolke der eineiigen Zwillingspaare eindeutig ellipsoider und der Zusammenhang damit in dieser Gruppe höher. Der dritte wichtige Aspekt betrifft eher ein Muster, das wir nicht sehen: Wären Verhalten oder in unserem Fall die kognitive Kompetenz genetisch determiniert, dann sollten wir sehen, dass die Werte der eineiigen und damit 100 Prozent genetisch identischen Zwillingspaare eine Linie ohne Abweichungen bilden. Das ist hier offensichtlich nicht der Fall.

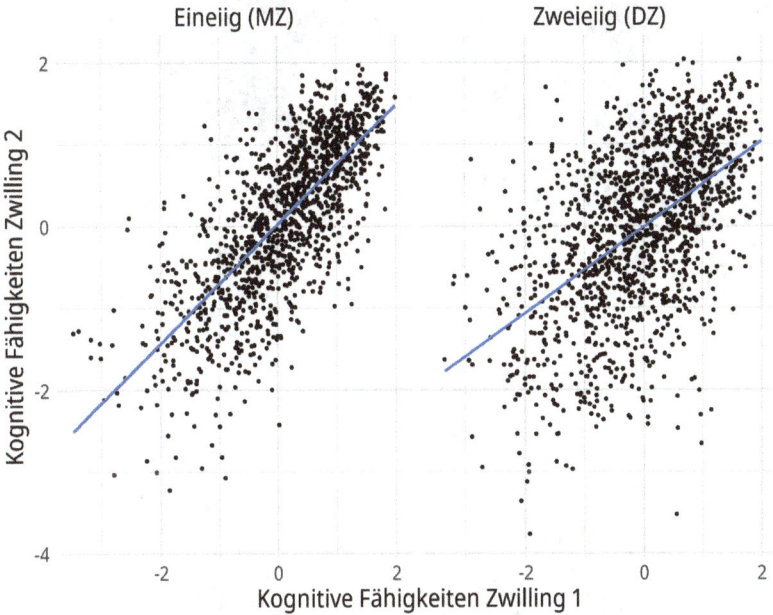

Abbildung 11: Übereinstimmung der kognitiven Fähigkeiten innerhalb von Zwillingspaaren. Quelle: 1. Welle des TwinLife-Panels, eigene Berechnung.

Die Muster sind zweifellos dennoch beeindruckend eindeutig. Die genetische Grundlage für Unterschiede in den kognitiven Fähigkeiten ist nachvollziehbar, da die Verknüpfung mit dem Gehirn, seiner Struktur und darin ablaufenden Prozessen eine direkte biologische Schnittstelle nahelegt. Abstrakter stellt sich die Situation aber für von biologischen Prozessen weiter entfernte Faktoren wie zum Beispiel Einstellungen dar. Daher betrachten wir im Folgenden die nach dem gleichen Prinzip wie bei den kognitiven Fähigkeiten erstellten Streudiagramme mit den Werten der Zwillingspaare getrennt nach Zygosität – diesmal für die Bereitschaft, Risiken einzugehen und soziales Vertrauen (siehe Abbildung 12). Für beide „softeren" Einstellungsmerkmale finden wir mit den kognitiven Kompetenzen vergleichbare Muster: Es besteht ein positiver Zusammenhang zwischen den Antworten innerhalb der Zwillingspaare und dieser Zusammenhang ist stärker bei

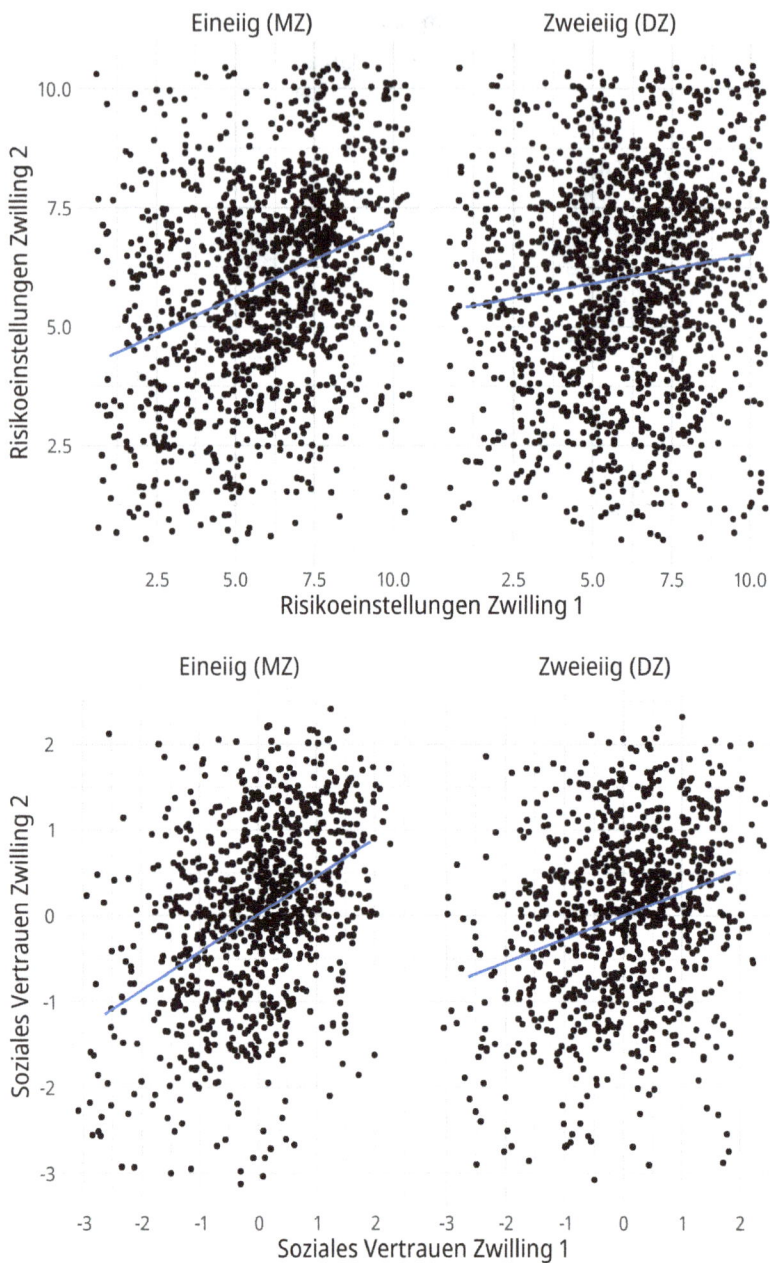

Abbildung 12: Zwillingskorrelationen für zwei Einstellungsmerkmale.
Quelle: 1. Welle des TwinLife-Panels, eigene Berechnung.

eineiigen Zwillingspaaren als bei zweieiigen. Der Vergleich über verschiedene Merkmale hinweg zeigt uns jedoch auch, dass die Stärke des Zusammenhangs deutlich variiert. Für soziales Vertrauen ist die Steigung der Zusammenhangsgeraden deutlich stärker, als das bei den Risikoeinstellungen der Fall ist. Demnach sind Merkmale vermutlich in variierendem Maße durch genetische Unterschiede beeinflusst.

In einem zweiten Schritt verzichten wir auf die grafische Darstellung und stellen die Merkmalskorrelation getrennt nach der Zygosität dar (vgl. Tabelle 1: Zwillingskorrelationen). Tabelle 1 gibt die Korrelationskoeffizienten für die kognitiven Fähigkeiten, die zwei oben betrachteten Einstellungsmerkmale sowie eine Vielzahl von weiteren Merkmalen an. Korrelationskoeffizienten haben einen Wertebereich von -1 bis 1, wobei das Vorzeichen die Richtung des Zusammenhangs angibt und der Betrag dessen Stärke. Je näher an Null, desto geringer ist der Zusammenhang, während 1 (-1) einem perfekt positiven (negativen) Zusammenhang entspricht. Insgesamt ist die große Mehrzahl der hier präsentierten Koeffizienten aber weit von perfekten Zusammenhängen entfernt. Stattdessen finden sich die bereits aus dem grafischen Vergleich gewonnenen Erkenntnisse: Für jedes Merkmal ist die Korrelation bei eineiigen Zwillingen stärker ausgeprägt als bei zweieiigen. In der Logik von Zwillingsstudien ist dieser Umstand ein Hinweis darauf, dass genetische Unterschiede bei allen Merkmalen eine Rolle spielen: Da die Umweltbedingungen der Zwillinge konstant sind, müssen Unterschiede zwischen eineiigen und zweieiigen Zwillingspaaren unter gleichen Umständen auf genetische Unterschiede zurückzuführen sein. Außerdem findet sich auch durchweg ein positiver Zusammenhang. Das heißt, je höher die Werte bei einem Zwilling sind, desto höher auch die Werte beim anderen Zwilling. Nun könnte man vermuten, dass bei denjenigen Charakteristika, die „näher" an biologischen Prozessen bzw. direkter mit diesen in Verbindung zu bringen sind, die Korrelationen demnach auch stärker sind. Das scheint in der Tendenz auch der Fall zu sein: Die Korrelation des Body-Mass-Index für eineiige Zwillinge liegt mit 0,90 sehr nahe an einem perfekten Zusammenhang, während subjektive Wahrnehmungen, wie die Frage, ob sich Zwillinge einsam fühlen, mit 0,15 deutlich schwächer korrelieren.

2.2.1 Erblichkeit

Die Betrachtung und der Vergleich von Korrelationen kann ein wichtiger erster Schritt sein, um eine Einschätzung zur Relevanz genetischer Faktoren für individuelle Unterschiede zu erhalten. Bisher haben wir die Höhe der Korrelationsdifferenz zwischen eineiigen und zweieiigen Zwillingen ignoriert. Mit der Falconer-Formel

Tabelle 1: Zwillingskorrelationen für ausgewählte Merkmale.

Merkmal	Zwillingskorrelation			
	eineiige Zwillinge	zweieiige Zwillinge	Differenz	h^2
Bildungsbezogene Merkmale				
kognitive Fähigkeiten	0,74	0,53	0,21	0,42
Bildungsabschluss	0,57	0,48	0,09	0,18
Persönlichkeit				
Extraversion	0,39	0,04	0,35	0,70
Gewissenhaftigkeit	0,40	0,13	0,27	0,54
Verträglichkeit	0,33	0,07	0,26	0,52
emotionale Stabilität	0,41	0,16	0,25	0,50
Offenheit	0,37	0,17	0,20	0,40
Intrinsische Motivation	0,39	0,19	0,20	0,40
Selbstvertrauen	0,40	0,22	0,18	0,36
Einstellungen				
Risikobereitschaft	0,32	0,13	0,19	0,38
Soziales Vertrauen	0,43	0,28	0,15	0,30
Religiosität	0,62	0,49	0,13	0,26
Spiritualität	0,42	0,16	0,26	0,52
Allg. Lebenszufriedenheit	0,40	0,36	0,04	0,08
Partizipation				
Soziale Partizipation	0,66	0,43	0,23	0,46
Anzahl enger Freundschaften	0,52	0,31	0,21	0,42
Politische Partizipation	0,51	0,33	0,18	0,36
Wahrgenommene Diskriminierung	0,37	0,20	0,17	0,34
Einsamkeit	0,15	0,11	0,04	0,08
Delinquenz				
Vandalismus	0,33	0,10	0,23	0,46
Ladendiebstahl	0,55	0,34	0,21	0,42
Ausübung physischer Gewalt	0,29	0,15	0,14	0,28
Gesundheitsbezogene Merkmale				
Diagnostizierte ADHS	0,66	0,39	0,27	0,54
Exzessiver Alkoholkonsum	0,52	0,28	0,24	0,48
Body-Mass-Index	0,90	0,70	0,20	0,40
Rauchverhalten	0,68	0,47	0,21	0,42
Diagnostizierte depressive Störung	0,31	0,14	0,17	0,34
Diagnostizierte Verhaltensstörung	0,38	0,23	0,15	0,30

Quelle: 1. und 2. Welle des TwinLife-Panels, eigene Berechnung.

lassen sich diese Differenzen nutzen, um den Einfluss von Genen und Umwelt auf Unterschiede im Verhalten präziser zu quantifizieren (Falconer & Mackay 1995). Die Falconer-Formel gibt auch die sogenannte Erblichkeit (h^2) eines Merkmals an und lautet

$$h^2 = 2 * (r_{MZ} - r_{DZ})$$

Demnach ergibt sich die Erblichkeit eines Merkmals als die zweifache Differenz der Merkmalskorrelationen von eineiigen Zwillingen (r_{MZ}) und zweieiigen Zwillingen (r_{DZ}). Die Werte der Erblichkeit lassen sich als Prozentangabe der Unterschiede bei einem Merkmal interpretieren, die auf genetische Unterschiede zurückzuführen sind. Für die kognitiven Fähigkeiten ergibt sich beispielsweise laut Formel ein Wert von 2*(0,74 − 0,53) = 0,42. Damit sind 42 Prozent der Unterschiede in den kognitiven Fähigkeiten auf genetische Unterschiede zurückzuführen. Im Umkehrschluss sind damit 100 − 42 = 58 Prozent der Unterschiede auf umweltbedingte Unterschiede zurückzuführen. In Tabelle 1 sind in der rechten Spalte h^2 die Erblichkeitswerte für alle hier betrachteten Merkmale angegeben. Niedrige Werte ergeben sich zum Beispiel für das Gefühl, einsam zu sein oder die allgemeine Lebenszufriedenheit (jeweils 8 Prozent), wohingegen die Erblichkeit der einzelnen Persönlichkeitsdimensionen der sogenannten Big Five (Verträglichkeit, Gewissenhaftigkeit, Extraversion, emotionale Stabilität und Offenheit) mit 40 bis 70 Prozent vergleichsweise hoch ist. Auch wenn uns weiter oben die hohe Merkmalskorrelation für den Body-Mass-Index aufgefallen ist (0,90 bei eineiigen Zwillingen), ist die dazugehörige Erblichkeit 0,40 eher im Mittelfeld angesiedelt.

So informativ diese Maßzahl auch scheint, so trügerisch ist sie auch. Es ist keine sprachliche Ungeschliffenheit, dass im letzten Abschnitt stets von „Prozent der Unterschiede ... durch Unterschiede in ..." die Rede war, denn Erblichkeit bezieht sich ganz explizit auf die Streuung oder allgemeiner die *Varianz in einem Merkmal*. Da die Varianz die Merkmalsstreuung in einer Population auf einen Wert reduziert, lässt sie auch nur Aussagen auf *Populationsniveau* zu. Die erste Fehlinterpretation der Erblichkeit liegt dann in ihrer Anwendung auf das Individuum à la „42 Prozent *meiner* kognitiven Fähigkeiten sind auf *meine* Gene zurückzuführen, der Rest wurde durch *meine* Umwelt erzeugt". Nein, das ist falsch, denn hier wird die Frage, ob ein Merkmal *erblich* ist mit der Frage, ob ein Merkmal *angeboren* ist, verwechselt! So ist die Anzahl der Finger an einer Hand in hohem Maße angeboren, aber hat eine niedrige Erblichkeit (Sapolsky 2017: 242). Das klingt auf den ersten Blick nur dann unschlüssig, wenn wir vergessen, dass Erblichkeit nur Aussagen zu *Unterschieden auf der Populationsebene* zulässt. Die überwiegende Mehrheit der Menschen besitzt fünf Finger an einer Hand. Fehlen Finger, so ist dies zumeist auf Unfälle zurückzuführen. Das heißt, wir haben einerseits kaum Varianz im Merkmal „Anzahl der Finger an einer Hand" und andererseits ist die geringe vorliegende Varianz weitestgehend durch Unterschiede in Umweltbedingungen bedingt (z. B. Menschen, die in einem urbanen Raum aufwachsen vs. Menschen, die auf dem eigenen Bauernhof mit Holzwirtschaft aufwachsen und gemeinsam mit tollpatschigen Verwandten Holz spalten und dann schnell ein bis drei Finger ganz oder teilweise fehlen[6]).

Erblichkeit als Maßzahl beinhaltet immer zwei Aussagen: Einerseits gibt sie den Anteil der Varianz eines Merkmals an, der durch Unterschiede in den Genen erzeugt wird. Andererseits wird damit gleichzeitig der verbleibende Anteil quantifiziert, der damit notwendigerweise den Anteil der Unterschiede angibt, der durch Unterschiede in der Umwelt hervorgerufen werden. Die Maßzahl Erblichkeit spiegelt damit symbolisch eine Art Tauziehen zwischen Genen und Umwelt wider: Ist der eine Anteil hoch, muss der andere Anteil zwangsläufig niedrig sein und umgekehrt. Da nun die Gründe für Unterschiede in der Anzahl der Finger an einer Hand meist in der Umwelt (z. B. Unfälle) begründet liegen, muss die berechnete Erblichkeit dieses Merkmals also zwangsläufig niedrig sein. Der Grund, warum die meisten Menschen jedoch mit fünf Fingern an einer Hand geboren werden, ist aber, dass Menschen ein angeborenes Entwicklungsprogramm für die Genese von fünf Fingern besitzen. Fünf Finger an einer Hand sind also hochgradig genetisch bedingt, während die Ursachen, weniger als fünf Finger zu besitzen, weitestgehend in Unterschieden der Umweltbedingungen begründet liegen und damit auf eine niedrige Erblichkeit hinweisen. Zurück zu den kognitiven Fähigkeiten: 42 Prozent der *Varianz in den kognitiven Fähigkeiten in einer Population* sind auf *genetische Unterschiede* zurückzuführen. Auch der Bezug zur Population mag sperrig wirken, ist aber essenziell für das Verständnis der Idee. Wie wir in den Kapiteln 5. Gen-Umwelt-Korrelationen (rGE) und 6. Gen-Umwelt-Interaktionen sehen werden, variieren Schätzungen der Erblichkeit mit dem Kontext im weitesten Sinne: als physischer Kontext im Sinne von Orten, als sozialer Kontext im Sinne der sozialen Herkunft oder aber auch zeitlicher Kontext im Sinne einer Kohortenzugehörigkeit. Damit spiegelt sich in der Variation der Erblichkeit über soziale Kontexte hinweg die Idee wider, dass Umweltbedingungen in unterschiedlichen Maßen Einfluss auf Unterschiede zwischen Menschen nehmen können. Also eine im Kern dezidiert klassisch soziologische Idee der Kontextgebundenheit menschlichen Verhaltens.

Erblichkeit darf daher keineswegs als allgemeingültiger Wert des Anteils der Varianz, der auf genetische Unterschiede zurückzuführen ist, interpretiert werden, sondern immer vor dem Hintergrund der betrachteten Population. Aber auch das ist kein genuines Problem der Verhaltensgenetik. Berechnen wir in der

---

6 Ein natürlich frei erfundenes Beispiel ohne reales Äquivalent.

Soziologie den Gini-Koeffizienten, um das Ausmaß von Einkommens- oder Vermögensungleichheit in Gesellschaften zu messen, dann ist das eben auch nur eine
Maßzahl auf Populationsniveau, die offensichtlich kontext- und zeitspezifisch ist.
Wenn dem nicht so wäre, dann gäbe es schließlich auch keine Literatur zu inter-
nationalem Vergleich von Einkommens- und Vermögensungleichheit sowie Analysen von Trends über die Zeit (McCall & Percheski 2010; Hung 2021). Bei Ländern,
in denen der Gini-Koeffizient näher an 1 und damit einer Situation größtmögli-
cher Ungleichheit ist, kommen wir schließlich auch nicht zum Schluss, dass diese
Situation unveränderlich sei und auf ewig für dieses Land zutreffen werde. Wir
wissen, dass beispielsweise Umverteilungsmaßnahmen ein effektives Mittel sind,
um das als zu hoch empfundene Ausmaß an Ungleichheit zu reduzieren (Roser &
Ortiz-Ospina 2013). Analog dazu repräsentiert die Erblichkeit auch nur eine Maßzahl, die den aktuellen Ist-Zustand ausdrückt und nicht, was potenziell möglich
ist. Diese Auffassung des „what is, not what could be" findet sich bei vielen Autorinnen und Autoren in der psychologischen Verhaltensgenetikliteratur wieder
und wird auch über konkurrierende Lager hinweg geteilt. So etwa von Harden
(2021b:39), die als Vertreterin des Pols „softer" genetischer Erklärungen tendenziell die Bedeutung der Umwelt in den Vordergrund stellt und Plomin (2018:9) für
die Gegenseite, für die genetische Einflüsse deutlich festgeschriebener und damit
relevanter als Umwelterklärungen sind. Erblichkeit repräsentiert keinesfalls die
Grenzpfeiler möglicher sozialer Interventionen à la „bis hier hin ist etwas verän-
derbar, aber ab hier beginnt der Anteil der genetisch bedingten Unterschiede, ab
hier ist nichts mehr zu machen". Eben weil Erblichkeit hochgradig populations-
spezifisch ist (in Bezug auf den Lebensverlauf, auf den proximalen und sozialen
Kontext, auf den historischen Kontext usw.) bildet sie ausschließlich die Konstellation sehr spezifischer Lebens- und Kontextkonfigurationen ab. Hinzukommt,
dass das Gros der verfügbaren Datensätze einen gewöhnlich sehr begrenzten
Raum menschlicher Kontextbedingungen abbildet, da die meisten Studien die sogenannte WEIRD Bevölkerung abdecken (Western, Educated, Industrialized, Rich,
Democratic). Man darf Erblichkeit daher keinesfalls als universelle Abbildung des
Anteils genetischer Unterschiede an komplexen menschlichen Merkmalen und
Verhalten betrachten, sondern man muss sich der Kontextabhängigkeit in ihrer
vielfältigen Ausprägung stets gewahr sein. Und wie wir im Kapitel 6.4 Das Social-
Control-Modell noch sehen werden, ist die Kontextabhängigkeit der Erblichkeit
auch nicht ausschließlich ein Nachteil, sondern ermöglicht erst innovative For-
schungsdesigns zu Fragen wie Gen-Umwelt-Interaktionen.

2.2.2 Das ACE-Modell

Von der Falconer-Formel als simples deskriptives Instrument, um die Erblichkeit eines Merkmals zu bestimmen, gibt es eine wichtige Verallgemeinerung, die den umweltbezogenen Varianzanteil noch einmal aufteilt. Es wird ein Varianzanteil aufgrund von Unterschieden in der *geteilten* Umwelt unterschieden von dem in der *nichtgeteilten* Umwelt (weiter unten verdeutlichen Beispiele dieses Prinzip). Da eineiige Zwillinge sowohl genetisch identisch sind wie auch ihre Umwelt teilen, wird die Differenz von 100 Prozent und der Merkmalskorrelation auch der „nichtgeteilte Umweltanteil" an der Varianz eines Merkmals genannt. Für den Fall der kognitiven Fähigkeiten ergibt sich damit ein nichtgeteilter Umweltanteil von $(1 - 0{,}74)^*100 = 26$ Prozent. Damit entfallen 42 Prozent der Unterschiede in den kognitiven Fähigkeiten auf genetische Unterschiede, 26 Prozent auf Unterschiede in der nichtgeteilten Umwelt und die verbleibenden $100 - 42 - 26 = 32$ Prozent auf Unterschiede in der geteilten Umwelt (Conley & Fletcher 2017: 20 ff). Diese Methode der Varianzzerlegung nennt man auch das ACE-Modell und sie stellt eines der wichtigsten Werkzeuge zur Analyse von Zwillingsdaten dar. Die einzelnen Buchstaben des Akronyms ACE haben folgende Bedeutung: A steht für „additive heritability", also die genetische Komponente, C für „common environment", also die Komponente der geteilten Umwelt und E für „unique or non-shared environment", also die Komponente der nichtgeteilten Umwelt. Formal lässt sich das ACE-Model so darstellen

$$Var_{Merkmal} = Var_A + Var_C + Var_E$$

Wobei hier noch einmal deutlich wird, dass es immer um eine Zerlegung von *Unterschieden* in ihre jeweiligen Komponenten geht: Die Varianz in einem Merkmal ist die Summe der Varianzen erzeugt durch Gene, die geteilte Umwelt und die nichtgeteilte Umwelt. Wichtig ist auch zu verstehen, dass die Varianzzerlegung des ACE-Modells anhand einfacher Prinzipien (Unterschiede im Verwandtschaftsgrad von eineiigen und zweieiigen Zwillingen bei gleicher Umwelt) und daraus abgeleiteten Implikationen erfolgt und direkt weder Gene noch Aspekte der nichtgeteilten oder geteilten Umwelt gemessen werden. Aber analog zu der in der quantitativen Soziologie weit verbreiteten Regressionsanalyse lassen sich über direkte Messungen von erklärenden Faktoren Aussagen darüber treffen, welche Varianzkomponente diese jeweils verändern, sprich ob die Faktoren genetische Varianz oder Varianz in der nichtgeteilten beziehungsweise geteilten Umwelt erklären.

Zu den einzelnen Komponenten: Die **genetische Komponente A** umfasst alle Einflüsse auf das untersuchte Merkmal, die sich aufgrund von genetischen Unterschieden zwischen Individuen ergeben. Das Adjektiv „additiv" bedeutet, dass einzelne Genvarianten, die einen wie auch immer gestalteten Einfluss auf das untersuchte Merkmal haben, sich in ihrer Wirkung additiv ergänzen und nicht miteinander interagieren, d. h. multiplikativ wirken. In der bisher größten Metaanalyse der Zwillingsliteratur werden im Durchschnitt *fast 50 Prozent der Unterschiede* in menschlichen Merkmalen und Verhalten durch genetische Unterschiede erklärt (Polderman et al. 2015: 702). Die **geteilte Umwelt C** umfasst all jene nichtgenetischen Elemente im Leben der Zwillinge, die von ihnen geteilt erfahren werden bzw. die Mitglieder einer Familie einander ähneln lassen (Knopik et al. 2017: 102). Darunter fallen zum Beispiel die meisten Attribute der Familien selbst, wie etwa der soziale Status der Eltern, Änderungen im Familienstatus – etwa durch Scheidung der Eltern –, die Charakteristika der Nachbarschaft oder das Lärmniveau im Haushalt. Kurzum, die geteilte Umwelt umfasst alles, was wir Soziologinnen und Soziologen als zentrale Elemente befinden, um beispielsweise Muster der sozialen Ungleichheit zu erklären. Im obigen Beispiel zur Varianzzerlegung für die kognitiven Kompetenzen haben die Ergebnisse gezeigt, dass ungefähr 32 Prozent der Unterschiede auf die geteilte Umwelt entfallen. So gerne wir unsere disziplinspezifischen Annahmen bestätigt sehen wollen: Ergebnisse in dieser Größenordnung sind die Ausnahme! Für die überwiegende Mehrheit der Merkmale entfällt auf die geteilte Umwelt nur ein kleiner – oft sogar kein – Anteil der Varianz in einem Merkmal (Polderman et al. 2015: 707).

Zu den empirischen Mustern im weiteren Verlauf des Buches dann mehr. Die **nichtgeteilte Umwelt E** umfasst alle nichtgenetischen Einflüsse, die für die einzelnen Zwillinge unabhängig wirken. Darunter fallen einmal allgemein der Messfehler im untersuchten Attribut (daher auch die Bezeichnung E für „error") aber auch zufällige oder idiosynkratische Erfahrungen, nichtgeteilte Bekanntschaften und Freunde, individuelle Erkrankungen, subjektive Wahrnehmungs- und Bewertungsprozesse, kindspezifische Behandlung durch die Eltern oder stochastische Zellprozesse im Verlauf der Entwicklung. Was sich wie ein loses Sammelsurium an möglichen Faktoren liest, spiegelt auch die Ratlosigkeit hinsichtlich des empirisch messbaren Inhalts dieser Komponente wider (Tikhodeyev & Shcherbakova 2019). Bisherige Studien haben keine bis wenige systematische Faktoren in der Umwelt von Individuen identifiziert, die Unterschiede in der nichtgeteilten Umwelt in substanziellem Maße erklären können (Knopik et al. 2017: 105–106). Auch wenn Diskussionen um Gene und Umwelt A und C in den Vordergrund stellen und die nichtgeteilte Umwelt E tendenziell ignorieren, ist E konzeptionell von enormer Bedeutung. Eineiige Zwillinge beginnen ihr Leben mit hochgradig ähnlichen Startbedingungen (identische Gene und größtenteils identische Umwelt), und dennoch sind sie in ihren Merkmalen und Verhalten weit davon entfernt, identisch zu sein. E quantifiziert damit in gewisser Weise die Freiheitsgrade im Verhalten unabhängig von Genen und geteilter Umwelt: Ist der Anteil der nichtgeteilten Umwelt niedrig, so führt ein gleicher Startpunkt zu ähnlicheren Ergebnissen, verglichen mit Merkmalen mit einem hohen E-Anteil. Harden (2021b: 43) bringt die Sicht auf Verhaltensfreiheitsgrade durch die verhaltensgenetische Brille folgendermaßen auf den Punkt: „[...] in your alternative life, you might have not gotten divorced, you might have made more money, you might be more extraverted or organized [hohe E-Anteile, CS] – but you are unlikely to be substantially different in cognitive ability, education, or mental disease [niedrige E-Anteile, CS]."

In der Praxis erfolgt die Berechnung nicht über die oben gezeigte approximative Berechnung (also $E = 1 - r_{MZ}$ und $C = 1 - A - E$) sondern über regressionsbasierte Methoden wie (multivariate) Strukturgleichungsmodelle. Abbildung 13 zeigt zwei Versionen eines ACE-Modells in seiner Strukturgleichungs- bzw. pfadanalytischen Repräsentation, die manchen zum Beispiel aus Anwendungen der (international vergleichenden) Einstellungsforschung vertraut sein dürften (Meuleman, Davidov & Billiet 2009; Reinecke & Pöge 2010). Auf der linken Seite zeigt die Abbildung das ACE-Modell als statistisches Strukturgleichungsmodell: Rechtecke spiegeln dabei manifeste, also gemessene Variablen wider – hier die Merkmale von Zwilling 1 und Zwilling 2. Kreise stehen für latente, also nicht gemessene, aber statistisch modellierte Variablen. Zusätzlich wird im Modell die theoretisch festgelegte Korrelation zwischen den latenten Variablen über die doppelköpfigen Pfeile abgebildet: Da sich Zwillinge ihre geteilte Umwelt per Modellannahme zu 100 Prozent teilen, wird die Korrelation der C-Komponenten hier unabhängig vom Zwillingstyp auf 1 festgesetzt. Die Korrelation zwischen den genetischen Komponenten A_1 und A_2 hängt jedoch vom betrachtenden Zwillingstyp ab: Die genetische Identität von eineiigen Zwillingen (MZ) impliziert eine genetische Korrelation von 1, während die durchschnittlich 50-prozentige Überlappung von zweieiigen Zwillingen (DZ) damit eine Korrelation von 0,5 vorgibt. Die gerichteten Pfeile von den latenten Komponenten zu den manifesten Werten mit den Bezeichnungen a, c und e geben die zu schätzenden Werte der einzelnen Komponenten des ACE-Models wieder. Die Darstellung in der rechten Seite verkürzt das zugrundeliegende statistische Strukturgleichungsmodel um seine Annahmen und datentechnische Repräsentation. Somit fokussiert sie für die Leserschaft die eigentlich interessierende Information – in einer inhaltlichen Anwendung entspricht das den geschätzten Werten von a, c und e. Im Folgenden wird daher – sofern angebracht – auf die rechte Form der grafischen Repräsentation von ACE-Modellen und seinen Varianten zurückgegriffen – mit dem Wissen um die im Hintergrund präsenten Annahmen.

Häufig ergeben sich in der Berechnung der Varianzzerlegung anhand naiver Berechnung unplausible Werte wie negative prozentuale Varianzanteile, so zum Beispiel bei emotionaler Stabilität in Tabelle 2: A = 50 Prozent, E = 1 – 0,41 = 0,59 oder 59 Prozent und C = 100 – 50 – 59 = –9 Prozent. Das kann ein erster Hinweis auf eine

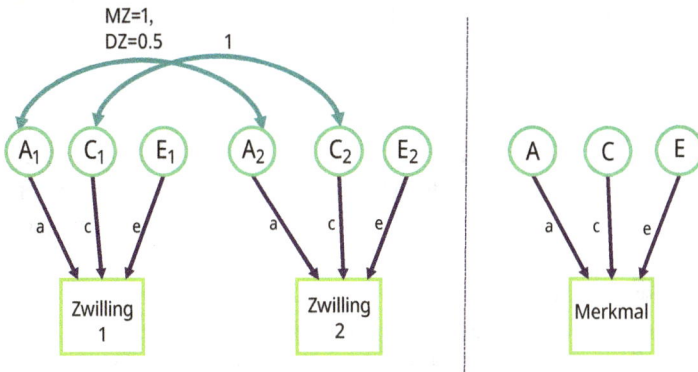

Abbildung 13: Zwei grafische Repräsentationen des ACE-Models.
Quelle: Eigene Darstellung.

Missspezifikation des Modells sein. Über verschiedene Varianten des ACE-Modells lässt sich dann untersuchen, welche Form den Zusammenhängen der Daten besser entspricht. Gängige Varianten sind zum Beispiel das AE-Modell, bei dem keine Einflüsse der geteilten Umwelt identifizierbar sind, oder das ADE-Modell, wo zusätzlich zu additiven Effekten dominante genetische Effekte angenommen werden. Im Beispiel der emotionalen Stabilität gibt uns die relative Höhe der beiden Korrelationen einen möglichen Hinweis auf ein passenderes Modell: Ist die Korrelation der eineiigen Zwillinge mehr als doppelt so hoch wie der zweieiigen, so können dominante genetische Effekte vorliegen und ein ADE-Modell – also additive (A) und dominante (D) genetische Effekte sowie die nichtgeteilte Umwelt (E) – könnte die Daten besser repräsentieren (Neale & Maes 2004: 135). In diesem Beispiel ist das eindeutig der Fall, da 0,41/2 > 0,16. Gängige Softwareimplementierungen dieser Varianzzerlegungsmodelle für Zwillingsdaten erlauben typischerweise einen einfachen Vergleich verschiedener Modellformulierungen anhand von Modellgütekriterien. Tabelle 2 demonstriert das Vorgehen am Beispiel der emotionalen Stabilität.

Tabelle 2: Modelauswahl für emotionale Stabilität, unstandardisierte Varianzkomponenten.

Modell	A	C	E	D	Δdf	ΔAIC
ACE	0,63	0,00	0,78			
ADE	0,45		0,77	0,46	0	−4,25
CE		0,65	0,76		−1	−1,80
AE	0,63		0,78		−1	−2,00
E			1,00		−2	289,77

Quelle: 1.Welle des TwinLife-Panels, eigene Berechnung.

Im Modellvergleich werden alternative Modelle gegen das „volle" ACE-Modell getestet. In diesem Beispiel testen wir vier Alternativen: ADE, DE, AE und E. Ausschlaggebend ist die Veränderung im Modellgütemaß AIC wobei negative Werte auf eine Modellverbesserung hinweisen. Das ADE-Modell weist hier die größte Verbesserung auf und stellt damit das „beste" Modell zur Beschreibung der Daten dar. Die Spalte Δdf gibt an, wie viele Parameter mehr oder weniger in den jeweiligen Alternativmodellen geschätzt werden müssen. Je weniger Parameter, desto „sparsamer" kann das statistische Modell die Daten wiedergeben. Zwar werden im Modell E zwei Parameter weniger geschätzt als im vollen ACE-Modell, dies führt jedoch zu einer drastischen Verschlechterung der Modellgüte (ausgedrückt durch das positive ΔAIC). Die größte Verbesserung der Modellgüte findet sich demnach im Vergleich zwischen ACE- und ADE-Modell, wobei Letzteres zu bevorzugen ist. Das sehen wir einerseits, da der negative ΔAIC eine Modellverbesserung impliziert, und andererseits am absolut höchsten Wert der Veränderung. Denn auch DE und AE zeigen eine Modellverbesserung gegenüber einem ACE-Modell an. Die Verbesserung ist aber absolut gesehen nicht annährend so hoch, wie diese für das ADE-Modell angegeben wird. Insgesamt ergibt sich damit für emotionale Stabilität, dass 0,45/(0,45 + 0,77 + 0,46) ~ 27 Prozent der Unterschiede auf additive genetische Unterschiede, ca. 27 Prozent auf dominant genetische Unterschiede und 46 Prozent aufgrund von Unterschieden in der nichtgeteilten Umwelt entstehen. Welche Modellform jeweils angemessen ist, ist daher letztlich eine empirische Frage und muss im Vorfeld weiterführender Analysen untersucht und getestet werden.

Tabelle 3 wiederholt die naiven Analysen aus Tabelle 2 anhand von ACE-Modellen. Für jedes der ausgewählten Merkmale wurde dabei im Vorfeld anhand der gerade beschriebenen Modellvergleichsmethode das Modell mit der besten statistischen Passung zu den Daten gewählt. Ohne im Detail auf die einzelnen Ergebnisse einzugehen, fallen doch einige Muster ins Auge: Die Spalte der nichtgeteilten Umwelt E ist für jedes Merkmal vorhanden – was auch so sein muss, denn darin enthalten sind wie oben bereits diskutiert auch Aspekte wie Messfehler jeder Art, deren Ausmaß gerade für sozialwissenschaftliche Merkmale nicht zu unterschätzen ist. Unterschiede in der geteilten Umwelt sind bei circa der Hälfte der hier betrachteten Merkmale relevant und übersteigen nur in Ausnahmen 40 Prozent. Genetische Unterschiede – entweder in additiver (A) oder dominanter (D) Form – sind für alle Merkmale bis auf „Einsamkeit" wichtig, um Unterschiede zwischen Individuen zu erklären. Auffallend ist an dieser Stelle, dass für Persönlichkeitsmerkmale häufig dominante genetische Unterschiede zu finden sind und gleichzeitig keinerlei Unterschiede durch Unterschiede in der geteilten Umwelt erklärt werden. Weiter unten werden wir mit der Diskussion der drei Gesetze der Verhaltensgenetik die hier gezeigten Ergebnisse weiter systematisieren.

Tabelle 3: Standardisierte Varianzzerlegung mittels ACE-Modellen für ausgewählte Merkmale.

Merkmal	A	C	E	D
Bildungsbezogene Merkmale				
kognitive Fähigkeiten	0,40	0,32	0,29	
Bildungsabschluss	0,29	0,34	0,37	
Persönlichkeit				
Extraversion			0,56	0,44
Gewissenhaftigkeit			0,54	0,46
Verträglichkeit			0,58	0,42
Emotionale Stabilität	0,21		0,59	0,21
Offenheit	0,44		0,56	
Intrinsische Motivation	0,45		0,55	
Selbstvertrauen	0,45		0,55	
Einstellungen				
Risikobereitschaft	0,41		0,59	
Soziales Vertrauen	0,47		0,53	
Religiosität	0,26	0,37	0,37	
Spiritualität	0,45		0,55	
Allg. Lebenszufriedenheit	0,19	0,34	0,47	
Partizipation				
Soziale Partizipation	0,38	0,28	0,34	
Anzahl enger Freundschaften	0,54		0,46	
Politische Partizipation	0,35	0,24	0,41	
Wahrgenommene Diskriminierung	0,43		0,57	
Einsamkeit		0,28	0,72	
Delinquenz				
Vandalismus			0,59	0,41
Ladendiebstahl	0,34	0,26	0,40	
Ausübung physischer Gewalt	0,40		0,60	
Gesundheitsbezogene Merkmale				
Exzessiver Alkoholkonsum	0,52		0,48	
Body-Mass-Index	0,38	0,43	0,19	
Rauchverhalten	0,41	0,27	0,32	
Diagnostizierte depressive Störung	0,39		0,61	

Anmerkung: Alternative Modellformen zum ACE-Modell sofern vorgelagerte Analysen dies nahelegen.
Quelle: 1. und 2. Welle des TwinLife-Panels, eigene Berechnung.

Die Trennung in empirisch messbare Indikatoren der Varianzkomponenten ist ebenfalls nicht einfach, denn es bestehen oftmals Feedback-Mechanismen zwischen den einzelnen Komponenten. Eine Differenzierung ist lediglich unter sehr strengen Bedingungen möglich. Zum Beispiel wäre eine musikalisch-orientierte Erziehung in der Familie nur dann ein Effekt der geteilten Umwelt, wenn jedes Kind diese in gleichem Maße und unabhängig von genetisch-bedingten Unterschieden zwischen den Geschwistern erhält (Conley & Fletcher 2017: 21). Sobald Eltern jedoch auf Unterschiede in den Prädispositionen für musikalische Begabung reagieren, ist die Erziehung nicht mehr vollumfänglich Teil der geteilten Umwelt C, sondern Teil der Genkomponente A. Letztere Situation dürfte empirisch eher der Norm entsprechen. In Kapitel 5.1 Reaktive rGE werden diese Mechanismen bezüglich der Idee der Gen-Umwelt-Korrelationen noch ausführlicher diskutiert.

2.2.3 Annahmen von Zwillingsstudien

Bevor wir uns eingehender mit den Erkenntnissen aus Zwillingsdesigns beschäftigen, müssen wir die Annahmen dieses Studientyps diskutieren. Gerade bei Zwillingsstudien werden die „unnatürliche", da seltene, Studienpopulation als Argument ins Feld geführt, um die Erkenntnisse bzw. die externe Validität anzuzweifeln. Zu Recht, denn wie bei anderen Designs oder statistischen Verfahren kann eine Verletzung dieser Annahmen zu inkorrekten oder verzerrten Maßzahlen und damit zu potenziell falschen Schlüssen führen (Keller et al. 2009: Tabelle 2). Insgesamt treffen Zwillingsdesigns vier große Annahmen: Die erste Annahme haben wir bereits weiter oben kennengelernt. Sie besagt, dass keine homogamen Tendenzen („assortative mating") beim untersuchten Merkmal vorliegen dürfen. Diese Annahme wird je nach Merkmal stärker oder schwächer verletzt. Für soziologische Untersuchungen bzw. solche für soziale Ungleichheit relevanten Merkmale wie kognitive Fähigkeiten oder Bildung können wir auf Grundlage der breiten Literatur zur Bildungshomogamie von eher stärkeren homogamen Tendenzen ausgehen (Blossfeld & Timm 2003). Da wegen der Homogamie der Eltern die Merkmalskorrelation der zweieiigen Zwillinge ansteigt, wird insgesamt der Anteil der genetischen Komponente *unterschätzt*, während der Anteil der geteilten Umwelt *überschätzt* wird (Røysamb & Tambs 2016). Tabelle 4 demonstriert die darunterliegende Logik anhand eines fiktiven Zahlenbeispiels.

Für multivariate Verfahren ist eine Verletzung dieser Annahme jedoch kein Problem, da wir über eine simple Korrektur die empirisch gemessene Merkmalskorrelation der Eltern integrieren können. Dafür ersetzen wir die Annahme, dass die genetische Überlappung von zweieiigen Zwillingen im Durchschnitt bei 50 Pro-

Tabelle 4: Fiktives Zahlenbeispiel für die Konsequenzen von Annahmeverletzungen in ACE-Modellen.

	Werte unter der Annahme, dass KEINE Homogamie vorliegt (Annahme wird nicht verletzt)	Homogamie liegt vor (Annahme wird verletzt)	Konsequenz
rMZ	0,75	0,75	
rDZ	0,45	0,50	
Differenz	0,30	0,25	
A	2*0,30 = 0,60	2*0,25 = 0,50	unterschätzt
E	1 − 0,75 = 0,25	1 − 0,75 = 0,25	
C	1 − 0,60 − 0,25 = 0,15	1 − 0,50 − 0,25 = 0,25	überschätzt

Quelle: Eigene Darstellung fiktiver Daten.

zent liegt, mit einer aus den Daten berechneten Überlappung anhand folgender Formel (Loehlin, Harden & Turkheimer 2009):

$$r_{DZkorrigiert} = 0,5 + \left(0,5 * h^2 * r_P\right)$$

wobei h^2 für die Erblichkeit des untersuchten Merkmals steht und r_p die Merkmalskorrelation der Eltern angibt. Anstelle der genetischen Überlappung wird hier die äquivalente genetische Korrelation berechnet. Wir demonstrieren am Beispiel der kognitiven Fähigkeiten die Konsequenzen der Annahmeverletzung und ihre Korrektur. Die Korrelation der elterlichen kognitiven Fähigkeiten liegt in den TwinLife-Daten bei 0,35 und legt damit eindeutig homogame Tendenzen in den kognitiven Fähigkeiten nahe. Die korrigierte genetische Korrelation zweieiiger Zwillinge lautet dann 0,5 + (0,5 * 0,42 * 0,35) ~ 0,57 anstelle der angenommenen 0,5. Der Erblichkeitswert von 0,42 ist Tabelle 1: Zwillingskorrelationen entnommen. Das ACE-Modell unter der klassischen Annahme einer genetischen Korrelation von 0,5 ergibt folgende – inkorrekten – Werte der Varianzzerlegung: A = 0,46, C = 0,29 und E = 0,25. Korrigieren wir nun für die Annahmeverletzung, so erhalten wir: A = 0,54, C = 0,21 und E = 0,25. Der Anteil der nichtgeteilten Umwelt bleibt wie zu erwarten konstant, aber die Genkomponente ist nun rund acht Prozentpunkte höher, während der Anteil der geteilten Umwelt um den gleichen Betrag gesunken ist.

Die zweite Annahme besagt, dass es keine Unterschiede im Einfluss der geteilten Umwelt zwischen eineiigen und zweieiigen Zwillingspaaren gibt – eineiige und zweieiige Zwillinge also von ihrer Umwelt gleichbehandelt werden („equal environments assumption"). Diese Annahme ist meistens die Krux in der Kritik an Zwillingsstudien, denn sie stellt die externe Validität der Ergebnisse in Frage. Eineiige Zwillinge werden häufiger identisch gekleidet, sehen sich physisch meist ähnlicher, verbringen mehr Zeit miteinander und werden daher auch häufiger untereinander verwechselt als zweieiige (Conley & Fletcher 2017: 24). Demnach könnte die höhere Merkmalskorrelation bei eineiigen Zwillingen darauf zurückzuführen sein, dass sie von ihrer Umwelt „gleicher" behandelt werden und was als genetischer Effekt interpretiert wird, in Wahrheit einen Effekt der geteilten Umwelt widerspiegelt. Eine Verletzung dieser Annahme würde daher die genetische Komponente *überschätzen* und die geteilte Umweltkomponente *unterschätzen* (Derks, Dolan & Boomsma 2006). Leider existiert keine einfache Korrektur für eventuelle Verletzungen der Annahme. Dennoch gibt es eine ganze Reihe von Untersuchungen, die sich mit der Problematik auseinandersetzen. Sie machen sich den Umstand eines einfachen aber bisher ungenannten Problems zu Nutze: Wie unterscheidet man eigentlich eineiige von zweieiigen Zwillingen? Mit absoluter Sicherheit lässt sich die Zygosität nur anhand eines Gentests beweisen. Ohne ihn wird sie dann zum Beispiel über die Einschätzungen der Eltern oder der Forschenden über den Grad der Ähnlichkeit zwischen den Zwillingsgeschwistern erhoben. Wie alle Einschätzungen ist auch diese mit einem Messfehler behaftet: Sprich, ein Teil dieser Zwillinge wächst unter einem Regime auf, in dem die Umwelt eine stärkere Ähnlichkeit *wahrnimmt* als genetisch gegeben ist (zweieiige Zwillinge, die für eineiige gehalten werden) und umgekehrt. In einer Untersuchung wich die genetisch bestimmte Zygosität bei ca. 20 Prozent der Zwillingspaare von der subjektiv selbst wahrgenommenen Zygosität ab, und zwar meist so, dass Personen glaubten, sie wären zweieiig, der DNA-Test jedoch Eineiigkeit bestätigte (Conley et al. 2013: 420). Unterschiede werden eben oft einfacher wahrgenommen als Gemeinsamkeiten (Barrett 2017: Kapitel 5). Berechneten die Autorinnen und Autoren nun die Erblichkeit für interessierende Merkmale auf Grundlage der *falsch klassifizierten* eineiigen und zweieiigen Zwillinge, so zeigte sich keine systematische Überschätzung der Erblichkeit, und legt damit nahe, dass die Annahme von in gleichem Maße geteilten Umwelten von eineiigen und zweieiigen Zwillingen valide ist.

Die dritte Annahme geht von additiven genetischen Effekten aus. Wie weiter unten noch aufgegriffen wird, ist der Konsens, dass die meisten Merkmale durch hunderte bis tausende genetische Unterschiede mit je sehr kleinen Effekten beeinflusst werden. Wirken diese nicht additiv, sondern interagieren miteinander (sogenannte Epistasis) oder gibt es gar dominante genetische Effekte, dann wird diese Annahme verletzt und die genetische Komponente damit *überschätzt* (Zuk et al. 2012). Auch hier benötigt es Sekundärforschung, um die Validität dieser Annahme zu überprüfen. In einer Metastudie von 50 Jahren Zwillingsforschung und hunderten untersuchten Merkmalen kommen die Autorinnen und Autoren zum Schluss, dass es kaum Hinweise auf das Vorliegen von dominanten genetischen Effekten gibt (Polderman et al. 2015: 704–708). Alternativ testet man diese Annahme mithilfe der oben beschriebenen Modellauswahlmethode und passt das gewählte Verfahren dementsprechend dem Ergebnis der Modellselektion an.

Die vierte und letzte Annahme besagt, dass keine Gen-Umwelt-Korrelationen bzw. Interaktionen vorliegen dürfen. Diese liegen zum Beispiel dann vor, wenn genetische Effekte nur in bestimmten Umwelten zum Tragen kommen oder bestimmte genetische Prädispositionen in bestimmten Umwelten gehäuft vorkommen. Diese Annahme wird häufig, wenn nicht sogar immer verletzt. Das liegt aber schon in der Natur der Dinge: Unser genetischer Code ist schließlich explizit darauf angelegt, flexibel auf Umweltbedingungen reagieren zu können. Demnach ist auch keine allgemeingültige Richtung der Verzerrung bei Verletzung der Annahme anzugeben, denn sie hängt vom untersuchten Merkmal ab. Tendenziell geht man aber bei Gen-Umwelt-Korrelationen von einer *Unterschätzung* des genetischen Effekts bzw. einer *Überschätzung* der geteilten Umweltkomponente aus und bei Gen-Umwelt-Interaktionen vom umgekehrten Muster (Überschätzung von A und Unterschätzung von C, Keller et al. 2009: Tabelle 2). An dieser Stelle muss daher noch einmal betont werden, dass ACE-Modelle und Varianzzerlegungsmethoden im Allgemeinen eher deskriptive Methoden sind und damit immer ein erster Schritt der Beschreibung empirischer Realität. Dass deskriptive Muster trügerisch sein können und mitunter zu falschen Schlüssen verleiten, ist kein genuines Problem verhaltensgenetischer Methoden. Einfache bivariate Methoden können nützliche erste Eindrücke zu Zusammenhängen in Daten liefern, wenngleich die meisten Forschenden auf multivariate Methoden zurückgreifen, um Erklärungen oder Randbedingungen für die Muster zu finden – mindestens aber zur Drittvariablenkontrolle. Wie später noch gezeigt wird, lässt sich genau diese Verletzung einer Annahme von Zwillingsstudien nutzen, um Einblicke in Gen-Umwelt-Interaktionen zu erhalten, etwa wenn es um die Frage geht, ob Kinder aus Hochstatusfamilien ihr genetisches Potenzial in höherem Maße realisieren können als Kinder aus Familien mit niedrigerem sozialem Status (z. B. Baier & Lang 2019).

2.2.4 Drei Gesetze der Verhaltensgenetik

Es stellen sich uns zahlreiche Fragen: Gene erzeugen Proteine und die sollen einen Einfluss auf soziales Verhalten haben? Alles soll (in einem gewissen Umfang) erblich sein? Also nicht nur Merkmale wie Körpergröße, sondern auch Einstellungen? Die geteilte Umwelt – also auch die Familie – soll kaum relevant sein? Und Zwillinge, also sehr selten vorkommende und daher spezielle Menschen, sollen das alles beweisen? Ja! Die empirische Evidenz für diese Muster ist sogar so konsistent repliziert, dass sie in den drei Gesetzen der Verhaltensgenetik festgehalten wird (Turkheimer 2000: 160):

1. Alle Merkmale menschlichen Verhaltens sind erblich.
2. Der Effekt des gemeinsamen Aufwachsens in einer Familie ist kleiner als der Effekt der Gene.
3. Ein substanzieller Teil der Variation im menschlichen Verhalten wird weder durch genetische Effekte noch durch Effekte der Familie erklärt.

In die Logik des ACE-Modells übertragen, lassen sich die Gesetze auch verkürzt so darstellen:
1. $A > 0$
2. $C < A$
3. $E > 0$

Den bisher umfangreichsten Überblick zur Gültigkeit der drei Gesetze der Verhaltensgenetik lieferten Polderman und Kolleginnen und Kollegen (2015) mit einer Metaanalyse von ca. 3.000 Forschungsartikeln, die zwischen 1958 und 2012 veröffentlicht wurden, ca. 14,5 Millionen Zwillingspaare beinhalteten und insgesamt ca. 18.000 Attribute untersuchten. Die Mehrheit der betrachteten Attribute befasst sich dabei mit Unterschieden in psychiatrischen (z. B. Erkrankungen wie Depression), physiologischen (z. B. Skelettaufbau) oder stoffwechselbezogenen (z. B. Hormonsystem) Indikatoren. Insgesamt findet sich auch hier das bekannte Muster: Die Merkmalskorrelationen von eineiigen Zwillingen sind größer als die von zweieiigen Zwillingen. Demnach waren alle untersuchten Merkmale zu unterschiedlichen Graden erblich ($A > 0$). Für alle Merkmale ergibt sich eine durchschnittliche Erblichkeit von ca. 50 Prozent, während auf die geteilte Umwelt ca. 15 Prozent der Unterschiede entfallen ($C < A$) und damit im Durchschnitt 35 Prozent auf die nichtgeteilte Umwelt ($E > 0$). Die Domänen mit dem größten durchschnittlichen Varianzanteil der geteilten Umwelt betreffen die Zellen (ca. 67 Prozent), Infektionen (ca. 35 Prozent) und das Blut (ca. 32 Prozent). Die soziologisch relevanten Domänen unter jenen mit dem höchsten Umweltanteil umfassen soziale Werte und Bildungserwerb, wo Unterschiede in der geteilten Umwelt etwa 27 Prozent ausmachen. Eine detaillierte Betrachtung der gesammelten Ergebnisse – auch hinsichtlich Alters- und Länderunterschieden – findet sich als Web-App auf www.match.ctglab.nl (Abrufdatum 10.01.2024).

Es zeugt auch von einem anderen disziplinären Selbstverständnis, wenn Artikel wie „Top 10 Replicated Findings from Behavioral Genetics" (Plomin et al. 2016) nicht merkwürdig wirken, sondern das tun, was der Titel verspricht, nämlich über Jahrzehnte hinweg replizierte Ergebnisse zusammenzufassen. Aus der Soziologie sind kaum ähnliche Gesetze bekannt oder etwa Muster, die sich so eindeutig replizieren lassen. Das mag jedoch auch ein Ergebnis der betrachteten Zusammenhänge sein. Schließlich werden hier Effektstärken in Größenordnungen betrachtet, die meist weit über typischen soziologischen Zusammenhängen liegen. Für arbeitsmarktsoziologische Fragestellungen zum Ausmaß der Einkommensungleichheit lassen sich beispielsweise um die 45 Prozent der Einkommensunterschiede über klassische Größen wie das erworbene Humankapital (Bildung und Berufserfahrung) sowie dem Geschlecht und der Arbeitszeit erklären (Quelle: eigene Berechnung auf Grundlage der Allbus-Daten von 2018). Auch für Einstellungsunterschiede erklären ausführliche theoretische Modelle nur einen kleinen Teil der Unterschiede, etwa rund 30 Prozent für den Wandel bei fremdenfeindlichen Einstellungen (Rippl 2008: 504) oder zwischen 24 und 30 Prozent für Risikobereitschaft und soziales Vertrauen (Dohmen et al. 2012: 670). Zusammengenommen liegen diese Ergebnisse empirischer Testungen komplexerer theoretischer Modelle mit einer ganzen Reihe von Messungen zur Erklärung der beobachteten Unterschiede zum Teil deutlich unter dem Erklärungsanteil, den eine *einzige* Variable menschlichen Verhaltens – unsere genetische Ausstattung – in verhaltensgenetischen Modellen hat. Wir wollen mit dem gerade angestrebten Vergleich keinesfalls die Produktivität von Disziplinen anhand der Varianzerklärung ihrer theoretischen Modelle bemessen. Vielmehr geht es darum zu zeigen, dass in unseren Erklärungen ein offensichtlich wichtiger Faktor für Unterschiede im menschlichen Verhalten ignoriert wird – mit wichtigen Konsequenzen für die Interpretation der Ergebnisse, die im Kapitel 4.5 Fragestellungen genetisch sensitiver Ansätze in der Soziologie diskutiert werden. Ähnlich wie wir als Soziologinnen und Soziologen erstaunt sind, wenn Vertreterinnen und Vertreter anderer Disziplinen die Berücksichtigung der Eingebundenheit menschlichen Verhaltens in soziale Strukturen als innovativen Durchbruch deklarieren – so ähnlich muss unser Ignorieren genetischer Erklärungen auf unsere Kolleginnen und Kollegen aus der Verhaltensgenetik wirken.

Dennoch ist der Gesamtzusammenhang nicht so stimmig und geradlinig, wie uns das Vertreterinnen und Vertreter der Verhaltensgenetik mit den drei Gesetzen der Verhaltensgenetik und damit verknüpften Überblicksartikeln suggerieren. Es gilt immer zu bedenken, dass die empirische Grundlage dieser Literatur aufgrund der historischen Eingebundenheit in bestimmte Kontexte auch einen inhaltlichen Fokus auf besondere Merkmale transportiert. Zwangsläufig ignoriert dieser Fokus andere Merkmale, die in anderen Disziplinen von höherer Relevanz sind. Lassen wir eher anatomische bzw. medizinische Merkmale wie Aspekte der Zell- und Skelettstruktur außen vor, so wird deutlich, dass sich verhaltensgenetische Studien häufig auf psychologische Aspekte beziehen. Präsenter sind offenkundig Erkenntnisse zu latenten Persönlichkeitsmerkmalen wie den Dimensionen der Big Five (Extraversion, Gewissenhaftigkeit, emotionale Stabilität, Offenheit und Verträglichkeit), dem Grad der Externalisierung bzw. Internalisierung von Problemen oder psychischen Erkrankungen – allgemeiner Merkmale, die für die Disziplin interessant sind. Zwangsläufig fällt damit eine ganze Reihe soziologisch relevanter Merkmale unter den Tisch, weil sie für ein Gros der an psychologischen Fragestellungen interessierten Forschenden irrelevant sind. Inhaltliche Überschneidungen finden sich zum Beispiel stärker im Bereich der Bildung(-sungleichheit) wo dann stets der „Ausnahmecharakter" der Bildung thematisiert wird, denn hier scheitert das zweite der drei Gesetze der Verhaltensgenetik: Nicht genetische Unterschiede vereinen einen höheren Anteil der Unterschiede im Bildungserwerb auf sich als auf Unterschiede in der geteilten Umwelt, sondern genau umgekehrt. Für Deutschland ergibt sich für Kohorten des TwinLife-Panels etwa eine Varianzaufteilung von ca. 30 Prozent genetischen Unterschieden und 66 Prozent geteilter Umwelt (Schulz et al. 2017: 2202). Also A < C und nicht, wie in den Gesetzen festgehalten, C < A. Ausnahmen bestätigen nun einmal die Regel, aber was, wenn es sich nicht um eine Ausnahme handelt oder nur als solche wahrgenommen wird, weil der facheigene Fokus nur auf einem bestimmten Set an Charakteristika liegt?

Werfen wir noch einmal einen genaueren Blick auf die Ergebnisse in Tabelle 3, in der die Varianz in den betrachteten Merkmalen anhand passender ACE-Modellvarianten berechnet wurde. Neben der „Ausnahme" Bildung finden sich noch weitere Ausnahmen, in denen die Komponente der geteilten Umwelt substanziell größer ist als die additiven genetischen Effekte: Religiosität und allgemeine Lebenszufriedenheit (sowie Parteipräferenzen, die jedoch in der Tabelle nicht abgetragen wurden, aber in den Politikwissenschaften Interesse erfahren). Obwohl dieser Aspekt so noch nicht in der Literatur diskutiert wurde, drängt sich doch ein Muster auf, das im Vergleich zwischen Religiosität und Spiritualität offensichtlicher ist. Während Religiosität einen beträchtlichen Anteil der geteilten Umwelt aufweist, ist dieser bei Unterschieden in der Spiritualität gänzlich abwesend. Letztere wird nur durch Unterschiede in den Genen und der nichtgeteilten Umwelt erklärt. Worin liegt nun der Unterschied zwischen diesen beiden auf den ersten Blick doch eng verwandten Konzepten? In der Literatur findet sich häufig eine Charakterisierung von Religiosität als ein auf „nach außen gerichtetes", verhaltensbezogenes Merkmal eines Glaubens an eine höhere Macht. Betont wird zum Beispiel die Häufigkeit des Betens, die Teilnahme an Gottesdiensten und ähnlichen gemeinschaftlichen Ausdrücken dieses Glaubens (Good & Willoughby 2006: 39). Damit gehen rituelle Praktiken oder das soziale Verhalten in einem sozialen System einher – Dinge, die also ganz explizit kulturelle Unterschiede aufweisen und erst sozial erlernt werden müssen. Im Gegenzug bezieht sich Spiritualität eher auf eine „nach innen gerichtete" Auseinandersetzung mit Fragen nach einer persönlichen oder gar intimen Beziehung eines Menschen zu einer höheren bzw. zu höheren Mächten und ist damit inhärent individualistischer und weniger in soziale Kontexte und Institutionen integriert. Der Umgang mit Spiritualität wird mit sich selbst erlernt und weniger durch etablierte Institutionen und ihre Vertreterinnen und Vertreter geleitet.

In Kombination vor allem mit dem Muster zum Bildungserwerb (hoher Anteil der geteilten Umwelt) und zu den persönlichkeitsbezogenen Merkmalen (kein Anteil der geteilten Umwelt) lässt sich vermuten, *dass bei jenen Merkmalen, die sich auf Ergebnisse von oder der Beteiligung in sozialen Systemen beziehen, der Anteil der geteilten Umwelt für die Erklärung von Unterschieden relevanter ist als der Anteil der Gene.* Letzten Endes wird sozial konstruiert, was ein Mehr oder Weniger an Bildung bedeutet, beziehungsweise welche individuellen Leistungen – „rein" kognitiv oder doch eher sozial-emotional – dafür herangezogen werden und wie diese jeweils im Detail bewertet werden. Das System Bildung ist mit anderen Worten nicht einfach vom Himmel gefallen, sondern ist mehr oder weniger organisch aus pfadabhängigem, institutionalisiertem menschlichem Verhalten über einen langen Zeitraum hinweg entstanden. Bildung stellt damit ein dezidiert sozial konstruiertes System dar, in dem wir uns implizit darauf geeinigt haben, welche Merkmale belohnt und welche bestraft werden. (Das soll nicht suggerieren, dass sozial konstruierte Systeme keine als objektiv wahrgenommenen sozialen Realitäten erzeugen können, im Gegenteil.) Die Anzeichen für die soziale Konstruktion des Bildungssystems finden sich auch recht eindrücklich im Vergleich zwischen kognitiven Fähigkeiten und dem Bildungserwerb selbst. Wäre Bildungserwerb reiner Ausdruck kognitiver Fähigkeiten, dann müssten sich die Muster der Varianzaufteilung in genetische, geteilte und nichtgeteilte Umweltunterschiede zumindest stark ähneln. Das ist jedoch mitnichten der Fall, sondern kognitive Fähigkeiten weisen nur einen sehr geringen Anteil der geteilten Umwelt auf, während dieser ausgesprochen hoch beim Bildungserwerb ausfällt und damit dessen Stellung als „Ausnahme" charakterisiert (Schulz et al. 2017: 2202). Die Analogie mag überstrapaziert sein, trifft aber auch auf Religiosität und Spiritualität zu: Erstere stellt ein sozial konstruiertes und damit nicht absolutes oder gar naturgegebenes System dar, in dem klare Vorstellungen darüber bestehen, welches Verhalten positiv oder negativ sanktioniert wird. Auch diese Vorstellungen werden im Verlauf langwieriger Prozesse des sozialen Lernens geformt und variieren in ihren konkreten Ausprägungen und Verhaltensritualen zwischen diesen Systemen (sprich Traditionen des Glaubens).

Im Gegensatz dazu werden die eher personenbezogenen, individuellen Merkmale nicht durch ein per se übergeordnetes soziales System gerahmt und eignen sich daher auch weniger für Prozesse sozialen Lernens, über die sich ein höherer Anteil der geteilten Umwelt begründen ließe. Im Umkehrschluss könnte man auch vermuten, dass jene Merkmale, die keinen Anteil der geteilten Umwelt aufweisen, eher latente Persönlichkeitsmerkmale repräsentieren und mit steigendem Anteil der geteilten Umwelt Ergebnisse sozialer Lern- oder Positionierungsprozesse in sozial konstruierten Systemen angedeutet werden. Wie jedoch bereits erwähnt, lässt sich diese Beobachtung bisher nicht in der verhaltensgenetischen Literatur finden, was jedoch auch am disziplinären Fokus auf Persönlichkeitsmerkmale liegen kann.

Denn der soziologische Blick auf Phänomene der gesellschaftlichen Makroebene untersucht zwangsläufig häufiger Merkmale, die Ergebnisse sozial konstruierter Systeme sind.

Trifft diese Argumentation auch auf die allgemeine Lebenszufriedenheit zu? Gehen wir davon aus, dass Lebenszufriedenheit als Vergleich von eigener Positionierung mit dem gesellschaftlich geteilten Bild eines erfolgreichen Lebens generiert wird, dann haben wir es auch hier wieder mit individuellem Verhalten (in Form einer Beurteilung) innerhalb eines sozial konstruierten Systems zu tun. Welche Aspekte zu einem erfolgreichen oder zufriedenen Leben beitragen, sind als kulturelle Ziele einer Gesellschaft auf ihrer institutionellen Strukturebene verankert (Esser 1993: 419–442). Analog zu Bildung und Religion müssen diese Ziele sozial gelernt werden und unterliegen in ihrer konkreten Ausgestaltung ebenso Prozessen des sozialen Wandels. Aus der vorangegangenen Diskussion wird ersichtlich, dass einzelne der drei Gesetze der Verhaltensgenetik nicht unbedingt allgemeingültig für alle Merkmale und Verhalten sind. Je weiter sich Fragestellungen von disziplinspezifischen Fragestellungen der Verhaltensgenetik in benachbarte Teildisziplinen bewegen, desto eher sollte man *nicht* von „Ausnahmen" von den drei Gesetzen überrascht sein.

Die Kernbotschaft dieses Kapitels lässt sich so zusammenfassen: Gene spielen in variierendem Maße bei allen menschlichen Merkmalen und Verhalten eine Rolle. Zwillings- bzw. Familienstudien sind das klassische Werkzeug, um genetische Einflüsse und jene der geteilten und nichtgeteilten Umwelt auf Unterschiede zwischen Menschen zu differenzieren. Die Erblichkeit stellt die zentrale Maßzahl zur Quantifizierung desjenigen Anteils der Unterschiede zwischen Menschen dar, der auf genetische Unterschiede zurückzuführen ist. Erblichkeit ist als rein deskriptive Maßzahl auf Populationsebene zu verstehen. Die drei Gesetze der Verhaltensgenetik bilden gut die Situation in der Psychologie ab, kommen jedoch in der Soziologie mit ihrem stärkeren Fokus auf Verhalten in sozial konstruierten Kontexten an ihre Grenzen und können hier ihren Gesetzescharakter daher nicht geltend machen.

Literatur

Baier, T. and Lang, V. (2019). The Social Stratification of Environmental and Genetic Influences on Education: New Evidence Using a Register-Based Twin Sample. *Sociological Science* 6: 143–171.

Barrett, L.F. (2017). *How Emotions Are Made. The Secret Life of the Brain*. London: Pan Books.

Blossfeld, H.-P. and Timm, A. (2003). *Who Marries Whom? Educational Systems as Marriage Markets in Modern Societies*. Berlin: Springer.

Carey, N. (2015*). Junk DNA. A Journey Through the Dark Matter of the Genome*. London: Icon Books.

Conley, D., Rauscher, E., Dawes, C., Magnusson, P.K. and Siegal, M.L. (2013). Heritability and the Equal Environment Assumption: Evidence from Multiple Samples of Misclassified Twins. *Behavior Genetics* 43:415–426.

Conley, D. and Fletcher, J. (2017). *The Genome Factor: What the Social Genomics Revolution Reveals about Ourselves, Our History & the Future*. Princeton: Princeton University Press.

Cornell, B. and Toyo-oka, K. (2017). 14-3-3 Proteins in Brain Development: Neurogenesis, Neuronal Migration and Neuromorphogenesis. *Frontiers in Molecular Neuroscience* 10: e318.

Derks, E.M., Dolan, C.V. and Boomsma, D. I. (2006). A test of the equal environment assumption (EEA) in multivariate twin studies. *Twin Research and Human Genetics* 9:403–411.

Destatis (2016). Zahl der Woche Nr. 02 vom 12. Januar 2016. https://www.destatis.de/DE/Presse/Pres semitteilungen/Zahl-der-Woche/2016/PD16_02_p002.html, abgerufen 17.03.2022.

Destatis (2022). Geburtenabstand zum Geburtstag des vorangegangenen Kindes der Mutter. https://www.destatis.de/DE/Themen/Gesellschaft-Umwelt/Bevoelkerung/Geburten/Tabellen/le bendgeborene-geburtenabstand.html, abgerufen 17.03.2022.

Dohmen, T., Falk, A., Huffman. D. and Sunde, U. (2012). The Intergenerational Transmission of Risk and Trust Attitudes. *Review of Economic Studies* 79: 645–677.

Domingue, B.W., Fletcher, J., Conley, D. and Boardman, J.D. (2014). Genetic and Educational Assortative Mating among US Adults. *Proceedings of the National Academy of Sciences* 111: 7996–8000.

Esser, H. (1993). *Soziologie. Allgemeine Grundlagen*. Frankfurt a. M.: Campus.

Falconer, D.S. and Mackay, T.F.C. (1995). *Introduction to Quantitative Genetics*. Harlow: Pearson.

Friendly, M. (2021). HistData: Data Sets from the History of Statistics and Data Visualization. R package version 0.8-7. https://CRAN.R-project.org/package=HistData

Friendly, M. and Denis, D. (2005). The Early Origins and Development of the Scatterplot. *Journal of the History of the Behavioral Sciences* 41: 103–130.

Good, M. and Willoughby, T. (2006). The Role of Spirituality Versus Religiosity in Adolescent Psychosocial Adjustment. *Journal of Youth and Adolescence* 35: 39–53.

Grünheid, E. (2011). Wandel und Kontinuität in der Partnerwahl in Deutschland. Analysen zur Homogamie von Paaren. *BiB Working Paper* 1/2011.

Harden, K.P. (2021a). *The Genetic Lottery: Why DNA Matters for Social Equality*. Princeton: Princeton University Press.

Harden, K.P. (2021b). "Reports of My Death Were Greatly Exaggerated": Behavior Genetics in the Postgenomic Era. *Annual Review of Psychology* 72: 37–60.

Hung, H. (2021). Recent Trends in Global Economic Inequality. *Annual Review of Sociology* 47: 349–367.

Jonsson, H. et al. (2021). Differences between germline genomes of monozygotic twins. *Nature Genetics* 53: 27–34.

Kalmijn, M. (1998). Intermarriage and Homogamy: Causes, Patterns, Trends. *Annual Review of Sociology* 24: 395–421.

Kar, B.R., Rao, S.L. and Chandramouli, B.A. (2008). Cognitive development in children with chronic protein energy malnutrition. *Behavioral and Brain Functions* 4: 31–43.

Keller, M.C., Medland, S.E., Duncan, L.E., Hatemi, P.K., Neale, M.C., Maes, H.H.M. and Eaves, L.J. (2009). Modeling Extended Twin Family Data I: Description of the Cascade Model. *Twin Research and Human Genetics* 12: 8–18.

Knopik, V.S., Neiderhiser, J.M., DeFries, J.C. and Plomin, R. (2017). *Behavioral Genetics*. New York: Worth Publishing.

Knowles, E.E.M., Mathias, S.R., Mollon, J., Rodrigue, A., Koenis, M.M.G., Dyer, T.D., Goring, H.H.H., Curran, J.E., Olvera, R.L., Duggirala, R., Almasy, L., Blangero, J. and Glahn, D.C. (2019). A QTL on chromosome 3q23 influences processing speed in humans. *Genes, Brain and Behavior* 18: e12530.

McCall, L. and Percheski, C. (2010). Income Inequality: New Trends and Research Directions. *Annual Review of Sociology* 36: 329–347.

McPherson, M., Smith-Lovin, L. and Cook, J.M. (2001). Birds of a Feather: Homophily in Social Networks. *Annual Review of Sociology* 27: 415–444.

Meneely, P., Hoang, R.D., Okeke, I.N. and Heston, K. (2017). *Genetics. Genes, Genomes, and Evolution.* Oxford: Oxford University Press.

Meuleman, B., Davidov, E. and Billiet, J. (2009). Changing attitudes toward immigration in Europe, 2002–2007: A dynamic group conflict theory approach. *Social Science Research* 38: 352–365.

Moore, D.S. (2017). *The Developing Genome: An Introduction to Behavioral Genetics*. Oxford: Oxford University Press.

Mukherjee, S. (2017). *The Gene: An Intimate History*. London: Vintage.

Neale, M.C. and Maes, H.H.M. (2004). *Methodology for Genetic Studies of Twins and Families*. Dordrecht: Kluwer Academic.

Loehlin, J.C., Harden, K.P. and Turkheimer, E. (2009). The effect of assumptions about parental assortative mating and genotype-income correlation on estimates of genotype-environment interaction in the national merit twin study. *Behavior Genetics* 39: 165–169.

Pison, G., Monden, C. and Smits, J. (2015). Twinning Rates in Developed Countries: Trends and Explanations. *Population and Development Review* 41: 629–649.

Plomin, R., DeFries, J.C., Knopik, V.S. and Neiderhiser, J.M. (2016). Top 10 Replicated Findings from Behavioral Genetics. *Perspectives on Psychological Science* 11: 3–23.

Plomin, R. (2018). *Blueprint: How DNA Makes US Who We Are*. London: Penguin.

Polderman, T.J.C. et al. (2015). Meta-analysis of the heritability of human traits based on fifty years of twin studies. *Nature Genetics* 47: 702–709.

Reinecke, J. and Pöge, A. (2010). Strukturgleichungsmodelle. In: Wolf, C. & Best, H. (Hrsg.). *Handbuch der sozialwissenschaftlichen Datenanalyse*. Wiesbaden: VS.

Rippl, S. (2008). Zu Gast bei Freunden? Fremdenfeindliche Einstellungen und interethnische Freundschaften im Zeitverlauf. *Kölner Zeitschrift für Soziologie und Sozialpsychologie* 48: 488–512.

Roser, M. and Ortiz-Ospina, E. (2013). Income Inequality. https://ourworldindata.org/income-inequality, abgerufen 30.01.2024.

Røysamb, E. and Tambs, K. (2016). The beauty, logic and limitations of twin studies. *Norsk Epidemiologi* 26: 35–46.

Sapolsky, R. (2017). *Behave. The Biology of Humans at Our Best and Worst*. London: Vintage.

Schulz, W., Schunck, R., Diewald, M. and Johnson, W. (2017). Pathways of Intergenerational Transmission of Advantages during Adolescence: Social Background, Cognitive Ability, and Educational Attainment. *Journal of Youth and Adolescence* 46: 2194–2214.

Tikhodeyev, O.N. and Shcherbakova, O. V. (2019). The Problem of Non-Shared Environment in Behavioral Genetics. *Behavior Genetics* 49: 259–269.

Turkheimer, E. (2000). Three Laws of Behavior Genetics and What They Mean. *Current Directions in Psychological Science* 9: 160–164.

Zimmer, C. (2019). *She Has Her Mother's Laugh: The Powers, Perversions, and Potential of Heredity*. New York: Dutton.

Zuk, O., Hechter, E., Sunyaev, S.R. and Lander, E.S. (2012). The mystery of missing heritability: Genetic interactions create phantom heritability. *Proceedings of the National Academy of Sciences of the United States of America* 24: 1193–1998.

3 Moderne Methoden

Ein Grund dafür, dass unsere soziologischen Modelle genetische Faktoren ignorieren, kann in methodologischen Schwierigkeiten liegen. Zwillingsmethoden sind eine indirekte Methode, um genetische Unterschiede empirisch sichtbar zu machen. Das ist jedoch in den meisten Fällen nicht das Ziel soziologischer Forschung. Nehmen wir die oben diskutierten Ergebnisse ernst, dann sollte sich zumindest ein Bedürfnis entwickelt haben, *soziale Mechanismen unter Berücksichtigung von genetischen Unterschieden zu untersuchen.* Das ist aus einer Reihe von Gründen mit Zwillingsdaten nur sehr eingeschränkt oder gar nicht möglich. Ein analytischer Grund bezieht sich auf das inhaltliche Interesse: Meist ist eine Varianzzerlegung nicht von zentraler Bedeutung, um die häufigsten Forschungsfragen zu beantworten, sondern wir fokussieren uns auf die Untersuchung von Unterschieden in Mittelwerten zwischen Personen oder (sozialen) Gruppen. Ein pragmatischer Grund – der sich aber unmittelbar aus der Natur von Zwillingsstudien ergibt – hat mit der kleinen Fallzahl der Grundgesamt (ca. 2 Prozent aller Geburten) und damit dann auch kleinen Stichproben zu tun, deren Erhebung damit auch deutlich teurer ist.

Mit der ersten (quasi-)vollständigen Sequenzierung – der genauen Bestimmung der Abfolge der Basen Adenin, Cytosin, Guanin und Thymin für alle ca. drei Milliarden Basenpaare – des menschlichen Genoms zu Beginn der 2000er-Jahre wurde aber der Grundstein gelegt, um Messungen von genetischen Unterschieden einfach in Standardmodelle der quantitativen Soziologie zu integrieren. Zwar sind die Kosten für die Sequenzierung eines gesamten Genoms von mehreren Milliarden auf unter 1.000 Euro gesunken, eine vollständige Sequenzierung ist aber nicht zwangsläufig nötig, um genetische Unterschiede zwischen Individuen zu messen. Das liegt an einem weiteren, zu Verwirrung führenden Fakt, nämlich dass Menschen zu 99,9 Prozent genetisch identisch sind (Mills et al. 2020: 12). „Genetisch identisch" bezieht sich hier auf sogenannte Einzelnukleotid-Polymorphismen. Gebräuchlicher ist in der Literatur aber die englische Bezeichnung SNP (sprich snip, „single nucleotid polymorphism"), die wir im Folgenden verwenden. SNPs sind DNA-Abschnitte, die zwischen Menschen in einem Basenpaar (Einzelnukleotid) variieren – entweder weil die DNA verändert wurde, ein Teil der DNA entfernt oder ein Teil hinzugekommen ist. Polymorphismus bedeutet wörtlich Vielgestaltigkeit und bringt zum Ausdruck, dass die Variation in einem Basenpaar zwischen Menschen mehrere Formen annehmen kann. Ist ein SNP Teil eines DNA-Abschnitts, der ein Gen repräsentiert, dann existieren damit mehrere *Varianten* (Allele) dieses Gens. Da Menschen immer zwei Kopien eines DNA-Abschnitts besitzen – eines von der Mutter und eines vom Vater – können Individuen entweder über keine, eine (von einem El-

https://doi.org/10.1515/9783111421919-003

ternteil geerbt) oder zwei (von beiden Elternteilen geerbte) Versionen des betreffenden SNPs verfügen.

Rekapitulieren wir kurz noch einmal die wichtigsten Begriffe: Die menschliche Erbinformation besteht aus einer Sequenz von ca. 3 Milliarden Basenpaaren, der DNA. Die DNA besteht zum größten Teil aus nicht-kodierenden Sequenzen, während weniger als 10 Prozent der DNA-Sequenzen Proteine kodieren und damit Gene darstellen. Gensequenzen können in einzelnen Basenpaaren variieren, den Allelen eines Gens, und repräsentieren so messbare Genvarianten. Insgesamt existieren ungefähr 10 Millionen dieser SNPs im menschlichen Genom und diese sind zu 99,9 Prozent identisch bei allen Menschen.

3.1 Genomweite Assoziationsstudien

Moderne Methoden der Messung genetischer Unterschiede machen sich nun zunutze, dass eine vollständige Sequenzierung des menschlichen Genoms nicht notwendig ist und die Messung eines nur sehr kleinen Teils der menschlichen DNA – der SNPs – ausreicht, um genetische Variation abzubilden. Aktuell existieren eine ganze Reihe von Firmen, die Privatpersonen eine Sequenzierung ihrer SNPs für unter 100 Euro anbieten. Das Wissen um das Besitzen bestimmter SNPs ist jedoch ohne das Wissen um ihre „Wirkung" auf Attribute und Verhalten wertlos. Genomweite Assoziationsstudien liefern genau dieses Wissen, indem sie Attribute auf das Genom von Menschen regressieren (Harden 2021: 45). Auch hier nutzen wir im Folgenden den englischen Begriff GWAS (sprich: Tschi-was, „Genome-wide association studies"). Der Ansatz ist dabei völlig „theorieagnostisch", d. h. es gibt keine Vorüberlegungen zu plausiblen Genvarianten, die für dieses oder jenes Attribut eine Rolle spielen könnten. In klassischer „Data-science"-Manier oder als explorativer Ansatz wird für jeden SNP eine eigene Regression mit Kontrollvariablen geschätzt, wobei der Koeffizient bzw. der p-Wert des SNP-Koeffizienten dann darüber Auskunft gibt, ob der betreffende SNP für das Attribut „relevant" ist oder nicht. Unterschreitet ein Koeffizient das sehr konservative Signifikanzniveau von 5×10^{-8} (also $p < 0{,}00000005$ anstelle des in der Soziologie gebräuchlichen Wertes von 0,05), dann wird von einer systematischen Beziehung zwischen Attribut und SNP ausgegangen. Dieses für soziologische Verhältnisse sehr niedrige Signifikanzniveau ist notwendig, da mitunter tausende solcher Regressionsmodelle gerechnet werden und so für Mehrfachtestung korrigiert werden. Das Ergebnis besteht dann für das untersuchte Attribut aus einer Liste an SNPs und ihren Koeffizienten, die unter das festgesetzte Signifikanzniveau gefallen sind. Die nachfolgende Gleichung stellt das Vorgehen formal dar:

$$Attribut_i = b_0 + b_{1j} * SNP_{ij} + b_2 * Kontrollvariablen_i$$

wobei i für die SNP-typisierten Individuen der Studie stehen (i = 1, ..., N) und j den Index der einzelnen Regressionen – eine für jedes betrachtete SNP (j = 1, ..., J) wiedergibt. Wie bereits erwähnt liegt das Interesse von GWAS in einer Liste der statistisch signifikanten Terme b_{1j}*SNP_{ij}. Die Datengrundlage sind daher Individualdaten, die sowohl das untersuchte Attribut erheben als auch die sequenzierte DNA der befragten Personen. Das resultierende (fiktive) Datenblatt einer GWAS mit 300,916 Beobachtungen könnte dann zum Beispiel so aussehen:

Tabelle 5: Fiktives Datenblatt einer GWAS.

ID	ISCED	soziales Vertrauen	Anzahl enger Freunde	SNP1	SNP2	SNP3	SNP4	...	SNP10000
1	3	7	2	1	0	1	1		2
2	3	3	8	2	2	0	0		1
3	1	7	9	0	0	1	0		0
4	4	8	31	1	0	0	2		1
5	5	10	6	2	1	2	1		1
...									
300916	1	6	0	2	2	0	1		2

Person 1 (ID = 1) hat beispielsweise die obere Sekundarstufe abgeschlossen (Abitur = ISCED Level 3), vergleichsweise hohes soziales Vertrauen (Skala von 1 bis 10) und eine vergleichsweise niedrige Anzahl an engen Freunden (in absoluten Zahlen). Hier wird noch einmal deutlich, dass der Wertebereich der SNPs immer 0,1 und 2 beinhaltet, da Individuen entweder keine, eine oder zwei Versionen des entsprechenden SNPs von ihren Eltern geerbt haben. Person 1 hat also eine Version von SNP1 geerbt, keine von SNP2, eine von SNP3 etc. Die Datengrundlage einer GWAS enthält in der Regel mehr als ein zu untersuchendes Attribut und das Vorgehen aus der obigen Gleichung lässt sich mechanisch an allen interessierenden Attributen durchführen. Würden wir also für jedes der drei Attribute des fiktiven Datenblatts eine GWAS durchführen, so wären das 3*10.000 = 30.000 Regressionen. Übrig bleiben am Ende der Analysen dennoch nur die Koeffizienten der statistisch signifikanten SNPs, aber der Weg dorthin führt über zehntausende Regressionsmodelle. Die resultierenden Koeffizienten- und p-Wert-Vektoren der SNPs lassen sich in einem sogenannten Manhattan-Plot darstellen. Abbildung 14 zeigt einen solchen für simulierte Daten (Gel et al. 2016). Die X-Achse gibt dabei die einzelnen SNPs sortiert nach Chromosomenzugehörigkeit an. Die Y-Achse gibt den logarithmierten p-Wert an, wobei einzelne Punkte oberhalb der gestrichelten waagerechten Referenzlinie auf statistisch signifi-

kante Zusammenhänge gegeben dem strikten Signifikanzniveau von 5×10^{-8} hinweisen. Im dargestellten Beispiel hängen drei SNPs statistisch signifikant mit unserem Attribut zusammen, rs7699 auf Chromosom 6, rs8670 auf Chromosom 7 und rs13684 auf Chromosom 13. Hätten wir es mit einer realen Anwendung zu tun, hätten wir vermutlich deutlich mehr statistisch signifikante SNPs. Außerdem könnten wir die angezeigten Labels nutzen, um in einschlägigen Datenbanken Zusatzinformationen zu recherchieren. So erhält man zum Beispiel auf der dbSNP des National Library of Medicine (ncbi.nlm.nih.gov/snp) Informationen zur klinischen Relevanz, der Häufigkeit des SNPs in den verschiedenen Herkunftspopulationen oder eine Publikationsliste zum betreffenden SNP.

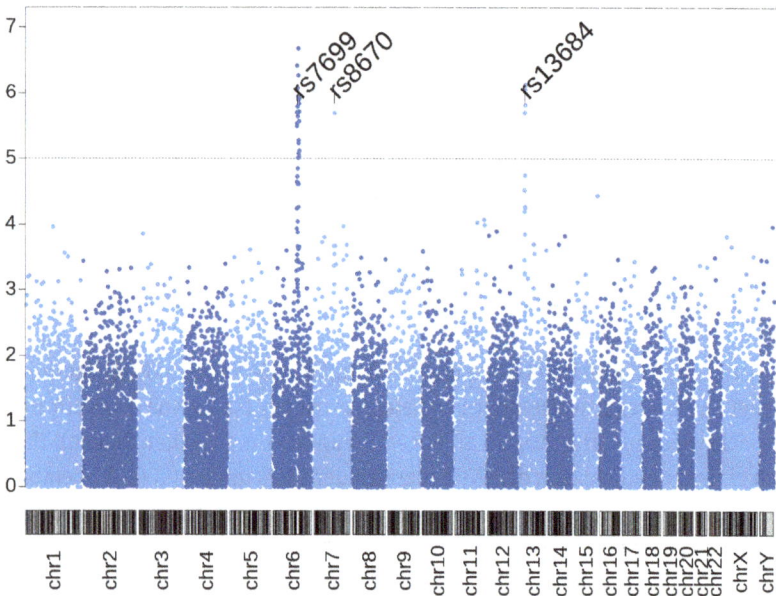

Abbildung 14: Manhattan-Plot einer fiktiven GWAS. Gelabelte Daten zeigen SNPs mit statistisch signifikanten Effekten.
Quelle: simulierte Daten, eigene Berechnung.

In der Praxis benötigt es zudem gemessen an quantitativen soziologischen Datensätzen riesige Datenmengen mit meist sechs- oder siebenstelligen Studienteilnehmendenzahlen. Diese Fallzahlen sind für ausreichende statistische Power notwendig, da die Effekte einzelner SNPs in der Regel sehr klein sind und bei geringeren Fallzahlen möglicherweise nicht präzise genug geschätzt werden können. Die aktuell größte GWAS zum Bildungserwerb (gemessen im in angelsächsischen Ländern verbreiteten Indikator „Bildungsjahre") umfasste beispielsweise 3 Millionen

Individuen (Okbay et al. 2022). Insgesamt fanden die Autorinnen und Autoren 3,952 (!) SNPs, deren Effekte statistisch signifikant waren. In weiterführenden Analysen früherer GWAS zum Bildungserwerb wurden auch mögliche biologische Wirkmechanismen untersucht, wobei Gene identifiziert wurden, die unter anderem mit neurophysiologischen Funktionen verknüpft waren, wie zum Beispiel der Ausschüttung von Neurotransmittern, der Aktivierung von Ionenkanälen und synaptischer Plastizität – alles Prozesse, die für die Kommunikation zwischen Gehirnzellen relevant sind (Lee et al. 2018). Oben wurde bereits angemerkt, dass die biologischen Mechanismen oft nicht eindeutig sind bzw. nur in ihren Grundzügen verstanden werden. Das greifen die Autorinnen und Autoren auch in ihrem Fazit auf – wohlgemerkt für den Bildungserwerb, der auf dem „Verständnisspektrum" eher am Pol „man versteht die Grundlagen gut" anzusiedeln ist: Die vorgestellten Ergebnisse stellen eine Schatzkiste für *zukünftige* Forschung dar, die sich explizit mit den biologischen Wirkmechanismen beschäftigt (Lee et al. 2018: 1116). Mit der Identifikation spezifischer SNPs ist es jetzt gezielter möglich, zum Beispiel mit Modellorganismen die genaue Funktion der beteiligten Gene für den Aufbau und die Funktion des Gehirns zu untersuchen. Damit gibt es plausible *Ansatzpunkte* für eine umfassende Beschreibung der Pfade Gene → Proteine → Verhalten, aber eine detaillierte Klärung der beteiligten Prozesse liegt aktuell noch (weit) in der Zukunft. Damit sind GWAS zwar ein nützliches Werkzeug, um SNPs, die mit einem Attribut *korreliert* sind, zu identifizieren. Ob die betreffenden SNPs auch *kausal* an der Genese des untersuchten Attributs beteiligt sind, darüber können GWAS keine Aussagen treffen.

Genau diese Frage – ob und wie einzelne Gene kausal mit Verhalten zusammenhängen – war zentral für die Vorläufermethode der GWAS, den sogenannten Kandidatengenstudien („candidate gene studies"). Dabei ist man explizit nicht theorieagnostisch vorgegangen, sondern hat versucht, auf Grundlage von plausiblen biologischen Pfaden den Zusammenhang zwischen einzelnen Genen und Verhaltensunterschieden zu untersuchen. Ein mittlerweile klassisches Beispiel dieses Studientyps und gleichzeitig auch repräsentativ für das weitestgehende Scheitern des Kandidatengenansatzes ist das in den Medien betitelte „Krieger-Gen", eine Variante des MAO-A-Gens (Sapolsky 2017: 253). Diese wurde bei Mitgliedern einer niederländischen Familie festgestellt, die durch antisoziales und aggressives Verhalten auffiel. Das Gen wurde später in Mäusen repliziert. Die Replikation des Haupteffekts (Gen-Variante führt zu Aggression) in menschlichen Studien gestaltete sich jedoch deutlich schwieriger und deutete eher auf eine Gen-Umwelt-Interaktion hin (Caspi et al. 2003): Nur wenn Personen in ihrer Kindheit schweren Misshandlungen ausgesetzt waren, war der Besitz der mit Aggression verknüpften Variante des MAO-A-Gens auch mit tatsächlich gesteigertem antisozialem Verhalten verknüpft. Dieses und andere Ergebnisse von Kandidatengenstudien haben sich in der Zwischenzeit als nicht-replizierbar, falsch-positiv oder inkorrekt herausgestellt (z. B. Border et al. 2019). Die Hauptkenntnis von GWAS hängt direkt mit dem Scheitern des Kandidatengenansatzes zusammen: Merkmals- und Verhaltensunterschiede sind selten auf große Effekte *eines* Gens zurückzuführen, sondern kleine Effekte von tausenden von Genen. Mittlerweile sind vereinzelte Fachzeitschriften sogar dazu übergangen, Kandidatengenstudien nur unter sehr restriktiven Voraussetzungen zu publizieren (Harden 2021: 46).

Ein häufig angeführtes, aber lösbares Problem von GWAS hängt mit den zugrundeliegenden Studienpopulationen zusammen. Diese werden überwiegend aus europäischen Herkunftspopulationen rekrutiert. Nimmt man beispielsweise an, dass bedingt durch historische demografische Trends über längere Zeiträume hinweg vergleichsweise wenig genetisches Material zwischen Populationen ausgetauscht wurde (zum Beispiel weil „interethnische" Partnerschaften und damit interethnische Nachkommen sozial sanktioniert werden oder Populationen geografisch separiert lebten), kann sich die individuelle ethnische Herkunft auch genetisch anhand von Unterschieden in der relativen Häufigkeit bestimmter genetischer Varianten widerspiegeln (sogenannte Populationsstratifikation; siehe Infokasten Ethnische Herkunft als soziales Konstrukt für eine ausführlichere Diskussion). Diesen Umstand machen sich zum Beispiel auch Firmen wie 23andme oder Ancestry.com zu Nutze, um ihren Kunden einen „Stammbaum genetischer ethnischer Herkunft" zu liefern. Wichtig ist aber zu verstehen, dass „ethnisch" hier als genetischer und nicht sozialer Begriff zu verstehen ist. (Im Englischen haben „ancestry" und „ethnic origin" unterschiedliche Konnotationen). Es geht dabei lediglich um Unterschiede in relativen Allelhäufigkeiten über geographische Gebiete und nicht um sozial oder politisch definierte Zugehörigkeiten zu bestimmten Ethnien (Mills et al. 2020: 59). Diese können sich natürlich überlappen, aber das ist – gerade in Zeiten hohen Migrationsaufkommens und ethnisch diverser Gesellschaften – keineswegs die Regel. Da Häufigkeiten im Auftreten von Allelen geografisch variieren, impliziert das, dass eine Studienpopulation mit überwiegend europäischer ethnischer Herkunft Muster generiert, die diese selektive Studienpopulation repräsentieren und nicht zwangsläufig in ähnlichem Maße zutreffende Vorhersagen für andere geografische Populationen zulassen. In der oben besprochenen GWAS zum Bildungserwerb äußert sich dieses Problem auch in substanziell schlechteren Schätzungen für Individuen mit nicht europäischer Herkunft (Lee et al. 2018: 1116). Es ist daher aktuell noch gängige Praxis, die Ergebnisse von GWAS primär für Analysen von Individuen mit europäischer Herkunft zu verwenden, zumindest, bis das Problem fehlender Diversität in Stichproben gelöst ist.

Populationsstratifizierung ist nicht nur ein Phänomen auf Makrogruppenebene (europäisch vs. nicht europäisch), sondern betrifft auch kleinräumige, regionale Variation. Aus diesem Grund sind neben Geschlecht und Geburtskohorte auch die Hauptkomponenten von Populationsstratifizierungsanalysen Teil der Kontrollvariablen von GWAS (siehe obige Gleichung zur Identifikation statistisch signifikanter

SNPs). Die Hauptkomponentenanalyse (PCA, „principal component analysis") wird in der Soziologie häufig genutzt, um Messungen mit vielen Indikatoren auf einen oder mehrere latente Faktoren zu reduzieren. Die Persönlichkeitsmerkmale der Big Five werden beispielsweise im Sozio-oekonomischen Panel mit insgesamt 15 Fragen erhoben und dann mit einer Hauptkomponentenanalyse auf die fünf latenten Dimensionen reduziert (Schupp & Gerlitz 2014). Das gleiche Prinzip lässt sich auf die 3 Milliarden Basenpaare der DNA anwenden und erlaubt so die Identifikation der Hauptkomponenten, die die größten genetischen Unterschiede erklären, aber möglichst unabhängig voneinander sind. Als Leitlinie wird empfohlen, die ersten zehn bis 20 Hauptkomponenten in Analysen aufzunehmen (Mills et al. 2020: 228), aber bereits die ersten beiden Hauptkomponenten erklären einen großen Teil der genetischen Variation. Zeichnet man die Kombinationen der ersten beiden Hauptkomponenten, basierend auf gensequenzierten Daten von ca. 3.000 Individuen als zweidimensionale Darstellung, dann entsteht die faszinierende Abbildung 15:

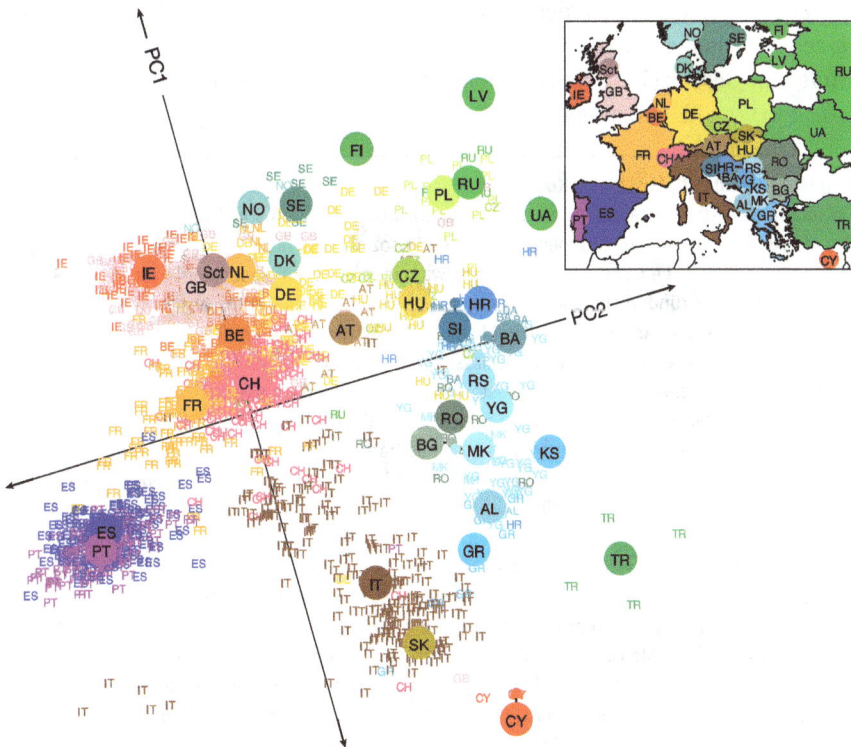

Abbildung 15: Zweidimensionale Darstellung der genetischen Variation innerhalb Europas. Quelle: Novembre et al. (2008: Abbildung 1).

Die Unterschiede in den jeweiligen Kombinationen der ersten beiden Hauptkomponenten spiegeln mit etwas Phantasie und Unschärfe erkennbar die geographische Herkunft bzw. Distanz zwischen Individuen in Europa wider. Oben wurde hervorgehoben, dass Populationsstratifikation sich auf genetische Unterschiede geografischer und nicht auf als soziologisch oder politisch verstandene ethnische Herkunft bezieht. Diese Aussage trifft trotz der Ergebnisse in Abbildung 15 zu, da diese zum Beispiel nur in dieser Eindeutigkeit erstellt werden konnte, wenn Informationen zum Geburtsort der Großeltern herangezogen wurden, also per Definition auf ein Sample zurückgreifen, bei dem (inter-)nationale Migration ausgeschlossen wird. Bei zeitlich „aktuellerer" Erhebung des eigenen Geburtsortes waren die Muster aufgrund von Migrationsbewegungen der jüngeren Vergangenheit weniger eindeutig (Novembre et al. 2008: Supplementary Notes). Folgender Infokasten demonstriert mit einer ausführlicheren Diskussion anhand populationsgenetischer Argumente, warum Ethnie (oder „Rasse") eine soziale und keine eindeutig biologische Kategorie ist.

Zusammenfassend werden GWAS genutzt, um statistisch signifikante *Korrelationen* zwischen einzelnen SNPs und interessierenden Merkmalen – unter Kontrolle von Geschlecht, Geburtskohorte und Hauptkomponenten der ethnischen Herkunft – zu identifizieren.

⚠ Ethnische Herkunft als soziales Konstrukt

Ein oft angemerkter Vorbehalt gegen genetische Erklärungen in den Sozialwissenschaften hängt mit der Möglichkeit zusammen, Gruppenunterschiede in sozial relevanten Merkmalen wie zum Beispiel Bildung biologisch zu begründen. Könnte man etwa zeigen, dass Mitglieder einer bestimmten Gruppe aus genetischen Gründen auf diesem oder jenem Merkmal schlechter abschneiden, so würde das möglicherweise diskriminierende Praktiken biologisch legitimieren. Diese Argumentation fußt aber auf zwei kritischen Punkten: Erstens, dass die Zugehörigkeit zu einer bestimmten Gruppe bzw. die Gruppe per se eindeutig genetisch feststellbar wäre. Und dass zweitens genetische Merkmale einen substanziellen Teil der Unterschiede zwischen den Gruppen erklären können. Diese beiden Voraussetzungen – lassen sich Menschen in klar definierbare Gruppen einteilen und unterscheiden sich Gruppen systematisch in bestimmten genetischen Prädispositionen – werden im Folgenden anhand populationsgenetischer Ideen diskutiert.

Beide Fragen sind Teil wissenschaftlicher Diskussionen seit Beginn moderner Wissenschaft im Zuge der Aufklärung. Die Kolonialisierung nicht europäischer Gebiete und der damit einhergehende Kontakt der Kolonialherren mit ihnen bis dahin unbekannten Kulturen (zum Beispiel den indigenen Kulturen in Ozeanien und den Amerikas) führte mitunter rasch dazu, biologische Kategorisierungs- und Typisierungsschemata auf den Menschen anzuwenden. Mitte des 18. Jahrhunderts legte der Naturforscher Carl von Linné als bekanntester Vertreter dieser nomenklatorischen Tradition den Grundstein für die heute noch geläufige Einteilung menschlicher Unterschiede nach geografischer Herkunft und Hautfarbe: Amerika (rot), Europa (weiß), Asien (gelb) und Afrika (schwarz) (Saini 2019: 52). Von da war der Schritt nicht weit, stereotypisierende Wahrnehmungen mit der Hautfarbe fremder Kulturen in Beziehung zu setzen und Bewohnerinnen und Bewohner ganzer Kontinente mit aus heutiger Sicht rassistischen Beschreibungen zu kategorisieren und zu attribuieren. Bei Francis Galton, Begründer der Verhaltensgenetik und pro-

minentem Vertreter der Eugenik, beispielsweise klingt das in einem Brief in der Zeitung „The Times"
vom 5. Juni 1873 so: „large part of the African seaboard, now sparsely occupied by lazy, palavering sava-
ges [...] might in a few years be tenanted by industrious, order loving Chinese. [...] The Arab is a little
more than an eater up of other men's produce, [...] he is unprolific." (Rutherford 2022: 19, Fußnote).
Weiterhin existierten im 19. sowie bis ins 20. Jahrhundert eine ganze Reihe von Beispielen menschlicher
„Exponate" fremder Kulturen in europäischen oder US-amerikanischen Zoos oder eigens dafür gebauten
Attraktionen (z. B. der Jardin d'Agronomie Tropical René-Dumont in Paris mit „Kulturdioramen" oder der
Kongolese Ota Benga im Zoo der New Yorker Bronx, Sahini 2019: 50 u. 64). Besucherinnen und Besu-
cher konnten sich dann selbst der vermeintlichen Unterschiede zum eigenen Aussehen und Verhalten
und damit der Validität biologisch fundierter Klassifizierungen und Beschreibungen vergewissern. Dass
diese Unterschiede jedoch weitestgehend bedeutungslos, da nur oberflächlicher, äußerlicher Natur
sind[7], konnten erst populationsgenetische Untersuchungen gegen Ende des 20. Jahrhunderts mit Ge-
wissheit demonstrieren.

Die Gründe für eine sozial und gegen eine rein biologisch definierte Grundlage von menschlichen
Gruppen, Populationen, Ethnien oder „Rassen"[8] sind subtil und setzen ein grundlegendes Verständnis von Populationsgenetik voraus. Wichtig ist an dieser Stelle auch auf sprachliche Schwierigkeiten,
die durch unterschiedliche wissenschaftliche Definitionen, Übersetzungen aus anderen Sprachen
und den umgangssprachlichen Gebrauch bestimmter Begriffe entstehen können, hinzuweisen. Der
beispielsweise in der Migrationssoziologie gebräuchliche Begriff der Ethnie oder ethnischen Herkunft
bezieht sich zumeist auf das Herkunftsland einer bestimmten Person, während der populationsgenetische Begriff der ethnischen Herkunft („ethnic ancestry" oder nur „ancestry") sich auf genetische
(Super-)Populationen bezieht, die zwar ähnlich lautende Namen haben können, aber nicht zwangsläufig mit umgangssprachlichen oder anderen disziplinspezifischen Bezeichnungen übereinstimmen.
Wenn im Folgenden also in der deutschen Übersetzung von ethnic ancestry, race, population oder
group durch *Herkunft* die Rede ist, dann spiegeln diese die populationsgenetischen Fachbegriffe und
nicht den soziologischen oder umgangssprachlichen Gebrauch wider. Herkunft bezogen auf Hautfarbe (oder andere Formen physiognomischer Variation) hat insofern eine biologische Grundlage, als
dass Unterschiede in der Pigmentierung von Haut auch das Resultat der Expression bestimmter
Gene sind. Geringfügige Abstufungen werden dann zusätzlich über das jeweils lokale Ausmaß umweltbedingter Sonneneinstrahlung erzeugt. Die Frage ist jedoch, ob die Hautfarbe ein sinnvoller Indikator zur Messung von Gruppenzugehörigkeit im genetischen Sinne ist. Prinzipiell geht man in der
Populationsgenetik davon aus, dass geografische Nähe und Verwandtschaftsgrad zweier zufälliger
Individuen korreliert sind: Je näher, desto „genetisch ähnlicher" sind die betrachteten Individuen,
weil die geografische Nähe die Wahrscheinlichkeit für geteilte Vorfahren erhöht. In Abbildung 16
wird beispielsweise versucht, die genetische Ähnlichkeit zwischen Individuen als Grundlage zur Einteilung in verschiedene Herkunftsgruppen zu nutzen (Rosenberg et al. 2002: 2382, Abbildung 1). Das
oberste Band etwa teilt die Weltbevölkerung in k = 2 Gruppen anhand von Unterschieden in 400 sogenannten DNA-Mikrosatelliten – kurze, sich häufig wiederholende DNA-Abschnitte – ein. Teilen sich

---

7 Die englischsprachige Literatur nutzt dafür häufig die Bezeichnung von „skin-deep differences", also Unterschieden, deren Relevanz nur die Hautoberfläche betrifft, aber keinesfalls weiter
in den „menschlichen Kern" vordringen.
8 Der Begriff „Rasse" wird im Folgenden als direkte Übersetzung des amerikanischen „race" Be-
griffs genutzt und ist daher stark mit Unterschieden bezüglich der Hautfarbe verknüpft. Im Kontext deutscher Geschichte hat dieser Begriff natürlich eine andere Bedeutung, die über Hautfarbe
hinausgeht.

zwei zufällige Individuen nun weitestgehend bestimmte Formen dieser Mikrosatelliten, so würde das für höhere genetische Ähnlichkeit (und geteilte Abstammung) sprechen als bei zwei vergleichbaren Personen, die sich stärker in ihren Mikrosatelliten unterscheiden. Die x-Achse ordnet die untersuchten Individuen als vertikale Striche bzw. Balken nach der geografischen Distanz vom menschlichen „Ursprung" links bis zur davon weitest entfernten Region in den Amerikas rechts. Anders ausgedrückt zeichnet die x-Achse also in sehr groben Zügen die Besiedelung der Erde durch den anatomisch modernen Menschen von Afrika aus bis über die Beringstraße nach Nord- und schlussendlich Südamerika nach. Vor diesem Hintergrund zeigt das oberste Band in Abbildung 16 sehr schön das Prinzip geringerer genetischer Ähnlichkeit mit steigender geografischer Distanz: Die relativen Anteile orange- und lilafarbener Mikrosatelliten ähneln sich mehr, je näher Individuen beieinander leben bzw. die Komposition der Mikrosatelliten verändert sich kontinuierlich. Genetische Ähnlichkeit spiegelt demnach einen kontinuierlichen Gradienten wider und keine scharfe Grenze, die es erlauben würde, ein Individuum zweifelsfrei der einen oder anderen Herkunftsgruppe zuzuweisen. Das zeigt sich so auch für den kleinräumigen Fall Europa in Abbildung 15: Es gibt keine eindeutigen Gruppen mit scharfen Grenzen, sondern überlappende Anhäufungen mit mal mehr (iberische Halbinsel), mal weniger Trennschärfe (Südosteuropa). Implizit kommt hier unmittelbar eine zusätzliche Einschränkung zum Tragen: Lokale Konditionen können den Gradienten zusätzlich formen: Bestehen geografische (oder soziale) Barrieren, so wird der Gradient steiler und die genetische Ähnlichkeit ist trotz relativer Nähe geringer.

Soweit eine zeitlich stabile Betrachtung. Die Realität ist offenkundig deutlich dynamischer. Migration im Großen und Kleinen führte in der Menschheitsgeschichte zu einer dauernden Vermischung zwischen verschiedenen – wie auch immer definierten – Populationen. Das ist schließlich auch der Grund, dass geografische Nähe mit genetischer Ähnlichkeit korreliert, denn nur so sind Nachkommen strukturell möglich. Was man heute als dauerhaft beständigen Status quo wahrnimmt, ist das Produkt einer jahrtausendelangen Geschichte der Migration und Populationsdurchmischung der Spezies Mensch (und sogar verwandter Spezies wie dem Neandertaler oder Denisova-Mensch, siehe Infokasten Paleogenetik und historische Spuren sozialer Ungleichheit). So ist zum Beispiel die indigene Bevölkerung Süd- und Nordamerikas das Produkt verschiedener großer Migrationsbewegungen von Teilpopulationen aus dem Osten Asiens. Inneramerikanische Migrationen erzeugen dann über die geografische Isolation über tausend Jahre hinweg ebenfalls wieder einen Gradienten genetischer Ähnlichkeit. Die Kolonialisierung der beiden Amerikas gegen Ende des 15. Jahrhunderts ändert die Populationsstruktur erneut gravierend mit der Zunahme an europäischen Kolonialisierern und (west-)afrikanischen Sklaven sowie einer weitestgehenden Dezimierung der indigenen Bevölkerung durch Krankheiten, Krieg und Versklavung. In lokal zum Teil stark variierendem Ausmaß ist die heutige Population Südamerikas daher ein Amalgam aus indigenen, europäischen und afrikanischen Nachkommen und lässt an modernen Kategorisierungen wie „Latino" im nordamerikanischen Kontext bezüglich ihres empirischen Gehalts zweifeln bzw. sie legen deren sozial konstruierten Charakter offen. Und selbst diese oberflächliche Beschreibung suggeriert, dass „indigen", „afrikanisch" oder „europäisch" eindeutig klassifizierbare Populationen oder Herkunftsgruppen beschriebe. Europa im 15. Jahrhundert hat ebenso seine Gradienten, wie es das heutige Europa tut und wie der europäische Kontinent es vor 10.000 Jahren im Paläolithikum tat. Mit anderen Worten, die Wahrnehmung eines „schwarzen" Afrikas, eines „weißen" Europas oder eines „roten" Amerikas suggeriert eine Populationskonstanz, die weder historisch noch empirisch gegeben ist. Ein konstantes Attribut menschlicher Besiedlung ist Migration und damit verbundene Populationsmischung (Hellenthal et al. 2014). Das Bild einer zeitlich dauerhaften Siedlungsverteilung auf den einzelnen Kontinenten mag wohl auch dazu beitragen, dass die Idee nicht weißer „Ureuropäer" Erstaunen und Ablehnung hervorruft (siehe Abbildung 17 für Rekonstruktionen von frühen Bewohnern des europäischen Kontinents zu verschiedenen Epochen).

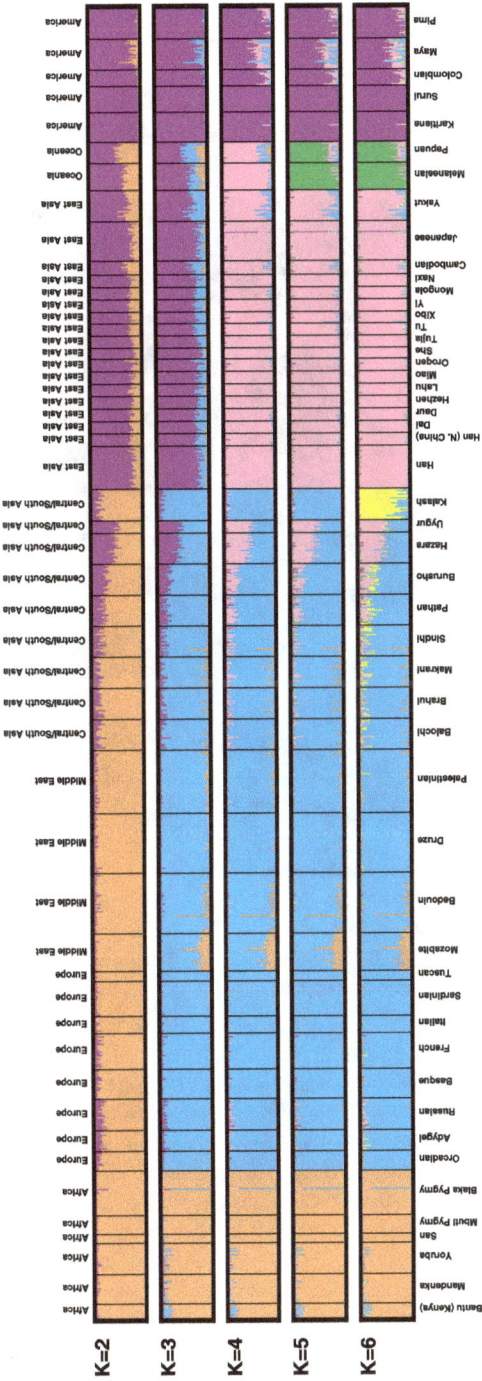

Abbildung 16: k-Means Clusteranalyse von ca. 400 Mikrosatelliten.
Quelle: Rosenberg et al. (2002: Abbildung 1).

Abbildung 17: Rekonstruktionen „früher Europäerinnen und Europäer".
Links: Jägerin im Jungpaläolithikum, Homo sapiens sapiens um 40.000 Jahren vor heute, © Karol Schauer, Landesamt für Denkmalpflege und Archäologie, Sachsen-Anhalt 2004. Rechts: Haus und Dorfbewohner der Linienbandkeramik-Kultur, ca. 7.500–6.800 Jahren vor heute, © Karol Schauer, Landesamt für Denkmalpflege und Archäologie, Sachsen-Anhalt 2006.

Verteidigerinnen und Verteidiger der Idee einer biologischen Grundlage von Ethnie und „Rasse" füh-ren als Argument häufig an, dass empirische Analysen von Gendaten – wie am Beispiel für Europa in Abbildung 15 dargestellt – konsistent Cluster identifizieren, die grob mit „Rassenklassifizierungen" übereinstimmen („racial classifications"; Murray 2020: Kapitel 9). Diese sogenannten „Admixture"-Analysen (Analysen genetischer Vermischung verschiedener Populationen) nutzen Verfahren, die dem in den Sozialwissenschaften gelegentlich genutzten „k-means"-Clusteranalyseverfahren stark ähneln. Dieses genuin explorative Verfahren versucht, die gegebenen Daten in k Cluster so einzuteilen, um die Varianz innerhalb der Cluster zu minimieren. Wie viele Cluster (oder Ethnien oder Herkunftspopu-lationen) extrahiert werden, wird über die Festlegung des k, also der Anzahl der Cluster bestimmt – durch die Forschenden! Legt man also vier Cluster fest, dann kann damit die von Linnésche Einteilung anhand grober kontinentaler Herkunft mit gewissen Unschärfen repliziert werden (Rutherford 2022:

47). Genauso gut könnte man k jedoch auch auf 1, 2, 3, 5, 6, 7, 8, 9 etc. setzen. Daher geben Forschungsartikel auch immer ein breites Spektrum an k-Werten mit ihren jeweiligen Lösungen an. Die Daten selbst bieten keinen eindeutigen Hinweis auf die „korrekte" Anzahl an Clustern – diese wird eben durch die Forschenden bestimmt. In Abbildung 16 bleibt also offen, ob k = 6 die empirische Realität besser abbildet als k = 2, wo lediglich zwei „biologische Herkunftspopulationen" mit den plausiblen Ex-post-Bezeichnungen Afro-Europäer und Asiaten identifiziert werden. Bei arbiträrer Erhöhung der Anzahl der Cluster lassen sich selbst kleinsträumige Unterschiede kategorisieren wie zum Beispiel zwei „Ethnien" auf der jeweils anderen Seite der unüberwindbaren, mächtigsten aller europäischen geografischen Hürden: des Flüsschens Tamar in Großbritannien (Leslie et al. 2015, Rutherford 2022: 45). Natürlich spielt auch der „Zoomgrad" der Daten eine Rolle: Man kann global beliebig viele Cluster identifizieren, man kann innerhalb von Kontinenten beliebig viele Cluster identifizieren, man kann innerhalb einzelner Länder beliebig viele Cluster identifizieren bis zur Identifikation beliebig vieler Cluster in kleinsträumigen regionalen Kontexten. Empirischen Aussagen, die auf dieser Grundlage basieren, sollte man daher mit Skepsis begegnen.

Aufgrund des besprochenen kontinuierlichen genetischen Gradienten ist auch kein fixes Ergebnis mit robusten Grenzen zwischen Herkunftsgruppen zu erwarten, und eine eindeutige Einteilung menschlicher Populationen in fest abgrenzbare Gruppen ist empirisch nur schwer begründbar. Aus quantitativer sozialwissenschaftlicher Sicht lässt sich die Problematik vielleicht an einem alltäglichen Problem festmachen: Gelegentlich verlangen bestimmte Fragestellungen die Kategorisierung eines genuin kontinuierlichen Merkmals wie dem monatlichen Nettoeinkommen. Neben der Frage, wie viele Einkommensklassen Forschende nutzen, stellt sich auch die Frage, wo konkrete Einkommensgrenzen gesetzt werden. Welches Vorgehen ist korrekt? In Quantile einteilen? In 1.000-Euro-Schritten kategorisieren? Und sind zwei Personen, von denen eine 1.000 Euro Nettoeinkommen hat und die andere 1.001 Euro, besser in zwei systematisch unterschiedliche Gruppen einzuteilen? Sind diese Abstufungen noch zu fein und eine Dichotomisierung in „höchstens Mindestlohn" vs. „mehr als Mindestlohn" ist ausreichend? Dabei ist die Höhe des Mindestlohns eben aber auch keine soziale Konstante, sondern Ausdruck aktueller politischer Präferenzen und Entscheidungen (man könnte sie ebenfalls als „sozial konstruiert" betiteln). Ob Nettoeinkommen oder genetische Ähnlichkeit, das Prinzip ist das Gleiche: Beides stellt ein kontinuierliches Merkmal dar, dessen Kategorisierung Freiheitsgrade der Forschenden und keine absoluten empirischen Fakten repräsentieren.

Das zweite große Argument gegen eine biologische Fundierung von Herkunft hat mit der Frage zu tun, inwiefern genetische Unterschiede überhaupt Variation zwischen Gruppen erklären können. Nicht jeden wird überzeugen, dass das Festlegen der Anzahl an Herkunftsgruppen zu einem gewissen Grad beliebig ist und damit empirisch wenig gehaltvoll. Der oben beschriebene Clusteralgorithmus findet schließlich offensichtlich genetische Unterschiede, die eine Einteilung überhaupt erst erlauben. Das ist korrekt, aber: Das Ausmaß genetischer Variation zwischen Menschen ist verglichen mit anderen Säugetierspezies vergleichsweise niedrig. Alle Menschen teilen sich den überwiegenden Teil ihrer DNA (ca. 99,9 Prozent, Duello et al. 2021: 233). Clustermethoden zoomen lediglich auf den winzigen Teil 0,1 Prozent genetischer Unterschiede zwischen Individuen und ignorieren die überwältigende genetische Ähnlichkeit aller Menschen unabhängig vom jeweiligen Geburtsort. Diese im Vergleich zu anderen Lebensformen sehr geringe genetische Variation hängt mit unserer spezifischen Evolutionsgeschichte zusammen. Vermutlich mindestens zwei dramatische Bevölkerungsrückgänge reduzierten vor 60–50.000 Jahren die menschliche Population auf eine effektive Populationsgröße von um die 10.000 Individuen (Amos & Hoffman 2009: 131). Damit ging eine Reduktion der genetischen Variation einher. Die weitere Ausbreitung in Richtung Norden und vor allem Osten führte zu einem „seriellen Gründereffekt" (Ramachandran et al. 2005). Dabei führt das Abspalten einer kleinen Population dazu, dass die genetische Variabilität in eben dieser verloren geht (Meneely et al. 2017:

669–670). Empirisch zeigt sich dieser serielle Gründereffekt dahingehend, dass das Ausmaß genetischer Variation mit der Distanz zu Afrika stark abnimmt (Harpending & Rogers 2000: 377, Figure 4). Abbildung 18 veranschaulicht den seriellen Gründereffekt anhand simulierter Daten. Die 100 Quadrate setzen sich aus fünf genetischen „Profilen" zusammen (dunkelblau, hellblau, weiß, orange, rot). Die 25 Personen am oberen rechten Rand der Originalpopulationen brechen auf und gründen eine eigene Enklave in einiger geografischer Entfernung. Aufgrund der hohen genetischen Variation in der Ausgangspopulation ändert sich die genetische Variation gemessen über den sogenannten Lieberson Index zwischen der Originalpopulation und der ersten Gründerpopulation jedoch kaum (0,70 vs 0,71). Durch ein weiteres Abspaltungsereignis entsteht eine zweite Gründerpopulation, diesmal aus der ersten Gründerpopulation. Die genetische Variation reduziert sich dadurch auf 0,63 – auch visuell durch das Verschwinden der beiden blauen Profile. Mit jedem weiteren Schritt ist mit einer weiteren Reduktion des Lieberson Index und damit der genetischen Variation zu rechnen. Aufgrund dieses seriellen Gründereffekts gibt es daher umgekehrt ausgedrückt auf dem afrikanischen Kontinent mehr genetische Variation als auf dem Rest der Erde zusammengenommen. Zwei Personen einer lokalen afrikanischen Gemeinschaft sind im Durchschnitt daher genetisch *unterschiedlicher* als beispielsweise eine europäische und eine ostasiatische Person, obwohl zwischen dem ersten Paar räumlich nur ein paar Kilometer liegen mögen und dem zweiten unter Umständen mehrere tausend (Rutherford 2022: 50).

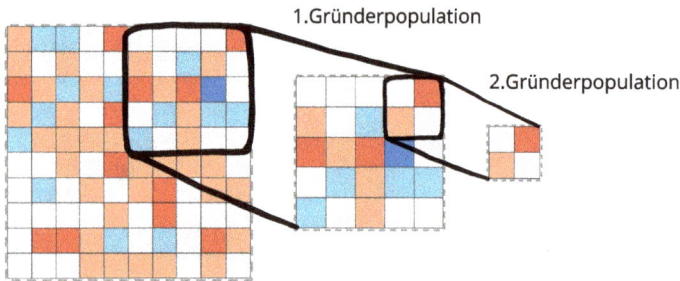

Abbildung 18: Veranschaulichung der Abnahme genetischer Diversität durch den seriellen Gründereffekt.
Quelle: simulierte Daten, eigene Berechnung.

Vor dem Hintergrund ungewöhnlich niedriger genetischer Variation in der menschlichen Population bleibt dennoch die Frage, inwiefern Gene Unterschiede *zwischen* Gruppen – welcher Definition und in welchem Merkmal auch immer – erklären können. Hinweise auf substanzielle Unterschiede zwischen Gruppen liefert eine Dekomposition globaler genetischer Variation in den oben bereits angesprochenen Mikrosatelliten in Unterschiede innerhalb und zwischen Gruppen. Je nach konkreter Anzahl an Gruppen, in die studierte Population durch die Forschenden eingeteilt wird, liegen zwischen 93 und 95 Prozent der gesamten Variation *innerhalb* der Gruppen, während höchstens 5 Prozent der Unterschiede *zwischen* Gruppen liegen (Rosenberg 2002: 2382, Table 1). Man könnte einwenden, dass 5 Prozent der Unterschiede möglicherweise ja genau diejenigen 5 Prozent darstellen, die für bestimmte Merkmale sozial relevant sind. Das ist einerseits unwahrscheinlich, wenn wir uns das vierte Gesetz der Verhaltensgenetik vor Augen führen und bedenken, dass komplexes menschliches Verhalten polygenetisch ist, also durch hunderte oder sogar tausende genetische Effekte erzeugt wird. Daher ist es unwahrscheinlich, dass Gruppen sich mehr oder weniger perfekt in tausenden kleinen Effekten unterscheiden. Wäre dem so, dann wären Clusteranalysen von Populationsunterschieden eindeutiger und vor allem weniger graduell. Weiterhin muss man sich wie immer die interaktionistische Position ins Bewusstsein rufen, nachdem Verhaltensunterschiede das Produkt von Genen und Umwelt sind. Selbst wenn ein kleiner Teil der Gruppenunterschiede in einem sozial relevanten Merkmal sich durch Unterschiede im Genotyp erklären lassen *würde*, so ist das nur relevant, wenn die Umweltbedingungen konstant zwischen den betrachteten Gruppen wären. Erst dann würden sich die genetischen Unterschiede auch in Verhaltensunterschieden zwischen den Gruppen empirisch manifestieren können. Das letztlich aber viel eindeutigere Signal besteht jedoch in einer Relevanzeinschätzung der Zahl von 5 Prozent Unterschieden zwischen Gruppen. Ist das viel, sprich: sozial relevant?

Um das besser einschätzen zu können, wird im Folgenden auf Geschlechterunterschiede in der Körpergröße zurückgegriffen. Unterschiede in der Körpergröße sind hochgradig erblich, und in Alltagsbeobachtungen ist für alle Mitglieder einer Gemeinschaft ersichtlich, dass Männer und Frauen sich systematisch in ihrer durchschnittlichen Körpergröße unterscheiden. In der ersten Welle der TwinLife-Daten beträgt die durchschnittliche Körpergröße der mindestens 16-Jährigen ungefähr 181 cm bei Männern und 167 cm bei Frauen (eine durchschnittliche Differenz von 14 cm). Die linke Seite von Abbildung 19 zeigt die Dichteverteilung der Körpergrößen getrennt nach Geschlecht basierend auf diesen Daten. Weite Teile der beiden Verteilungen sind überschneidungsfrei, was auf einen großen Erklärungsanteil des Merkmals Geschlechts für Unterschiede zwischen den beiden Gruppen hindeutet. Berechnet man, wie viel Prozent der Varianz in der Körpergröße durch Unterschiede innerhalb und zwischen den Gruppen erklärt werden, so erhält man einen etwa 50/50-Split. *Die Hälfte der Unterschiede* in der Körpergröße befindet sich *zwischen* den beiden Gruppen. Im Vergleich zu den oben beschrieben 5-prozentigen Unterschieden ist das eine völlig andere Qualität der Gruppenunterschiede. Um die (Ir-)Relevanz der 5 Prozent noch deutlicher zu demonstrieren, verändern wir die Körpergrößenverteilung zwischen den Geschlechtern so, dass nicht mehr 50, sondern nur noch 5 Prozent der Unterschiede zwischen den Gruppen liegen (indem zum Beispiel alle weiblichen Größenmessungen mit dem Faktor 1,1 multipliziert werden). Die rechte Seite von Abbildung 19 visualisiert diese simulierten Gruppenunterschiede und zeigt, dass sich der überwiegende Teil der Verteilungen überschneidet und das Merkmal Geschlecht kaum zur Unterscheidung beitragen kann (eine durchschnittliche Differenz von 3 cm).

Zusammenfassend sprechen gegen eine biologische Fundierung von Ethnie oder Rasse einerseits die Beliebigkeit der Aggregierung von Individuen zu mehr oder weniger homogenen Gruppen und andererseits die geringe Relevanz dieser Gruppenzugehörigkeit für die Erklärung von Unterschieden zwischen ihnen.

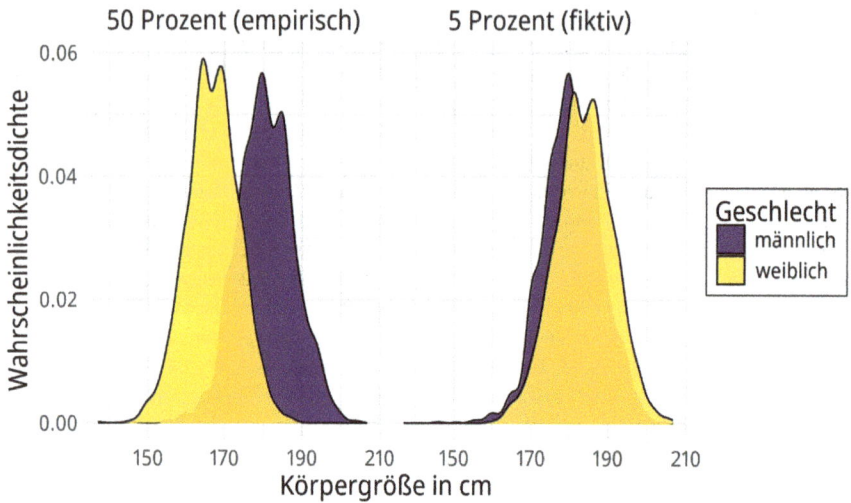

Abbildung 19: Ausmaß von Unterschieden innerhalb und zwischen Gruppen im Vergleich. Quelle: links: 1. Welle des TwinLife-Panels (>16 Jahre), rechts: simulierte Daten auf Grundlage der 1. Welle des TwinLife-Panels (>16 Jahre).

3.2 Polygenic Scores

Nun liegen auf Grundlage der GWAS-Ergebnisse eine Liste an SNPs und die dazuge-hörigen Koeffizienten vor. SNPs und ihre Koeffizienten zusammen sind die Grund-lage für den Paradigmenwechsel, der durch die Entwicklung von sogenannten polygenetischen Werten eingeläutet wurde (gebräuchlicher ist die englische Bezeich-nung „Polygenic Scores", PGS). Polygenic Scores quantifizieren das genetische Risiko eines Individuums für ein bestimmtes Attribut oder Verhalten. Der Begriff „geneti-sches Risiko" beschreibt hier dezidiert eine Wahrscheinlichkeitsaussage bezüglich der Ausprägung eines Merkmals gegeben der genetischen Ausstattung eines Indivi-duums: Je mehr genetische Varianten eine Person besitzt, die statistisch positiv mit einem Merkmal zusammenhängen, desto höher ist die Wahrscheinlichkeit, dieses Merkmal auch auszuprägen. Das Risiko ist damit lediglich eine probabilistische Aus-sage und muss daher nicht zwangsläufig implizieren, dass es sich manifestiert. Der Begriff „Risiko" selbst fungiert daher als Marker für eine wahrscheinlichkeitsbezo-gene Aussage und beschreibt sowohl die Ausprägung von positiv wie negativ konno-tierten Merkmalen. Menschen können demnach sowohl ein hohes genetisches Risiko für hohe Bildung besitzen (meist positiv konnotiert) wie auch ein hohes gene-tisches Risiko für eine bestimmte Erkrankung (meist negativ konnotiert). „Polygenic" oder polygenetisch bezeichnet die Beobachtung, dass Unterschiede in komplexem menschlichen Verhalten oder Attributen durch viele, oft tausende minimale genetische Effekte mitbestimmt werden. Daher sind Schlagzeilen wie das „Gen für XYZ" mit hoher Wahrscheinlichkeit Unsinn, da sie das polygenetische Prinzip verletzen. Dass Unterschiede im Verhalten durch Tausende und abertausende kleiner genetischer Effekte miterzeugt werden, zeigt sich so konsistent in GWAS, dass das polygenetische Prinzip als das *vierte Gesetz der Verhaltensgenetik* bezeichnet wird (Chabris et al. 2015). Ausnahmen sind seltene monogenetische Erbkrankheiten, die durch Änderung in einem einzelnen Gen hervorgerufen werden (z. B. Huntington-Krankheit oder Sichelzellenanämie).

Zur Berechnung der Polygenic Scores nutzt man die in den GWAS identifizierten SNPs und ihre Koeffizienten und schätzt für Individuen einer neuen Stichprobe das genetische Risiko als gewichtete Summe der individuellen SNPs und der GWAS-Koeffizienten. Formal erfolgt die Generierung eines Polygenic Scores so:

$$PGS_i = \sum_{j=1}^{J} b_j * SNP_{ij}$$

wobei i die Individuen repräsentiert, j die Liste der statistisch signifikanten SNPs indiziert und SNP_{ij} die gemessenen SNPs der Individuen. Tabelle 6 stellt erneut ein fiktives Datenblatt von 9,718 Beobachtungen dar, um die Vorgehensweise zu demonstrieren. Im Beispiel wird das genetische Risiko für hohe Bildung anhand der Ergebnisse der oben besprochenen GWAS von Okbay und Kolleginnen und Kollegen (2022) berechnet.

Tabelle 6: Fiktive Daten für die Berechnung eines PGS für Bildung.

ID	ISCED	SNP1	SNP2	SNP3	...	SNP3952	PGS$_{EDU}$
1	5	1	2	1		0	−0,6
2	2	0	3	1		1	1,0
3	3	0	1	1		0	0,4
4	1	0	2	1		1	2,0
...							
9718	2	0	2	2		1	−1,6

Nehmen wir an, uns liegen die 3,952 SNP-Koeffizienten als einfacher Zahlenvektor vor: $b_{SNP1} = -0,068$, $b_{SNP2} = 0,006$, $b_{SNP3} = -0,013$, ... , $b_{SNP3952} = 0,074$. Dann ergibt sich der Polygenic Score für hohe Bildung für den ersten Fall in unseren Daten als

$$PGS_1 = b_{SNP1}{}^*SNP1 + b_{SNP2}{}^*SNP2 + b_{SNP3}{}^*SNP3 + \dots + b_{SNP1271}{}^*SNP3952 =$$
$$PGS_1 = -0{,}068{}^*1 + 0{,}006{}^*2 - 0{,}013{}^*1 + \dots + 0{,}074{}^*0 =$$
$$PGS_1 = -0{,}6$$

Das genetische Risiko für hohe Bildung der ersten Beobachtung in unseren fiktiven Daten ist damit −0,6. Für eine Population sind Polygenic Scores annähernd standardnormalverteilt. Dadurch ergibt sich direkt eine inhaltlich sinnvolle Interpretation des Wertes −0,6: Das genetische Risiko für hohe Bildung der ersten Beobachtung liegt 0,6 Standardabweichungen unter dem Durchschnitt. Beobachtungen 1 und 9,718 in Tabelle 6 haben damit unterdurchschnittliche genetische Risiken für hohe Bildung (PGS < 0), während das Gegenteil für die Beobachtungen 2, 3 und 4 zutrifft (PGS > 0). Polygenic Scores sind dabei immer probabilistische Risikoeinschätzungen. *Das genetische Risiko* für hohe Bildung von Beobachtung 4 liegt beispielsweise zwei Standardabweichungen über dem Durchschnitt, und dennoch ist das *realisierte Risiko, also die erworbene Bildung* mit einem Wert von 1 (Grundschulbildung) weit unter dem bundesweiten Durchschnitt. Abbildung 20 visualisiert eine simulierte Verteilung des Polygenic Scores für Bildung. Eingetragen sind die jeweiligen Positionen der Individuen aus Tabelle 6.

Wie wir noch oft im Folgenden sehen werden: Veranlagung (genetisches Risiko) ist das eine, sie benötigt aber auch die passende Umwelt, um sich entfalten (das Risiko realisieren) zu können. Das soll nicht implizieren, dass Polygenic Scores wertlos sind – das Gegenteil ist der Fall. Da sie das genetische Risiko einer Person auf einen Wert reduzieren, lässt sich genetische Information nun in Form einer einzigen Messung in klassische quantitative Modelle integrieren. Nutzt man zum Beispiel das Polygenic Score für hohe Bildung, um den Bildungserwerb vorherzusagen, dann zeigt sich, dass unter den 10 Prozent Personen mit den niedrigsten Scores ungefähr 7 Prozent einen Universitätsabschluss erzielen. Unter den 10 Prozent mit den höchsten Scores sind es mit bis zu 71 Prozent aber weit mehr als die Hälfte (Okbay et al. 2022: 440)!

Ein anderer Ansatz zur Einschätzung der Qualität von Polygenic Scores liegt in der Untersuchung der erklärten Varianz. Der Score für hohe Bildung erklärt ca. 16 Prozent der Unterschiede im Bildungserwerb. Dieser Wert wird auch die SNP-Erblichkeit genannt. Im ersten Moment hört sich 16 Prozent nicht nach viel an, aber der Schein trügt. Hier erklärt *eine einzige Variable* 16 Prozent der Unterschiede im Bildungserwerb! Die soziale Herkunft als Aggregat der elterlichen Bildung und Arbeitsmarktpositionierung als Beispiel – und wie wir noch sehen werden als ein schlechtes – korreliert ebenfalls konsistent mit dem Bildungserwerb und erklärt in Deutschland einen ähnlichen Anteil der Unterschiede (eigene Berechnungen anhand Daten des Allbus 2018). Hier gilt es jedoch zu bedenken, dass sich die 16 Prozent erklärter Varianz nicht unbedingt ausschließlich auf *kausale* genetische Effekte bezie-

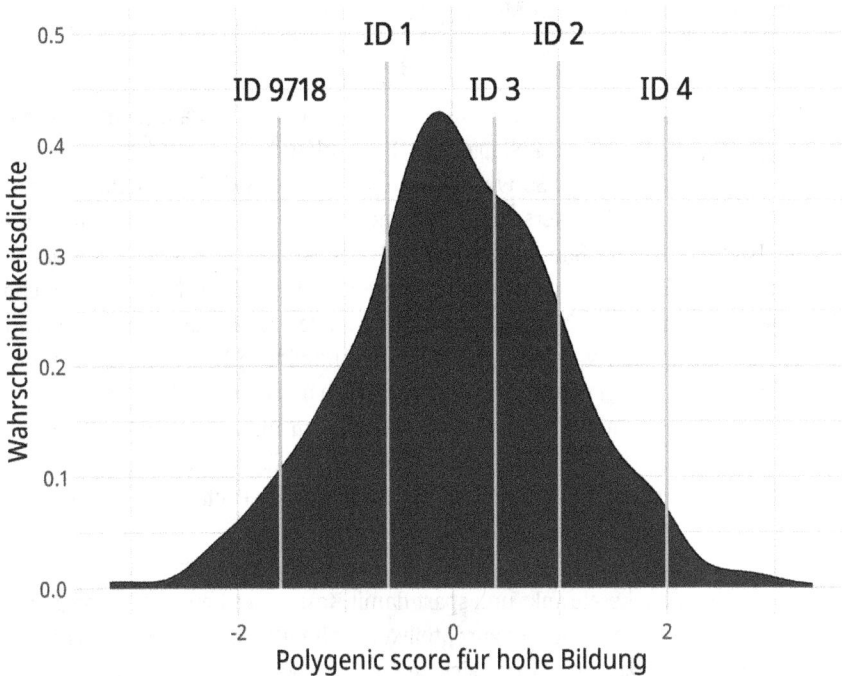

Abbildung 20: Polygenic Score für Bildung mit den Positionen der fiktiven Daten.
Quelle: Eigene Darstellung, angelehnt an Figure 4 bei Uffelmann et al. (2021).

hen. Das liegt auch am hypothesenfreien Ansatz der GWAS, der lediglich Korrelatio nen aufdeckt und zu einem gewissen Grad sozialer Konfundierung unterliegt (z. B. über die Messung von Bildung selbst, die schließlich kein absolutes Merkmal darstellt). Zudem ist nicht 100 Prozent Varianzerklärung das maximale Gütekriterium, sondern die geschätzte Erblichkeit des Bildungserwerbs. Denn Polygenic Scores als Messung genetischer Risiken können eben auch nur den Teil der Varianz erklären, der durch genetische Unterschiede erzeugt wird – also den A-Anteil eines ACE-Modells oder allgemeiner die Erblichkeit eines Merkmals. Diese liegt für den Bildungserwerb typischerweise im Bereich von 40 Prozent, je nach Land und Studienpopulation (Baier & Lang 2019; Lee et al. 2018; Lui 2018; Okbay et al. 2022). Das verbessert einerseits die Qualitätseinschätzung des Polygenic Score für Bildung, da dieser nun annähernd die Hälfte (16/40 ~ 0,4 oder 40 Prozent) der möglichen genetischen Unterschiede erklärt. Andererseits stellt sich nun die Frage, was dann die verbleibenden Unterschiede erklären kann, die doch eigentlich genetischer Natur sein sollten? Warum unterscheidet sich die Erblichkeit berechnet auf Grundlage einer direkten, molekulargenetischen Messung so drastisch von der indirekt ermittelten Erblichkeit von Zwillingsstudien?

Dieses Problem wird in der Literatur als die fehlende Erblichkeit („missing heritability") diskutiert. Zwei Gründe werden für dieses Phänomen angeführt: Einmal hat sich gezeigt, dass mit stark steigenden Fallzahlen die Anzahl der relevanten SNPs ebenfalls stark ansteigt. So wurden in einer früheren GWAS für Bildung mit etwas weniger als 300.000 untersuchten Personen 74 SNPs identifiziert, die ca. 3 Prozent der Unterschiede im Bildungserwerb erklärten (Okbay et al. 2016). Zwei Jahre später, mit fast vier Mal so vielen Untersuchten, wurden dann fast 20-mal mehr SNPs identifiziert und fast 12 Prozent der Unterschiede erklärt (Lee et al. 2018). Und weitere vier Jahre später werden mit 3 Millionen Individuen fast 4.000 SNPs identifiziert, die 16 Prozent der Varianz im Bildungserwerb erklären (Okbay et al. 2022). Offenbar benötigt es immer größere Stichproben, um immer kleinere Effekte zu identifizieren, um somit die Differenz zwischen SNP-Erblichkeit und Zwillingserblichkeit im engen Sinne zu reduzieren. Ein limitierender Faktor dieses Vorgehens liegt jedoch im Vorgehen der SNP-Genotypisierung selbst, die sich auf „häufige" SNPs fokussiert. Damit ist der oben genannte Vorteil, man könne sich auf die häufig vorkommenden SNPs beschränkt und spart damit Kosten, weil eine vollständige Sequenzierung des Genoms unnötig wird, teilweise hinfällig. Denn nur mittels einer vollständigen Sequenzierung lassen sich seltene Gen-Varianten identifizieren, die die bisherige *Unterschätzung* der SNP-Erblichkeit reduzieren (Young 2022). Die zweite Erklärung führt uns wieder zurück zu den Annahmen von Zwillingsstudien: Vielleicht werden die Annahmen ja doch verletzt und *überschätzen* die Erblichkeit von Merkmalen und Verhalten als Konsequenz? Um diese Möglichkeit zu untersuchen, kombinieren neuere Methoden Prinzipien der Zwillingsstudien mit modernen Ansätzen der direkten Messung von genetischen Unterschieden. Anstatt den implizierten Verwandtschaftsgrad von Geschwistern zu nutzen (100 Prozent bei eineiigen und *im Durchschnitt* 50 Prozent bei zweieiigen Zwillingen) erlaubt ein direkter Vergleich der sequenzierten Gendaten die Bestimmung des exakten genetischen Verwandtschaftsgrades von Individuen und damit eine genauere Berechnung der Erblichkeit (Young et al. 2018). Ignorieren wir vorläufig das klassische Problem der Variation von Erblichkeitswerten über Kontexte und Untersuchungspopulationen, dann suggerieren diese wie auch verwandte Methoden eine *leichte* Überschätzung der Erblichkeit in Zwillingsstudien. Aber selbst wenn die Wahrheit nach alter Volksweisheit „irgendwo dazwischen" – also zwischen 16 und 40 Prozent – liegt: Das Intervall von SNP-Erblichkeit bis Zwillingserblichkeit beinhaltet definitiv nicht die 0 und impliziert damit weiterhin eine zu berücksichtigende Relevanz genetischer Einflüsse auf Unterschiede zwischen Individuen.

Prinzipiell lassen sich Polygenic Scores für jedes messbare Attribut oder Verhalten generieren. Dafür benötigt es lediglich riesige Mengen an SNP-genotypisierten

Individuen und eine Messung des interessierenden Merkmals, um eine GWAS durchzuführen. Die gewonnenen Informationen lassen sich dann einfach in einen typischerweise kleineren, aber dafür meist deutlich detaillierten Datensatz von ebenfalls SNP-genotypisierten Individuen integrieren. Im Prinzip. Denn in der Praxis ist die Durchführung einer GWAS so komplex, dass typischerweise große Konsortien (Zusammenschlüsse von Universitäten, Forschungseinrichtungen und Unternehmen) gebildet werden, um die einzelnen Arbeitsschritte kompetent meistern zu können (Mills et al. 2020: 79–82). Die Analysen selbst sind für quantitativ-orientierte Soziologinnen und Soziologen – wie wir oben illustriert haben – kein Problem. Der Weg zu den Daten – von der Erhebung der DNA-Daten, ihrer Bereinigung, Qualitätskontrolle und datenschutzrechtlich adäquaten Speicherung etc. – erfordert jedoch völlig andere Kompetenzen (Mills et al. 2020: 80). Glücklicherweise ist es nicht nötig, GWAS als selbständig Forschende durchzuführen, denn die großen Konsortien veröffentlichen ihre Ergebnisse frei zugänglich, zum Beispiel auf Webseiten wie www.pgscatalog.org. Darauf sind aktuell relevante SNPs und ihre Koeffizienten für mehr als 500 Merkmale verfügbar.

Jedoch ist nur ein Bruchteil der daraus berechenbaren Polygenic Scores für typische soziologische Anwendungen relevant (z. B. Bildung, kognitive und nicht-kognitive Kompetenzen, Risikoeinstellungen, Persönlichkeitsmerkmale). Gravierender gestaltet sich aber das Fehlen von sozialwissenschaftlichen Daten, die die DNA-Daten der Befragten erhoben haben. Für Deutschland existiert eine kleine Innovationsstichprobe des Sozio-oekonomischen Panels (Koellinger et al. 2021) oder das TwinLife-Panel (Diewald et al. 2022). Die umfangreichsten Studien kommen jedoch aus den USA, so wie beispielsweise AddHealth, eine Panelstudie mit über 20.000 Befragten, deren erste Welle 1994 Daten zu den damals Jugendlichen erhob und von der 2018 die fünfte Welle veröffentlicht wurde. Aber auch hier erhalten Forschende keinen direkten Zugriff auf die DNA-Daten, sondern AddHealth liefert die aktuell jeweils besten Polygenic Scores als Individualmerkmale direkt an Nutzerinnen und Nutzer aus. Es ist daher nicht verwunderlich, dass AddHealth aufgrund seines langen Panels, den umfangreichen Messungen der individuellen Bildungsverläufe, häuslichen Lebensumwelten, Arbeitsmarktkarrieren und Charakteristika der Nachbarschaften in Kombination mit Messungen genetischer Risiken für eine ganze Liste an Merkmalen einer der zentralen Datensätze der soziologisch-orientierten Verhaltensgenetik ist. Gleichzeitig stellt die Beschränkung auf einige wenige Datensätze offensichtlich auch ein Problem für die Replikation von Ergebnissen mit anderen Stichproben, mit anderen Inhalten, in anderen Kontexten oder zu anderen Zeiten dar. Da die Genotypisierung und langfristig auch die Speicherung von genetischen Daten kostspielig ist, erscheint die Strategie, qualitativ hochwertige Langzeit- und Panelstudien wie das SOEP mit genetischen Zusatzerhebungen anzureichern, sehr vielversprechend. Vorstellbar ist ebenfalls, genetische Informationen für Studien nachträglich zu erheben, die entweder bereits seit längerem im Feld sind oder ihre Erhebungen bereits abgeschlossen haben (z. B. das Nationale Bildungspanel), denn die genetische Information ist qua Geburt festgeschrieben und der genaue Erhebungszeitpunkt damit effektiv irrelevant. Aber dafür sind mindestens zwei Veränderungen notwendig: Einmal bedarf es von (sozial-)wissenschaftlicher Seite, die Wichtigkeit verhaltensgenetischer Erkenntnisse für die eigene Forschung anzuerkennen und andererseits die Bereitschaft von Studienteilnehmenden, ihre genetischen Informationen für wissenschaftliche Zwecke bereitzustellen. Ersteres ist vermutlich eine Frage der Zeit, denn die „stillschweigende Absprache Erblichkeit [in den Sozialwissenschaften, CS] zu ignorieren" (Harden 2021: 44; eigene Übersetzung) kann unter der Last neuer Forschung nicht auf Dauer eingehalten werden. Aber um das Vertrauen von Befragten zu gewinnen, bedarf es sicherlich ausführlicher Aufklärung zu datenschutzrechtlichen und ethischen Fragen.

3.3 Schätzung von Bildungsunterschieden anhand von Polygenic Scores

Aktuell sind bis zur Veröffentlichung des Gene-SOEP keine deutschen Daten mit Polygenic Scores frei erhältlich. Um dennoch einen Eindruck von möglichen Visualisierungen und Ergebnissen zu erhalten, wird im Folgenden auf simulierte Daten sowie publizierte Ergebnisse zurückgegriffen. Abbildung 21 gibt den bivariaten Zusammenhang zwischen der Messung des genetischen Risikos für hohe Bildung über den Polygenic Score (x-Achse) sowie den realisierten Bildungsjahren des Individuums (y-Achse) wieder. Eindeutig ist der moderat positive Zusammenhang zwischen genetischem Risiko und den Bildungsjahren: Je höher das durchschnittliche Risiko, desto höher die Anzahl der durchschnittlichen Bildungsjahre. Wie in ähnlichen Darstellungen in vorangegangenen Kapiteln suggeriert auch in dieser Abbildung die substanzielle Streuung um die Zusammenhangsgerade, dass wir es keinesfalls mit einer deterministischen Beziehung zu tun haben. Schön zeigt sich das im Bereich der durchschnittlichen genetischen Risiken (Werte um 0 auf der x-Achse), die sich in fast das gesamte Spektrum an Bildungsjahren übersetzen.

Reduzierter lässt sich der Zusammenhang mittels Regressionsverfahren darstellen und erlaubt gleichzeitig eine Analyse genetischer und sozialer Konfundierungsmuster (siehe Tabelle 7). Die konkreten Koeffizientenwerte wurden dabei den Analysen von Lui (2018: Tabelle 3, Panel 1) entnommen. Die Messung genetischer Risiken basierte auf einer älteren – sprich weniger akkuraten – GWAS von Okbay und Kolleginnen und Kollegen (2016). Die vollständigen Analysen der hier vorgestellten Studie erlauben durch die Nutzung mehrgenerationaler genetischer Risiko-

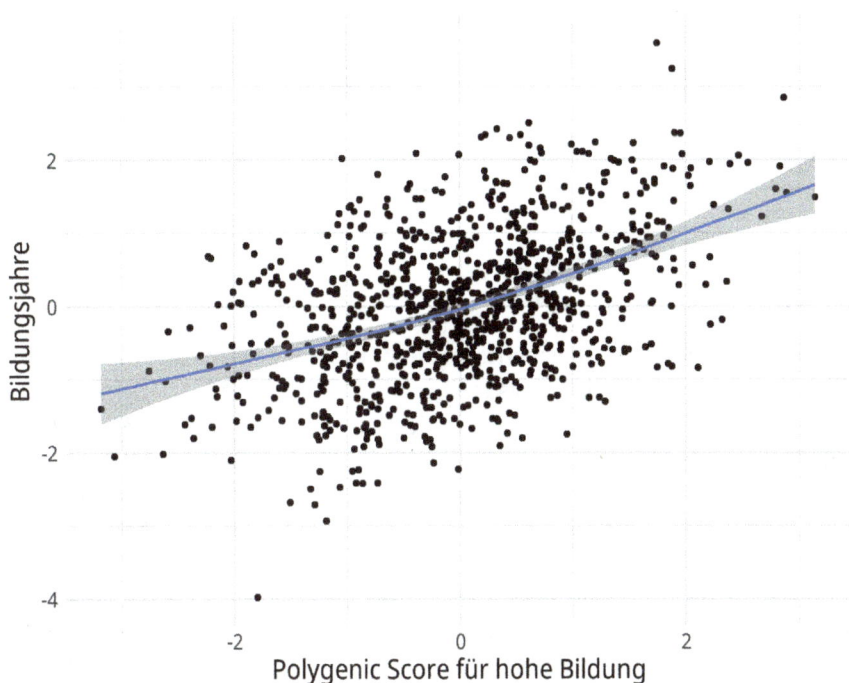

Abbildung 21: Zusammenhang zwischen genetischem Risiko für hohe Bildung und Bildung.
Quelle: simulierte Daten auf Grundlage der in Okbay et al. (2022) angegebenen Korrelation.

messungen einen vertieften Einblick in die verschiedenen Spielarten genetischer und sozialer Konfundierung der einzelnen Messungen. Nur wenige Datenquellen besitzen diesen Detailgrad. Deshalb fokussiert sich die folgende Diskussion auf die genetische Konfundierung des intergenerationalen Transmissionseffektes. Eine ausführlichere Darstellung darüberhinausgehender Muster findet sich aber in Kapitel 5.4.1 Genetische Konfundierung in der Literatur zur sozialen Vererbung. Die Modelle M1 und M2 geben einen eher deskriptiven Einblick in den Zusammenhang der jeweiligen Messung mit den erreichten Bildungsjahren der betrachteten Individuen. M1 zeigt, dass eine Erhöhung des genetischen Risikos für hohe Bildung um eine Standardabweichung mit 0,2 zusätzlichen Bildungsjahren einhergeht und entspricht damit in etwa dem grafischen Muster aus Abbildung 21. Die realisierten Bildungsjahre der Eltern hängen ebenfalls positiv mit den erreichten Bildungsjahren ihrer Kinder zusammen. Die Beziehung zwischen elterlicher Bildung und der ihrer Kinder in M2 entspricht dabei dem klassischen Indikator für intergenerationale Vererbung von Bildungsvorteilen.

Tabelle 7: Koeffizienten eines Zwei-Generationen-Models des Bildungserwerbs.

Bildungserwerb des Kindes	M1	M2	M3
PGS Kind	0,20		0,15
Bildung Eltern		0,35	0,32

Anmerkung: Alle Koeffizienten statistisch signifikant (p < 0,05). Kontrolliert für die ersten sieben Hauptkomponenten genetischer Herkunft.
Quelle: Lui (2018, Tabelle 3, Panel 1), eigene Darstellung.

M3 untersucht das Ausmaß genetischer Konfundierung der intergenerationalen Beziehung durch die gleichzeitige statistische Kontrolle der kindlichen PGS. Im Vergleich zwischen den Koeffizienten der elterlichen Bildung in M2 und M3 wird deutlich, dass die kindlichen genetischen Risiken einen Teil des Transmissionseffektes mediieren, da sich der Zusammenhang in M3 reduziert. Damit sind rund 10 Prozent [(0,35-0,32)/0,35] des intergenerationalen Zusammenhangs hier genetisch konfundiert. Das ist zwar weit entfernt von vollständiger genetischer Konfundierung, die die bisher als sicher geglaubten Erkenntnisse zur intergenerationalen Vererbung von Bildungsvorteilen in ihrer Gänze in Frage stellen würde. Aber diese Ergebnisse dürfen in ihrer Relevanz nicht unterschätzt bzw. als Zeugnis für eine vermeintliche niedrigere Relevanz genetischer Erklärungen nicht überschätzt werden. Angesichts des hohen Grades sozialer Konstruktion von Bildung ist einerseits a priori keine vollständige Konfundierung zu erwarten. Dafür sind Unterschiede zwischen Familien im Grad der Bereitstellung von Ressourcen für das Erlernen für im Bildungssystem erwarteter Leistungen und Verhaltensweisen zu gewichtig. Andererseits ist aber ein hoher verbleibender Anteil systematischer sozialer Einflüsse der Herkunftsfamilie Ausdruck für soziale Vorteile und ihre Reproduktion, die unabhängig von Potenzialen für hohe Bildung bestehen. Also genau jene Prozesse, die für Muster sozialer Ungleichheit mitverantwortlich sind. Weiter unten werden wir noch sehen, dass das Ausmaß der genetischen Konfundierung gerade intergenerationaler Vererbung von Bildung hochgradig kontextabhängig ist. Die hier vorgestellten US-amerikanischen Daten mit ihrem niedrigen genetischen Konfundierungsgrad bieten daher auch einen Hinweis auf ausgeprägtere soziale Schließungsprozesse als das beispielsweise in Norwegen der Fall ist (siehe Kapitel 5.4.1 Genetische Konfundierung in der Literatur zur sozialen Vererbung).

Es lässt sich festhalten, dass Polygenic Scores, die auf Grundlage von in GWAS identifizierten Zusammenhängen berechnet werden, genetische Risiken für ein bestimmtes Merkmal messen und daher fundamental probabilistischer Natur sind. Ein Indikator für die Messgüte ist die erklärte Varianz durch den Polygenic Score relativ zur Erblichkeit im betrachteten Merkmal. Für hohe Bildung lassen sich damit ca. 40 Prozent der genetischen Unterschiede und insgesamt ca. 16 Prozent der Bildungsunterschiede erklären. Als Drittvariable ermöglichen Polygenic Scores die Schätzung sozialer Effekte unter Kontrolle der genetischen Risiken und demonstrieren so, dass ein nicht zu vernachlässigender Anteil der als soziale Vererbung interpretierten intergenerationalen Korrelation elterlicher und kindlicher Merkmale genetisch konfundiert ist.

Berechnung von Polygenic Scores für eigene Gendaten

Aus der Darstellung der Grundlagen von Polygenic Scores sollte deutlich geworden sein, dass deren Berechnung letztlich eine einfache Schätzung eines neuen Wertes mithilfe eines Koeffizientenvektors darstellt. Hat man nun Zugang zu diesen Vektoren und SNP-Daten, so ist es prinzipiell einfach für quantitativ arbeitende Soziologinnen und Soziologen Polygenic Scores für interessierende Merkmale zu berechnen. Die Koeffizienten von GWAS-Studien stehen oft frei verfügbar auf einschlägigen Webseiten wie dem GWAS Catalog (https://www.ebi.ac.uk/gwas/downloads/summary-statistics) oder dem Social Science Genetic Association Consortium (https://www.thessgac.org/home) zum Download bereit. Die eigenen SNP-Daten erhält man mit etwas mehr Aufwand von Zeit und finanziellen Ressourcen. Eine ganze Reihe von Firmen bieten – meist mit Hinweis auf die Untersuchung der „ethnischen Herkunft" oder zur genealogischen Forschung („Stammbaumforschung") – über Speichelproben eine Sequenzierung der eigenen SNP-Daten für unter 100 Euro an. Die Rohdaten sind dann auf der Webseite des Anbieters downloadbar und damit für die Berechnung von Polygenic Scores nutzbar.

Im Übrigen geben die meisten Anbieter einen Überblick über berechnete Polygenic Scores für viele, meist gesundheitsbezogene, Indikatoren direkt für den Nutzer oder die Nutzerin auf ihren jeweiligen Webseiten – aber aufgrund hiesiger Datenschutzrichtlinien nicht für die deutsche Kundschaft. Aus ethischer Sicht ist die Weitergabe von Polygenic Scores für bestimmte Merkmale an den Laien oder die Laiin problematisch, da gleichzeitig auch immer die „Qualität" der zugrundeliegenden Daten kommuniziert werden muss. Dafür benötigt es jedoch mindestens ein Verständnis der Ideen Wahrscheinlichkeit oder Risiko, Erblichkeit, Varianzerklärung und fehlender Erblichkeit („missing heritability"). „So ganz nebenbei" sind diese jedoch nicht einfach vermittelbar. Die gleiche Einschränkung gilt natürlich aber auch für das geneigte „Fachpublikum": Wenn Polygenic Scores für bestimmte Merkmale berechnet werden sollen, so ist deren Aussagekraft immer nur vor dem Hintergrund ihrer Qualität sowie der Qualität der erhobenen SNP-Daten zu bewerten.

Die SNP-Rohdaten von Drittanbietern sind leider nicht „vollständig", da aufgrund gängiger Sequenzierungsmethoden das Genom jeweils nur ausschnittsweise erhoben wird. Die „fehlenden" Daten werden mit Hilfe von „Referenzgenomen" vervollständigt (Mills et al. 2020: 156). Die Imputation fehlender SNPs ist nicht immer eindeutig und liefert daher typischerweise probabilistische Einschätzungen. Die Imputation an eigenen SNP-Rohdaten selbst durchzuführen, ist mit spezialisierter Software oder R-Paketen möglich, wenngleich die Einarbeitung in die jeweiligen Routinen mitunter aufwendig sein kann. Aber auch hierfür gibt es Drittanbieter, die die Imputation der Daten und sogar die Berechnung von Polygenic Scores für hunderte von Merkmalen übernehmen. Der Preis für diesen Service beträgt einen niedrigen zweistelligen Betrag sowie das Vertrauen in die Einhaltung datenschutzrechtlicher Richtlinien durch diese Anbieter, denn die Berechnung der gewünschten Informationen funktioniert nur über den Upload der eigenen SNP-Rohdaten. Doch man sollte sich keinerlei Illusionen machen: Diese Unternehmen kaufen sich Ihre Gendaten im Tausch gegen den Service der Aufbereitung und Bereitstellung der Informationen, um diese dann anderweitig selbst verwerten –

sprich auch weiterverkaufen – zu können (Krimsky 2021). Xcode Life ist beispielsweise einer dieser Anbieter mit Zugang zu soziologisch relevanten Merkmalen. Auf der Unternehmensseite lassen sich verschiedene „Merkmalspakete" kaufen. Anschließend müssen die Rohdaten des Kunden bzw. der Kundin, bei der der Speicheltest erfolgte, hochgeladen werden und nach 24 Stunden erhält man einen Bericht zu den gewünschten Merkmalen. Dieser „Bericht" präsentiert aber jedoch lediglich den Quantilsbereich für ausgewählte Merkmale, wobei eine vollständig eigenhändige Berechnung natürlich die „exakte" Position in der Populationsverteilung angeben würde. Diese Ungenauigkeit der Ergebnisse ist leider der Preis für das Auslagern der Imputation der Gendaten sowie der Berechnung der Polygenic Scores an einen Drittanbieter.

Für Bildung erhalten Kunden des oben genannten Anbieters beispielsweise die Information, dass sie entweder wahrscheinlich niedrige, normale oder hohe Bildungsabschlüsse erreicht haben. Ganz eindeutig ist dies aus den Angaben nicht abzulesen, aber vermutlich erfolgt die Einteilung in „normales" genetisches Risiko anhand der gängigen Praxis, Personen eine Standardabweichung unter und über dem Mittelwert dieser Gruppe zuzuordnen. Damit umfasst die „normale" Gruppe ca. 68 Prozent aller Beobachtungen, während niedrige genetische Risiken all jene Personen mit Polygenic Scores <-1 und hohe genetische Risiken umgekehrt alle mit Polygenic Scores > 1 umfassen. Beide Gruppen beinhalten damit je ca. 16 Prozent der Population. In den Details zur Messung des genetischen Risikos für Bildung erfährt man dann, dass zur Erstellung dieser Einschätzung ca. 180 SNPs herangezogen werden. Diese Zahl liegt offensichtlich weit unter den in der aktuellen GWAS ermittelten 3,952 SNPs und umfasst daher vermutlich auch nur diejenigen SNPs mit den „stärksten Effekten" (Okbay et al. 2022).

Aus Recherchegründen habe ich das Angebot des genannten Anbieters genutzt und ein genetisches Risiko für normale Bildung attestiert bekommen. Das beweist bzw. illustriert mindestens zwei Dinge: Erstens, das genetische Risiko entspricht fundamental einer probabilistischen Einschätzung und erlaubt keine deterministischen Aussagen. Und zweitens, mit hoher sozialer Herkunft kann man im Statuserwerbprozess fehlende kognitive Ressourcen kompensieren.

Literatur

Amos, W. & Hoffmann, J. I. (2009). Evidence that two main bottleneck events shaped modern human genetic diversity. *Proceedings of the Royal Society* B 277: 131–137.

Baier, T. and Lang, V. (2019). The Social Stratification of Environmental and Genetic Influences on Education: New Evidence Using a Register-Based Twin Sample. *Sociological Science* 6: 143–171.

Border, R., Johnson, E.C., Evans, L.M., Smolen, A., Berley, N., Sullivan, P.F. and Keller, M.C. (2019). No support for historical candidate gene or candidate gene-by-interaction hypotheses for major depression across multiple large samples. *American Journal of Psychiatry* 176: 376–387.

Briley, D.A. and Tucker-Drob, E. (2013). Explaining the Increasing Heritability of Cognitive Ability Across Development: A Meta-Analysis of Longitudinal Twin and Adoption Studies. *Psychological Science* 24: 1704–1713.

Carey, N. (2012). *The Epigenetics Revolution: How Modern Biology is Rewriting Our Understanding of Genetics, Disease and Inheritance*. London: Icon Books.

Caspi, A., Sudgen, K., Moffitt, T.E., Taylor, A., Craig, I.W., Harrington, H., McClay, J., Mill, J., Martin, J., Braithwaite, A. and Poulton, R. (2003). Influences of life stress on depression: moderation by a polymorphism in the 5-HTT gene. *Science* 301: 386–389.

Chabris, C.F., Lee, J.J., Cesarini, D., Benjamin, D.J. and Laibson, D. I. (2015). The fourth law of behavior genetics. *Current Directions in Psychology* 24: 304–312.

Diewald, M., Kandler, C., Riemann, R., Spinath, F.M., Baier, T., Bartling, A., Baum, M.A., Deppe, M., Eichhhorn, H., Eifler, E.F., Gottschling, J., Hahn, E., Hildebrandt, J., Hufer, A., Kaempfert, M., Klatzka, C.H., Kornadt, A.E., Kottwitz, A., Krell, K., Lang, V., Lenau, F., Mönkediek, B., Nikstat, A., Paulus, L., Peters, A.-L., Rohm, T., Ruks, M., Schulz, W., Schunck, R., Starr, A. and Weigel, L. (2022). TwinLife. GESIS Data Archive. ZA6701. Data file Version 6.0.0. doi:10.4232/1.13932.

Duello, T.M., Rivedal, S., Wickland, C. & Weller, A. (2021). Race and genetics versus "race" in genetics: A systematic review of the use of African ancestry in genetic studies. *Evolution, Medicine, & Public Health* 9: 232–245.

Gel, B., Díez-Villanueva, A., Serra, E., Buschbeck, M., Peinado, M.A. and Malinverni, R. (2016). regioneR: a R/Bioconductor package for the association analysis of genomic regions based on permutation tests. *Bioinformatics* 32: 289–291.

Harden, K.P. (2021). "Reports of My Death Were Greatly Exaggerated": Behavior Genetics in the Postgenomic Era. *Annual Review of Psychology* 72: 37–60.

Hellenthal, G., Busby, G.B.J., Band, G., Wilson, J.F., Capelli, C., Falush, D. and Myers, S. (2014). A Genetic Atlas of Human Admixture History. *Science* 343: 747–751.

Harpending, H. & Rogers, A. (2000). Genetic Perspectives on Human Origins and Differentiation. *Annual Review of Genomics and Human Genetics* 1: 361–385.

Koellinger, P.D., Okbay, A., Kweon, H., Schweinert, A., Linnér, R.K., Goebel, J., Richter, D., Reiber, L., Zweck, B.M., Belsky, D.W., Biroli, P., Mata, R., Tucker-Drob, E., Harden, P.K., Wagner, G. and Hertwig, R. (2021). Cohort Profile: Genetic data in the German Socio-Economic Panel Innovation Sample (Gene-SOEP). *bioRxiv.* http://doi.org/10.1101/2021.11.06.467573.

Krimsky, S. (2021). *Understanding DNA Ancestry*. Cambridge: Cambridge University Press

Lee, J.J., Wedow, R., Okbay, A., Kong, E., Maghzian, O., Zacher, M., Nguyen-Viet, T.A., Bowers, P., Sidorenko, J., Linnér, R.K., Fontana, M.A., Kundu, T., Lee, C., Li, H., Li, R., Royer, R., Timshel, P.N., Walters, R.K., Willoughby, E.A., Yengo, L., 23andMe Research Team, COGENT (Cognitive Genomics Consortium), Social Science Genetic Association Consortium, Alver, M., Bao, Y., Clark, D.W., Day, F.R., Furlotte, N.A., Joshi, P.K., Kemper, K.C., Kleinman, A., Langenberg, C., Mägi, R., Trampush, J.W., Verma, S.S., Wu, Y., Lam, M., Zhao, J.H., Zheng, Z., Boardman, J.D., Campbell, H., Freese, J., Harris, K.M., Hayward, C., Herd, P., Kumari, M., Lencz, T., Luan, J., Malhotra, A.K., Metspalu, A., Milani, L., Ong, K.K., Perry, J.R.B., Porteous, D.J., Ritchie, M.D., Smart, M.C., Smith, B.H., Tung, J.Y., Wareham, N.J., Wilson, J.F., Beauchamp, J.P., Conley, D.C., Esko, T., Lehrer, S.F., Magnusson, P.K.E., Oskarsson, S. Pers, T.H., Robinson, M.R., Thom, K., Watson, C., Chabris, C.F., Meyer, M.N., Laibson, D. I., Yang, J., Johannesson, M., Koellinger, P.D., Turley, P., Visscher, P.M., Benjamin, D.J. and Cesarini, D. (2018). Gene discovery and polygenic prediction from a genome-wide association study of educational attainment in 1.1 million individuals. *Nature Genetics* 50: 1112–1121.

Leslie, S., Winney, B., Hellenthal, G., Davidson, D., Boumertit, A., Day, T., Hutnik, K., Royrvik, E.C., Cunliffe, B., Wellcome Trust Case Control Consortium 2, International Multiple Sclerosis Genetics Consortium, Lawson, D.J., Falush, D., Freeman, C., Pirinen, M., Myers, S., Robinson, M., Donnelly, P. and Bodmer, W. (2015). The fine-scale genetic structure of the British population. *Nature* 519: 309–314.

Lui, H. (2018). Social and Genetic Pathways in Multigenerational Transmission of Educational Attainment. *American Sociological Review* 83: 278–304.

Meneely, P., Hoang, R.D., Okeke, I.N. and Heston, K. (2017). *Genetics. Genes, Genomes, and Evolution*. Oxford: Oxford University Press.

Mills, M.C. and Tropf, F.C. (2020). Sociology, Genetics, and the Coming of Age of Sociogenomics. Annual Review of Sociology 46: 553–581.

Mills, M.C., Barban, N. and Tropf, F.C. (2020). *An Introduction to Statistical Genetic Data Analysis*. Cambridge: The MIT Press.

Murray, C. (2020). *Human Diversity: The Biology of Gender, Race, and Class*. New York: Twelve Books.

Novembre, J., Johnson, T., Bryc, K., Kutalik, Z., Boyko, A.R., Auton, A., Indap, A., King, K.S., Bergmann, S., Nelson, M.R., Stephens, M. and Bustamante, C.D. (2008). Genes mirror geography within Europe. *Nature* 456: 98–101.

Okbay, A., Beauchamp, J.P., Fontana, M.A., Lee, J.J., Pers, T.H., Rietveld, C.A., Turley, P., Chen, G.-B., Emilsson. V., Meddens, S.F.W., Oskarsson, S., Pickrell, J.K., Thom, K., Timshel, P., de Vlaming, R., Abdellaoui, A., Ahluwalia, T.S., Bacelis, J., Baumbach, C., Bjornsdottir, G., Brandsma, J.H., Concas, M.P., Derringer, J., Furlotte, N.A., Galesloot, T.E., Girotto, G., Gupta, R., Hall, L.M., Harris, S.E., Hofer, E., Horikoshi, M., Huffman, J.E., Kaasik, K., Kalafati, I.P., Karlsson, R., Kong, A., Lahti, J., van der Lee, S.J., deLeeuw, C., Lind, P. A., Lindgren, K.-O., Liu, T., Mangino, M., Marten, J., Mihailov, E., Miller, M.B., van der Most, P.J., Oldmeadow, C., Payton, A., Pervjakova, N., Peyrot, W.J., Qian, Y., Raitakari, O., Rueedi, R., Salvi, E., Schmidt, B., Schraut, K.E., Shi, J., Smith, A.V., Poot, R.A., Pourcain, B.St., Teumer, A., Thorleifsson, G., Verweij, N., Vuckovic, D., Wellmann, J., Westra, H.-J., Yang, J., Zhao, W., Zhu, Z., Alizadeh, B.Z., Amin, N., Bakshi, A., Baumeister, S.E., Biino, G., Bønnelykke, K., Boyle, P. A., Campbell, H., Cappuccio, F.P., Davies, G., De Neve, J.-E., Deloukas, P., Demuth, I., Ding, J., Eibich, P., Eisele, L., Eklund, N., Evans, D.M., Faul, J.D., Feitosa, M.F., Forstner, A.J., Gandin, I., Gunnarsson, B., Halldórsson, B.V., Harris, T.B., Heath, A.C., Hocking, L.J., Holliday, E.G., Homuth, G., Horan, M.A., Hottenga, J.-J., de Jager, P.L., Joshi, K.J., Jugessur, A., Kaakinen, M.A., Kähönen, M., Kanoni, S., Keltigangas-Järvinen, L., Kiemeney, L.A.L.M., Kolcic, I., Koskinen, S., Kraja, A.D., Kroh, M., Kutalik, Z., Latvala, A., Launer, L.J., Lebreton, M.P., Levinson, D.F., Lichtenstein, P., Lichtner, P., Liewald, D.C.M., LifeLines Cohort Study, Loukola, A., Madden, P. A., Mägi, R., Mäki-Opas, T., Marioni, R.E., Marques-Vidal, P., Meddens, G.A., McMahon, G., Meisinger, C., Meitinger, T., Milaneschi, Y., Milani, L., Montgomery, G.W., Myhre, R., Nelson, C.P., Nyholt, D.R., Ollier, W.E.R., Palotie, A., Paternoster, L., Pedersen, N.L., Petrovic, K.E., Porteous, D.J., Räikkönen, K., Ring, S.M., Robino, A., Rostapshova, O., Rudan, I., Rustichini, A., Salomaa, V., Sanders, A.R., Sarin, A.-P., Schmidt, H., Scott, R.J., Smith, B.H., Smith, J.A., Staessen, J.A., Steinhagen-Thiessen, E., Strauch, K., Terracciano, A., Tobin, M.D., Ulivi, S., Vaccargiu, S., Quaye, L., van Rooij, F.J.A., Venturini, C., Vinkhuyzen, A.A.E., Völker, U., Völzke, H., Vonk, J.M., Vozzi, D., Waage, J., Ware, E.B., Willemsen, G., Attia, J.R., Bennett, D.A., Berger, K., Bertram, L., Bisgaard, H., Boomsma, D. I., Borecki, I.B., Bültmann, U., Chabris, C.F., Cucca, F., Cusi, D., Deary, I.J., Dedoussis, G.V., van Duijn, C.M., Eriksson, J.G., Franke, B., Franke, L., Gasparini, P., Gejman, P.V., Gieger, C., Grabe, H.-J., Gratten, J., Groenen, P.J.F., Gudnason, V., van der Harst, P., Hayward, C., Hinds, D.A., Hoffmann, W., Hyppönen, E., Iacono, W.G., Jacobsson, B., Järvelin, M.-R., Jöckel, K.-H., Kaprio, J., Kardia, S.L.R., Lehtimäki, T., Lehrer, S.F., Magnusson, P.K.E., Martin, N.G., McGue, M., Metspalu, A., Pendleton, N., Penninx, B.W.J.H., Perola, M., Pirastu, N., Pirastu, M., Polasek, O., Posthuma, D., Power, C., Province, M.A., Samani, N.J., Schlessinger, D., Schmidt, R., Sørensen, T.I.A., Spector, T.D., Stefansson, K., Thorsteinsdottir, U., Thurik, A.R., Timpson, N.J., Tiemeier, H., Tung, J.Y., Uitterlinden, A.G., Vitart, V., Vollenweider, P., Weir, D.R., Wilson, J.F., Wright, A.F., Conley, D.C., Krueger, R.F., Smith, G.D., Hofman, A., Laibson, D. I., Medland, S.E., Meyer, M.L., Yang, J., Johannesson, M., Visscher, P.M., Esko, T., Koellinger, P.D., Cesarini, D. and Benjamin, D.J. (2016). Genome-wide association study identifies 74 loci associated with educational attainment. *Nature* 533: 539–542.

Okbay, A., Wu, Y., Wang, N., Jayashankar, H., Bennett, M., Nehzati, S.M., Sidorenko, J., Kweon, H., Goldman, G., Gjorgjieva, T., Jiang, Y., Hicks, B., Tian, C., Hinds, D.A., Ahlskog, R., Magnusson, P.K.E., Oskarsson, S., Hayward, C., Campbell, A., Porteous, D.J., Freese, J., Herd, P., 23andMe Research Team, Social Science Genetic Association Consortium, Watson, C., Jala, J., Conley, D., Koellinger, P.D., Johannesson, M., Laibson, D., Meyer, M.N., Lee, J.J., Kong, A., Yengo, L., Cesarini, D., Turley, P., Visscher, P.M., Beauchamp, J.P., Benjamin, D.J. and Young, A.I. (2022). Polygenic prediction of educational attainment within and between families from genome-wide association analyses in 3 million individuals. *Nature Genetics* 54: 437–449.

Ramachandran, S., Deshpande, O., Roseman, C.C., Rosenberg, N.A., Feldman, M.W. and Cavalli-Sforzas, L.L. (2005). Support from the relationship of genetic and geographic distance in human populations for a serial founder effect originating in Africa. *Proceedings of the National Academy of Sciences* 102: 15942–15947.

Rosenberg, N.A., Pritchard, J.K., Weber, J.L., Cann, H.M., Kidd, K.K., Zhivotovsky, L.A. and Feldman, M.W. (2002). Genetic Structure of Human Populations. *Science* 298: 2381–2385.

Rutherford, A. (2022). *How to Argue with a Racist: History, Science, Race and Reality*. London: Weidenfeld & Nicolson.

Saini, A. (2019). *Superior: The Return of Race Science*. London: Fourth Estate.

Sapolsky, R. (2017). *Behave. The Biology of Humans at Our Best and Worst*. London: Vintage.

Schupp, J. and Gerlitz, J.-Y. (2014). Big Five Inventory-SOEP (BFI-S). *Zusammenstellung sozialwissenschaftlicher Items und Skalen* (ZIS). https://doi.org./10.6102/zis54.

Sternberg, A. (2013). Interpreting estimates of heritability. A note on the twin decomposition. *Economics and Human Biology* 11:201–205.

Uffelmann, E., Huang, Q.Q., Munung, N.S., de Vries, J., Okada, Y., Martin, A.R., Martin, H.C., Lappalainen, T. and Posthuma, D. (2021). Genome-wide association studies. Nature Reviews Methods Primer 1: 59.

Young, A.I. (2022). Discovering missing heritability in whole-genome sequencing data. *Nature* 54: 223–226.

Young, A.I., Frigge, M.L., Gudbjartsson, D.F., Thorleifsson, G., Bjornsdottir, G., Sulem, P., Masson, G., Thorsteinsdottlr, U., Stefansson, K. and Kong, A. (2018). Relatedness disequilibrium regression estimates heritability without environmental bias. *Nature Genetics* 50: 1304–1310.

4 Eine Forschungsfrage, zwei Perspektiven

Für die Einführung neuer Ideen und Ansätze ist es häufig unerlässlich, sie mit Altbekanntem zu kontrastieren. Oft führt dieses Vorgehen zu karikierenden Positionen oder suggeriert eine Unvereinbarkeit, die gar nicht gegeben ist. Auch in diesem Buch wurde bisher der „soziologische" Ansatz und der „verhaltensgenetische" Ansatz eher in konkurrierendem Licht portraitiert – im Wissen, dass es bei beiden Disziplinen nicht den einen Ansatz gibt. Das Ziel soll es jedoch sein, beide Perspektiven bestenfalls zu integrieren und damit sowohl zu empirisch wie auch theoretisch fundierteren Aussagen über die Muster und Erklärungen von Phänomenen sozialer Vererbung und damit verknüpfter sozialer Ungleichheit zu gelangen. Dafür wird im Folgenden erneut das Modell der intergenerationalen Vererbung (Statuserwerbsmodell) aus der Einleitung aufgegriffen, um einerseits den soziologischen Ansatz zu charakterisieren, den verhaltensgenetischen Ansatz damit zu kontrastieren und zu versuchen, aus beiden den soziogenetischen Ansatz abzuleiten (vgl. Adkins & Vaisey 2009).

4.1 Der soziologische Ansatz

Soziologische Modelle des Statuserwerbs versuchen zu verstehen, über welche Prozesse Individuen zu unterschiedlichen Positionierungen im Statusgefüge einer Gesellschaft gelangen (Blau & Duncan 1967; Sewell, Haller & Portes 1969). In ihren Details unterscheiden sich entsprechende Modelle verschiedener theoretischer Traditionen sehr wohl, gemein ist ihnen allen jedoch der mehr oder weniger explizite Fokus auf inhärente und externe Ressourcen, auf die Individuen im Zuge des Statuserwerbsprozesses zugreifen können. Zu inhärenten Ressourcen zählen zum Beispiel individuelle Fähigkeiten und Persönlichkeitsmerkmale, die generell vorteilhaft für beispielsweise spezifische Etappen des Statuserwerbs im Bildungssystem oder am Arbeitsmarkt sind. Dazu zählen nötige beziehungsweise zumindest hilfreiche Merkmale wie kognitive Fähigkeiten oder bestimmte Persönlichkeitseigenschaften wie Gewissenhaftigkeit oder emotionale Stabilität. Zusätzlich können Individuen in variierendem Maße externe Ressourcen mobilisieren. Dazu zählen Ressourcen, die in der Herkunftsfamilie gebündelt vorliegen und prinzipiell unter dem Einfluss der sozialen Herkunft auf den Statuserwerb subsummiert werden. Es sind zum Beispiel finanzielle, kognitive, zeitliche oder soziale Ressourcen der Eltern, die mit dem Ziel investiert werden, ihre Nachkommen bei einer vorteilhaften Positionierung in sozialen Systemen zu unterstützen. Oder latente Normen und Werte, die einerseits Motivation für hohe Positionierung liefern und andererseits für deren Erreichen von

https://doi.org/10.1515/9783111421919-004

Entscheidungstragenden in Positionierungsprozessen (z. B. im Bildungssystem Lehrkräfte oder am Arbeitsmarkt Vorgesetzte) nachgefragt werden.

Diese Erklärungen auf der Mikroebene befassen sich zentral mit der Frage, warum sich Individuen für genau diese eine, aber nicht für andere mögliche Handlungen entschieden haben. Die Handlungen selbst können Teil der Erklärungen des zu untersuchenden Phänomens sein, sie können aber ebenso zeitlich vorgelagert existieren und ihre Kumulation zur Erklärung beitragen. Vermuten wir beispielsweise systematische Unterschiede im Bildungserfolg als eine wichtige Erklärung für Unterschiede in den Mustern der Bildungsabschlüsse zwischen Personen verschiedener sozialer Herkunft, so gehen dem Bildungserfolg als Resultat wiederholte Entscheidungen für oder gegen kompetenzsteigerndes Verhalten (Lernen) voraus. Diese Entscheidungen werden vor dem Hintergrund individueller Ziele und (Handlungs-)Ressourcen getroffen (Esser 1999: 37–42). So können Entscheidungen für kompetenzsteigerndes Verhalten ausbleiben, weil Individuen Bildungserfolg gar nicht zum Ziel haben und/oder weil ihnen die Ressourcen fehlen, um dieses Ziel realisieren zu können. Ressourcen sind daher allgemein ein wichtiges Konzept für Phänomene sozialer Ungleichheit: Einerseits ermöglichen Ressourcen Zugang zu sozialen Positionen und andererseits gewähren diese Positionen ihrerseits in unterschiedlichem Maße Zugang zu wichtigen Ressourcen (Solga, Powell & Berger 2009: 15). Ressourcen können in Anlehnung an Bourdieus (1983) Typologie in unterschiedlichen Formen auftreten: ökonomisch (z. B. monetär), sozial (z. B. Beziehungen), kulturell (z. B. Bildungstitel) oder symbolisch (z. B. Bücherwände im Hintergrund von Professorinnen und Professoren bei Videokonferenzen).

In der soziologischen Ressourcenperspektive werden die vier Verschränkungsformen verschiedener Ressourcen weiter spezifiziert: In Ressourcen kann investiert werden, sie können akkumuliert werden, mit Reibungsverlusten in andere Ressourcen transformiert werden und sie können direkt und indirekt an folgende Generationen vererbt werden (Kalter 2003: 58–78). Um Muster sozialer Ungleichheit im Statuserwerb zu verstehen, ist die Ressourcenperspektive daher hilfreich, weil sie über eine Verknüpfung typisierter Situationen in den verschiedenen Herkunftsgruppen mittels unterschiedlicher Ressourceninvestition, -akkumulation, -transformation und -transmission sowohl die Entstehung und besser noch die Reproduktion sozialer Ungleichheit theoretisch greifbar machen kann. Der Einfluss der sozialen Herkunft auf Statuserwerbsprozesse drückt sich mit anderen Worten in schichtspezifischen Mustern der Ausstattung mit und der Nutzung von Ressourcen aus. Individuen aus höheren sozialen Schichten arbeiten beispielsweise häufiger in Hochstatuspositionen, weil sie aufgrund hoher Aspirationen ausgiebiger in den Bildungserwerb investiert haben und so mehr dieses wichtigen Positionierungsgutes akkumuliert haben; weil sie mehr nützliche Ressourcen in ihren sozialen Netzwerken gebündelt haben, die über interpersonelle Kontakte unter ansonsten gleichen Voraussetzungen Zugang zu höheren Positionen erlauben oder weil sie in bildungsförderlichen Lernumwelten sozialisiert wurden – sozial vererbt von ihren Eltern.

Jede dieser kausal formulierten Aussagen bedarf offensichtlich einer genauen Verknüpfung der schichtspezifischen Situationslogiken mit ihren Handlungsoptionen und gibt sehr verknappt die Erkenntnisse ganzer soziologischer Forschungsbereiche wieder. Diese Darstellung verfolgt das Ziel, die Vorrangstellung der Herkunftsfamilie hervorzuheben, um Statusunterschiede mit dem soziologischen Ansatz zu erklären. Denn seien es Motivationen und Aspirationen, schichtspezifischer Habitus oder etwa die Förderung spezifischer Fähigkeiten – alles wird in soziologischen Ansätzen über *Transmissions- und Sozialisierungsprozesse* maßgeblich von den Eltern und dem sozialen Umfeld an das Kind weitergegeben. Die Prozesse können einerseits mit direkter „Unterrichtung" durch die Eltern verknüpft sein: „Wir finden es wichtig, dass du das Abitur machst, damit du danach studieren und einen interessanten und sinnvollen Job ergreifen kannst" etc. – oder im Gegenzug über eine Ablehnung bestimmter Einstellungen und Verhaltensformen (Grusec et al. 2014). Darüber hinaus erfolgt indirekte Transmission bzw. Sozialisierung, indem das Kind das elterliche Verhalten beobachtet und seine Einstellungen und Verhalten am elterlichen Beispiel orientiert (Bandura 1989; Chick, Heilman-Houser & Hunter 2002). Die intergenerationale Ähnlichkeit zwischen Eltern und ihren Nachkommen – egal in welchem Merkmal, ob Status, Positionierung oder Einstellungen – ist also grundlegend ein Prozess sozialen Lernens in und außerhalb der Herkunftsfamilie. Panel a) in Abbildung 22 zeigt diesen Ansatz über einen unidirektionalen Kausalpfeil von den elterlichen Merkmalen auf die Merkmale ihrer Nachkommen.

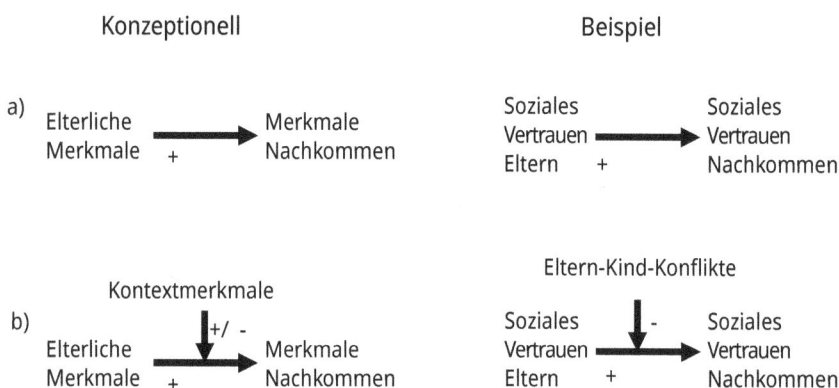

Abbildung 22: Intergenerationale Transmission im soziologischen Ansatz.
Quelle: Eigene Darstellung.

Dabei nehmen wir natürlich keine 1:1 Korrespondenz zwischen elterlichem Verhalten und dem der Nachkommen an. Verschiedene Familiencharakteristika und Merkmale der Beziehungsstrukturen zwischen den beteiligten Parteien sind zusätzlich mit mehr oder weniger Reibungsverlusten bei diesem Transmissions- bzw. Sozialisierungsprozess verknüpft. Vereinfacht dargestellt orientieren sich Argumente zur Stärke intergenerationaler Korrelation eines Merkmals – also dem Grad der Ähnlichkeit zwischen Elternmerkmalen und denen ihrer Nachkommen – an zwei Dimensionen: der *Konsistenz* bzw. Übereinstimmung elterlicher Signale und den *Opportunitäten* des Wahrnehmens der Signale. Elterliche Signale in diesem Kontext beziehen sich auf elterliche Einstellungen und Verhalten, die von dem Kind in variierendem Maße übernommen werden (sollen), und umfassen daher genau die Untersuchungsgegenstände der intergenerationalen Vererbungsliteratur (Aspirationen, Motivation, Einstellungen, Bildung etc.). Im Gegenzug beziehen sich Aspekte der Signalstärke auf die Eindeutigkeit der elterlichen Einstellungen und Verhalten. Beobachten Kinder etwa, dass beide Elternteile hochgradig konkordant oder homogen in ihren Einstellungen und Verhalten erscheinen, so bietet dies ein substanziell eindeutigeres Signal darüber, was im Großen und Ganzen sozial angebrachte Verhaltensweisen bzw. soziale Erwartungen sind, und was nicht. Im Gegensatz bieten Konflikte aufgrund heterogener Ansichten und Verhaltensweisen zwischen den Eltern ihren Kindern keinen eindeutigen Orientierungsrahmen, was insgesamt mit einer niedrigeren Übereinstimmung zwischen elterlichen Einstellungen und Verhalten und dem ihrer Nachkommen einhergeht.

Familien unterscheiden sich darüber hinaus in den strukturellen (zeitlichen) Möglichkeiten für Sozialisierungsprozesse. Panel b) in Abbildung 22 erweitert den grundlegenden soziologischen Ansatz aus Panel a) um diese Idee. Eltern können noch so konsistente Signale und damit konkrete Verhaltenserwartungen senden, wenn Kinder selten Gelegenheit besitzen, diese wahrzunehmen, sollte es – unter sonst gleichen Umständen – auch seltener dazu kommen, dass sie die elterlichen Erwartungen übernehmen bzw. befolgen. Einschränkungen in den Sozialisierungsopportunitäten können durch die Familienstruktur selbst erzeugt werden (z. B. bei Familien mit vielen Kindern, unter denen die elterliche Zeit aufgeteilt werden muss) oder durch Unterschiede in den Beziehungen zwischen den einzelnen Familienmitgliedern (z. B. Eltern-Kind-Konflikte, die dazu führen, dass Interaktionen vermieden werden und damit zu weniger direkter Interaktion führen). Damit wird die insgesamt als positiv erwartete Korrelation zwischen elterlichen Merkmalen und denen ihrer Kinder je nach konkreter Familienstruktur und Interaktionsgefüge verstärkt oder abgeschwächt. Folglich variiert der Transmissionserfolg des untersuchten Merkmals.

Im engeren Sinne stellt der hier skizzierte moderierende Einfluss der Familienstruktur eine Form des Kontexteffektes dar und lässt sich auf analytisch höhere

soziale Ebenen generalisieren. Neben der Herkunftsfamilie spielen Sozialisie-
rungsakteure in der Nachbarschaft, Schule, im Verein etc. ebenso eine Rolle für
die Vererbung von Einstellungen und Verhalten. Denn auch sie bieten Individuen
prinzipiell Orientierungshilfen (je nach Signalstärke und Wahrnehmungsopportunitäten). Ähnlich wie die Familienmerkmale moderieren Kontextbedingungen außerhalb der Familie die elterliche Transmission: Sie können diese unterstützen,
weil sie zusätzlich Wahrnehmungsopportunitäten bieten, sofern Eltern- und Umweltsignale konkordant sind. Stehen die Vorstellung in der Herkunftsfamilie mit
denen der weiteren Umwelt im Kontrast, dann bieten sich in letzterer eher konkurrierende Opportunitäten und wir können mit einer reduzierten Transmission
rechnen.

Das Beispiel soziale Vererbung von sozialem Vertrauen veranschaulicht das.
Soziales Vertrauen beschreibt das Ausmaß des Vertrauens in andere Individuen
und wird oftmals als Voraussetzung für die Entstehung individuellen Sozialkapitals
konzeptualisiert (Welch et al. 2005: 456) oder sogar für (gesamtgesellschaftliche) Ko-
häsion und Kooperation herangezogen (Delhey & Newton 2005). Für die empirische
Messung hat sich ein latentes Konstrukt aus den Fragen „Im Allgemeinen kann
man anderen Menschen vertrauen", „Heutzutage kann man sich auf andere Menschen verlassen" und „Wenn man mit Fremden zu tun hat, ist es besser vorsichtig
zu sein" etabliert (z. B. Dinesen, Schaeffer & Sønderskov 2020: 442; Justwan, Bakker
& Berejikian 2018: 151). Aus soziologischer Sicht liegt auf der Hand, dass individuelle Unterschiede im sozialen Vertrauen Resultat vorangegangener Interaktionser-
fahrung sind (Welch et al. 2005: 460–461). Wiederholte positive Erfahrungen (z. B.
Reziprozität oder eingehaltene Abmachungen) mit anderen Menschen sind mit höherem sozialem Vertrauen verknüpft, während negative Erfahrungen (z. B. Verwei-
gerung von Hilfe oder Kriminalität) den gegenteiligen Effekt besitzen. Personen mit
ausgeprägter aktiver Partizipation in Vereinen und Organisationen scheinen zusätzlich von den strukturellen Möglichkeiten für positive Interaktionserfahrungen
zu profitieren und zeigen daher ebenfalls stärkeres soziales Vertrauen.

Eine innerfamiliale Vererbung sozialen Vertrauens liegt ebenfalls nahe, unterstützt von einer Reihe an Untersuchungen mittels positiver Korrelation zwischen
den elterlichen und kindlichen Vertrauenswerten (Dohmen et al. 2012; Ljunge 2014;
Wu 2022). Eine dieser Studien – „The intergenerational transmission of risk and trust
attitudes" (Dohmen et al. 2012) – dient an dieser Stelle dazu, den soziologischen und
verhaltensgenetischen Ansatz zu kontrastieren. Diese Studie wurde zwar von Ökono-
men durchgeführt, sie entspricht aber sowohl vom methodischen Design wie auch
hinsichtlich der theoretischen Erklärung der intergenerationalen Muster dem Usus
in der Soziologie. Aus soziologischer Sicht bewegt sich die Diskussion dieser Studie
daher auf gewohntem Terrain, und Kritik anhand verhaltensgenetischer Argumente
lässt sich kompetenter evaluieren als in soziologisch weniger relevanten oder be-

kannten Themenbereichen und damit verknüpften möglicherweise idiosynkratischen methodologischen Ansätzen. Vermutlich ist das einer der Gründe, warum diese Studie ebenfalls in einem populären Einführungswerk in die Soziologie ausführlich diskutiert wird, um Prozesse intergenerationaler Vererbung zu veranschaulichen (van Tubergen 2020: 146–153). Der Artikel selbst ist bereits weit über 1.000-mal zitiert worden, was gleichfalls für hohe Reichweite und interdisziplinären Einfluss spricht. Die Studie von Dohmen et al. (2012) nutzt dabei Daten des Sozio-oekonomischen Panels zu (erwachsenen) Kindern und ihren Eltern. Glücklicherweise werden in den TwinLife-Daten die gleichen Instrumente verwendet, was eine direkte Replikation der Ergebnisse mit verhaltensgenetischen Methoden erlaubt. Im Folgenden können also nicht nur theoretische Argumente soziologisch und verhaltensgenetisch rekonstruiert, sondern auch beide Ansätze empirisch direkt miteinander verglichen werden (vgl. Spörlein, Kristen und Schmidt 2024).

Das Vorliegen einer moderaten bis starken intergenerationalen Korrelation im sozialen Vertrauen ist zweifellos plausibel: Kinder beobachten elterliches Verhalten und nehmen wahr, wie vorbehaltlos diese in die Interaktion mit Fremden treten. Dabei lernen sie, dass man Fremden im Allgemeinen vertrauen kann. Je höher das soziale Vertrauen der Eltern, desto höher demnach das soziale Vertrauen der Kinder (siehe Abbildung 23). Und auch hier gibt es gute Gründe zu vermuten, dass die Stärke des Zusammenhangs mit der Stärke des elterlichen Sozialisierungssignals und den Wahrnehmungsopportunitäten variiert. Dohmen und Kollegen (2012) argumentieren beispielsweise für eine ganze Reihe von Sozialisierungskonditionen, die sich jeweils zu den Ideen der Signalstärke und Opportunitäten zuordnen lassen. Darüber hinaus variiert die Ähnlichkeit zwischen elterlichem sozialem Vertrauen und dem ihrer Kinder in erwartbaren Mustern. Die Autoren heben damit die erklärende Stärke des Sozialisierungsparadigmas hervor. Familien, in denen Eltern hochgradig homogene Vertrauenswerte aufweisen und Ein-Eltern-Familien senden etwa konsistentere Signale, und diese eindeutigeren Verhaltensvorbilder erzeugen Dohmen und Kollegen zufolge eine stärkere Ähnlichkeit des sozialen Vertrauens innerhalb von Familien. Gleichzeitig wird eine stärkere intergenerationale Korrelation im sozialen Vertrauen in kleineren Familien vermutet, da Eltern ihre freie Zeit auf weniger Mitglieder aufteilen müssen. Dies gilt ebenso in Familien mit weniger Eltern-Kind-Konflikten und zwischen gleichgeschlechtlichen Eltern-Kind-Dyaden. Darüber hinaus beobachten Kinder elterliches Verhalten natürlich auch außerhalb des heimischen Haushalts. Die Autoren vermuten daher zusätzlich, dass das Niveau des sozialen Vertrauens im breiteren Kontext sozialisierend wirken kann. Ist das durchschnittliche soziale Vertrauen hoch, dann ergeben sich häufiger strukturelle Möglichkeiten für positive Interaktionen mit Fremden außerhalb des Haushalts, und etablieren damit vertrauensvolle Interaktionen als etwas Normales und Wünschens-

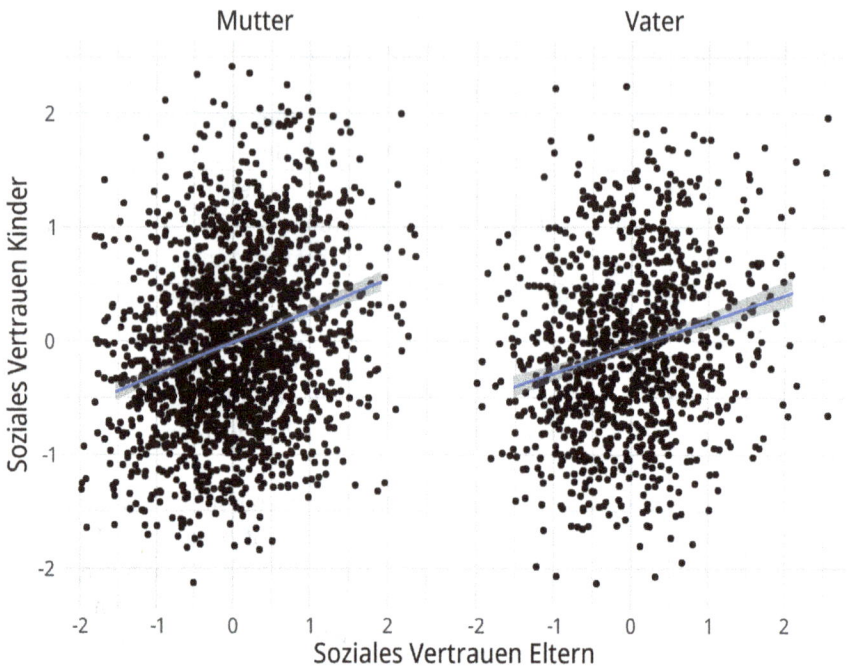

Abbildung 23: Positiver Zusammenhang des elterlichen sozialen Vertrauens mit dem der Kinder. Quelle: 1. Welle des TwinLife-Panels, Kind-Daten beziehen sich auf Werte des erstgeborenen Zwillings. Eigene Berechnung.

wertes. Nach einer Diskussion dieser Vermutungen aus verhaltensgenetischer Perspektive werden die Ergebnisse dieser Studie unten ausführlicher diskutiert.

Wie eingangs erwähnt, gibt es natürlich „den" soziologischen Ansatz nicht und in den konkreten Details und Schwerpunktsetzungen mag es durchaus unterschiedliche theoretische Traditionen geben, um intergenerationale Korrelationen im Allgemeinen und soziales Vertrauen im Speziellen zu erklären. An der Grundannahme, dass die intergenerationale Transmission von elterlichen Merkmalen und Verhalten an ihre Nachkommen über einen Sozialisierungsprozess bzw. einen Prozess des sozialen Lernens erfolgt, dürfte in der Soziologie Konsens herrschen.

4.2 Der verhaltensgenetische Ansatz

Der verhaltensgenetische Ansatz als vermeintliche Gegenposition lässt sich einfacher in seiner Relation zum soziologischen Ansatz beschreiben als ein eigenständiger Ansatz mit theoretischen Programmen. Das liegt einerseits daran, dass er primär durch eine methodologische Herangehensweise geprägt ist und für theoretische Erklärungen bestimmter sozialer Phänomene explizit auf interdisziplinäre Ansätze zurückgreift. Unter der Prämisse, dass alle menschlichen Merkmale und Verhalten zu einem gewissen Grad erblich sind und Unterschiede zwischen Menschen daher auch durch genetische Unterschiede erklärt werden können, nimmt der verhaltensgenetische Ansatz zur Soziologie eher eine korrigierende Position ein. Für seine Vertreterinnen und Vertreter ist es unmöglich, die Bedeutung des Sozialen für Unterschiede zwischen Menschen begründet abzulehnen, denn der interaktionistische Konsens als Ergebnis jahrzehntelanger Forschung würde einer solchen Position fundamental widersprechen. Bemerken verhaltensgenetische Untersuchungen beispielsweise Unterschiede im menschlichen Verhalten im Lebensverlauf, dann bleibt nur eine umweltbezogene Erklärung des Musters, da Gene nicht im Lebensverlauf variieren. Wohlgemerkt: „Sozial" muss an dieser Stelle nicht zwangsläufig dem soziologischen Fokus der Herkunftsfamilie entsprechen, sondern umfasst weitestgehend alle nicht biologischen Einflüsse. Dennoch spielt für viele Merkmale auch hier die Familie eine zentrale Rolle in der Genese von Unterschieden zwischen Individuen.

Das Argument einer langen empirischen Tradition mit konsistenten Ergebnissen kann aber gleichfalls aus der Soziologie kommen. Nehmen wir nur den Klassiker zur intergenerationalen Vererbung des Berufsstatus von Blau und Duncan aus den 1960er-Jahren (Blau & Duncan 1967). Die zentralen Ergebnisse zur intergenerationalen Korrelation finden sich in groben Zügen auch heute noch in jedem sozialwissenschaftlichen Datensatz, der die Bildung und Berufspositionierung der Eltern und Nachkommen beinhaltet (z. B. im Allbus oder SOEP) und können so in regelmäßigen Abständen in einschlägigen Überblicksartikeln auch eingeordnet und als gut repliziertes Ergebnis rezipiert werden (Ganzeboom, Treiman & Ultee 1991; Buchmann & Hannum 2001; Bian 2002; Breen & Goldthorpe 2005; Western et al. 2012; Torche 2014; Posselt & Grodsky 2017; Killewald, Pfeffer & Schachner 2017; DiPrete 2020).

Warum ist es dann die Verhaltensgenetik, die korrigierend auf die soziologischen Ergebnisse einwirkt und nicht umgekehrt? Hier kommt der methodologische Fokus zum Tragen. Soziologische Surveydaten besitzen typischerweise keine Messungen genetischer Risiken und schließen damit – selbst, wenn man wollte – per Design eine Integration verhaltensgenetischer Ansätze aus. Verhaltensgenetische Forschung greift aufgrund ihres disziplinspezifischen Fokus von vornherein auf andere empirische Daten zurück. Entweder wird versucht, das Problem genetischer Konfundierung mit Zwillings- oder Adoptionsstudien zu lösen, oder man investierte in Datenprogramme, die aktuelle Messungen genetischer Risiken mit qualitativ hochwertigen Längsschnittdaten verknüpfen (wie zum Beispiel die AddHealth-Studie aus den USA). Da soziologische Inhalte verglichen mit der Erhebung, Generierung und Speicherung genetischer Daten verhältnismäßig kostengünstig zu generieren sind, steht einer Integration soziologischer Ansätze strukturell auch weniger im Wege, wie das etwa umgekehrt der Fall wäre. Rein aus forschungspraktischer Sicht besitzt die Verhaltensgenetik daher mehr Möglichkeiten, sowohl biologische wie auch soziologische Erklärungen individueller Unterschiede zu berücksichtigen. Diese genuin interdisziplinäre Grundausrichtung versetzt sie somit in eine günstigere Ausgangslage, korrigierend auf einen rein soziologischen Ansatz der Erforschung individueller Unterschiede und sozialer Ungleichheit einzuwirken.

Wie würde man nun die Studie zur intergenerationalen Vererbung sozialen Vertrauens durch die verhaltensgenetische Brille bewerten? A priori trifft die Verhaltensgenetik erst einmal keine Aussage darüber, ob und wie stark Sozialisierungsprozesse für die Entstehung intergenerationaler Korrelationen relevant sind. Sie betont lediglich die Möglichkeit, dass soziale Vererbung biologisch konfundiert sein könnte, die intergenerationale Korrelation also die Summe aus sozialer und biologischer Vererbung ist. Die Grundlage für diese Aussage besteht darin, dass alle Merkmale erblich und ihre Unterschiede letztlich auch durch genetische Unterschiede erklärt werden können. Da das kindliche Erbgut aus gleichen Teilen von den Eltern geerbt wird, kann eine Ähnlichkeit also auch zumindest in Teilen Resultat dieses biologischen Vererbungsprozesses sein. Welche Anteile der intergenerationalen Korrelation dann jeweils auf soziale oder biologische Prozesse entfallen, das bleibt letztlich eine empirische Frage. Nichtsdestotrotz gibt es selbstverständlich Hinweise aus bestehender Forschung auf die Erblichkeit individueller Merkmale, die zumindest eine Abschätzung erlauben. Zeigt beispielsweise das ACE-Modell (siehe Kapitel 2.2 Zwillingsstudien) für ähnlich gelagerte Untersuchungspopulationen, dass Unterschiede in einem Merkmal ausschließlich über genetische (A) und nichtgeteilte Umweltunterschiede (E) erklärt werden, so ist aufgrund des Fehlens von geteilten Umweltunterschieden (C, also Aspekte der Familienumwelt) davon auszugehen, dass die intergenerationale Korrelation stärker biologischer und weniger sozialer Natur ist. oder anders ausgedrückt, dass die biologische Konfundierung hoch ist. Umgekehrt legt eine ausgeprägte geteilte Umweltkomponente – wie beispielsweise beim Bildungserwerb – jedoch nicht zwangsläufig nahe, dass eine eher geringe biologische Konfundierung vorläge (dazu mehr, wenn kausalinferenzielle Probleme aufgrund von Gen-Umwelt-Korrelationen in Kapitel 5 besprochen werden). Insgesamt steht damit dem soziologischen Sozialisierungsnarrativ für die Entstehung intergenerationaler Korrelation ein verhaltensgenetisches biologisches Vererbungsnarrativ gegenüber. Eltern und ihre Kinder ähneln sich in ihrem sozialen Vertrauen vielleicht schlicht, weil beide Parteien genetische Prädispositionen für mehr oder weniger soziales Vertrauen besitzen.

Aus soziologischer Sicht könnte man nun entgegenhalten, dass genetische Konfundierung vielleicht für die durchschnittliche intergenerationale Korrelation relevant sein könne, aber dass dieses Argument nicht erkläre, warum systematische Unterschiede in der Familienstruktur dazu beitragen, dass die Stärke intergenerationaler Korrelation variiert. Völlig korrekt! Aber noch einmal zur Erinnerung: Vertreterinnen und Vertreter der Verhaltensgenetik leugnen die Relevanz sozialer Prozesse nicht. Sie merken nur an, dass *potenziell* die Möglichkeit einer genetischen Konfundierung besteht, und dass die statistische Kontrolle dieser Konfundierung soziale Effekte eindeutiger und prägnanter hervortreten lässt.

Angenommen, die intergenerationale Korrelation im sozialen Vertrauen wäre zu etwa gleichen Teilen genetisch und sozial, dann spräche nichts gegen systematische Kontexteinflüsse durch Unterschiede in der Familienstruktur. Lediglich deren substanzielle Relevanz wäre reduziert und würde sich primär auf die „soziale Hälfte" der intergenerationalen Korrelation beschränken. Im Extremfall einer ausschließlich sozialen Korrelation bietet sich daher offensichtlich weiterhin die Möglichkeit für strukturelle Moderation, während lediglich im Fall einer reinen biologischen Konfundierung die Plausibilität systematischer familialer Unterschiede infrage steht. Eine Einschränkung sei angemerkt: Homogame Tendenzen auf dem untersuchten Merkmal könnten als Messung der Signalstärke und damit als moderierendes Kontextmerkmal ebenfalls genetisch konfundiert sein. Denn die stärkere Ähnlichkeit in homogamen Paaren erhöht nicht nur die Signalstärke, sie erhöht auch die Wahrscheinlichkeit, dass genetische Risiken für das untersuchte Merkmal an die Kinder weitergegeben werden (siehe Kapitel 2.1.2 Vererbung): Eltern, die beide sehr hohes soziales Vertrauen besitzen, vererben mit höherer Wahrscheinlichkeit genetische Risiken für hohes soziales Vertrauen an ihre Kinder, was mit einer höheren intergenerationalen Korrelation verknüpft ist. Gleichzeitig ist die Übereinstimmung des elterlichen sozialen Vertrauens Bedingung dafür, angemessene Einstellungen und Verhalten zu signalisieren, was ebenfalls zu einer höheren intergenerationalen Korrelation führen sollte. Abbildung 24 verdeutlicht die Möglichkeit genetischer Konfundierung in intergenerationalen Vererbungsstudien durch gestrichelte Pfeile als Summe aus biologischen und sozialen Prozessen.

Es wird deutlich, dass sowohl soziologische als auch verhaltensgenetische Untersuchungen von positiver intergenerationaler Korrelation ausgehen und erwarten, dass Ähnlichkeit der Eltern zu einer stärkeren Vererbung des untersuchten Merkmals führt. Die Gründe für diese Korrelation vermuten beide Disziplinen jedoch in unterschiedlichen Quellen. Die Soziologie im Sozialen und Sozialisierungsmechanismen, die Verhaltensgenetik *zusätzlich* zum Sozialen auch in biologischen Vererbungsprozessen. Welcher Ansatz die Realität besser wiedergibt, kann letzten Endes nur über empirische Untersuchungen geklärt werden.

Intergenerationale
Vererbung

Soziales   Soziales
Vertrauen   ▬ ▬ ▬ ➤   Vertrauen
Eltern   +   Nachkommen

Homogamie

Soziales   ▮ +   Soziales
Vertrauen   ▬ ▼ ▬ ➤   Vertrauen
Eltern   +   Nachkommen

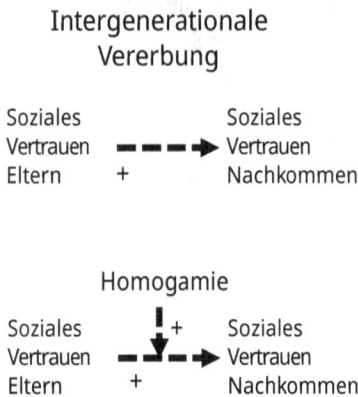

Abbildung 24: Intergenerationale Vererbung und genetische Konfundierung im verhaltensgenetischen Ansatz.
Quelle: Eigene Darstellung.

4.3 Direkter Vergleich des soziologischen und verhaltensgenetischen Ansatzes im Rahmen einer Replikationsstudie

Da die Daten des TwinLife-Panels weitestgehend die gleichen Messinstrumente wie das SOEP und damit die Studie von Dohmen und Kollegen (2012) verwenden, ist ein solcher Vergleich zwischen dem klassisch-soziologischen Ansatz der Untersuchung intergenerationaler Transmission und dem verhaltensgenetischen Ansatz direkt durchführbar (Spörlein et al. 2024). Der methodologische Fokus auf Zwillinge und ihre Eltern ermöglicht dabei, die Quellen von Unterschieden zwischen Individuen statistisch zu modellieren. Zur Erinnerung: Der Fokus auf Ursachen von Unterschieden bezieht sich immer auf die Varianz in einem Merkmal. Es wird als nicht die genetische Ähnlichkeit zwischen Eltern und ihren Kindern „statistisch kontrolliert", um die sozialen Effekte klarerer hervortreten zu lassen. Das ist bestenfalls mit modernen Methoden, die auf Polygenic Scores zurückgreifen, mit bekannten Regressionsansätzen untersuchbar. Zwillingsmethoden sind indirekte Methoden, die aufgrund des Studiendesigns und zusätzlichen Annahmen eine Aufteilung der Unterschiede in einem Merkmal in die Faktoren Gene, geteilte und nichtgeteilte Umwelt erlauben. Diese Modelle ermöglichen jedoch zusätzlich die Analyse von Mittelwertunterschieden (wie in Regressionsansätzen) und Änderungen in den Varianzkomponenten der Zwillingsmodelle. Nach dem Hinzufügen bestimmter Indikatoren erlauben sie Aussagen dazu, in welcher der drei Komponenten der hinzugefügte Indikator Varianz erklärt. In der Soziologie finden sich ähnliche Ansätze in der vergleichenden Literatur mit Multilevel-Modellen. Untersuchungen zur ethnischen Arbeitsmarktungleichheit zeigen zum Beispiel, dass das Hinzufügen von Bildungsabschlussmessungen sowohl Unterschiede zwischen Zugewanderten sowie auch Unterschiede zwischen Zielländern (also der Kontextebene) erklärt (van Tubergen, Maas & Flap 2004). Demnach unterscheiden sich Zugewanderte im Grad der Arbeitsmarktintegration, weil sie sich in ihrer Bildung und dem damit signalisierten Humankapital unterscheiden. (Sprich: Es wird Varianz auf der Individualebene durch Bildung erklärt). Gleichzeitig werden Unterschiede in der Arbeitsmarktintegration von Zugewanderten *zwischen* Ländern dadurch erklärt, dass Länder sich systematisch in der Zusammensetzung ihrer Zugewandertenpopulation hinsichtlich Bildung unterscheiden, also beispielsweise mehr hoch- bzw. niedrigqualifizierte Zugewanderte anziehen. (Es wird Varianz auf der Kontextebene durch Bildung erklärt). Über die Veränderung in der Varianz auf verschiedenen analytischen Ebenen (Individuen und Kontext) lassen sich Aussagen zu ebenenspezifischen Erklärungen für Unterschiede zwischen Individuen und Ländern generieren. Ähnlich verhält es sich mit ACE-Modellen für Zwillingsdaten. Einerseits zeigen sie die relative Bedeutung der verschiedenen Ursachen individueller Unterschiede mittels Varianzzerlegung auf. Andererseits erlauben sie Rückschlüsse auf ursachenspezifische Erklärungen mittels Modellierung von Mittelwertunterschieden. Die Schätzung der hier genutzten Varianten der ACE-Modelle basiert im Übrigen ebenfalls auf Multilevel-Modellen (Rabe-Hesketh, Skrondal & Gjessing 2008).

Abbildung 24 zeigte bereits rein deskriptiv, dass auch mit den Zwillingsdaten ein positiver bivariater Zusammenhang zwischen dem sozialen Vertrauen der Kinder und dem der Eltern besteht. Selbst wenn dieser Zusammenhang multivariat unter Kontrolle einer ganzen Reihe von Faktoren wie Bildung, sozialer Herkunft, Gesundheit oder Wohnort untersucht wird, bleibt dieser Zusammenhang bestehen. Abbildung 25 zeigt die Koeffizienten des elterlichen sozialen Vertrauens sowohl für die Originalstudie als Vertreter des soziologischen Ansatzes (in blau) sowie basierend auf den Zwillingsdaten für den verhaltensgenetischen Ansatz (in grün). Die erstaunliche Kongruenz des Ergebnisses fällt direkt ins Auge: Scheinbar unabhängig vom gewählten Ansatz steigt das durchschnittliche soziale Vertrauen der Kinder mit jeder Erhöhung des elterlichen sozialen Vertrauens um eine Standardabweichung um 0,14 (väterliche Werte) bzw. 0,2 (mütterliche Werte) Einheiten. Na, dann ist doch alles bestens und wir können uns den Aufwand der Erhebung und Modellierung von genetisch sensitiven Daten sparen! Nicht ganz, denn Abbildung 25 liefert dazu gar keine Erkenntnisse, da lediglich die Mittelwertunterschiede untersucht werden, nicht aber, auf welche Ursachen sich diese Unterschiede beziehen. Dafür müssen wir die Varianzzerlegung genauer studieren.

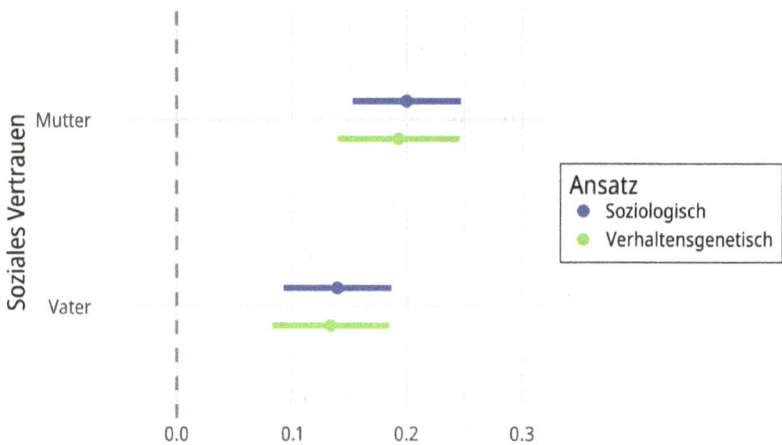

Abbildung 25: Direkter Vergleich der intergenerationalen Transmission sozialen Vertrauens zwischen soziologischem und verhaltensgenetischem Ansatz.
Quelle: Ergebnisse des soziologischen Ansatzes basierend auf Daten des SOEP, Ergebnisse des verhaltensgenetischen Ansatzes auf Grundlage der 1. Welle des TwinLife-Panels. Jeweils eigene Berechnungen basierend auf Spörlein et al. (2024).

Diese wird in Abbildung 26 präsentiert – einmal für ein Modell ohne die elterlichen Werte (Punktwerte links) und einmal mit den elterlichen Werten (Punktwerte rechts). Die Steigung der verbindenden Linien gibt an, inwiefern das Hinzufügen der elterlichen Werte zu einer Reduktion der Unterschiede geführt hat bzw. auf welcher analytischen Ebene Varianzerklärung stattfand. Die linken Punktwerte geben als Basismodell die relative Bedeutung der einzelnen Quellen für Unterschiede im sozialen Vertrauen an: Demnach wird die Erblichkeit sozialen Vertrauens auf ca. 49 Prozent geschätzt (Berechnung: A/(A + C + E) = 0,26/(0,26 + 0 + 0,24)). Die verbleibenden Unterschiede sind exklusiv auf Unterschiede in der nichtgeteilten Umwelt zurückzuführen. Die geteilte Umwelt (also auch die Familie) tragen nicht zu Unterschieden im sozialen Vertrauen bei! Aber wenn die geteilte Umwelt nicht relevant sein soll, wie können sich dann dennoch konsistente intergenerationale Transmissionsmuster im sozialen Vertrauen finden? Darüber geben uns die rechten Punktwerte Aufschluss: Sobald elterliches soziales Vertrauen dem Modell hinzugefügt wird, sinkt die genetische Varianzkomponente. Mit anderen Worten, elterliches soziales Vertrauen erklärt ausschließlich genetische Varianz! Damit ist ein Muster, das wir ohne genetisch sensitive Daten als Hinweis für soziale Vererbung bzw. intergenerationale Transmission interpretiert haben, vollständig genetisch konfundiert und spricht für rein biologische Gründe für die innerfamiliale Ähnlichkeit im sozialen Vertrauen.

Dennoch bleiben die theoretisch sauber fundierten Erwartungen zu den Transmissionskonditionen bzw. den Familienunterschieden in der Signalstärke

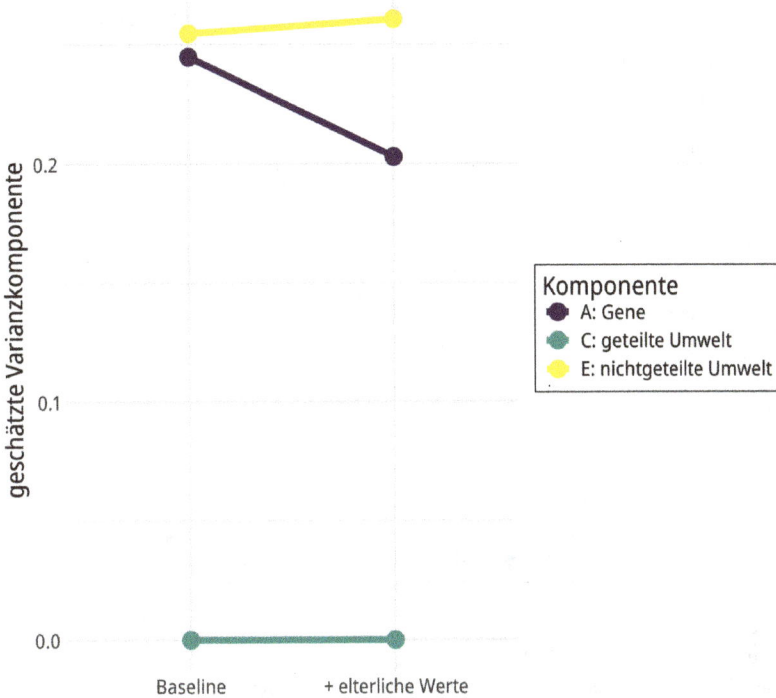

Abbildung 26: Varianzzerlegung soziales Vertrauen vor und nach Hinzufügen der elterlichen Werte. Quelle: 1. Welle des TwinLife-Panels, eigene Berechnung basierend auf Spörlein et al. (2024).

und den Wahrnehmungsopportunitäten bestehen. Da jedoch kein Anteil der Varianz auf der Ebene der geteilten Umwelt vorzufinden war, stehen die Chancen auf systematische Einflüsse der Transmissionskonditionen als genuine Familienmerkmale eher schlecht. Abbildung 27 zeigt für jede der fünf Konditionen den Vergleich zwischen soziologischem und verhaltensgenetischem Ansatz, und zwar jeweils getrennt für mütterliche und väterliche Transmission. Transmissionskonditionen wären dann relevant, wenn die beiden dazugehörigen Koeffizienten (in einer Farbe) und ihre 95-prozentigen Konfidenzintervalle überschneidungsfrei wären. Zum Beispiel im ersten Vergleich „homogene vs. heterogene Eltern" sind die beiden blauen und grünen Koeffizienten und Konfidenzintervalle jeweils quasi identisch (mit leicht breiterem Intervall im „homogenen" Modell). Weder im soziologischen noch im verhaltensgenetischen Ansatz findet sich jedoch für eine einzige der Konditionen das Muster überschneidungsfreier Konfidenzintervalle. Formale statistische Tests zeugen auch von unsystematischen Unterschieden über die Konditionen hinweg. Das bedeutet zum Beispiel, dass unabhängig davon, ob Eltern stark homogen

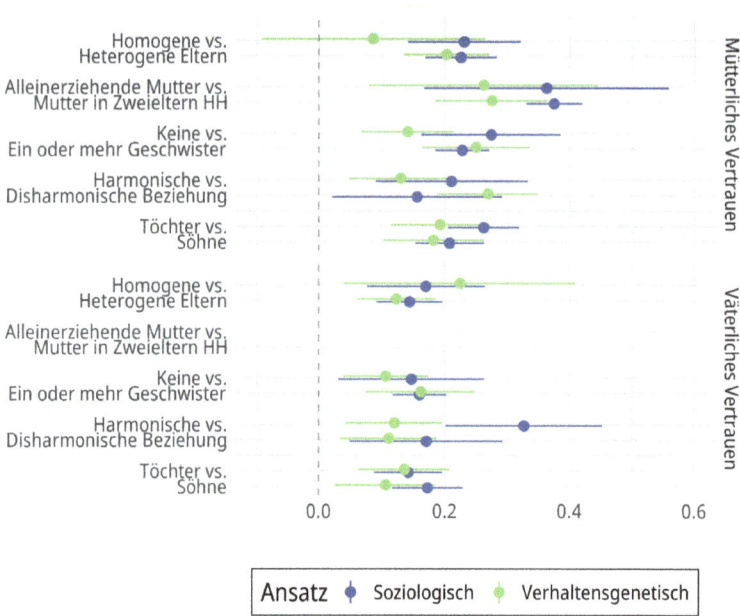

Abbildung 27: Transmissionskonditionen sozialen Vertrauens zeigen keine systematischen Unterschiede.
Quelle: Ergebnisse des soziologischen Ansatzes basierend auf Daten des SOEP, Ergebnisse des verhaltensgenetischen Ansatzes auf Grundlage der 1. Welle des TwinLife-Panels. Jeweils eigene Berechnung basierend auf Spörlein et al. (2024).

im sozialen Vertrauen sind oder sich stark darin unterscheiden, sowohl mütterliche wie väterliche Vertrauenswerte in ähnlichem Maße positiv mit dem sozialen Vertrauen ihrer Kinder zusammenhängen. Aus rein soziologischer Sicht würde man nun am theoretischen Mechanismus zweifeln, während das genetisch sensitive Design des verhaltensgenetischen Ansatzes nahelegt, dass der Mechanismus an dieser Stelle gar nicht sinnvoll anwendbar ist.

Insgesamt stellt diese Replikation einer häufig zitierten und in soziologischen Einführungsbüchern prominent rezipierten Studie den korrigierenden Charakter des verhaltensgenetischen Ansatzes heraus: Zwar zeigen beide Ansätze einen positiven Zusammenhang zwischen elterlichen Merkmalen und denen ihrer Kinder, jedoch wäre eine Interpretation aus dem Sozialisierungsparadigma der Soziologie irreführend, denn die Ähnlichkeit scheint primär über biologische Vererbung generiert zu werden. Aber nochmal: Das bedeutet nicht, dass soziale Mechanismen per se irrelevant sind. Zwei Gründe sprechen an dieser Stelle ganz konkret dagegen: Erstens kann das Fehlen eines geteilten Umweltanteils in den Unterschieden im sozialen Vertrauen ein Hinweis darauf sein, dass dieses Merkmal eher Ausdruck eines latenten Persönlichkeitsmerkmals ist. In Kapitel 2.2.4 Drei Gesetze der Verhaltensgenetik wurden anhand des Unterschiedes zwischen Religiosität und Spiritualität bereits ausführlich domänenspezifische Muster zu Persönlichkeitsattributen im Gegensatz zu Merkmalen aus sozial konstruierten gesellschaftlichen Teilbereichen diskutiert. Soziales Vertrauen könnte ebenfalls in dieses persönlichkeitsbezogene Muster passen und daher einen schlechten Kandidaten darstellen, um soziale Transmission zu untersuchen. Anders ausgedrückt sind Sozialisierungserklärungen wahrscheinlich wichtiger für Merkmale mit hohem Anteil geteilter Umwelt, also zum Beispiel für Bildung, Religiosität oder allgemeine Lebenszufriedenheit. Zweitens konnte die Originalstudie Kontexteffekte zeigen, wenngleich diese nur ca. 5 Prozent der Varianz für sich beanspruchten. Dennoch wäre das ein Hinweis auf soziale Wirkmechanismen, jedoch außerhalb des Haushalts und der Familie – gebündelt in den nichtgeteilten Umwelteinflüssen. Wie jedoch auch bereits in Kapitel 2.2.2 Das ACE-Modell diskutiert wurde, sind Faktoren der nichtgeteilten Umwelt aufgrund ihres idiosynkratischen Charakters schwer empirisch greifbar.

4.4 Die Schwierigkeit einer Integration

Wie lassen sich die soziologische und die verhaltensgenetische Position nun unter ein gemeinsames Dach bringen? Der Versuch einer Integration hat selbst eine lange Geschichte und die Notwendigkeit dieses Ziels wird zum ersten Mal durch einen Artikel von Jeremy Freese im „American Journal of Sociology" im Jahr 2008 dem Fachpublikum dargelegt (Freese 2008). Die Relevanz dieses Artikels kann nicht genug betont werden. Noch heute – mehr als 15 Jahre später – greifen Forschungs- und Überblicksartikel am Schnittpunkt von Verhaltensgenetik, Psychologie und Soziologie immer wieder die von Freese verwendete Beschreibung einer „tacit collusion" (Freese 2008: 19) zum Verhältnis der einzelnen Disziplinen zu Inhalten und Erkenntnissen der Verhaltensgenetik auf (siehe zum Beispiel Mills & Tropf 2020: 554; Raffington, Mallard & Harden 2020: 390; oder Harden 2021: 44). Demnach wüsste man – zumindest rudimentär – von zentralen Konzepten wie Erblichkeit oder genetischer Konfundierung, aber eine stillschweigende, implizite Absprache unter Forschenden würde weiterhin dazu führen, diese Zusammenhänge im Allgemeinen zu ignorieren. Weder in eigenen Artikeln würde man Probleme genetischer Konfundierung identifizieren und ausräumen, noch das bei Kolleginnen und Kollegen auf Konferenzen oder im Peer-Review-Prozess anmerken. Und so werde die „Absprache" weiter reproduziert. Für Freese steht damit die Glaubwürdigkeit ganzer Disziplinen auf dem Spiel, denn „nothing makes the work of imperializing academics [...] [from outside our discipline, CS] easier than an incisive, significant, and easily explained flaw shared by an entire literature" (Freese 2008: S19).

Für frühere Integrationsversuche war ein Scheitern mit den jeweiligen disziplinären Extrempositionen verknüpft (Adkins & Vaisey 2009: 105). Demnach sei die Soziologie durch ihren starken Fokus auf Kontext- bzw. Situationseffekte charakterisiert und leugne konsequent die diesen Erklärungsansätzen vorgelagerte Erblichkeit menschlichen Verhaltens. Betrachtet man die Bezeichnung „extrem" aus einer Normalverteilungslogik, so ist diese Position vor dem Hintergrund der soziologischen Forschungsliteratur sowie auf Grundlage anekdotischer Unterhaltungen mit Kolleginnen und Kollegen so extrem nicht. Sie spiegelt im Gegenteil den *normalen* Rahmen wider und kann problemlos als das 95 Prozent Konfidenzintervall der Soziologie bezeichnet werden. Das trifft nicht auf die Verhaltensgenetik zu. Für sie ist die Extremposition durch eine starke Fixierung auf individuelle Unterschiede und ein Leugnen der Bedeutung der geteilten (Familien-)Umwelt gekennzeichnet, und diese Position scheint in der Tat eine Extremposition zu sein, die sich zumindest in Teilen gegen den interaktionistischen Konsens stellt. Wird langfristig eine Integration von Soziologie und Verhaltensgenetik durch das ausbleibende Abrücken von disziplinspezifischen Extrempositionen verhindert, dann steht hier primär die Soziologie in der Pflicht, denn in ihr ist das grundlegende Ignorieren verhaltensgenetischer Inhalte zentraler Bestandteil. Zudem kann die Betonung der Irrelevanz geteilter Umwelteffekte bestimmter verhaltensgenetischer Vertreterinnen und Vertreter schlicht Ausdruck der untersuchten Verhalten und Merkmale sein. Für Persönlichkeitsmerkmale findet sich konsistent kein geteilter Umweltanteil, daher ist das „Leugnen" kein Leugnen, sondern Stand der Forschung. Anders sieht das logischerweise bei Merkmalen wie Bildung aus – den oben besprochenen „Ausnahmen" zu den drei Gesetzen der Verhaltensgenetik.

Leider ist eine Integration der beiden Sichtweisen nicht durch ein einfaches Addieren der jeweiligen Positionen, Ansätze, Theorien und analytischen Perspektiven zu erreichen. Die größte Schnittmenge der beiden Disziplinen dürfte sich auf der Ebene des Individuums finden. Nehmen wir beispielsweise die oben beschriebene Ressourcenperspektive für soziale Ungleichheit: Individuen verfügen in unterschiedlichem Maße über Ressourcen, die ihnen bei der Positionierung im Statusgefüge von Vorteil sein können. Ein naiver Integrationsansatz könnte die individuelle genetische Prädisposition als einen weiteren Ressourcentypus zum ökonomischen, sozialen, kulturellen und symbolischen Kapital konzeptualisieren. Dieser Ansatz scheitert jedoch direkt an den vier Verschränkungsformen von Ressourcen: (1) In Gene kann nicht direkt investiert werden – es kann keine Zeit verwendet werden, um ein „Mehr" an Genen zu generieren. Genetische Prädispositionen können aber sehr wohl relevant sein, wenn es um die Frage geht, wer investiert und vor allem, wer investiert erfolgreicher als andere in bestimmte Ressourcen. (2) Gene können zwar im Statuserwerbsprozess in andere Ressourcen transformiert werden (z. B. ein höheres genetisches Risiko für hohe kognitive Fähigkeiten ist im Durchschnitt mit höherer Bildung und damit mehr inkorporiertem kulturellen Kapital verknüpft), aber einerseits ist der umgekehrte Fall ausgeschlossen und andererseits ist die Steuerungsmöglichkeit dieses Prozesses im Sinne einer Investition diffus und keinesfalls vollständig unter der Kontrolle des Individuums. Soziales Kapital kann beispielsweise nicht in mehr Gene umgewandelt werden. Gene spielen aber dennoch eine Rolle, wenn es um die Frage geht, wie hoch etwaige „Reibungsverluste" bei Transformation einer Ressource in eine andere ausfallen. Stellen wir uns beispielsweise vor, ein Individuum wandelt ökonomisches Kapital über die Nutzung von Nachhilfe in kulturelles Kapital um. Genetische Risiken, die mit mehr Durchhaltevermögen, Frustrationstoleranz oder anderen relevanten Faktoren verknüpft sind, könnten mit einer einfacheren Übersetzung von ökonomischem in kulturelles Kapital einhergehen, da die Reibungsverluste über weniger in Anspruch genommene Nachhilfestunden reduziert werden. (3) Gene können nicht angehäuft bzw. akkumuliert werden. Aber sie können direkt und indirekt mitverantwortlich sein für Ausgangsunterschiede in Akkumulationsprozessen anderer Ressourcen. Etwa weil die Herkunftsfamilie über mehr ökonomisches Kapitel verfügt (indirekt, weil die Eltern – von denen die Gene geerbt wurden – dieses generierten) oder genetische Prädispositionen die Anhäufung sozialen Kapitels begünstigen (z. B. ein hohes Maß an Verträglichkeit oder physischer Attraktivität). (4) Darüber hinaus ist die intergenerationale Transmission von Genen zwar unausweichlicher Teil des Transmissionsprozesses, aber entzieht sich effektiv jeglicher Kontrolle der beteiligten Individuen. Damit soll nicht suggeriert werden, dass die soziale Vererbung anderer Ressourcen von den Eltern vollständig kontrollierbar wäre, aber die Möglichkeit ist zumindest stärker gegeben, als das biologische Fortpflanzung im Allgemeinen und Meiose (die „Mischung" des Erbmaterials während der Genese von Keimzellen) im Speziellen zulassen würden.

Gene sind also nicht einfach eine weitere Ressource, sondern eher ein Katalysator, der an jeder Etappe der Entstehung und Veränderung von Ressourcen als konditionierendes Merkmal beteiligt ist. Zusätzlich sind sie ein in höchstem Maße probabilistisches konditionierendes Merkmal, da stets von Prädispositionen die Rede ist, deren Realisierung zwar im Rahmen des Möglichen ist, aber keinesfalls zwingend notwendig. Und darin liegt auch die Krux einer simplen Integration. Sie ist eben hochkomplex, weil sie sich nicht direkt eingliedern lässt, sondern außerhalb bzw. neben den Prozessen steht und gleichzeitig gar nicht gesetzt ist, dass sie aufgrund der probabilistischen Natur ihre katalysierende Funktion erfüllen kann. Nehmen wir zum Beispiel gängige Abwandlungen des klassischen Statuserwerbsmodells, die Gene integrieren wollen. Abbildung 28 (oben) zeigt eines dieser Modelle mit direktem Bezug zum OED-Modell aus der Einleitung. Gene werden hier primär als direkte Einflusspfeile integriert. Zweifellos spielen diese eine Rolle für soziale Herkunft (Kinder aus Familien höherer sozialer Herkunft besitzen häufiger

Eltern mit höheren genetischen Risiken für hohe Bildung), im Bildungserwerb (Individuen mit höheren genetischen Risiken für Bildung erreichen im Durchschnitt höhere Bildungstitel) und darüber hinaus in der sozialen Positionierung (Individuen mit höheren genetischen Risiken für Selbstkontrolle erreichen im Durchschnitt und unter sonst gleichen Umständen höhere Positionen). Aber strenggenommen sollte aus der vorangegangenen Diskussion von Genen als (Nicht-)Ressourcen deutlich geworden sein, dass diese zusätzlich alle Pfeile als Katalysatoren konditionieren (Abbildung 28 unten). Das unübersichtliche Gewusel an Pfeilen macht jedoch sofort deutlich, dass ein „Gene beeinflussen und konditionieren alles und jeden Pfad" analytisch wenig hilfreich ist, um systematischer und konfundierungsfreier über Muster der Entstehung und Reproduktion sozialer Ungleichheit nachzudenken. Für die Soziologie ist es daher ungemein schwerer, verhaltensgenetische Argumente zu integrieren, denn offenkundig gibt es kein theoretisches Bezugssystem für Geneinflüsse, an das man anknüpfen könnte, denn auch für die Verhaltensgenetik stellen Gene oftmals weitestgehend eine Black Box dar. Vielmehr tritt hier lediglich eine fremde Disziplin an die Soziologie heran, die sagt, so wie ihr das bisher macht, so einfach geht das nicht. Die Argumentationsgrundlage für diese Einschätzung liegt primär im methodologischen Ansatz der Soziologie begründet – also dem Nichtverwenden genetisch sensitiver Daten und Analysemodelle.

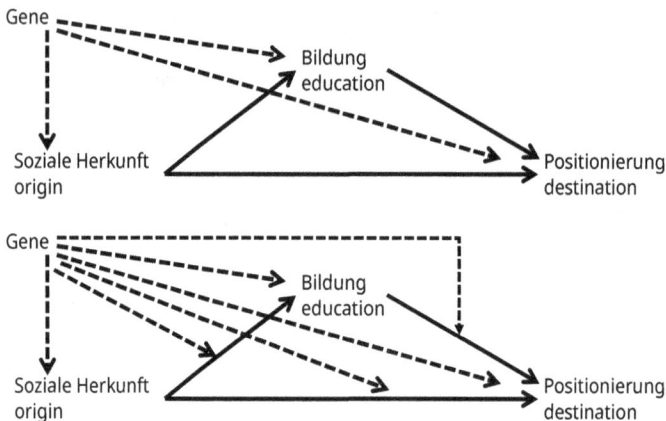

Abbildung 28: Genetisch sensitives Statuserwerbsmodell.
Quelle: Eigene Darstellung nach Hahn et al. (2016: 661) [oben] und als vollständiges Model in eigener Darstellung [unten].

Daher ist eine Adaption soziologischer Argumente und Theorien in der Verhaltensgenetik umgekehrt deutlich einfacher, denn die Soziologie hat das Potenzial, die Komplexität von Umwelterklärungen zu reduzieren und nicht wie im umgekehrten Fall das

Ausmaß der Komplexität noch zu erhöhen. Anstelle einer Rundum-Integration scheint es also sinnvoller zu eruieren, für welche konkreten Fragestellungen interdisziplinäres Arbeiten die größte Aussicht auf Erfolg besitzt. Aus analytischer Perspektive ist das eine mitunter unbefriedigende Antwort auf interdisziplinäre Integrationsversuche. Eine Notlösung kann dennoch aus der Synthese jeweiliger disziplinärer Stärken erfolgen. Für die empirische Soziologie würde das bedeuten, dass das eigendisziplinäre Fundament für geraume Zeit zur Baustelle wird, aber mitnichten ausgetauscht werden muss. Letztlich benötigt es – im wahrsten Sinne des Wortes – einen fundamentalen Anbau an die Methodologie, denn an dieser Stelle fällt die verhaltensgenetische Kritik direkt und am stärksten ins Gewicht. Das kann eine umfangreichere Integration von Zwillingsdaten in der Soziologie bedeuten. Das deutsche TwinLife-Panel ist dafür mit Sicherheit ein großer Schritt in die richtige Richtung, aber wird schwerlich alle interessierenden Fragestellungen per Design abbilden können (das entspräche jedoch auch einem unrealistischen Anspruch an jeden Datensatz). Kleinere Initiativen wie das Gene-SOEP ermöglichen die Integration von molekulargenetischen Informationen über Polygenic Scores. Hier besteht der Vorteil, dass weder eine gravierend neue Methodologie erlernt werden muss, noch die statistische Modellierung substanziell von Altbekanntem abweicht. Aus theoretischer Sicht ist das Lernpotenzial für die Soziologie an verhaltensgenetischen Inhalten wie bereits besprochen eher gering, denn das primäre Erklärungsziel bezieht sich auf die konkrete Wirkung der sozialen Umwelt angesichts genetischer Ausstattungen der Individuen. Diese unbefriedigende Arbeitsteilung verkompliziert auch das Schreiben soziologischer Artikel mit verhaltensgenetischen Inhalten, denen man oftmals diese mentale Zweiteilung anmerkt.

4.5 Fragestellungen genetisch sensitiver Ansätze in der Soziologie

Für die folgenden Kapitel, in denen sowohl die konzeptionellen wie auch die forschungspraktischen Inhalte der Verhaltensgenetik mit soziologischen Inhalten vertieft werden, erscheint es angebracht, noch einmal archetypische Forschungsfragen zu besprechen, die eine besondere Relevanz für soziogenetische Erklärungen aufweisen. Auch wenn genetische Unterschiede für alle menschlichen Merkmale und Verhalten eine Rolle spielen, so ist ihre Berücksichtigung jedoch nicht für alle soziologischen Fragestellungen ausschlaggebend. Zwei Bereiche und die mit ihnen verknüpften Forschungsliteraturen erscheinen besonders betroffen: soziale Vererbung bzw. intergenerationale Transmission von Einstellungen und Positionen sowie Fragestellungen, die sich mit dem Einfluss von Familiencharakteristika auf systematische Unterschiede in Merkmalen und Verhalten von Kindern und Jugendlichen beschäftigen. Umgekehrt soll damit aber nicht suggeriert werden, dass andere, davon unabhängige Fragestellungen mit verhaltensgenetischen Inhalten überschneidungsfrei wären. Vielmehr stehen für die Beantwortung betreffender Forschungsfrage der Zugewinn an methodologischer Präzision und der Anspruch an Daten und Forschungsmethoden oft in einem ungünstigen Verhältnis: Für Transmissionsfragen bedeutet ein Ignorieren verhaltensgenetischer Ideen fundamentale kausale Fehleinschätzungen. Für Fragen zum Beispiel zu Unterschieden im Scheidungsverhalten (gegeben niedriger bis moderater Erblichkeit von Scheidung; Salvatore et al. 2016; Van Winkle & Conley 2021) sind genetische Erklärungen möglicherweise zwar auch relevant, aber sie nicht zu integrieren ist eher mit einer unvollständigen Erklärung und weniger mit kritischen Fehlschlüssen verbunden. Der Anspruch an vollständige Erklärungen sozialer Phänomene kann natürlich selten bis nie erfüllt werden. Nehmen wir also stark verkürzt an, dass Scheidung das Ergebnis individueller Entscheidungen innerhalb eines strukturellen Opportunitätsrahmens ist. Es sollte Scheidung dann häufiger vorkommen, wenn Individuen mehr Möglichkeiten haben, eine alternative Partnerin oder einen alternativen Partner zu finden. Verhaltensgenetische Argumente kommen dann zum Tragen, wenn es um individuelle Unterschiede in der Neigung zu partnerschaftlicher Konflikthäufigkeit, Konfliktlösungsverhalten oder der Suche nach außerpartnerschaftlicher Abwechslung geht. Sie befassen sich also in diesem Beispiel eher mit Faktoren der Effektheterogenität (wer spricht mehr oder weniger stark auf strukturelle Opportunitäten an), stellen die grundlegende Annahme der Bedeutung von Partnermärkten für Scheidungsverhalten zentral aber nicht infrage, sondern erlauben eine differenziertere Erklärung der sozialen Realität.

Wie angesprochen ist die Situation in der Vererbungsliteratur anders gelagert, und ein Ignorieren biologischer Vererbungsprozesse birgt das Potenzial kausaler Fehlschlüsse. Völlig im Dunkeln tappt man jedoch auch hier nicht, denn Ergebnisse einfacher ACE-Modelle sind erste Indikatoren für Inferenzprobleme in Vererbungsfragestellungen: Besitzen Unterschiede in einem Merkmal oder Verhalten keinen oder nur einen sehr geringen Anteil geteilter Umwelt, so kann von starker genetischer Konfundierung und damit einem hohen Risiko für fehlerhafte Ergebnisse bei einem methodischen Ignorieren biologischer Vererbung ausgegangen werden. Ein Blick in Tabelle 3: Standardisierte Varianzzerlegung mittels ACE-Modellen für ausgewählte Merkmale zeigt, dass gerade bei persönlichkeits- und einstellungsbezogenen Merkmalen Vorsicht geboten ist, während soziale Vererbung potenziell eine wichtige Erklärung für soziale bzw. politische Partizipation und bildungsbezogene Attribute ist. Genetisch sensitive Daten sind aber in jedem Fall für eine empirische Trennung von biologischen und sozialen Effekten vonnöten. Konkret sind daher Forschungsfragen betroffen, die sich mit dem Gegenstand beschäftigen, ob und inwieweit elterliche Merkmale mit denen ihrer Kinder zusammenhängen. Beispielsweise betrifft das die intergenerationale Korrelation von Bildung (Holtmann, Menze & Solga 2021), Einstellungen (Cano & Hofmeister 2022), Persönlichkeitsmerkmalen (Dohmen et al. 2012), Parteipräferenzen und Wahlverhalten (Durmuşoğlu et al. 2022) oder etwa von Religion und religiösen Praktiken (Jacob 2020). Die hier genannten Studien sind durchweg aktuelle, einschlägig publizierte Beispiele des klassischen soziologischen Vererbungsansatzes, ohne Referenz zur Möglichkeit genetischer Einflüsse.

Fragen zur sozialen Vererbung stellen einen Spezialfall allgemeinerer Fragestellungen zum Einfluss von Familiencharakteristika auf kindliche Merkmale und Verhalten dar. Während in der Vererbungsliteratur die intergenerationale Verknüpfung ein und desselben Merkmals im Fokus steht (z. B. elterliche Bildung und kindliche Bildung oder elterliche Einstellungen und die ihrer Kinder), so geht es in der Literatur zum Familienkontext allgemeiner um systematische Unterschiede zwischen Familien und den daraus resultierenden Unterschieden zwischen Kindern. Auch hier können Bildungserwerb oder Einstellungen das zu untersuchende Ergebnis repräsentieren. Aber das Spektrum der untersuchten Familiencharakteristika ist deutlich umfangreicher und beinhaltet beispielsweise die soziale Herkunft, Unterschiede in Erziehungspraktiken oder Familienkonflikte (Baumert et al. 2003; Spera 2005; Conger et al. 2010; Dumont et al. 2014). Die Gründe für die mögliche genetische Konfundierung dieser Merkmale sind vielfältig und lassen sich primär auf das Phänomen von Gen-Umwelt-Korrelationen zurückführen. Diese liegen dann vor, wenn (soziale) Umwelten und bestimmte genetische Prädispositionen überzufällig häufig gemeinsam auftreten und eine (empirische) Trennung der Einflussursachen damit erschwert wird. Da das folgende Kapitel 5. Gen-Umwelt-Korrelationen (rGE) die damit verbundene Problematik ausführlich diskutiert, sei an dieser Stelle nur der Hinweis gegeben, dass elterliches Verhalten, wie zum Beispiel die Wahl bestimmter Erziehungspraktiken, kein exogenes Merkmal darstellt, das zufällig zwischen Familien variiert, sondern in starkem Maße auf einer Wechselbeziehung zwischen kindlichem Verhalten und elterlicher Reaktion beruht (Bell 1969; Marceau et al. 2013). Der als kausal formulierte Einfluss des Familienmerkmals auf kindliches Verhalten stellt damit also eher eine Feedbackbeziehung dar und keinen unidirektionalen Einfluss. Auch hier ist es für eine Untersuchung sozialer Einflüsse auf menschliches Verhalten unabdingbar, die biologische Konfundierung durch eine genetisch sensitive Datengrundlage zu begrenzen.

Zusammenfassend kann festgehalten werden, dass eine umfassende Integration der soziologischen und verhaltensgenetischen Perspektive nur partiell gelingen kann. Die Soziologie steuert primär theoretische Erklärungen; die Verhaltensgenetik ihren Methodenkoffer zur Erklärung sozialer Phänomene bei. Darüber hinaus sollte man immer dann gezielt über die Integration verhaltensgenetischer Methoden nachdenken, wenn Forschungsfragen sich zum Beispiel mit Aspekten der Ähnlichkeit von Familienmitgliedern beschäftigen (intergenerationale Korrelation). Hier könnten Teile der beobachteten Ähnlichkeit auch genetische Ursachen haben. Gleiches gilt, wenn die Reaktionen der sozialen Umwelt oder generell die Wirkung des sozialen Kontexts auf Verhaltensunterschiede im Forschungsfokus stehen, denn sowohl Reaktion als auch Zugang zu sozialen Kontexten sind nicht per se endogen und können mit genetischen Prädispositionen der Individuen korreliert sein. Die folgenden beiden Kapitel greifen in ihrer Diskussion von Gen-Umwelt-Korrelation und Gen-Umwelt-Interaktion diese Problemstellungen auf und bieten eine vertiefte Darstellung der analytischen Ansätze anhand von Beispielen aus der soziologisch-relevanten Literatur.

⚠ Paläogenetik und (prä-)historische Spuren sozialer Ungleichheit

Das Forschungsfeld Paläogenetik versucht mithilfe archäologisch konservierten genetischen Materials Einblick in das Leben vergangener Zeiten zu bekommen. In Bezug auf menschliche Muster fokussieren sich paläogenetische Forscherinnen und Forscher daher auf Fragen der menschlichen Evolution, Muster der räumlichen Migration, der Beziehungsmuster zwischen sozialen und ethnischen Gruppen sowie der Beziehung zwischen heute ausgestorbenen Mitgliedern der Spezies *homo* mit anatomisch modernen Menschen – zusammengenommen also Aspekte, die auch für Phänomene sozialer Ungleichheit in den jeweiligen Perioden aufschlussreich sein können (Raff 2022: 176). Grundlage dieser Analysen sind tausende archäologische Funde menschlicher Überreste, aus denen DNA der Verstorbenen extrahiert werden kann. Bei historisch „jüngeren" Überresten kann nahezu das vollständige Genom extrahiert und analysiert werden, wobei jedoch gilt, dass der Degradierungsgrad von DNA mit dem Alter der Proben stark ansteigt. Mit aktuellen Methoden sind DNA-Fragmente (sog. aDNA, ancient DNA) aus Proben von vor 560.000 Jahren möglich (Orlando et al. 2021: 1). Für inhaltliche Fragestellungen wird auch genutzt, dass das Genom einer Person nicht nur über Charakteristika der Person selbst Aufschluss gibt, sondern gleichzeitig auch immer über deren Vorfahren, und dass das zeitliche „Sortieren" verschiedener Genome damit etwas über die Zusammensetzung und Entwicklung der betroffenen Populationen aussagen kann. Ein spannendes – wenngleich auch für soziologisch-interessierte Forscherinnen und Forscher nicht unbedingt direkt relevantes – Beispiel findet sich in der DNA eines zwischen 37.000 und 42.000 Jahre alten Fundes aus Rumänien. Die DNA des Mannes beinhaltet eindeutige Hinweise, dass dieser Nachfahre einer Liaison zwischen einem modernen Menschen und einem Neandertaler vier bis sechs Generationen zuvor war (Fu et al. 2015: 216; siehe Abbildung 29 für eine Rekonstruktion dieses Mannes). Dieser und zahlreiche andere Funde zeugen von häufigen Kontakten und Beziehungen zwischen diesen beiden Menschenformen, vor allem im heutigen Nahen Osten und dem nördlichen Mittelmeerraum. Die Natur dieser Kontakte lässt sich jedoch aus den archäologischen Funden nicht eindeutig rekonstruieren und wichtige Fragen, wie zum Beispiel, ob sexuelle Kontakte in der Regel konsensuell waren oder welchen Status Nachkommen dieser Beziehungen in den jeweiligen Gruppenverbänden hatten, müssen damit vorerst unbeantwortet bleiben (Wragg Sykes 2020). Indirekt wird aber deutlich, dass für Mensch-Neandertaler-Nachkommen in menschlichen Gemeinschaften gesorgt wurde und diese bis ins fortpflanzungsfähige Alter überlebten. Wäre dies nicht der Fall gewesen, so würden sich keine (substanziellen) genetischen Hinweise auf sexuelle Interaktionen zwischen modernen Menschen und Neandertalern in den Genomen moderner Menschen finden lassen. Noch heute beinhaltet die DNA von Menschen europäischer und asiatischer Herkunft im Durchschnitt ca. 1–2 Prozent Neandertaler-DNA. (Die DNA moderner Menschen ostasiatischer Herkunft beinhaltet sogar einen geringen Teil

DNA der Denisova-Menschen – eines weiteren archaischen Menschen, der sich den Lebensraum mit modernen Menschen teilte, Massilani et al. 2020).

Abbildung 29: Rekonstruktion eines Nachfahren des modernen Menschen und Neandertalers. Quelle: Neandertaler-Museum Düsseldorf.

Erkenntnisse der Paläogenetik beeinflussen auch unser Verständnis der Besiedelung unseres Planeten durch den anatomisch modernen Menschen. Von den zahlreichen Versuchen, Regionen außerhalb Afrikas zu besiedeln, war nur der „letzte" von vor ca. 50.000 Jahren von bleibendem Erfolg gekrönt. Er ermöglichte die dauerhafte Besiedelung Asiens, Europas, Ozeaniens und der Amerikas (Krause und Trappe 2021). Genetische Daten waren auch bei der Untersuchung späterer regionaler Migrationsbewegungen zentral. Nicht zuletzt erlauben sie die empirische Testung konkurrierender, bis dahin primär auf archäologischen Funden von Kulturgütern basierenden, Besiedelungstheorien (z. B. Keramik, die mit idiosynkratischen Methoden produziert oder verziert wurde). Beispielhaft stellte man sich lange die Frage, ob Kulturgüter mit den Menschen gewandert sind und ihre Verbreitung damit auch Aufschluss über die Verbreitung bestimmter Bevölkerungsgruppen gibt oder ob räumliche Verteilungsmuster nicht eher Ausdruck von Ideendiffusion sind und letztlich die „Kultur" wandert, aber nicht der sie praktizierende Mensch. Mit genetischen Daten lässt sich diese Frage direkt in einer Verschiebung der genetischen Profile lokaler Bevölkerungen im Zeitverlauf untersuchen. Die Verbreitung beispielsweise des Ackerbaus in Europa während des Neolithikums von 8.000 bis 5.000 Jahren vor heute illustriert dieses Forschungsfeld eindrücklich. Demnach wanderte diese Form der Nahrungssicherung mit Menschen aus dem Fruchtbaren Halbmond zwischen Mittelmeer und dem Persischen Golf in den südlichen Teil Europas und verbreitete sich also „im Gepäck" dieser Migrantinnen und Migranten. Das spricht damit eindeutig gegen eine reine Innovationsdiffusion (Krause & Trappe 2019: 84–86). Bereits ansässige „Jäger-und-Sammler"-Populationen wurden damit immer weiter an die Ränder des europäischen Kontinents gedrängt – was sich zum Beispiel heute noch in einem höheren Anteil von „Jäger-und-Sammler-DNA" in skandinavischen Populationen als im Rest Europas ausdrückt. Was hier lapidar in einigen Sätzen Tausende von Jahren Menschheitsgeschichte abhandelt, beinhaltet soziale Umwälzungen, die für Menschen in modernen Gesellschaften kaum in ihrer Bandbreite und Konsequenzen für den Einzelnen vorstellbar sind.

Migrationsmuster der Vorgeschichte sind in ihrem Charakter nur bedingt mit modernen Migrationsbewegungen vergleichbar. In der Antike finden sich häufiger Beispiele ganzer „Völker" auf Wanderung und Suche nach neuen Siedlungsgebieten – oft zum Unmut der bereits ansässigen Bevölkerung – mit gewalttätigen und kriegerischen Konsequenzen. (Dazu gehört etwa die Invasion der Kimbern und Teutonen aus dem Norden zu Zeiten der Römischen Republik.) Ein auch aus soziologischer Sicht faszinierendes Beispiel stellt die Migration einer Volksgruppe aus der Region Zentralasiens in den indischen Subkontinent vor ca. 4.000 Jahren dar, da diese noch heute nachweisbare Spuren in den Genomen der ansässigen indischen Bevölkerung hinterlassen hat. Genstudien suggerieren, dass diese Einwanderer die Kontrolle über die Bevölkerung des indischen Subkontinents an sich rissen und ihre Macht durch die Etablierung einer eigenen Herrschaftselite konsolidierten (Reich 2018: 124). Genetisch spiegeln sich diese historischen Vorgänge in zwei Erkenntnissen wider: Typischerweise kommt es bei großen Migrationsbewegungen schnell zu einer Durchmischung der zugewanderten und einheimischen Bevölkerungsgruppen. Der Grad und der Charakter dieser Durchmischungsprozesse auf Grundlage „interethnischer" Beziehung können jedoch stark variieren und drücken somit auch damalige Machtverhältnisse aus. Im Kontext kriegerischer Invasionen – wie in diesem Fall – etablieren sich die Machteliten der Eroberer mit privilegiertem Zugang zu den Ressourcen der eroberten Bevölkerung. Dazu gehörten gesellschaftliche Statuspositionen ebenso wie der „Zugang" zu Sexualpartnern. Noch heute findet man bei Genuntersuchungen von Brahmanen, den Vertretern der höchsten Statusgruppe des indischen Kastensystems, einen höheren Anteil eingewanderter Herkunft, als das bei sozial niedriger gestellten Kasten der Fall ist (Reich 2018: 137). Es wäre jedoch unsinnig, dieses Ergebnis als eine „genetische Überlegenheit" indischer Menschen mit einem höheren Anteil eingewanderter Herkunft zu interpretieren, denn letzten Endes ist dieses Phänomen das Resultat des *sozialen* Systems der Kasten, das den privilegierten Status bestimmter Bevölkerungssegmente über einen Zeitraum von fast 4.000 Jahren mittels räumlicher Trennung (soziologisch: Einschränkung der Opportunitätsstruktur für Kontakte) und rigiden normativen Erwartungen (soziologisch: Einfluss dritter Parteien auf individuelle Partnerwahl) aufrechterhält. Auf Grundlage derzeitiger Raten sozialer Endogamie ist ein „genetisches" Fortbestehen des Kastensystems weitere hunderte von Jahren zu erwarten (Lalueza-Fox 2022: 82).

Die zweite Erkenntnis betrifft den privilegierten Zugang der erobernden Eliten zu Sexualpartnern (sogenannte „sexuelle Dominanz"), die sich sowohl in den Geschlechtschromosomen wie auch der mitochondrialen DNA (mtDNA) wiederfinden lässt. Die mitochondriale DNA (DNA der Mitochondrien oder „Kraftwerke der Zelle") besitzt die Besonderheit, dass sie ausschließlich über die weibliche Linie vererbt wird. Analog gibt das Y-Chromosom Auskunft über die männliche Linie der Vorfahren eines Mannes. Der sozial stratifizierte und letztlich auch geschlechtsspezifische Zugang zu Sexualpartnern innerhalb von zwei oder mehr Gruppen führt im Laufe der Zeit dazu, dass genetische Varianten indikativ für die Mitgliedschaft der Elitegruppe in den Y-Chromosomen der Nachkommen zunehmen, während die weibliche Linie stärker durch Varianten der untergeordneten Gruppe geprägt ist. Kurzum: Eroberer sichern sich den Zugang zu lokalen Frauen, während sie gleichzeitig lokale Männer an diesem Zugang hindern. Auch hier ist die lebensweltliche Realität sexueller Dominanz und das damit verursachte Leid für Mitglieder moderner Gesellschaften kaum fassbar.

Für die bereits angesprochene Gruppe der Brahmane setzt sich die genetische Herkunft des Y-Chromosoms zu fast 70 Prozent aus der eingewanderten Gruppe zusammen. Diese Muster sexueller Dominanz finden sich für viele andere Beispiele gewaltbasierter und sozialer Herrschaft einer Gruppe über andere wieder. In jüngerer Vergangenheit zum Beispiel im Zuge der Kolonialisierung: Circa 80 Prozent der ethnischen Herkunft der kolumbianischen Bevölkerung ist genetisch europäischen Ursprungs, die jedoch in einem Verhältnis von 5 zu 1 aus der männlichen Linie der spanischen Kolonisatoren stammt. Für die schwarze Bevölkerung der USA mit etwa 20 Prozent europäischer Herkunft findet sich ein Verhältnis von 4 zu 1 (Reich 2018: 137). Erstaunlicherweise führt sexuelle Dominanz also zwar zu einer Überrepräsentierung des männlichen Erbguts der erobernden Eliten auf Kosten der Männer der unterdrückten Bevölkerung – das Gegenteil ist der Fall für die weibliche Linie (Lalueza-Fox 2022: 98).

Literatur

Adkins, D.E. and Vaisey, S. (2009). Toward a Unified Stratification Theory: Structure, Genome, and Status Across Human Societies. *Sociological Theory* 27: 99–121.

Bandura, A. (1989). Social cognitive theory. In: Vasta. R. (ed.), *Annals of Child Development Vol. 6. Six Theories of Child Development*, pp. 1–60. Greenwich: JAI Press.

Baumert, J., Watermann, R. and Schümer, G. (2003). Disparitäten der Bildungsbeteiligung und des Kompetenzerwerbs: Ein institutionelles und individuelles Mediationsmodell. *Zeitschrift für Erziehungswissenschaft* 6: 46–72.

Bell, R.Q. (1969). A reinterpretation of the direction of effects in studies of socialization. *Psychological Review* 75: 81–95.

Bian, Y. (2002). Chinese Social Stratification and Social Mobility. *Annual Review of Sociology* 28: 91–116.

Blau, P.M. and Duncan, O. D. (1967). *The American Occupational Structure*. New York: Wiley and Sons.

Bourdieu, P. (1983). Ökonomisches Kapital, kulturelles Kapital, soziales Kapital. In: Kreckel, R. (Ed.): *Soziale Ungleichheiten, Soziale Welt, Sonderband 2*. Göttingen: Schwartz & Co.

Breen, R. and Jonsson, J.O. (2005). Inequality of Opportunity in Comparative Perspective: Recent Research on Educational Attainment and Social Mobility. *Annual Review of Sociology* 31: 223–243.

Buchmann, C. and Hannum, E. (2001). Education and Stratification in Developing Countries: A Review of Theories and Research. *Annual Review of Sociology* 27: 77–102.

Cano, T. and Hofmeister, H. (2022). The intergenerational transmission of gender: Paternal influences of children's gender attitudes. *Journal of Marriage and Family* 85: 193–214.

Chick, K.A., Heilman-Houser, R.A. and Hunter, M.W. (2002). The impact of child care on gender role development and gender stereotypes. *Early Childhood Education Journal* 29: 149–154.

Conger, R.D., Conger, K.J. and Martin, M.J. (2010). Socioeconomic Status, Family Processes, and Individual Development. *Journal of Marriage and Family* 72: 685–704.

Delhey, J. and Newton, K. (2005). Predicting Cross-National Levels of Social Trust: Global Pattern or Nordic Exceptionalism? *European Sociological Review* 21: 311–327.

Dinesen, P.T., Schaeffer, M. and Sønderskov, K.M. (2020). Ethnic Diversity and Social Trust: A Narrative and Meta-Analytical Review. *Annual Review of Political Science* 23: 441–465.

DiPrete, T.A. (2020). The Impact of Inequality on Intergenerational Mobility. *Annual Review of Sociology* 46: 379–398

Dohmen, T., Falk, A., Huffman, D. and Sunde, U. (2012). The intergenerational transmission of risk and trust attitudes. *Review of Economics Studies* 79: 645–677.

Dumont, H., Maaz, K., Neumann, M. and Becker, M. (2014). Soziale Ungleichheit beim Übergang von der Grundschule in die Sekundarstufe I: Theorie, Forschungsstand, Interventions- und Fördermöglichkeiten. *Zeitschrift für Erziehungswissenschaft* 17: 141–165.

Durmuşoğlu, L.R., de Lange, S.L., Kuhn, T. and van der Brug, W. (2022). The Intergenerational Transmission of Party Preferences in Multiparty Contexts: Examining Parental Socialization Processes in the Netherlands. *Political Psychology* 44: 583–601.

Esser, H. (1999). *Soziologie. Spezielle Grundlagen Band 1: Situationslogik und Handeln*. Frankfurt a. M.: Campus.

Freese, J. (2008). Genetics and the Social Science Explanation of Individual Outcomes. *American Journal of Sociology* 114: S1–S35.

Fu, Q., Hajdinjak, M., Moldovan, O.T., Constantin, S., Mallick, S., Skoglund, P., Patterson, N., Rohland, N., Lazaridis, I., Nickel, B., Viola, B., Prüfer, K., Meyer, M., Kelso, J., Reich, D. and Pääbo, S. (2015). An early modern human from Romania with a recent Neanderthal ancestor. *Nature* 524: 216–219.

Ganzeboom, H.B.G., Treiman, D.J. and Ultee, W.C. (1991). Comparative Intergenerational Stratification Research: Three Generations and Beyond. *Annual Review of Sociology* 17: 277–302.

Grusec, J.E., Chaparro, M.P., Johnston, M. and Sherman, A. (2014). The development of moral behavior from a socialization perspective. In: Killen, M. and Smetana, J.G. (eds.), *Handbook of Moral Development*, pp. 113–134. New York: Psychology Press.

Hahn, E., Gottschling, J., Bleidorn, W., Kandler, C., Spengler, M., Kornadt, A.E., Schulz, W., Schunck, R., Baier, T., Krell, K., Lang, V., Lenau, F., Peters, A.-L., Diewald, M., Riemann, R. and Spinath, F.M. (2016). What Drives the Development of Social Inequality Over the Life Course? The German TwinLife Study. *Twin Research and Human Genetics* 19: 659–672.

Harden, K.P. (2021). *The Genetic Lottery: Why DNA Matters for Social Equality*. Princeton: Princeton University Press.

Holtmann, A.C., Menze, L. and Solga, H. (2021). Intergenerational Transmission of Educational Attainment: How Important Are Children's Personality Characteristics? *American Behavioral Scientist* 65: 1531–1554.

Jacob, K. (2020). Intergenerational transmission in religiosity in immigrant and native families: the role of transmission opportunities and perceived transmission benefits. *Journal of Ethnic and Migration Studies* 46: 1921–1940.

Justwan, F., Bakker, R. and Berejikian, J.D. (2018). Measuring social trust and trusting the measure. *The Social Science Journal* 55: 149–159.

Kalter, F. (2003). *Chancen, Fouls und Abseitsfallen: Migranten im deutschen Ligenfußball*. Opladen: Westdeutscher Verlag.

Killewald, A., Pfeffer, F.T. and Schachner, J.N. (2017). Wealth Inequality and Accumulation. *Annual Review of Sociology* 43: 379–404.

Krause, J. und Trappe, T. (2019). *Die Reise unserer Gene: Eine Geschichte über uns und unsere Vorfahren*. Berlin: Ullstein.

Krause, J. und Trappe, T. (2021). Hybris: *Die Reise der Menschheit zwischen Aufbruch und Scheitern*. Berlin: Ullstein.

Lalueza-Fox, C. (2022). *Inequality: A Genetic History*. Cambridge: The MIT Press.

Ljunge, M. (2014). Trust issues: Evidence on the intergenerational trust transmission among children of immigrants. *Journal of Economic Behavior & Organization* 106: 175–196.

Marceau, K., Horwitz, B.N., Narusyte, J., Ganiban, J.M., Spotts, E.L., Reiss, D. and Neiderhiser, J.M. (2013). Gene-Environment Correlation Underlying the Association between Parental Negativity and Adolescent Externalizing Problems. *Child Development* 84: 2031–2046.

Massilani, D., Skov, L., Hajdinjak, M., Gunchinsuren, B., Tseveendorj, D., Yi, S., Lee, J., Nagel, S., Nickel, B., Devièse, T., Higham, T., Meyer, M., Kelso, J., Peter, B.M. and Pääbo, S. (2020). Denisovan ancestry and population history of early East Asians. *Science* 370: 579–583.

Mills, M.C. and Tropf, F.C. (2020). Sociology, Genetics, and the Coming of Age of Sociogenomics. Annual Review of Sociology 46: 553–581.

Orlando, L., Allaby, R., Skoglund, P., Sarkissian, C.D., Stockhammer, P.W., Ávila-Acros, M., Fu, O., Krause, J., Willerslev, E., Stone, A.C. und Warinner, C. (2021). Ancient DNA analysis. *Nature Reviews Methods Primer* 1: 1–14.

Posselt, J.R. and Grodsky, E. (2017). Graduate Education and Social Stratification. *Annual Review of Sociology* 43: 353–378.

Rabe-Hesketh, S., Skrondal, A. and Gjessing, H.K. (2008). Biometrical modelling of twin and family data using standard mixed model software. *Biometrics* 64: 280–288.

Raff, J. (2022). *Origin: A Genetic History of the Americas*. New York: Twelve.

Raffington, L., Mallard, T. and Harden, K.P. (2020). Polygenic Scores in Developmental Psychology: Invite Genetics In, Leave Biodeterminism Behind. *Annual Review of Developmental Psychology* 2: 389–411.

Reich, D. (2018). *Who We Are and How We Got Here: Ancient DNA and the New Science of the Human Past*. Oxford: Oxford University Press.

Salvatore, J.E., Lönn, S.L., Sundquist, J., Lichtenstein, P., Sundquist, K. and Kendler, K.S. (2016). Alcohol use disorder and divorce: evidence for a genetic correlation in a population-based Swedish sample. *Addition* 112: 586–593.

Sewell, W.H., Haller, A.O. and Portes, A. (1969). The Educational and Early Occupational Attainment Process. *American Sociological Review* 34: 82–92.

Solga, H., Powell, J. and Berger, P. A. (2009). Soziale Ungleichheit – Kein Schnee von gestern! Eine Einführung. In: Solga et al. (Eds.): *Soziale Ungleichheit: Klassische Texte zur Sozialstrukturanalyse*. Frankfurt a. M.: Campus.

Spera, C. (2005). A Review of the Relationship Among Parenting Practices, Parenting Styles, and Adolescent School Achievement. *Educational Psychological Review* 17: 125–146.

Spörlein, C., Kristen, C. and Schmidt, R. (2024). The intergenerational transmission of risk and trust attitudes: Replicating and extending "Dohmen et al. 2012" using genetically informed twin data. *Social Science Research* 119: 102982.

Torche, F. (2014). Intergenerational Mobility and Inequality: The Latin American Case. *Annual Review of Sociology* 40: 619–642.

Van Tubergen, F. (2020). Introduction to Sociology. New York: Routledge.

Van Tubergen, F., Maas, I. and Flap, H. (2004). The Economic Incorporation of Immigrants in 18 Western Societies: Origin, Destination, and Community Effects. *American Sociological Review* 69: 704–727.

Van Winkle, Z. and Conley, D. (2021). Genome-wide Heritability Estimates for Family Life Course Complexity. *Demography* 58: 1575–1602.

Welch, M.R., Rivera, R.E.N., Conway, B.P., Yonkoski, J., Lupton, P.M. and Giancola, R. (2005). Determinants and Consequences of Social Trust. Sociological Inquiry 75: 453–473.

Western, B., Bloome, D., Sosnaud, B. and Tach, L. (2012). Economic Insecurity and Social Stratification. *Annual Review of Sociology* 38: 341–359.

Wragg Sykes, R. (2020). *Kindred: Neanderthal Life, Love, Death and Art*. London: Bloomsbury Sigma.

Wu, C. (2022). Intergenerational Transmission of Trust: A Dyadic Approach. *Socius: Sociological Research for a Dynamic World* 8: 1–14.

Teil 2: **Gene und ihre Umwelt**

5 Gen-Umwelt-Korrelationen (rGE)

Dieses Kapitel beschäftigt sich detaillierter mit der Idee des interaktionistischen Konsenses, dass Gene und Umwelt nicht unabhängig und damit additiv Unterschiede erzeugen, sondern die Wirkung der genetischen Ausstattung eines Individuums auf bestimmte Merkmale oder Verhalten von der Ausgestaltung seiner direkten Umwelt abhängt. Dafür wird zuerst das Konzept der Gen-Umwelt-Korrelation eingeführt und seine Bedeutung vor dem Hintergrund kausaler Schlüsse für die soziale Vererbungsliteratur diskutiert.

Gen-Umwelt-Korrelationen (kurz: rGE, r für den Korrelationskoeffizienten, G für Gene und E für Umwelt [Environment]) beschreiben das gemeinsame Auftreten von genetischen Ausstattungen und bestimmten Umwelten (Knopik et al. 2017: 117, Perlstein & Waller 2020). rGE wurden anfänglich bemerkt, als sich herausstellte, dass die Messung gängiger Kontextfaktoren menschlichen Verhaltens wie etwa Merkmale der Familienumwelt oder das Erleben bestimmter Lebensereignisse (z. B. Scheidung) genau wie individuelle Merkmale eine genetische Komponente besitzen (Jaffee & Price 2012; Plomin 2018). Mit anderen Worten waren also Unterschiede im Erleben bestimmter Umwelten zu einem gewissen Grad auf genetische Unterschiede zwischen Individuen zurückzuführen. Dies wurde früh am Beispiel für das Risiko von Unfällen gezeigt (Plomin et al. 1990) oder für negative häusliche Familienumwelten (Kendler & Baker 2007). Ergebnisse also, die in direktem Kontrast zum klassisch-soziologischen Ansatz stehen, bei dem Kontexteinflüsse als unkorreliert mit individuellen Merkmalen konzeptualisiert werden – diese daher als genuin exogene Einflussfaktoren betrachten werden. Dabei ist der Kontext das unabhängige Merkmal und seine konkrete Ausgestaltung beeinflusst Unterschiede im menschlichen Verhalten und nicht umgekehrt. rGE werden daher häufiger auch als Problem für kausalinferenzielle Aussagen diskutiert und deutlich seltener aus dem Grund, weil sie auch inhaltlich spannende Erkenntnisse generieren können.

Freese (2008: S18) unterscheidet in diesem Kontext zwischen zwei Gefahren beim Ziehen kausaler Schlüsse, wenn Gene bzw. genetische Unterschiede zwischen Individuen unberücksichtigt bleiben: Gene als distale Ursachen und Gene als konfundierende Ursache. Im ersten Fall sind Gene dem zu untersuchenden Zusammenhang vorgelagert, zum Beispiel weil genetische Unterschiede dazu beitragen, dass bestimmte Personen in einem sozialen Kontext häufiger vorkommen als andere (zum Beispiel finden sich Personen, die gerne lesen, häufiger in Bibliotheken als Personen, die keine Freude an Büchern finden). Gene als konfundierende Ursache finden sich zum Beispiel bei Untersuchungen, die den Einfluss elterlicher Merkmale auf das Verhalten von Kindern modellieren (z. B. in der Li-

https://doi.org/10.1515/9783111421919-005

teratur zur sozialen Vererbung von Bildung). Im Folgenden wird die Unterscheidung von Genen als distale oder konfundierende Ursachen genutzt, um die verschiedenen Typen von Gen-Umwelt-Korrelationen hinsichtlich ihrer Relevanz für kausalanalytische Schlüsse zu diskutieren. Typischerweise unterscheidet man drei Formen der rGE, die jeweils Aufschluss über die möglichen Ursachen für die Korrelation von Genen und Umwelt geben: reaktive, aktive und passive Gen-Umwelt-Korrelationen.

5.1 Reaktive rGE

Reaktive rGE (evokative rGE) treten dann auf, wenn die Umwelt eines Individuums genetische Prädispositionen wahrnimmt und auf diese reagiert. Beispielsweise könnten Eltern bei ihrem Kind eine besondere musikalische Neigung oder Begabung feststellen und darauf mit Förderung in Form von Musikunterricht reagieren. Somit werden unter Umständen Pfadabhängigkeiten generiert, die eine anfängliche Wahrnehmung latenter Stärken durch gezielte Förderung zu einer Manifestierung dieser Begabungen führen. Kindliches Verhalten, elterliche Wahrnehmung und resultierendes elterliches Verhalten stehen damit in einer empirisch schwer zu trennenden Feedbackbeziehungen zueinander. Reaktive Gen-Umwelt-Korrelationen als Beispiel für Gene als distale Ursachen begegnen uns in soziologischer Forschung meist ungewollt immer dann, wenn die Einflüsse bestimmter Fördermaßnahmen auf gesteigertes Erlernen von Fähigkeiten untersucht werden. Welchen kausalen Effekt hat etwa Musikunterricht auf das Erlernen eines Instrumentes? Welchen kausalen Effekt hat der Besuch des Gymnasiums auf den Kompetenzerwerb? In den meisten Fällen wird der Effekt elterlichen Verhaltens als der kausal operierende Faktor konzeptualisiert, wenngleich jedoch eine rekursive Feedbackbeziehung vorliegt (Avinun & Knafo 2014). Ohne längsschnittliche Daten oder eine Messung der „Ausgangsbegabung" sind diese Fragen damit aufgrund vorgelagerter genetischer Teileffekte der sozialen Prozesse nicht einfach zu beantworten. In anderer Form sind uns reaktive Gen-Umwelt-Korrelationen bereits in der Besprechung der Annahmen von Zwillingsstudien begegnet, wo eine ähnlichere Reaktion auf eineiige Zwillinge aufgrund von genetischen Prädispositionen korrekterweise als ein Effekt genetischer Unterschiede und nicht der geteilten Umwelt interpretiert werden muss. Abbildung 30 fasst die Idee der reaktiven rGE noch einmal grafisch zusammen. Der farbige Kasten spiegelt den Fokus auf soziale Prozesse in typischer soziologischer Forschung wider, während Kästchen und Pfeile außerhalb auf reaktive rGE hindeuten. T_0 symbolisiert ein zeitlich vorgelagertes Merkmal oder Verhalten, während $t_{1 \dots x}$ Merkmale und Verhalten in Folge elterlichen Verhaltens repräsentieren. Eine genetische Prädisposition führt zu einer stärkeren Ausprä-

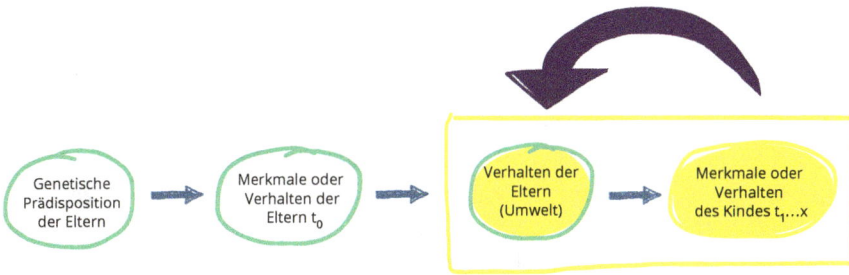

Abbildung 30: Schematische Darstellung einer reaktiven Gen-Umwelt-Korrelation.
Quelle: Eigene Darstellung.

gung eines Merkmals oder Verhaltens. Darauf reagieren Eltern mit ihrerseits geändertem Verhalten, was wiederum zu einer Steigerung des kindlichen Merkmals oder Verhaltens führt und damit in eine Feedbackbeziehung eintritt.

5.2 Aktive rGE

Bei aktiven rGE wird den Akteurinnen und Akteuren selbst die gestaltende Rolle ihrer Umwelt beziehungsweise ihrer Auswahl zugewiesen. Aber auch hier ist ein Impetus des Verhaltens eine genetische Prädisposition, der über die aktive Selektion in bestimmte Umwelten Rechnung getragen werden soll: Lässt sich eine bestimmte Neigung in einer Umwelt nicht realisieren, so wechseln Individuen diese oder gestalten sie aktiv nach ihren Wünschen um (Nischengestaltung, Mills & Tropf 2020: 569). Aktive rGE repräsentieren damit ebenfalls Gene als distale Ursache. Für aktive rGE unterscheidet man weiterhin zwischen Formen der Nischengestaltung und der Nischenselektion. In der Praxis sind die Unterschiede zwischen diesen beiden Formen jedoch marginal und eher analytischer Natur.

5.2.1 Nischengestaltung am Beispiel Lesen

Individuen mit einer höheren Leseneigung gestalten ihre direkte Umwelt beispielsweise häufiger so, dass sie diese Neigung einfacher befriedigen können und verbringen generell mehr Zeit mit dem Lesen anstelle von damit konkurrierenden Aktivitäten. Dem „Umwelten nach den eigenen Wünschen umgestalten" wird natürlich durch die Umwelt selbst, aber auch durch die Ressourcen der Individuen Grenzen gesetzt. Bietet die häusliche Umwelt wenig Möglichkeit, die eigene Leseneigung zu befriedigen, so können Individuen aktiv Büchereien aufsuchen – sofern es Büchereien gibt oder die elterliche Autorität dieses nicht verbietet. In diesem Zusammenhang gibt es in der verhaltensgenetischen Literatur ein wichtiges und sehr gut repliziertes Ergebnis: Die Erblichkeit von Merkmalen und Verhalten tendiert mit dem Alter anzusteigen (Haworth et al. 2010). Für kognitive Fähigkeiten etwa steigt die Erblichkeit von der Kindheit (ca. neun Jahre) bis in die frühe Erwachsenenzeit (ca. 17 Jahre) von ungefähr 40 Prozent auf circa 6 Prozent an. Aktive Gen-Umwelt-Korrelationen werden als ein Grund für diese Muster genannt. Aus soziologischer Sicht liegen die Gründe ebenfalls auf der Hand: Mit steigendem Alter sinkt der einschränkende Einfluss dritter Parteien (hier: der Eltern und damit auch der Einfluss von passiven und reaktiven rGE) auf die Wahl von Handlungen und damit einhergehend steigt der Umfang der eigenen Handlungsressourcen, was eine aktive Gestaltung der Umwelt oder ihre selbstgesteuerte Selektion deutlich vereinfacht. Ab einem gewissen Alter ist es dann irrelevant, ob Eltern den Büchereibesuch nicht ermöglichen oder keine Bücher im Haushalt vorhanden sind, denn das Individuum besitzt ein höheres Maß an Selbstständigkeit sowie eigene finanzielle Ressourcen, um zur Bücherei zu gelangen oder Bücher zu kaufen.

5.2.2 Nischenselektion am Beispiel sozialer Selektion

Aktive rGE begegnen uns auch in Form von Selektionseffekten in vielen Bereichen soziologischer Forschung, und zwar unter anderem dann, wenn unklar bleibt, warum bestimmte Personen bestimmte Verhaltenskontexte häufiger aufsuchen als andere. Dann liegt zumindest die Vermutung nahe, dass genetische Prädispositionen einen Teil der Umweltselektion erklären können. Das trifft zum Beispiel auf die Berufswahl und damit verknüpfte Umweltbedingungen zu: Risikoaverse Individuen selektieren seltener eine riskantere Selbstständigkeit und sind vielleicht häufiger im gut abgesicherten öffentlichen Dienst anzutreffen. Introvertierte Personen nehmen seltener eine Tätigkeit in Bereichen mit Kundenkontakt auf. Individuen mit bestimmten Persönlichkeitsmerkmalen (z. B. Extraversion) oder physischen Attributen (z. B. Sportlichkeit) nehmen häufiger an bestimmten sozialen Aktivitäten wie Treffen im Bekanntenkreis oder in Sportvereinen teil. Im Hinblick auf Muster sozialer Ungleichheit kann diese Nischenselektion verschiedenartig zur Generierung von Handlungsressourcen wie Sozialkapital beitragen (Valdivieso & Villena-Roldán 2014; Schüttoff et al. 2018). Daran anknüpfend stellen sich dann Fragen, inwiefern es beispielsweise die extrakurrikularen Aktivitäten sind, die kausal bestimmte Fähigkeiten verbessern oder unterscheiden sich vielmehr Personen, die sich häufiger für diese Aktivitäten entscheiden, systematisch von denjenigen, die sich explizit gegen eine Teilnahme entscheiden? Effektiv ist damit jeder Bereich, in dem eine selbstgewählte Partizipation für soziale Interaktionen notwendig ist, potenziell von aktiven Gen-Umwelt-Korrelationen des Typus Nischenselektion betroffen. Damit wird auch hier die Untersuchung des kausalen Einflusses eines Kontexts bzw. einer Umwelt auf Verhaltensunterschiede durch vorgelagerte Selektionseffekte in die jeweiligen Kontexte fundamental erschwert: Wird der Unterschied durch den Kontext selbst hervorgerufen oder sind es lediglich genetische Prädispositionen, die einen Teil dieser Unterschiede erzeugen? Abbildung 31 stellt aktive rGE grafisch dar. Im farbigen Kasten ist wieder das typische soziologische Explanandum abgetragen, während die die kausale Inferenz erschwerenden biologischen Prozesse vorgelagert (distale Ursache und daher wieder t_0) und außerhalb auf aktive rGE hindeuten. Das heißt, eine genetische Prädisposition führt zu einer stärkeren Ausprägung eines Merkmals oder Verhaltens. Dieses ist mit einem verstärkten Aufsuchen von Umwelten, die das Merkmal oder Verhalten unterstützen, verbunden, was in der Konsequenz zu einer erneuten Steigerung des Merkmals oder Verhaltens führt.

Abbildung 31: Schematische Darstellung einer aktiven Gen-Umwelt-Korrelation. Quelle: Eigene Darstellung.

5.3 Passive rGE am Beispiel Bildung

Passive rGE treten auf, wenn genetisch beeinflusste Prädispositionen auf für diese förderliche Umwelten treffen und repräsentieren den Typus Gene als konfundierende Ursache. Stellen wir uns beispielsweise vor, ein hochgebildetes Paar entscheidet sich dafür, Kinder zu bekommen. Aus der vorangegangenen Diskussion um Erblichkeit und die drei Gesetze der Verhaltensgenetik ist ersichtlich, dass die hohe Bildung der zukünftigen Eltern auch auf genetische Einflüsse zurückzuführen ist. Aus der soziologischen Literatur wissen wir ebenfalls, dass sich die häuslichen Umwelten zwischen Haushalten verschiedener Bildungsgrade unterscheiden: Haushalte mit hochgebildeten Mitgliedern besitzen tendenziell mehr kulturelle Güter wie Bücher, haben mehr Platz zur Verfügung für ungestörte Beschäftigung, leben in ansprechenderen Nachbarschaften mit kinderfreundlichen Umgebungen (Spielplätze), äußern sowohl innerfamiliär sowie im weiteren Bekanntenkreis höhere generelle Bildungsaspiration und -motivation etc. (Evans, Kelley & Sikora 2014). Nun bekommt das Paar ein leibliches Kind und basierend auf der Diskussion um Homogamie im letzten Kapitel können wir davon ausgehen, dass dieses Kind mit einer höheren Wahrscheinlichkeit bildungsförderliche genetische Prädispositionen geerbt hat, verglichen mit einer Situation heterogamer Paarung, bei der relevante Merkmale der Eltern nicht oder zumindest deutlich schwächer miteinander korrelieren. Im Resultat treffen hier zufällig – sprich ohne aktive Intention der Beteiligten – eine bildungsförderlich genetische Prädisposition mit einer bildungsförderlichen Umwelt aufeinander und erzeugen dadurch eine passive Gen-Umwelt-Korrelation. Passive rGE sind damit ein schwerwiegendes Problem, wenn es darum geht, den Einfluss häuslicher Merkmale oder allgemeiner der sozialen Herkunft auf das Verhalten von Kindern zu untersuchen. Empirisch werden sich für Faktoren wie die soziale Herkunft meistens Zusammenhänge finden. Diese aber ausschließlich als Resultat sozialer Vererbung oder innerfamiliärer Sozialisationsprozesse zu konzeptualisieren, ist unter der Annahme von passiven rGE schwer aufrechtzuerhalten. Abbildung 32 illustriert passive rGE. Im Gegensatz zu den beiden anderen Formen von Gen-Umwelt-Korrelation wird hier kein gerichteter Zusammenhang, sondern lediglich eine Korrelation im klassischen Sinne zwischen Umwelt und Verhalten des Kindes angenommen. Grafisch wird das durch den Doppelspitzenpfeil dargestellt.

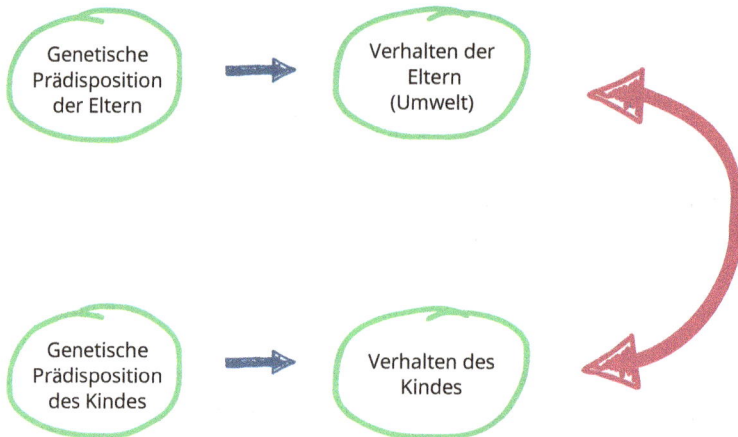

Abbildung 32: Schematische Darstellung einer passiven Gen-Umwelt-Korrelation. Quelle: Eigene Darstellung.

5.4 Empirische rGE-Beispiele

In der Praxis ist ein empirisches Trennen der einzelnen Formen von Gen-Umwelt-Korrelation jedoch schwierig, da sie selten unabhängig voneinander auftreten. Passive Gen-Umwelt-Korrelationen finden sich vermutlich für die meisten, wenn nicht alle sozialen Phänomene. Zudem sind genau jene Eltern, die sensibler auf die Neigungen und Prädispositionen reagieren und so reaktive rGE erzeugen, auch genau jene Eltern, die geringere Hürden für Muster aktiver Gen-Umwelt-Interaktionen aufstellen – sofern das betreffende Verhalten in ihrem Sinne ist. Was jeweils eine aktive, passive oder reaktive rGE repräsentiert, kommt zusätzlich auf den betrachteten Akteur bzw. die Akteurin an. Kann die elterliche Gestaltung der häuslichen Umwelt passive Gen-Umwelt-Korrelation für Kinder erzeugen, so ist sie doch auch Ausdruck aktiver Gen-Umwelt-Korrelation, aber der Eltern!

Schauen wir noch einmal das einleitende Beispiel zum Einfluss der Anzahl der Bücher im Haushalt auf die Lesekompetenzen von Kindern an. Besitzen Kinder eine gesteigerte Leseneigung und wachsen in einem Haushalt mit vielen Büchern auf, so haben wir es mit einer passiven rGE zu tun. Der Umstand, dass der Haushalt viele Bücher besitzt, kann wiederum das Resultat aktiver rGE der Eltern sein, da sie Ausdruck der überdurchschnittlich hohen Leseneigung der Eltern sind. Die Anzahl der Bücher im Kinderzimmer – unabhängig vom restlichen Haushalt – kann je nach Alter eher auf reaktive (bei sehr jungen Kindern) oder aktive (bei eher älteren Kindern oder jungen Erwachsenen) Gen-Umwelt-Korrelation hindeuten. Abbildung 33 stellt das Problem „intergenerationaler Gen-Umwelt-Korrelationen" grafisch dar. Aktive rGE der Eltern und der Kinder sind grün umrandet, passive rGE als roter Pfeil und reaktive rGE als schwarze Feedbackschleife eingezeichnet. Das soziologische Explanandum wird als orangefarbener Rahmen dargestellt. Es wird deutlich, dass die empirische Identifikation des kausalen Effektes der sozialen Umwelt und damit sozialer Transmission ohne eine Konfundierung durch biologisch induzierte Gen-Umwelt-Korrelationen anspruchsvoll ist.

Erschwerend kommt hinzu, dass klassische Methoden der Untersuchung von rGE kaum bis gar nicht Teil des soziologischen Daten- und Methodenkanons sind. Passive Gen-Umwelt-Korrelationen sind zum Beispiel in Adoptionsdesigns identifizier- und quantifizierbar (Knopik et al. 2017: 118). Da es keine genetische Korrelation zwischen Adoptiveltern und -kindern gibt, sind Einflüsse der Umwelt auf Verhalten auch genuin auf soziale Transmissionsmechanismen zurückzuführen. Ist der Zusammenhang von Umwelt und Verhalten stärker in leiblichen Familien – in welchen der Zusammenhang immer auch eine genetische Komponente zusätzlich zur umweltlichen Komponente besitzen kann – so wäre das ein Hinweis auf passive Gen-Umwelt-Korrelationen. Alternativ können passive rGE über sogenannte erweiterte Familiendesigns untersucht werden. Dafür sind neben Daten zu Zwillin-

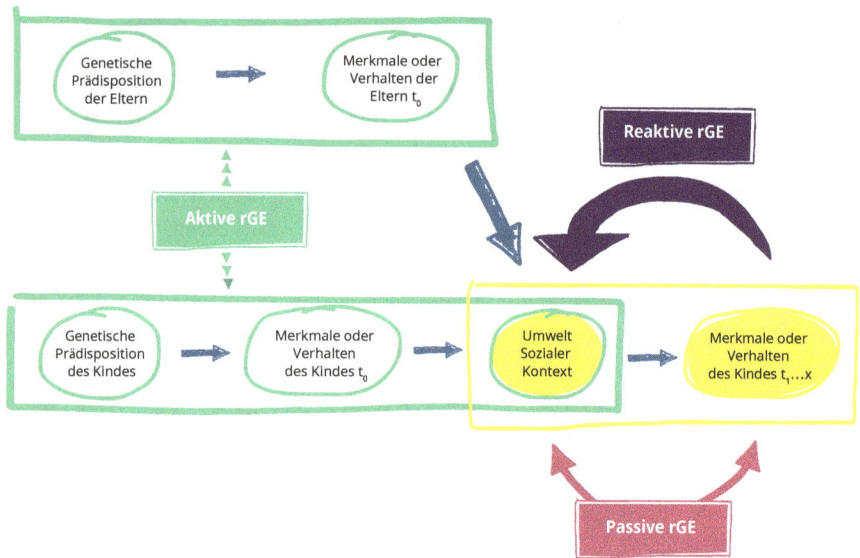

Abbildung 33: Schematische Darstellung aktiver, passiver und reaktiver Gen-Umwelt-Korrelationen. Quelle: Eigene Darstellung.

gen und ihren Eltern Informationen zu weiteren Familienmitgliedern – auch mit entfernterem Verwandtschaftsgrad wie Cousins und Cousinen – notwendig, um die verschiedenen Ursachen biologischer und sozialer Vererbung statistisch trennen zu können (Truett et al. 1994).

5.4.1 Genetische Konfundierung in der Literatur zur sozialen Vererbung

Aufgrund des hohen Anspruchs an Daten und Methoden finden sich nur wenige publizierte Studien mit soziologisch relevanten Inhalten zu diesem Typus der passiven Gen-Umwelt-Korrelation. Das ist insbesondere bedauernswert, als dass diese im Feld der intergenerationalen Vererbung von sozialen Positionen und Einstellungen häufig manifest werden und das Ausmaß dieser genetischen Konfundierung die Ergebnisse vieler – wenn nicht sogar der meisten Studien in dieser Literatur – verzerrt. In ihrer Untersuchung zur Vererbung von politischen Einstellungen innerhalb von Familien greifen Hatemi und Kollegen und Kolleginnen (2010) dieses Problem mit Daten aus US-amerikanischen Haushalten zu Zwillingen, ihren Eltern sowie weiteren biologischen Geschwistern in einem sogenannten erweiterten Familiendesign auf. Dabei gehen die Autorinnen und Autoren der Frage nach, in welchem Ausmaß Einstellungen zu politischen Themen (z. B. Abtreibung, Schulgebet,

Todesstrafe, Rechte Homosexueller, Sozialismus oder Zuwanderung) innerhalb von Familien biologisch und sozial vererbt werden. Die Hinzunahme von Daten weiterer biologischer Nicht-Zwillingsgeschwister erlaubt dabei neben einer statistischen Identifikation der „klassischen Komponenten" wie A, C und E auch die Schätzung „vertikaler direkter Vererbung" (das Pendant zur sozialen Vererbung in der Soziologie, bei der Merkmale der Eltern sozial an die Kinder weitergegeben werden) sowie passiver Gen-Umwelt-Korrelationen. Für alle der fast 30 Einstellungsmerkmale findet sich, dass genetische Unterschiede sowie Unterschiede in der nichtgeteilten Umwelt Einstellungsunterschiede zu weiten Teilen erklären können. Weder konnten die Autorinnen und Autoren feststellen, dass Unterschiede in der geteilten Umwelt einen Beitrag zu Einstellungsunterschieden leisten, noch dass innerhalb von Familien diese Einstellungen vererbt werden. Damit ist die Ähnlichkeit der elterlichen und kindlichen Einstellungen – also die intergenerationale Korrelation als Indikator der stattfindenden Vererbungsprozesse – weitestgehend genetisch konfundiert. Das heißt, nicht Sozialisierungs- oder Lernprozesse führen dazu, dass sich Eltern und Kinder in ihren politischen Einstellungen ähneln, sondern die genetische Ähnlichkeit innerhalb von Familien hat ähnliche Einschätzungen hinsichtlich politischer Themen zur Folge. Ganz unerwartet ist dieses Ergebnis jedoch auch nicht, wenn wir davon ausgehen, dass explizite politische Einstellungen Ausdruck latenter Persönlichkeitsmerkmale sind (Gerber et al. 2010; Kandler, Bleidorn & Riemann 2012). Wie wir in Kapitel 2 gesehen haben, sind es just Persönlichkeitseigenschaften, die konsistent ausschließlich über genetische Unterschiede – und hier sogar neben additiven auch durch dominante genetische Effekte – sowie die nichtgeteilte Umwelt erklärt werden. Für einen Teil der untersuchten Einstellungen (z. B. Parteiidentifikation) finden sich zusätzlich Hinweise auf passive Gen-Umwelt-Korrelationen – wenn auch mit kleinen Effekten. Passive rGE sind in diesem Beispiel jedoch selten. Häufiger finden sich Hinweise für negative Korrelationen, die eher auf aktive bzw. reaktive rGE hinweisen. Entweder, weil Eltern die abweichenden Einstellungen der Kinder zu „korrigieren" versuchen, oder weil Kinder Kontexte selektieren, die denen von den Eltern abweichende Einstellungen prävalenter sind. Dessen ungeachtet bleibt die genetische Konfundierung des sozialen Transmissionseffektes als wichtiges Ergebnis mit all seinen Implikationen bestehen.

Zu einem ähnlichen Schluss kommen auch Baier und Kolleginnen und Kollegen (2022) in ihrer Untersuchung zur intergenerationalen Korrelation zwischen elterlichem und kindlichem Bildungserwerb. Die Autorinnen und Autoren nutzen dafür das „Children-of-Twins"-Design, das hohe Ansprüche an die Daten stellt. Seine zentrale Idee besteht in einer generationalen Erweiterung des klassischen Zwillingsdesigns, indem nicht nur Zwillinge, sondern auch deren Nachkommen befragt werden. Die Besonderheit dieses Designs liegt aber im Verwandtschaftsgrad der untersuchten Individuen. Während die Elterngeneration als eineiige Zwillinge 100 Prozent genetisch identisch ist, so ergibt sich in dieser Konstellation für deren Kinder, die eigentlich Cousins oder Cousinen sind und damit eine 25-prozentige genetische Überlappung aufweisen sollten, dass sie aufgrund der hohen elterlichen genetischen Ausgangsübereinstimmung eine 50-prozentige Überlappung vorweisen. Damit entspricht dieser Wert eigentlich biologischen Geschwistern. Die genetische Überschneidung der Zwillingspaare mit ihrem Onkel bzw. ihrer Tante auf Seiten der eineiigen Zwillingsfamilie ist damit sogar genauso hoch wie zu ihren eigenen Eltern. Für zweieiige Zwillinge, die genetisch gesehen analog zu regulären Geschwistern zu betrachten sind, ergibt sich kein zusätzlicher Kniff und man nimmt die gewöhnlichen genetischen Beziehungen zwischen Onkels und Tanten (25 Prozent Überlappung) bzw. Cousins und Cousinen (12,5 Prozent Überlappung) an. Diese außergewöhnliche Datengrundlage birgt zwar empirisch enormes Potenzial, ist aber extrem selten zu finden. Datenquellen dieser Bandbreite stellen häufig skandinavische Länder bereit, die mit jahrzehntelang etablierten Datenbanken zur Gesamtbevölkerung einfachen Zugang zu vergleichsweisen hohen Fallzahlen von Zwillingen und ihren Kindern generieren können (Hur et al. 2022: 24–37).

Die Studie von Baier und Kolleginnen und Kollegen (2022) nutzt auch aus diesem Grund norwegische Daten, um die intergenerationale Vererbung des Bildungserwerbs zu untersuchen. Ihre Ergebnisse zeigen, dass die intergenerationale Korrelation des Bildungserwerbs der Eltern mit dem ihrer Kinder ausschließlich auf einer genetischen Korrelation basiert und finden darüber hinaus auch keine passiven Gen-Umwelt-Korrelationen. Ein sekundär relevantes Ergebnis der Studie besagt, dass sich die genetischen Faktoren, die Unterschiede im Bildungserwerb erklären können, im Generationenverlauf verschieben (Baier et al. 2022: Figure 4). Zwar blieb der Anteil der Unterschiede, den genetische Faktoren erklären, über die Generationen weitestgehend konstant, ein Teil dieser genetischen Unterschiede war jedoch spezifisch für die Generation der Nachkommen. Die Autorinnen und Autoren vermuten, dass dies Ausdruck einer Verlagerung von Faktoren, die rein kognitiver Natur sind, hin zu einer höheren Relevanz der Erklärung durch nicht-kognitive, sozial-emotionale Faktoren in der jüngeren Generation sind. Träfe diese Interpretation der Ergebnisse zu, so würde dies ebenfalls die soziale Konstruktion der Bildung jedoch anhand „biologischer" Daten anschaulich demonstrieren. Denn letztlich könnte dieser Wandel in der Relevanz bestimmter genetischer Faktoren schlicht ein Ausdruck des Wandels dessen sein, was „wir" sozial geteilt als relevante Fähigkeiten für hohe bzw. niedrige Bildung betrachten.

So eindrücklich diese Ergebnisse auch gegen sozialisierungsbezogene Erklärungen von intergenerationaler Bildungsungleichheit sprechen, für die Interpretation und Generalisierung der hier besprochenen Ergebnisse ist die Betrachtung des Untersuchungskontextes von enormer Bedeutung. Denn der Umstand, dass es diese qualitativ hochwertigen Daten effektiv exklusiv in skandinavischen Ländern – also in Kontexten mit dem Ruf, das niedrigste Ausmaß schichtspezifischer Bildungsungleichheit zu besitzen – gibt, generiert im Zusammenhang mit international vergleichenden Studien zur genetisch sensitiven Mobilitätsforschung (siehe oben) ganz eigene Implikationen. Zur Wiederholung: Je höher der Anteil der Unterschiede in einem ungleichheitsrelevanten Merkmal, wie zum Beispiel dem Bildungserwerb, der durch genetische Unterschiede erklärt wird, desto weniger spielen soziale und familiale Unterschiede für die Erklärung gesellschaftlicher Ungleichheitsmuster eine Rolle. Dieses Phänomen wurde bereits als ein Tauziehen zwischen Genen und Umwelt beschrieben: Steigt ein erklärender Anteil einer Komponente, muss der Anteil der anderen Komponente zwangsläufig sinken. Je höher also der Anteil, den genetische Unterschiede an der Gesamtvarianz in einem Merkmal erklärt, desto niedriger muss der Anteil der (nicht-)geteilten Umwelt für die Erklärung in diesen Unterschieden zwangsläufig ausfallen. Nun betrachtet die Untersuchung von Baier und Kolleginnen und Kollegen (2022) eben genau einen jener Kontexte, der aufgrund seines niedrigen Levels an sozialer Ungleichheit im Bildungsbereich einen hohen genetischen Anteil in der Erklärung von Bildungserwerbsunterschieden impliziert. Damit ist der Spielraum für soziale Einflüsse schon per Design limitiert. In anderen, sozial stärker stratifizierten Kontexten besteht daher dennoch *prinzipiell* die Möglichkeit bzw. ein größerer Spielraum für soziale Mechanismen in der Reproduktion sozialer Ungleichheit. Aber das ist und bleibt eine empirische Frage.

Diese empirische Frage wurde für Deutschland als einen Repräsentanten der Kontexte, die den Ruf besitzen, einen überdurchschnittlich starken sozialen Gradienten im Bildungserwerb zu besitzen, mit einer aktuellen Studie aufgegriffen (Eifler & Riemann 2022). Die Autoren nutzen wiederum eine Variante des Zwillingsdesigns, bei dem Daten der Eltern sowie möglichen weiteren biologischen Geschwistern modelliert werden. (Das „Nuclear-Twin-Family"-Design (NTF-Design) wird weiter unten ausführlicher beschrieben). Erstaunlicherweise finden sich auch in Deutschland keine Einflüsse der elterlichen Merkmale über genetische Ähnlichkeit zwischen Eltern und ihren Nachkommen hinaus. Bildungserwerb erscheint zwar als ein Ausnahmefaktor hinsichtlich des hohen Anteils der Unterschiede, die durch die geteilte Umwelt erklärt werden, doch scheint dies nicht mit jenen Merkmalen der geteilten Umwelt zusammenzuhängen, die typischerweise in der Literatur zur Bildungsungleichheit herangezogen werden (z. B. sozioökonomischer Status, Erziehungsstile oder bildungsbezogenes Verhalten der Eltern). Das Nuclear-Twin-Family-Design erlaubt eine erneute Dekomposition des geteilten Umwelteffekts in die ausschließlich von Zwillingen geteilte Umwelt, die geteilte Umwelt aller Geschwister (also Zwillinge und etwaige weitere Kinder) sowie die Familienumwelt. Für letzteren Aspekt findet sich in der Studie keine Hinweise (Eifler & Riemann 2022: Tabelle 7). Diese Ergebnisse implizieren damit, dass Kinder kaum von einer durch die Eltern gestalteten bildungsförderlichen Umwelt profitieren, zusätzlich zu bildungsförderlichen Genen, die sie von ihren Eltern geerbt haben. Es sind lediglich die biologischen Vererbungsprozesse, die den sozialen Gradienten erzeugen. Wichtig ist an dieser Stelle jedoch zu verstehen, dass sich diese Implikation ausschließlich auf die *intergenerationale Korrelation* bezieht. Für eine *allgemeine* Erklärung sozialer Bildungsungleichheit zwischen Familien und Individuen sind umweltbezogene Unterschiede weiterhin neben genetischen Unterschieden hochgradig relevant!

Das Nuclear-Twin-Family-Design ist nicht nur bestens geeignet, um die Ursachen intergenerationaler Korrelationen in soziologisch-relevanten Merkmalen sowie das Vorliegen passiver Gen-Umwelt-Korrelationen zu untersuchen. Es spiegelt im Kern auch ein genetisch sensitives Transmissionsmodell wider, bei dem elterliche Merkmale potenziell einen Einfluss auf kindliches Verhalten ausüben. Abbildung 34 präsentiert eine schematische Darstellung eines NFT-Designs (angelehnt an Keller et al. 2009: Abbildung 1). Die Kreise beziehen sich auf latente Konstrukte, während manifest gemessene Variablen in Rechtecken dargestellt sind. Demnach sind für die empirische Quantifizierung und Schätzung des hier abgebildeten Modells Messungen des zu untersuchenden Merkmals der beiden Zwillinge sowie von beiden Eltern nötig, eine Voraussetzung, die in vielen Zwillingsdatensätzen gegeben sind. Gerichte Pfade geben zu schätzende Einflüsse an, während Pfeile mit Doppelspitzen Kovarianzen abbilden. Gestrichelte Pfeile sind auf 0,5 fixiert, wie etwa der Effekt der mütterlichen Gene auf die Gene der Kinder. Damit wird die genetische Überlappung zwischen Kindern und Eltern festgelegt. Zu den bekannten Größen A, C und E kommen hier noch eine Reihe relevanter Pfade hinzu bzw. es erfolgt eine weitere Aufteilung des Effektes der geteilten Umwelt C in eine zwillingsspezifische Umwelt T, eine geschwisterspezifische Umwelt S (sofern Geschwisterkinder neben dem Zwillingspaar in den Daten vorhanden sind und auch mitmodelliert werden) sowie die Familienumwelt F. Da im NTF-Design Daten zusätzlicher Beobachtungen (Eltern und Geschwister) genutzt werden, stehen darüber hinaus statistische Informationen zur Korrelation der elterlichen Merkmale sowie zur Korrelation zwischen Eltern und Kindern zur Verfügung. Diese Zusatzinformationen erlauben es, einige der zwangsweise getroffenen Annahmen im klassischen Zwillingsdesign nicht mehr treffen zu müssen und diese direkt empirisch zu modellieren. Konkret erlaubt das Design eine empirische Bestimmung der Gen-Umwelt-Korrelation mit gleichzeitiger Modellierung geteilter Umwelt und dominanter genetischer Effekte. Zusätzlich kann in diesem Modell der Grad der homogamen Paarung („assortative mating") geschätzt werden und muss nicht per Annahme ausgeschlossen werden. Wie in Kapitel 2 zu den Grundlagen der Zwillingsmethoden besprochen wurde, kann ein hohes Maß an homogamer Paarung dazu führen, dass der genetische Einfluss unterschätzt wird. Der Pfad μ quantifiziert die Korrelation in den elterlichen Merkmalen, die für viele soziologisch relevante Merkmale wie Bildung, kognitive Fähigkeiten oder Einstellungen substanziell ausfallen dürfte (z. B. ca. 0,6 für Bildungstitel, Eifler & Reimann 2022: Tabelle 5). Der Informationsgewinn durch die Aufnahme elterlicher Daten erlaubt es auch, den Einfluss der geteilten Umwelt deutlich spezifischer in seinen verschiedenen Teilaspekten zu ergründen. Dafür wird C weiter in einen Effekt der Familienumwelt, einen zwillingsspezifischen sowie einen geschwisterspezifischen Umwelteffekt differenziert. Für die soziologische Transmissionsforschung ist der Pfad m von den elterlichen Merkmalen auf die Familienumwelt der Zwillinge von besonderer Bedeutung, repräsentiert er doch den direkten Transmissionseffekt und quantifiziert das Ausmaß familialer Sozialisierung. Die Kovarianz w zwischen elterlichen Genen und Familienumwelt gibt schlussendlich noch einen Einblick in das Vorliegen und die Stärke passiver Gen-Umwelt-Korrelationen. Das hier dargestellte Modell entspricht dabei einer von zahlreichen Varianten. Alternativen eliminieren bestimmte Pfade oder fügen neue hinzu, um spezifische Situationen und Konstellationen abbilden zu können.

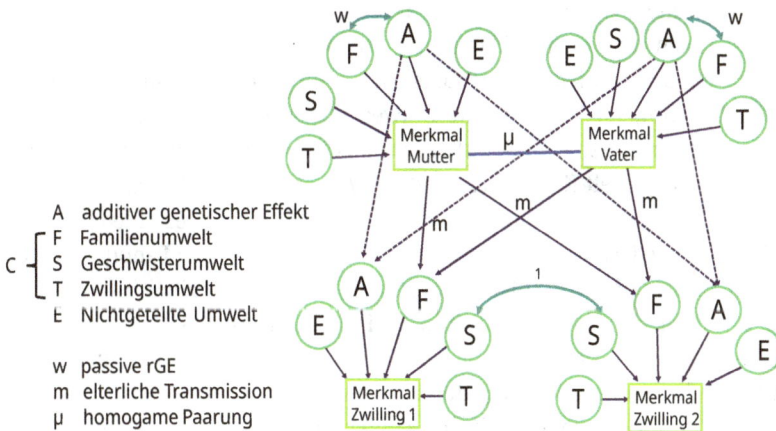

A   additiver genetischer Effekt
F   Familienumwelt
C   S   Geschwisterumwelt
T   Zwillingsumwelt
E   Nichtgeteilte Umwelt

w   passive rGE
m   elterliche Transmission
μ   homogame Paarung

Abbildung 34: Vereinfachtes Pfaddiagramm eines Nuclear Twin Family Designs.
Quelle: Eigene Darstellung.

Das Modell wird im Folgenden für die Unterscheidung zwischen Religiosität und Spiritualität aus Kapitel 2 angewendet. Anhand der Unterschiede in der Erblichkeit der beiden Merkmale sind wir zum Schluss gekommen, dass Religiosität gegen das zweite der drei Gesetze der Verhaltensgenetik verstößt und Unterschiede in der geteilten Umwelt mehr Erkläranteil besitzen als genetische Unterschiede – vermutlich weil es sich auf Verhalten in einem hochgradig sozial konstruierten Kontext bezieht. Im Gegensatz dazu scheint sich das Muster für Spiritualität eher an den Mustern anderer Persönlichkeitsmerkmale zu orientieren, wobei Unterschiede in der

Spiritualität ausschließlich durch genetische Unterschiede und Unterschiede in der nichtgeteilten Umwelt erklärt werden. Damit einher gehen auch Implikationen für die Möglichkeit sozialer Transmission dieser Merkmale innerhalb von Familien: Für Religiosität mit einem relativ hohen Anteil an geteilter Umwelt ist zumindest prinzipiell die Möglichkeit sozialer Transmission innerhalb von Familien gegeben. Tabelle 8 zeigt die Ergebnisse zweier NTF-Design-Analysen für Religiosität und Spiritualität für Zwillinge und ihre Eltern in den deutschen TwinLife-Daten. Da keine Geschwisterkinder aufgenommen wurden, kann die Geschwisterumwelt S auch nicht geschätzt werden. Zusätzlich kann anhand des µ-Pfades die A-Komponente der genetischen Unterschiede in einen Teil aufgrund homogamer Paarung und einen davon unabhängigen Teil partitioniert werden. Sowohl für Religiosität wie Spiritualität findet sich, dass sich Eltern überzufällig häufig in diesen Merkmalen ähneln: Zwischen 4 und 6 Prozent der Unterschiede sind auf genetische Unterschiede aufgrund homogamer Paarung zurückzuführen. Genetische Unterschiede *unabhängig* von homogamer Paarung erklären 18 Prozent der Unterschiede in der Religiosität der Kinder und sogar 38 Prozent in den Unterschieden bezüglich Spiritualität. Zusammengenommen erklären genetische Unterschiede damit 0,04 + 0,18 ~ 22 Prozent der Unterschiede in der Religiosität und 44 Prozent für Spiritualität. Wie bereits bekannt, spielt die geteilte Umwelt insgesamt keine Rolle für diesen Faktor. Damit ist auch der Pfad der elterlichen Transmission 0 und es findet sich keine passive Gen-Umwelt-Korrelation. Anders sieht das für Religiosität aus, wo die geteilte Umwelt zusammengenommen etwa 42 Prozent der Unterschiede erklärt. Diese teilen sich wiederum zu etwa einem Drittel auf die genuine Familienumwelt und zu zwei Drittel auf die spezifische Zwillingsumwelt auf. Zusätzlich finden sich Hinweise auf direkte elterliche Transmission im Pfad m sowie eine passive Gen-Umwelt-Korrelation. Da beides in Kombination vorliegt, existieren konkrete Hinweise auf genetische Konfundierung des sozialen Transmissionseffekts der elterlichen Religiosität auf die Religiosität der Kinder. Insgesamt lassen sich mit dem NFT-Design also sehr detailliert Einblicke in die verschiedenen Einflusssysteme innerhalb von Familien generieren. Der Anspruch an Daten und speziell die statistische Modellierung sollte aber nicht unterschätzt werden.

Indirekte Hinweise für genetische Konfundierung intergenerationaler Korrelation lassen sich auch mit einfacheren Methoden generieren. Wenngleich univariate ACE-Modelle primär für die Schätzung der Varianzkomponenten genutzt werden, so erlauben sie ebenso die Modellierung von Mittelwertunterschieden in einem klassischen Regressionsansatz. Tabelle 9 präsentiert die Ergebnisse eines solchen „hybriden" Ansatzes, wobei Modell 0 jeweils ein univariates ACE-Modell ohne Variablen zur Erklärung von Mittelwertunterschieden schätzt, während das Modell 1 die Messung der elterlichen Religiosität bzw. Spiritualität hinzufügt. (Dieselbe Modellierungslogik wurde in Kapitel 4.3 Direkter Vergleich des soziologischen und

Tabelle 8: Soziale Transmission von Religiosität und Spiritualität im Nuclear-Twin-Family-Design.

standardisierte Varianzkomponenten	Subkomponente	Religiosität	Spiritualität
A	A aufgrund homogamer Paarung	0,04	0,06
	A ohne homogame Paarung	0,18	0,38
C	Familienumwelt	0,13	0,00
	Zwillingsumwelt	0,29	0,01
E		0,36	0,54
Andere relevante Pfade bzw. Kovarianzen			
w	passive rGE	0,20	0,00
m	elterliche Transmission	0,19	0,00
μ	homogame Paarung	0,53	0,32

Quelle: 2. Welle des TwinLife-Panels, eigene Berechnung.

verhaltensgenetischen Ansatzes im Rahmen einer Replikationsstudie genutzt). Um die Konsequenz für das Hinzufügen der elterlichen Messungen auf die Parameter abzuschätzen, wird Modell 0 hier als Referenzmodell geschätzt. Sowohl für Religiosität wie auch für Spiritualität findet sich eine statistisch signifikante positive Korrelation: Je religiöser bzw. spiritueller die Eltern, desto religiöser bzw. spiritueller sind ihre Kinder. Die Änderung in den einzelnen Varianzkomponenten gibt uns nun Einblick, welche Unterschiede die elterlichen Merkmale erklären. Im Fall der Religiosität sehen wir im Vergleich zwischen Modell 0 und 1, dass sowohl die genetische Komponente A sowie die Komponente C der geteilten Umwelt sinken, sobald die elterliche Religiosität in das Modell aufgenommen wird. Konkret werden ca. 20 Prozent (Var_{A0}-Var_{A1})/Var_{A0} = (0,10-0,08)/0,10) der genetischen Unterschied und ca. 33 Prozent (0,24-0,16)/0,24) der geteilten Umweltunterschiede durch elterliche Religiosität erklärt. Das heißt, der typischerweise als sozialer Transmissionseffekt der elterlichen Religiosität interpretierte Koeffizient ist nicht vollständig sozial, sondern teilweise genetisch konfundiert. Eine genetische Konfundierung liegt also vor, sobald die Varianzkomponente der genetischen Unterschiede sinkt. Diese muss weder vollständig erklärt werden, noch würde man erwarten, dass diese vollständig durch ein einziges Merkmal erklärt wird. Für Spiritualität findet sich im Gegenzug „ausschließlich" eine genetische Konfundierung des Effekts der elterlichen Spiritualität, da keine Erklärung der geteilten Umwelt möglich ist, denn diese vereint keine Unterschiede in der Spiritualität auf sich. Wenngleich beide Merkmale – Religiosität und Spiritualität – auf unterschiedliche zugrundeliegende Erklärungen und Muster anspielen, so findet sich dennoch in beiden Fällen genetische Konfundierung des typischerweise als soziale Transmission interpretierten Effektes der korrespondierenden elterlichen

Merkmale. Einer Interpretation dieser Koeffizienten als Hinweis auf reine soziale Transmissionsprozesse sollte man daher mit außerordentlicher Skepsis begegnen.

Tabelle 9: Intergenerationale Korrelation für Religiosität und Spiritualität in ACE-Modellen.

	Religiosität		Spiritualität	
	Modell 0: **ACE-Modell**	**Modell 1:** **+ elterliche Religiosität**	**Modell 0:** **ACE-Modell**	**Modell 1:** **+ elterliche Spiritualität**
Mittelwertmodell der intergenerationalen Korrelation				
Elterliche Religiosität bzw. Spiritualität unstandardisierte Varianzkomponenten		+0,42*		+0,22*
A	0,10	0,08	0,16	0,13
C	0,24	0,16	0,00	0,00
E	0,24	0,24	0,30	0,31

Anmerkung: *$p < 0,05$
Quelle: 2. Welle des TwinLife-Panels, eigene Berechnung.

Die Konfundierung intergenerationaler Vererbungsmodelle durch genetische Ähnlichkeit zwischen Familienmitgliedern muss nicht zwangsläufig über Zwillingsstudien untersucht werden. Auch moderne Methoden, die genetische Risiken über Polygenic Scores erheben, eignen sich hervorragend und verbleiben im vertrauteren Territorium einfacherer Regressionsanalysen. Lui (2018) untersucht die intergenerationale Vererbung des Bildungserwerbs mit US-amerikanischen Daten von ca. 6.000 Eltern-Kind-Paaren, für die von allen Beteiligten die jeweilige DNA erhoben wurde. Basierend auf den damals aktuellen Ergebnissen einer GWAS-Studie wurden dann Polygenic Scores für Bildungsjahre berechnet. Diese erklärten etwa 3 Prozent der Unterschiede im Bildungserwerb (Okbay et al. 2016). Wie in Kapitel 3.2 Polygenic Scores bereits besprochen, kommt die neueste „Genome-wide association study" als Grundlage der Polygenic-Scores-Berechnung von 2021 bereits auf 16 Prozent Varianzerklärung. Ziel der Studie von Liu (2018) war es, explizit die genetische Konfundierung des Zusammenhangs zwischen elterlicher Bildung und der ihrer Nachkommen zu quantifizieren. Dafür verdeutlichte er anhand eines an die klassische Vererbungsliteratur angelehnten Schaubildes die Ursachen möglicher Verzerrungen in Studien mit intergenerationalem Design (siehe die abgewandelte Darstellung in Abbildung 35). Der interessierende Zusammenhang von Bildung der Eltern und Bildung des Kindes kann empirisch über mehrere Pfade abgebildet werden, z. B. über den Umweg über die unbeobachteten Faktoren. Von besonderer Bedeutung seien drei Pfade: Panel a) gibt dabei die direkteste Form einer genetischen Konfundierung wieder über direkte biologische Vererbung elterlicher DNA an ihre Kinder. Weil sich Eltern und Kinder DNA teilen und diese zu Unterschieden im Bildungserwerb beiträgt, führen Forschungsansätze ohne genetisch sensitive Designs zu verzerrten Zusammenhängen bzw. zu einer Überschätzung „sozialer" Effekte. Panel b) bezieht sich auf das mögliche Vorliegen passiver Gen-Umwelt-Korrelationen, wobei „unbeobachtete Faktoren" für eine teilweise genetisch beeinflusste Gestaltung zum Beispiel der häuslichen Umwelt im Sinne elterlicher Neigungen entspricht. Panel c) deutet auf reaktive Gen-Umwelt-Korrelationen hin, bei denen kindliche Neigungen, die von den Eltern wahrgenommen werden, Verhaltensanpassungen der Eltern auslösen, die sich je nach deren bildungsförderlichen Ressourcen unterschiedlich günstig auf den Bildungserwerb der Kinder auswirken können. Damit alle potenziellen Konfundierungsquellen berücksichtigt werden, benötigt es also eine statistische Kontrolle sowohl der elterlichen wie auch der kindlichen genetischen Risiken für den Bildungserwerb. Wird entweder nur bezüglich der Eltern oder nur der Kinder genetische Risiken kontrolliert, dann wird ausschließlich die direkte biologische Konfundierung korrigiert – nicht aber für die indirekten, sozial vermittelten Prozesse, die in den passiven und reaktiven rGE abgebildet werden. In den empirischen Analysen zeigt sich auch den Erwartungen entsprechend, dass die elterliche Bildung positiv mit der kindlichen Bildung korreliert. Sowohl die elterlichen wie auch die kindlichen genetischen Risiken korrelieren ebenfalls positiv mit dem kindlichen Bildungserwerb. Das schrittweise Hinzufügen der genetischen Risikoscores führt ebenfalls wie zu erwarten zu einer Korrektur dieses Zusammenhangs nach unten – gänzlich verschwindet der Zusammenhang aber keinesfalls. Im Gegenteil: Der Effekt der elterlichen Bildung sinkt um ca. 8 Prozent (Liu 2018: Tabelle 3, Vergleich Modell 1 und Modell 7). Der Gesamteffekt des elterlichen genetischen Risikos setzt sich ungefähr zu zwei gleichen Teilen aus biologischen wie sozialen Mechanismen zusammen. Im Gesamtmodell reduziert sich ebenfalls der Effekt des kindlichen genetischen Risikos bei Kontrolle des elterlichen Risikos um ca. ein Drittel. Dieses Muster deutet darauf hin, dass ein Teil des „genetischen Effekts" des Kindes über die elterlichen Merkmale (genetisches Risiko und realisiertes Risiko in Form des elterlichen Bildungserwerbs) vermittelt wird und ist damit konsistent mit Erklärungen, die auf Gen-Umwelt-Korrelationen hinweisen. Eine 8-prozentige Verzerrung eines geschätzten Zusammenhangs mag gerade bei sozialwissenschaftlichen Untersuchungen nicht allzu gravierende Konsequenzen haben, kann aber in der vorgestellten Studie auch eine eher konservative Einschätzung der genetischen Konfundierung darstellen, denn die Messung des genetischen Risikos ist – aus heutiger Sicht – hochgradig unpräzise. Andere Schätzungen des Ausmaßes genetischer Konfundierung gehen von einer *mindestens* 20-prozentigen Konfundierung aus (Tucker-Drobb 2017; Pingault et al. 2021: Figure 1).

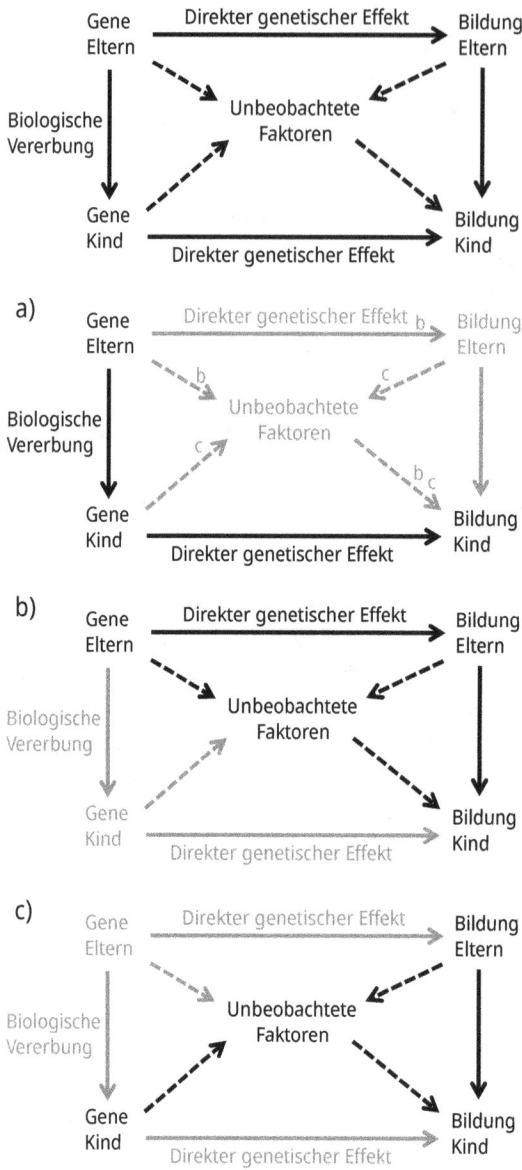

Abbildung 35: Intergenerationale Transmission des Bildungserwerbs und Mechanismen genetischer Konfundierung.
Quelle: Eigene Darstellung nach Liu 2018: Abbildung 1.

5.4.2 Selektion in Kontexte und Verhalten

Aktive und reaktive rGE sind allgemein weniger anspruchsvoll an die Datengrundlage und können auch mit einfachen Zwillings- und Elterndaten untersucht
werden – wie sie etwa im deutschen TwinLife-Panel verfügbar sind. Wie weiter
oben vermutet, könnten sich Personen mit bestimmten Persönlichkeitsmerkmalen häufiger für eine Karriere im öffentlichen Dienst entscheiden. Die Annahme
ist dabei, dass Persönlichkeit teilweiser Ausdruck genetischer Prädisposition ist,
während der öffentliche Dienst den zu dieser Neigung „passenden" sozialen Kontext repräsentiert. Mit bivariaten ACE-Modellen kann nun untersucht werden, ob
und wie stark die genetischen Komponenten der beiden jeweils betrachteten
Merkmale korrelieren. Je stärker die Korrelation, desto stärker teilen sich beide
Merkmale eine genetische „Architektur". Da der soziale Kontext – hier die Arbeit
im öffentlichen Dienst – kein Attribut von Personen ist, sondern Ausdruck einer
vorgelagerten Selektion in diesen Kontext, wird das Vorliegen einer genetischen
Korrelation zwischen den beiden Merkmalen als aktive Gen-Umwelt-Korrelation
interpretiert. In Abbildung 36 wird auf der linken Seite ein konzeptionelles biva-
riates ACE-Modell vorgestellt, während die rechte Seite die Ergebnisse für die vermutete aktive rGE zwischen Risikoeinstellungen und der Arbeit im öffentlichen
Dienst – geschätzt mit Daten der ältesten Kohorte (ca. 23-jährige) des TwinLife-
Panels – darstellt. Abbildung 36 ist damit die bivariate Erweiterung der rechten
Seite aus Abbildung 13 in Kapitel 2.2.2 Das ACE-Modell. Wichtig sind in unserem
Beispiel hier diejenigen Pfade, die eigentlich zu einem Merkmal gehören, aber
auch mit dem jeweils anderen Merkmal zusammenhängen („Cross-Trait Covari-
ance"). Im Beispiel hier wären das etwa die Pfade a_{12}, c_{12} und e_{12}. Mit bivariaten
ACE-Modellen kann daher prinzipiell nicht nur eine genetische Korrelation zwischen Merkmal 1 und 2 untersucht werden, sondern auch die Korrelationen zwischen den geteilten und nichtgeteilten Umwelten der beiden Merkmale (dazu im
nächsten Beispiel mehr). Auf der rechten Seite von Abbildung 36 sehen wir die Ergebnisse der Berechnung und wie erwartet existiert eine genetische Korrelation
zwischen Risikoeinstellungen und der Arbeit im öffentlichen Dienst, was durch
den Pfad von a_1 auf das Merkmal „Öffentlicher Dienst" ersichtlich ist. Symbolisiert
durch gestrichelte Pfade gibt es keinerlei Einflüsse der geteilten Umwelt – weder
innerhalb der Merkmale noch zwischen ihnen. Ebenso findet sich keine substanzielle Kovarianz der nichtgeteilten Umwelten der beiden Merkmale (Pfad
$e_{12} = -0,01$). Für eine intuitivere Interpretation der Ergebnisse rechnen wir die
Cross-Trait Covariance in die genetische Korrelation um (siehe Neale & Maes

2004: 162)[9] und erhalten einen Wert von $r_A = 0{,}3$. Das heißt, 30 Prozent der genetischen Faktoren, die Einfluss auf die Unterschiede in den Risikoeinstellungen nehmen, beeinflussen auch die Entscheidung, im öffentlichen Dienst zu arbeiten. Je stärker sich zwei oder mehr Merkmale eine genetische Architektur teilen, desto ausgeprägter ist das Ausmaß der sogenannten *Pleiotropie* (Nielson 2016: 7). Eine ausführliche Auseinandersetzung mit diesem Konzept und seinen Implikationen findet sich im folgenden Kapitel zu Gen-Umwelt-Interaktionen. Der Vollständigkeit halber sei an dieser Stelle aber angemerkt, dass die beiden Merkmale nur schwach mit einem Wert von 0,07 miteinander korrelieren und damit noch substanzieller Spielraum für zusätzliche Erklärungen für die Wahl einer Karriere im öffentlichen Dienst besteht.

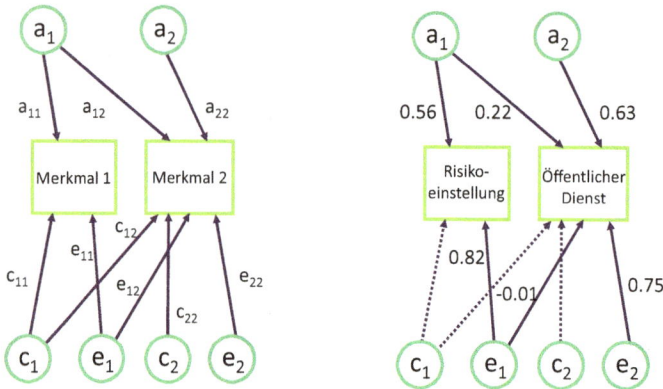

Abbildung 36: Konzeptionelles Modell sowie Ergebnisse eines bivariaten ACE-Modells für Risikoeinstellungen und Anstellung im öffentlichen Dienst.
Quelle: 1. Welle des TwinLife-Panels (älteste Startkohorte), eigene Berechnung.

Ein weiteres Beispiel für aktive rGE als Nischenselektion stellt die überzufällige Häufung von Personen mit gewissen Persönlichkeitsmerkmalen in sozialen Partizipationskontexten (z. B. Vereinen, kirchlichen Organisationen, Chöre, Berufsverbände, freiwillige Feuerwehr oder andere lokale Organisationen) dar. Personen, die sich als offener für Neues, als extrovertierter oder als emotional stabiler beschreiben (drei der fünf Dimensionen des Big-Five-Modells der Persönlichkeitspsychologie), dürften häufiger in diesen Kontexten anzutreffen sein, da sie sich durch

---

9 Die genetische Korrelation berechnet sich folgendermaßen: $r_A = \dfrac{a_{11} * a_{21}}{\sqrt{a_{11}^2 * (a_{21}^2 + a_{22}^2)}}$. In unserem Beispiel ergibt sich daher eine Korrelation von $\dfrac{0{,}57 * 0{,}20}{\sqrt{0{,}57^2 * (0{,}20^2 + 0{,}63^2)}} = 0{,}3$

ein hohes Maß an sozialer Interaktion und Koordination auszeichnen. (Die genannten Persönlichkeitsdimensionen sind für diese Anwendung relevant, während die beiden weiteren Dimensionen Gewissenhaftigkeit und Verträglichkeit zu vernachlässigen sind.) Auch dieses Beispiel lässt sich mit bivariaten ACE-Modellen untersuchen. Die berechneten genetischen Korrelationen zwischen sozialer Partizipation (gemessen als Index aus mehreren Teilindikatoren zu Vereinsengagement und Ähnlichem) und Offenheit betragen $r_A = 0{,}21$, $r_A = 0{,}71$ für emotionale Stabilität und $r_A = 0{,}60$ für Extraversion. Damit überlappt die genetische Architektur, die Unterschiede im Ausmaß der sozialen Partizipation zwischen Individuen erklärt, zwischen 20 und circa 70 Prozent mit ausgewählten Persönlichkeitsmerkmalen. Soziale Partizipation ist daher teilweise durch genetische Prädispositionen erklärt. Würde man in einem zweiten Schritt nun zum Beispiel den Beitrag sozialer Partizipation für die Generierung von Sozialkapital untersuchen, dann wäre die Annahme, dass soziale Partizipation ein rein exogen vorgegebenes Merkmal wäre, nur schwerlich haltbar und man würde Zusammenhänge generieren, die zumindest teilweise genetisch konfundiert wären. Denn wer letzten Endes sozial partizipiert, ist eben nicht zufällig, sondern spiegelt zu einem relativ großen Teil (genetisch induzierte) Selektionseffekte wider. Für die verbleibenden zwei Dimensionen des Big Five-Modells (Verträglichkeit und Gewissenhaftigkeit) findet sich keine Pleiotropie (genetische Überlappung) mit sozialer Partizipation, wobei auch aus theoretischer Sicht wie oben angemerkt keine überzeugenden Argumente für das Bestehen einer solchen vorliegen.

Während aktive rGE des Typus *Nischenselektion* mit bivariaten ACE-Modellen, bei denen eines der Merkmale einen sozialen Kontext darstellt, untersucht werden können, so lassen sich Muster der *Nischengestaltung* mithilfe von längsschnittlichen Daten untersuchen. Hierfür greifen wir das bereits diskutierte Beispiel Lesen auf. Im soziologischen Sozialisierungsansatz würde man für die Fragestellung „Erhöht das heimische Leseverhalten allgemeine Lesekompetenzen?" annehmen, dass sich häusliche Lernumwelten in strukturellen Lesemöglichkeiten unterscheiden (z. B. die Anzahl an Büchern) oder die elterliche Lesepraxis als Rollenvorbild bzw. als Indiz für die Bereitschaft elterlichen Engagements und Unterstützungsleistung für das kindliche Lesen (Evans et al. 2014; Kumar & Behera 2022). Basierend auf dem humankapitaltheoretischen Lernmodell versucht man, Unterschiede in Kompetenzen durch individuelle Unterschiede in der Lerneffizienz (z. B. kognitive Fähigkeiten), Anreizen (z. B. Bildungsaspirationen) und den Lerngelegenheiten zu erklären. Häusliche Umwelten und elterliches Verhalten, das kindliche Lesepraktiken unterstützt, sollten unter sonst gleichen Umständen über gesteigerte Lerngelegenheiten die Lesekompetenz erhöhen (Chiswick & Miller 1995). Im soziologischen Modell zeigt der Kausalpfeil also von den Merkmalen der häuslichen Umwelt auf die kindlichen Kompetenzen: Je vorteilhafter die häusliche Umwelt, desto höher sind die Lesekompetenzen. Da Lesen jedoch einen aktiven Vorgang darstellt, der nicht passiv erlitten werden kann, setzt dies eine minimale Kooperationsbereitschaft des Kindes voraus, um die Effektivität elterlicher Interventionen bzw. Unterstützungsleistungen sicherzustellen. Ein Kind mit hoher Leseneigung wird sich daher häufiger mit Lesematerialien auseinandersetzen – mit oder ohne elterliche Anreize. Im Gegenzug sind diese wirkungslos ohne die aktive Beteiligung des Kindes. Da elterliche Einflüsse oder generell Einflüsse dritter Parteien mit zunehmendem Alter abnehmen, wird die „aktive" Komponente kindlicher Leseneigung mit vorhersagbaren Konsequenzen für die Lesekompetenzen verstärkt. Die verhaltensgenetische Perspektive auf die zu untersuchende Fragestellung zum Zusammenhang von familialer Lernumwelt und kindlichen Lesekompetenzen würde daher stärker betonen, dass Unterschiede in den Lesekompetenzen in ähnlichen Lernumwelten durch individuelle Unterschiede in der zumindest teilweise genetisch beeinflussten Leseneigung erzeugt werden und dass diese Unterschiede im Lebensverlauf verstärkt werden (van Bergen et al. 2016; Chow et al. 2017). Empirisch sollte sich dieses Muster der aktiven rGE als Nischengestaltung in einer Verstärkung des genetischen Erkläranteils sowie einer Reduzierung des Erkläranteils der geteilten Umwelt zeigen. Überprüfen lässt sich diese Vermutung ebenfalls wieder mit einem bivariaten ACE-Modell für längsschnittliche Daten. Dafür wird die tägliche Gesamtlesedauer der Befragten des TwinLife-Panels aus Welle 3 und Welle 5 herangezogen. Genetische bzw. Umweltkorrelationen behalten dabei ihre Interpretation bei, betonen jedoch stärker die Konsistenz oder Variabilität des Einflusses über den Lebensverlauf. „Lebensverlauf" ist in diesem Beispiel mit einer untersuchten Periode von zwei Jahren eine ambitionierte Bezeichnung, aber das Beispiel demonstriert einen generellen Ansatz, die aktive rGE der Nischengestaltung zu schätzen und ist somit einfach auf adäquatere Datengrundlagen mit längeren Perioden des Lebensverlaufs anwendbar. Für die Gesamtlesezeit in Welle 3 ergeben sich folgende Varianzkomponenten: A = 0,35, C = 0,58 und E = 0,73. Damit entfallen ungefähr 0,35/(0,35 + 0,58 + 0,73) ~ 0,21, 21 Prozent der Unterschiede in der täglichen Lesezeit auf genetische Unterschiede, 35 Prozent auf Unterschiede in der geteilten Umwelt und die verbleibenden 44 Prozent entfallen auf Unterschiede in der nichtgeteilten Umwelt. (Hierbei handelt es sich übrigens um eine weitere Ausnahme zum zweiten der drei Gesetze der Verhaltensgenetik). Zwei Jahre später in Welle 5 sehen wir einerseits, dass sich die Varianzkomponente der genetischen Unterschiede in der Tat von 0,35 auf 0,48 erhöht hat, während gleichzeitig die Komponente der geteilten Umwelt C von 0,58 auf 0,36 gesunken ist. Die genetische Korrelation zwischen der täglichen Lesezeit in Welle 3 und Welle 5 beträgt 1 und deutet damit eine 100-prozentige Übereinstimmung der genetischen Architektur im Zeitverlauf hin. Jene Gene, die zu Unterschieden in der Lesezeit in Welle 3 beitrugen, sind auch jene Gene, die dies zwei Jahre später tun – nur sind diese insgesamt wichtiger für die Erklärung von Unterschieden im Leseverhalten geworden. Der vergleichsweise hohe Anteil der geteilten Umwelt legt ebenfalls eine Korrelation über die Zeit nahe. Diese beträgt jedoch nur 0,46 und deutet an, dass etwa die Hälfte der Unterschiede in der geteilten Umwelt, die zu Unterschieden in der Lesezeit in Welle 3 beigetragen haben, auch zwei Jahre später noch systematisch zu diesen Unterschieden beitragen. Insgesamt ziehen wir also zwei Quellen zur Beurteilung des Vorliegens einer aktiven rGE des Typus Nischengestaltung heran: einerseits die Änderung der Varianzkomponenten über die Zeit (A erhöht sich, C reduziert sich) sowie die zeitliche Stabilität der Einflussfaktoren als Cross-Trait Covariance – konkret der genetischen und der geteilten Umweltkorrelation. Hier zeigt sich maximale Stabilität in den genetischen Einflüssen, während die geteilte Umweltkorrelation zwar auch durch ihren positiven Wert Stabilität andeutet, aber in substanziell niedrigerer Ausprägung. Im Extremfall würde man bei Daten, die einen längeren Zeitraum abbilden, sogar erwarten, dass die geteilte Umweltkorrelation irgendwann gegen Null tendiert, da die Tendenz, Nischen zu gestalten, mit steigendem Alter an Stärke gewinnt und umgekehrt der Einfluss dritter Parteien sinkt.

5.4.3 Umweltreaktionen

Zur Untersuchung reaktiver rGE können ebenfalls bivariate ACE-Modelle herangezogen werden, wenngleich zusätzliche Anforderungen an die Daten gestellt werden. Per Definition beschäftigen sich reaktive rGE mit Reaktionen der Umwelt auf die genetischen Prädispositionen von Individuen. Damit benötigt es neben einem Merkmal der untersuchten Individuen auch Informationen zu den reaktiven Handlungen der Umwelt, also zum Beispiel der Eltern. Als bildungssoziologisches Beispiel bietet sich der Zusammenhang zwischen Schulnoten und den elterlichen Unterstützungsleistungen an. Aus einer klassisch soziologischen Perspektive würde man gerade bei gebildeteren Eltern eine stärkere Beteiligung bei schulischen Belangen und eben auch in der Hausaufgabenunterstützung erwarten. (Diese muss nicht selbst von den Eltern geleistet werden, sondern kann natürlich auch die Bezahlung haushaltsfremder Dienstleistungen beinhalten.) Wie oben in der kurzen Darstellung des humankapitaltheoretischen Lernmodells angesprochen, wird diese Erwartung dadurch begründet, dass bei gleicher Lerneffizienz und -anreizen Lerngelegenheiten durch die zusätzliche Hausaufgabenunterstützung häufiger vorkommen und damit auch höhere Leistungen einhergehen sollten. Aktuelle Überblicksarbeiten lassen daran jedoch Zweifel aufkommen, da sich keine konsistenten Zusammenhänge zwischen kindlicher Leistung und elterlicher Hausaufgabenunterstützung finden lassen – mal finden sich negative, mal positive, mal keine Zusammenhänge (Boonk et al. 2018; Wilder 2014). Die Autorinnen und Autoren dieser Metastudien beziehen diese unerwarteten Ergebnisse zum Beispiel auf „fehlende didaktische Kompetenzen auf Seiten der Eltern" (Wilder 2014: 392). Damit folgen sowohl die theoretischen Erwartungen wie auch die Interpretation der konträren Ergebnisse aus einem Sozialisierungsparadigma: Eltern variieren endogen in ihren Neigungen und Möglichkeiten, bei den Hausaufgaben zu unterstützen, und diese sind kausal mit den kindlichen Leistungen verknüpft. Manifestiert sich der Zusammenhang nicht, liegt das an einem fehlerhaften Treatment (die elterliche Unterstützung). Der Kausalpfeil geht daher stets vom elterlichen Verhalten auf die kindlichen Ergebnisse. Aus verhaltensgenetischer Sicht bietet sich eine andere Interpretation an, bei der die Richtung des Kausalpfeils zumindest teilweise umgekehrt wird und die Annahme endogenen elterlichen Verhaltens aufgelöst wird: Die elterliche Hausaufgabenunterstützung ist eine *Reaktion* auf als ungenügend wahrgenommene Schulleistungen des Kindes.

Für die einzelnen Messungen des kindlichen Merkmals Deutsch- und Mathenote und der elterlichen Reaktion Hausaufgabenunterstützung ergibt sich mit den TwinLife-Daten, dass genetische Unterschiede 32–34 Prozent der Unterschiede in den Schulnoten sowie 21 Prozent der Unterschiede in der Hausaufgabenunterstützung erklären. Auf die geteilte Umwelt entfallen 26–32 Prozent für die Schulnoten und sowie mit circa 54 Prozent mehr als die Hälfte der Unterschiede in der Hausaufgabenunterstützung (und wieder eine Ausnahme zu den drei Gesetzen der Verhaltensgenetik). Die verbleibenden 34–43 Prozent bzw. 25 Prozent der Unterschiede entfallen auf die nichtgeteilte Umwelt. Liegt nun empirisch eine reaktive Gen-Umwelt-Korrelation vor, dann sollte sich eine genetische Korrelation zwischen der genetischen Komponente für Schulnoten und der genetischen Komponente zur Frage, ob Eltern ihre Kinder bei den Hausaufgaben unterstützen, zeigen. Die Ergebnisse bivariater ACE-Modelle für Schulnoten (1 = sehr gut bis 6 = ungenügend) in Mathematik bzw. Deutsch und der elterlichen Hausaufgabenhilfe (0 = keine Unterstützung, 1 = Unterstützung gegeben) zeigen eine genetische Korrelation von 0,25 für Deutsch und 0,24 für Mathematik. Das heißt, dass etwa ein Viertel der genetischen Faktoren, die zu Unterschieden in den Schulnoten der beiden Fächer beitragen, damit auch zu Unterschieden in der Wahrscheinlichkeit beitragen, dass Eltern ihre Kinder bei den Hausaufgaben unterstützen. Im Gegensatz zum vorherigen Beispiel einer aktiven rGE des Typus Nischenselektion findet sich hier sogar eine schwache negative Umweltkorrelation von ca. -0,10. Damit tragen 10 Prozent der Umweltfaktoren, die zu Unterschieden in den Noten beitragen, auch zu Unterschieden in der Hausaufgabenunterstützung bei. Das negative Vorzeichen ist dabei auch inhaltlich relevant: Jene Umweltfaktoren, die dazu führen, dass Kinder *schlechtere* Noten (hohe Werte der Notenmessung) erhalten, sind zu einem gewissen Teil – hier 10 Prozent – auch jene Umweltfaktoren, die dazu beitragen, dass Eltern ihren Kindern *seltener* bei den Hausaufgaben helfen (niedrige Werte der Unterstützungsmessung). Für die nichtgeteilten Umwelten besteht im Übrigen keine Korrelation. Damit ist der

Umstand, inwieweit Eltern ihre Kinder im schulischen Bereich unterstützen, kein exogen über Familien variierendes Merkmal, sondern zumindest teilweise eine Reaktion auf kindliche Prädispositionen – welche wiederum eine eindeutige genetische Komponente besitzen. Das vorangegangene Beispiel ist notwendigerweise einfach, aber es finden sich unzählige Anwendungsfälle, in denen Forscherinnen und Forscher von exogen gegebenen Umweltbedingungen ausgehen, während mit hoher Wahrscheinlichkeit aber Formen von Gen-Umwelt-Korrelationen vorliegen, die diese Annahme widerlegen und ohne genetisch sensitive Daten zu verzerrten oder inkorrekten Ergebnissen führen können. In diesem Fall lieferten die genetisch sensitiven Daten sogar eine plausible Erklärung für den unerwartet negativen bzw. nicht bestehenden Zusammenhang von elterlicher Hausaufgabenunterstützung und Schulnoten der Kinder.

Gehen wir einen Schritt weiter in den Bildungskarrieren von Kindern und befassen uns mit dem Vorliegen von reaktiven Gen-Umwelt-Korrelationen am Übergang von der Primär- zur Sekundarstufe, der in Teilen des deutschen Schulsystems am Ende der vierten Klasse stattfindet. Eltern besitzen mehr oder weniger explizite Erwartungen hinsichtlich der Bildungsverläufe ihrer Kinder, die ihren Ausdruck in elterlichen Bildungsaspirationen finden. Es geht also um die Frage, welchen Bildungsabschluss das Kind am Ende seiner Schulkarriere letztlich erreichen soll. Prinzipiell ist davon auszugehen, dass Eltern diese Aspirationen zumindest nicht völlig losgelöst von den faktischen Schulleistungen ihrer Kinder entwickeln. Überblicksartikel verweisen sogar auf das Ergebnis, dass kindliche Leistungsindikatoren einen Großteil der Unterschiede in den Bildungsaspirationen zwischen Familien erklären (Dumont et al. 2014). Die Schulleistungen selbst sind zumindest in weiten Teilen das Resultat kognitiver Fähigkeiten, die, wie bereits dargestellt, eine genetische Komponente besitzen. Damit stellen elterliche Bildungsaspirationen als Reaktion auf kindliche Schulleistungen ein weiteres Beispiel von reaktiven Gen-Umwelt-Korrelationen dar. Daten der jüngsten Kohorte des TwinLife-Panels in seiner 5. Welle erlauben eine empirische Untersuchung dieses Phänomens (siehe Tabelle 10). Demnach besitzen sowohl die kindlichen Schulleistungen in Form von Noten eine genetische Komponente (Erblichkeit von 58 Prozent, siehe A1 als genetische Komponente A des ersten Indikators) wie auch die elterlichen Aspirationen (Erblichkeit von 50 Prozent, siehe A2 als genetische Komponente des zweiten Indikators). Die ausgeprägte genetische Korrelation von 0,53 (graue Zelle in der Spalte A1) bestätigt das Vorliegen einer reaktiven Gen-Umwelt-Korrelation: 53 Prozent der genetischen Faktoren, die zu Unterschieden in den Schulnoten der Kinder beitragen, sind identisch mit den genetischen Faktoren, die zu Unterschieden in den elterlichen Bildungsaspirationen beitragen.

Tabelle 10: Bivariates ACE-Modell der elterlichen Bildungsaspirationen und Schulnoten ihrer Kinder.

	A1	A2	C1	C2	E1	E2
Schulnoten der Kinder	0,58		0,25		0,18	
Bildungsaspirationen der Eltern	0,53	0,50	0,51	0,40	0,24	0,10

Anmerkung: Graue Zellen geben die Coss-Trait Korrelationen der jeweiligen Komponente an. Die Tabelle ist zu lesen wie eine bivariate Korrelationstabelle, wobei die Komponentendiagonale die standardisierte Varianz angibt und abseits der Diagonalen die Korrelation abgetragen ist. Quelle: 5. Welle des TwinLife-Panels (jüngste Startkohorte), eigene Berechnung.

In der Literatur zur sozialen Ungleichheit in den Bildungsaspirationen finden sich konsistent selbst bei gleichen Leistungen höhere Aspirationen bei Eltern aus höheren sozialen Schichten (Ditton 2007; Dumont et al. 2014; Gölz & Wohlkinger 2019). Während beispielsweise 93 Prozent der Eltern mit Universitätsabschluss das Abitur für ihre Kinder anstreben, sind dies „nur" etwa 68 Prozent der Eltern ohne universitäre Bildung (Quelle: 5. Welle des TwinLife-Panels (jüngste Startkohorte), eigene Berechnung). Dieser Umstand wird unter anderem damit begründet, dass Eltern unterschiedlicher sozialer Schichten zu systematisch anderen Einschätzungen kommen hinsichtlich des Nutzens, der direkten und indirekten Kosten höherer Bildung sowie der Wahrscheinlichkeiten der eigenen Kinder, eine höhere Bildungslaufbahn auch erfolgreich abzuschließen (Stocké 2008; Kleine et al. 2009; Paulus & Blossfeld 2007; Zimmermann 2018). Unmittelbar wird damit eine Hypothese zur sozialen Stratifizierung von Gen-Umwelt-Korrelationen in der elterlichen Reaktivität auf die Leistungen ihrer Kinder formuliert, die sich direkt auf die Wahrnehmungsunterschiede im Nutzen, den Kosten und den Erfolgswahrscheinlichkeiten bezieht: Je höher die soziale Schicht, desto weniger reaktiv sind Eltern auf die faktischen Leistungen ihrer Kinder, weil möglicherweise Statuserhaltmotive den Besuch des Gymnasiums unausweichlich machen; Eltern aus direkter eigener Erfahrung um den „realen" Anspruch am Gymnasium Bescheid wissen oder sicher sind, ausreichend Ressourcen für kompensatorische Aktivitäten im Falle mangelnder Leistungen generieren zu können (Stocké 2009).

Die vorliegenden Daten erlauben auch dazu einen ersten empirischen Test. Dafür wird die Stichprobe in Eltern mit und Eltern ohne universitäre Bildung geteilt (was für diese Anwendung einem Median-Split gleichkommt). Zusätzlich erlaubt die Berechnung der sogenannten bivariaten Erblichkeit eine Dekomposition der *beobachteten Korrelation* zwischen Schulleistungen und Bildungsaspirationen in einen Teil, der durch genetische Unterschiede, durch Unterschiede in der geteilten Umwelt und Unterschiede in der nichtgeteilten Umwelt erzeugt wird. Dafür wird für jede Komponente das Produkt aus der Cross-Trait-Korrelation sowie den Wurzeln der beiden dazugehörigen Varianzkomponenten gebildet (Knopik et al. 2017; de Vries et al.

2021). Für die Tabelle 10 abgetragenen Werte der gesamten Stichprobe ergeben sich daraus folgende Teilkorrelationen: $\sqrt{0{,}58} * 0{,}53 * \sqrt{0{,}50} \sim 0{,}28$ als genetischer Anteil, $\sqrt{0{,}25} * 0{,}51 * \sqrt{0{,}40} \sim 0{,}16$ als geteilter Umweltanteil und $\sqrt{0{,}18} * 0{,}24 * \sqrt{0{,}10} \sim 0{,}04$ als nichtgeteilter Umweltanteil. Insgesamt beläuft sich die bivariate Korrelation damit auf $0{,}28 + 0{,}16 + 0{,}04 \sim 0{,}48$. Demnach sind $0{,}28/0{,}48 \sim 0{,}58$ oder 58 Prozent des Zusammenhangs zwischen Schulleistungen und Bildungsaspirationen genetischen Ursprungs, 33 Prozent aufgrund geteilter Umweltunterschiede und 8 Prozent durch nichtgeteilte Umweltunterschiede erzeugt.

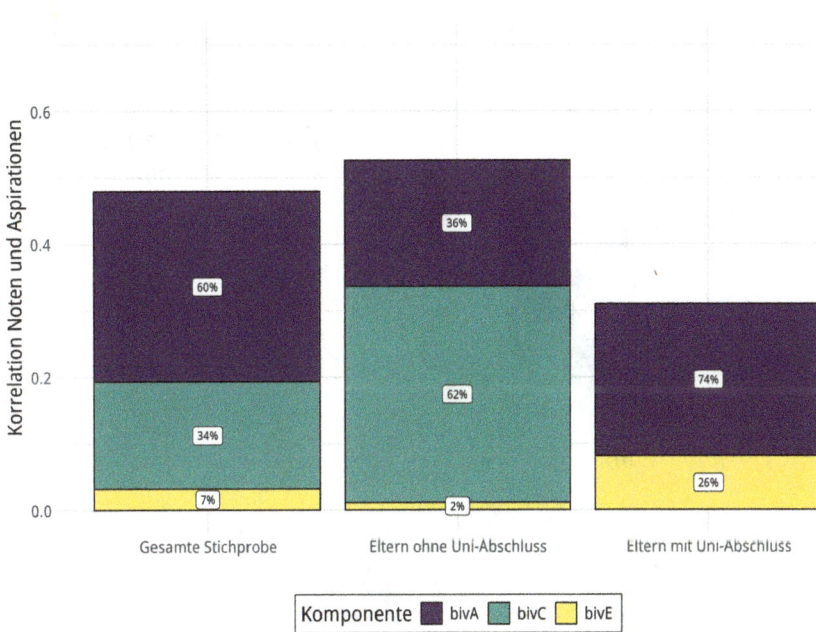

Abbildung 37: Soziale Stratifizierung elterlicher Reaktivität in Bildungsaspirationen auf die Schulleistung ihrer Kinder.
Quelle: 5. Welle des TwinLife-Panels (jüngste Startkohorte), eigene Berechnung.

Nun zur Frage, ob dieses Beispiel elterlicher Reaktivität sozial stratifiziert ist. Abbildung 37 stellt die Ergebnisse der Berechnung separat für die Gruppe der Eltern mit und ohne universitäre Bildung grafisch dar. Man sieht einerseits, dass die Korrelation zwischen Schulleistung und Bildungsaspiration bei Kindern von Eltern ohne universitäre Bildung in der Tat leicht höher ist und somit ein Indiz für höhere Reaktivität vorliegt. Die Ursache dieser leicht gesteigerten Reaktivität liegt aber nicht primär in der genetischen Überschneidung von Leistung und Aspirationen (bivA bei 36 statt 60 Prozent in der Gesamtstichprobe), sondern ist zentral mit Unterschieden in der geteilten Umwelt, also innerhalb der Familie zu suchen (bivC bei 62 statt 34 Prozent in der Gesamtstichprobe). Demnach ist für Kinder mit nicht universitär gebildeten Eltern von enormer Bedeutung, ob in der Herkunftsfamilie die nötigen Ressourcen vorliegen, um angebracht auf die Leistungen der Kinder reagieren zu können. Der substanziell niedrigere Anteil der bivariaten genetischen Korrelationen an der Gesamtkorrelation bei nicht universitär gebildeten Eltern im Vergleich zu ihrem Gegenpart mit Universitätsbildung (36 vs. 74 Prozent) legt nahe, dass ein gewichtiger Teil des Potenzials dieser Kinder unentdeckt bzw. unter ihren Beteiligungsmöglichkeiten bleibt. Dieser Umstand wird auch deutlich, wenn man sich schichtspezifische Unterschiede in den kognitiven Fähigkeiten der hier betrachteten Stichprobe am Ende der Kindergartenzeit vor Augen führt (siehe Abbildung 38): Die hier abgetragenen Unterschiede sind marginaler Natur und betonen damit die Wichtigkeit sozial stratifizierter Bewertung von Leistung, den Konsequenzen für die Bildungsaspirationen und letzten Endes für Muster der Bildungsbeteiligung.

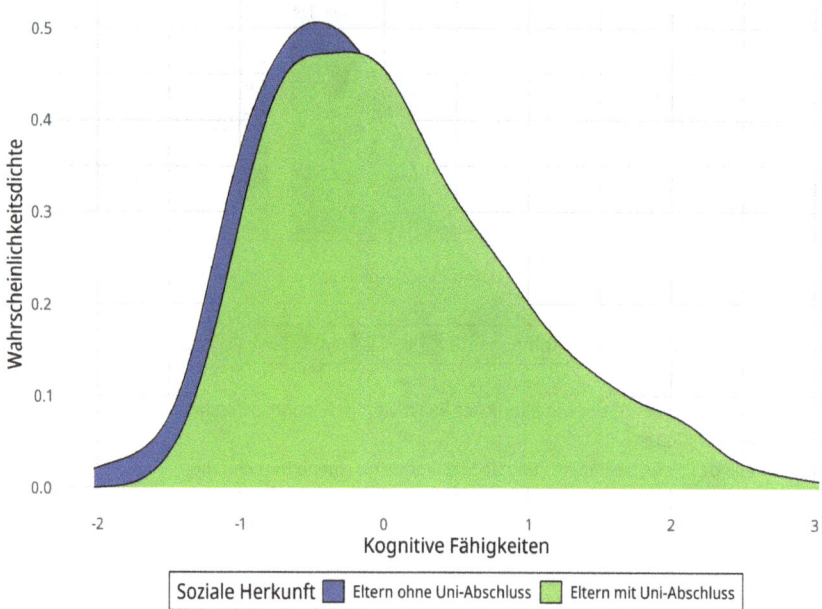

Abbildung 38: Schichtspezifische Verteilung der kognitiven Fähigkeiten vor der Einschulung. Quelle: 1. Welle des TwinLife-Panels (jüngste Startkohorte), eigene Berechnung.

Ohne bereits dezidiert über die Bedeutung von Gen-Umwelt-Interaktionen gesprochen zu haben, ist das gerade diskutierte Beispiel ein Vertreter dieses Konzepts: Die soziale Umwelt „Bildungsgrad der Eltern" moderiert die Bedeutung genetischer Unterschiede für ein soziales Phänomen mit dem Charakter einer Gen-Umwelt-Korrelation. Im nächsten Kapitel 6. Gen-Umwelt-Interaktionen wird der Klassiker des „Social-Compensation"-Modells ausführlich diskutiert. Auch die oben diskutierte Anwendung zu Schulnoten und Bildungsaspirationen fällt hierunter: In den stabileren, ressourcenreicheren sozialen Umwelten in Familien hoher sozialer Herkunft fallen genetische Potenziale stärker ins Gewicht, während in Familien niedrigerer sozialer Herkunft die konkreten Charakteristika der Herkunftsfamilie eine größere Rolle für die Bildungskarriere spielen und genetische Potenziale mitunter „gedeckelt" werden (Turkheimer et al. 2003; Raffington et al. 2020: Figure 4). Reaktive Gen-Umwelt-Korrelationen lassen sich aber nicht nur mit den indirekten Zwillingsmethoden aufdecken, sondern sind mittlerweile auch mit Messungen polygenetischer Risiken möglich. Breinholt und Conley (2023) untersuchen, inwiefern elterliche Praxis kognitiver Stimulation eine Reaktion auf kindliche Neigungen darstellen. Für Kinder im Alter zwischen 18 und 57 Monaten konnten sie zeigen, dass das Ausmaß gemeinsamer Beschäftigung mit Spielzeug kausal mit den genetischen Profilen der Kinder verknüpft ist: Je höher deren genetische Risiken für hohe Bildung, desto häufiger und ausgiebiger widmeten Eltern Zeit für gemeinsame Tätigkeiten. Wie im obigen Beispiel zum sozialen Gradienten in elterlicher Reaktivität in den Bildungsaspirationen fanden die Autorin und der Autor ebenfalls eine reduzierte Reaktivität bei Eltern mit höherer Bildung. Anders ausgedrückt widmeten diese Eltern ihren Kindern *unabhängig* von den genetischen Profilen mehr Zeit und Aufmerksamkeit – und das sowohl bei Vorleseaktivitäten wie auch beim Spielen. Dieses Muster wird ebenfalls mit schichtspezifischen Statuserhaltmotiven und Ressourcenunterschieden erklärt und scheint bereits viele Jahre vor dem Beginn der Schulkarriere oder Übertrittsentscheidungen etabliert zu sein.

5.5 Nature of nurture

Die vorangegangenen Phänomene werden neuerdings in der Literatur unter den Begriffen des „nature of nurture", „environmentally mediated genetic effects" oder „genetic nurture" zusammengefasst, also der genetisch induzierten sozialen Umwelt (Raffington et al. 2020: 400–401). Dabei wird festgestellt, dass es neben den direkten Effekten elterlicher Gene auf das Verhalten ihrer Kinder über die Vererbung der eigenen Gene auch indirekte genetische Effekte über die Strukturierung der familiären Umwelt gibt (also aktive rGE der Eltern, die passive rGE für die Kinder erzeugen). Entsprungen ist diese Idee wieder im Rahmen von Zwillingsstudien, als festgestellt wurde, dass Messungen von Umweltbedingungen genetische Komponenten besitzen. Unter diesen Umweltbedingungen befinden sich eine Reihe von Messungen, die in soziologischer Forschung herangezogen werden, um Unterschiede zwischen Familien zum Beispiel hinsichtlich der Kompetenzentwicklung der Kinder zu erklären: Seien es elterliche Erziehungsstile, Kommunikationspraktiken, Medienkonsum, Freizeitaktivitäten oder die Scheidung der Eltern (Baumert et al. 2003; Spera 2005; Roksa & Potter 2011). Die Annahme dabei lautet natürlich immer, dass die Kausalrichtung unidirektional von der Umweltbedingung auf das Verhalten geht. Die Literatur zum Genetic Nurture lässt daran aber starke Zweifel aufkommen. Nehmen wir als Beispiel den Einfluss der elterlichen Scheidung auf das eigene Scheidungsrisiko, einmal aus klassisch soziologischer Sicht und einmal aus Sicht von rGE. Rein deskriptiv gesehen ist es in der Tat der Fall, dass das individuelle Scheidungsrisiko von Scheidungskindern ungefähr dreimal so hoch ist wie bei vergleichbaren Kindern, deren Eltern nicht geschieden wurden (Diekmann & Engelhardt 2002: 237). Zusätzlich liegt die Erblichkeit von Scheidung bei circa 40 Prozent (Jocklin, McGue & Lykken 1996). Aus soziologischer Sicht hat das Erleben des Scheidungsprozesses eine Art sozialisatorischen Effekt, da etwa nicht erlernt wird, Beziehungskonflikte konstruktiv zu lösen, das häusliche Umfeld durch offen ausgetragene Konflikte als enorm belastend wahrgenommen wird, Elternteile Kinder gegen das jeweilig andere Elternteil ausspielen und noch vieles mehr (Feldhaus & Heintz-Martin 2015). Die Konsequenz ist eine schwierige Ausgangslage, eigene romantische Beziehungen aufzubauen und aufrechtzuerhalten.

Die rGE-Perspektive würde einen Teil der Erklärung in vorgelagerten, genetisch beeinflussten Faktoren sehen, wie etwa Persönlichkeitsmerkmalen, die entweder die Stabilität von Beziehungen gefährden (etwa niedrige emotionale Stabilität) oder häufiger in Situationen selektieren, in denen Alternativpartnerinnen und Partner kennengelernt werden (etwa höhere Risikoaffinität oder gesteigerter Drang, Neues zu erleben) (Jocklin, McGue & Lykken 1996). Wie andere Faktoren auch, sind Persönlichkeitsmerkmale erblich. Aufgrund dessen kann ein Teil des höheren Scheidungsrisikos von Individuen auf eben jene Faktoren teilweise zurückzuführen sein, die schon bei ihren Eltern das Scheidungsrisiko erhöhten – aktive und/oder passive Gen-Umwelt-Korrelationen. Also auch in diesem Fall besteht wieder das Problem, dass soziale Mechanismen durch biologische Vererbung zu einer Überschätzung eben jener sozialen Vererbung führen. Adoptionsstudien zeigen beispielsweise, dass die Scheidungsgeschichte im Lebenslauf stärker mit der biologischen Familie (Eltern und etwaige Geschwister) übereinstimmt als mit Mitgliedern der Adoptivfamilie. Darüber hinaus zeigen direkte Tests des Einflusses der häuslichen Umwelt als Indikator für soziale Transmission des Scheidungsrisikos keine systematischen Einflüsse (Salvatore et al. 2016).

Tabelle 11 gibt einen Überblick über die Varianzzerlegung von Umwelt- oder Familienkontextmerkmalen aus dem TwinLife-Panel. Alle dargestellten Indikatoren sind Skalen, berechnet aus Faktorscores aus zwei bis sieben Einzelmerkmalen. Die Qualität häuslicher Umwelten besteht beispielsweise aus den Merkmalen „Es bestehen abendliche Bettgehroutinen.", „Es besteht keine Möglichkeit zu Hause, in Ruhe zu denken.", „Zu Hause ist alles wild und unordentlich.", „Wir haben normalerweise alles im Griff.", „Meistens läuft irgendwo ein Fernseher." und „Zu Hause ist die Atmosphäre ruhig und entspannt." (Baum et al. 2020: 55–57). Mit einer Ausnahme (Autonomie mit A = 0,02) gibt es für alle hier aufgeführten Umweltindikatoren zum Teil substanzielle genetische Komponenten: So werden rund 14 Prozent der Unterschiede in der Qualität häuslicher Umwelt durch genetische Unterschiede erklärt, während es sogar 43 Prozent für Einschätzungen zum Schulklima sind.

Tabelle 11: ACE-Modell für ausgewählte Umweltmerkmale in den TwinLife-Daten.

Merkmale	Varianzkomponenten		
	A (Gene)	C (geteilte Umwelt)	E (nichtgeteilte Umwelt)
Qualität häuslicher Umwelt	0,14	0,28	0,57
Schulklima	0,43	0,00	0,57
Verhältnis zu Lehrkräften	0,16	0,28	0,56
Schulbelastung	0,40	0,05	0,55
elterliche Beteiligung			
Struktur	0,24	0,16	0,60
Autonomie	0,02	0,25	0,74
Kontrolle	0,20	0,44	0,36
Erziehungsstile			
emotionale Wärme	0,24	0,41	0,35
psychologische Kontrolle	0,26	0,22	0,52
negative Kommunikation	0,22	0,30	0,48
Überwachung	0,32	0,15	0,54
inkonsistente Erziehung	0,16	0,25	0,59

Quelle: 1. Welle des TwinLife-Panels, eigene Berechnung.

Nun könnte man argumentieren, dass Tabelle 11 letztlich nur zeigt, dass Einstellungs- bzw. Einschätzungsfragen subjektiv sind und damit keinen wirklich neuen Beitrag leistet. Dem sei Folgendes entgegengehalten: Dass subjektive Situationsbewertungen die Grundlage für mikrosoziologische Handlungsmodelle sind, lehrt jede Einführung in die Soziologie. Die Gründe für eine subjektive Färbung in die eine oder andere Richtung werden aber auch hier wieder sozialen Prozessen zugewiesen. „Weil ich Mitglied einer höheren Statusgruppe bin, bewerte ich Investitionen in den Kompetenzerwerb als nützlicher." „Weil ich Familienvater bin, bewerte ich Flexibilität im Beruf als ein wichtigeres Merkmal." … Dass Gruppenzugehörigkeit immer nur eine Approximation oder Reduktion der Bewertungsmotive innerhalb sozialer Gruppen ist und die Heterogenität innerhalb sozialer Gruppen nur sehr eingeschränkt wiedergibt, ist nun einmal eine Annahme, die man treffen muss, um theoretische Modelle traktabel zu halten. Die Idee des Nature of Nurture gibt uns ein Werkzeug, um nicht mehr nur theoretisch oder axiomatisch über Präferenzen von Akteuren und Akteurinnen und damit verknüpften subjektiven Situationsbewertungen nachzudenken, sondern diese auch empirisch besser messbar zu machen und deutlicher in Modelle jeder Art zu integrieren. Umwelt und ihr Einfluss auf Verhalten werden damit doppelt genetisch gefiltert: einmal in der Wahrnehmung selbst, die dann vor dem Hintergrund von teilweise genetisch induzierten Präferenzen und Dispositionen bewertet wird. Für objektiv messbare Umwelten trifft dieses Argument weniger stark zu. So sind die genetischen Komponenten von Umweltmessungen mit stärker quantitativem statt qualitativem Charakter deutlich kleiner oder nicht vorhanden (Plomin 2018: 45). Soziologische Forschung basiert eben nicht ausschließlich auf objektiv oder quantitativ messbaren Kontextmerkmalen – hat dies vielleicht gar nicht als Ziel. Für Forschung, die zum Beispiel den Einfluss von Klassenkompositionen auf Kompetenzunterschiede untersucht, sind objektive Messungen naheliegend. Denn sie können direkt aus den Daten generiert werden, ohne auf die Einschätzung der beteiligten Schülerinnen und Schüler eingehen zu müssen. Schwieriger gestaltet es sich jedoch, sobald es um Einschätzungen zum Klassenklima, Verhältnissen zu Lehrkräften oder die Belastung durch Schularbeit geht. Diese repräsentieren subjektive Einschätzungen und eine einfache Aggregation auf Klassen-, Schul- oder sonstige Kontextebene führt nicht dazu, dass die genetischen Komponenten bei diesen Einschätzungen plötzlich verschwinden. Man könnte es auch getrost als Messfehler verbuchen, aber langfristig zielführender ist wahrscheinlich eine adäquate Integration in theoretische und empirische Modelle. Wie im nächsten Kapitel zu Gen-Umwelt-Interaktionen noch gezeigt wird, ist die Frage, warum nur bestimmte Individuen auf Umweltbedingungen reagieren, ein zentrales Anliegen in diesem Feld der Verhaltensgenetik und die gewonnenen Erkenntnisse sind für soziologische Forschung spannend und relevant.

Neuere Methoden der Verhaltensgenetik erlauben es neben den indirekten Hinweisen auf Genetic Nurture in Zwillings- und Adoptionsstudien, auch direkt messbare Einblicke zu erzeugen. Was wie ein weiterer Kritikpunkt an klassischen verhaltensgenetischen Untersuchungsdesigns klingt, offenbart ein gewichtiges Problem der Polygenic Scores, denn diese scheinen nicht nur individuelle genetische Risiken abzubilden, sondern eben auch Genetic Nurture und sind damit ihrerseits konfundiert – dieses Mal durch soziale Umweltbedingungen. Das Grundproblem liegt in dem Umstand, dass Umweltbedingungen durch Eltern mindestens mitgestaltet sind und damit durch deren Gene beeinflusst werden. Eine Korrelation der Umweltbedingungen mit dem Verhalten der Kinder ist damit biologisch konfundiert, weil das Verhalten der Kinder selbst eine genetische Grundlage hat, die von den Eltern vererbt wurde. Der Ansatz moderner Methoden der Untersuchung des Genetic Nurture liegt nun in der Idee, den Einfluss der *nicht-vererbten Allele* (Genvarianten) der Eltern auf das Verhalten der Kinder zu untersuchen (Kong et al. 2018). Zur Bestimmung, welche Allele vererbt wurden und welche nicht, sind damit Daten in Form von Polygenic Scores sowohl für Kinder wie auch für die Eltern notwendig. Zur Erinnerung: Polygenic Scores fassen das individuelle Risiko für ein Merkmal oder Verhalten in einem Summenwert zusammen, indem das Vorhandensein relevanter Allele mit ihren in GWAS identifizierten Effekten gewichtet wird. Diese Allele erben Individuen jeweils zu 50 Prozent von jedem Elternteil. Für die geerbten Allele gilt die Annahme, dass sie das Verhalten der Kinder und Eltern gleichermaßen beeinflussen. Noch einmal zurück zum Beispiel der Leseneigung. Nehmen wir vorläufig an, dass Leseneigung ausschließlich durch genau zwei latente Faktoren erzeugt wird: nach neuen Eindrücken suchen („Novelty Seeking") und niedrige Extraversion. Abbildung 39 visualisiert unser Beispiel. Nehmen wir weiterhin an, beide Elternteile sind „Novelty Seeker mit niedriger Extraversion" und besitzen daher eine ausgeprägte Leseneigung. Durch Zufall erbte ihr Kind lediglich die mit einem gesteigerten Novelty Seeking verknüpften Allele, nicht jedoch die der niedrigen Extraversion. Der direkte genetische Effekt des Zusammenhangs des elterlichen und kindlichen Verhaltens bezieht sich damit ausschließlich auf das Novelty Seeking. Die niedrige Extraversion der Eltern repräsentiert dann einen genuinen Umwelteffekt für das Kind, denn es hat kein genetisches Risiko für niedrige Extraversion von den Eltern geerbt, ist jedoch aufgrund aktiver Gen-Umwelt-Korrelationen seitens der Eltern mit Umweltgestaltung konfrontiert, die niedrige Extraversion berücksichtigt. Wohlgemerkt, dieses Beispiel ist rein illustrativ für die zugrundeliegende Idee der Forschungsstrategie, und die Realität ist wie immer viel komplexer: Weder werden Verhaltensunterschiede durch lediglich zwei Faktoren erzeugt, noch ist es vor dem Hintergrund der hochgradig polygenetischen Grundlage von Verhaltensunterschieden realistisch oder wahrscheinlich, dass ein gesamter Genkomplex nicht vererbt wird und dieser gleichzeitig alleine für substanzielle Unterschiede verantwortlich ist.

Kong und Kolleginnen und Kollegen (2018) erstellten für ca. 20.000 genotypisierte Befragte aus Island einen Polygenic Score für das genetische Risiko für hohe Bildung, basierend auf den geerbten Allelen und einen Polygenic Scores basierend auf den nicht geerbten Allelen der Eltern. Damit konnte der Effekt des genetischen Risikos auf die realisierte Bildung unter Kontrolle des Genetic Nurture und umgekehrt geschätzt werden. Insgesamt zeigte sich ein systematischer

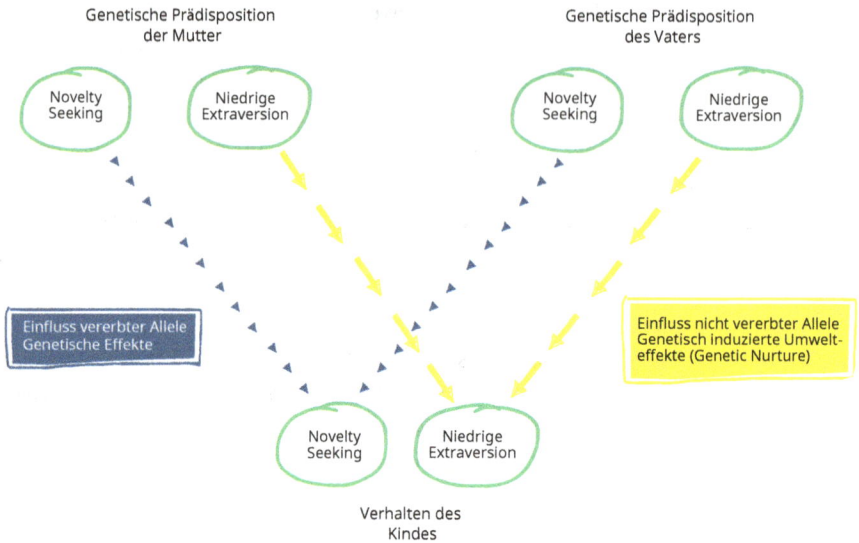

Abbildung 39: Vererbte und nicht-vererbte genetische Effekte auf die Leseneigung.
Quelle: Eigene Darstellung.

Zusammenhang auch der nicht geerbten Allele mit der Bildung des Kindes und damit der häuslichen Umwelt – auch wenn diese genetisch induziert ist. Der direkte genetische Effekt war dabei jedoch circa dreifach stärker als der indirekte Effekt des Genetic Nurture (alle Messungen jeweils standardisiert, direkter Effekt: 0,223, indirekter Effekt: 0,067). Domingue und Fletcher (2020) erweitern diese Idee mithilfe eines ähnlichen, aber in einem Detail anderen Forschungsdesigns. Dafür nutzen sie Daten, die sowohl leibliche und adoptierte Eltern-Kind-Triaden als auch die Polygenic Scores der Eltern enthalten. Während bei leiblichen Triaden eine Messung des genetischen Risikos der Eltern für die Kinder immer eine Kombination aus Genen und Umwelt darstellt, spiegelt es für Adoptivkinder eine reine Umweltkondition wider. Die Ergebnisse legen nahe, dass das Ausmaß des Genetic Nurture bei Kong und Kolleginnen und Kollegen (2018) sogar unterschätzt wird und direkte genetische Effekte nicht dreifach, sondern eher nur doppelt so stark sein dürften. Eine Metastudie bestätigt dieses Muster (Wang et al. 2021). Aus einer Perspektive, für die intergenerationalen Vererbungsprozesse rein sozialer Natur sind, ist ein Bedeutungsverlust der direkten genetischen Effekte aber keinesfalls ein Grund zum Jubeln, da die Ergebnisse implizieren, dass „soziale Umweltbedingungen" stärker genetisch konfundiert sind als bisher angenommen.

5.6 rGE als kausalinferentielle Problemquelle

Aus den vorangegangenen Diskussionen sollte klar geworden sein, dass das, was in der Soziologie als sozialer Kontext oder Umwelt firmiert, nicht zwangsläufig einen genuin sozialen Einflussfaktor auf menschliches Verhalten darstellt, sondern in unterschiedlichem Maße entweder genetisch konfundiert ist oder die kausale Einflussrichtung nicht von Umwelt auf Verhalten, sondern in die entgegengesetzte Richtung gehen kann. Freese (2008: 18) unterscheidet zwei Typen von Problemen für kausale Inferenz, die durch genetische Unterschiede induziert sind: Gene als (1) distale und als (2) konfundierende Ursachen. Aktive Gen-Umwelt-Korrelationen stellen ein Beispiel für Gene als distale Ursache dar. In diesem Fall ist der Einfluss der Gene dem eigentlich interessierenden Zusammenhang „vorgelagert" (siehe Abbildung 40). Eine typische Forschungsfrage mit dem Inhalt „Was ist der Effekt des sozialen Kontexts X auf das Verhalten Y" muss durch das Vorliegen von aktiven Gen-Umwelt-Korrelationen zunächst um die Frage „Welche Individuen haben eine höhere Wahrscheinlichkeit, in sozialem Kontext X zu sein?" erweitert werden. Konkret muss also die Frage „Welchen Effekt hat der regelmäßige Besuch einer Bücherei auf die Lesekompetenzen von jungen Erwachsenen?" erweitert werden um eine Untersuchung, wer überhaupt regelmäßig eine Bücherei aufsucht. Nun wird mitnichten diese Problematik von Selektionseffekten ausschließlich im Rahmen von verhaltensgenetischen Untersuchungen relevant, sondern sie stellt häufig ein Problem für kausale Inferenz in den Sozialwissenschaften dar. Nicht zuletzt, da randomisierte Kontrollstudien, bei denen Forscherinnen und Forscher die zufällige Zuweisung zu Experimental- und Kontrollgruppe – also den zu untersuchenden sozialen Kontext – selbst kontrollieren, aus praktischen oder ethischen Gründen schlicht nicht möglich sind. Das Konzept der aktiven rGE ermöglicht aber, expliziter und systematischer über Selektionseffekte in soziale Kontexte (also der „Experimentalkondition") nachzudenken und – sofern es empirische Anwendungen dazu gibt – das Ausmaß der Problematik einzuschätzen. Letzteres fehlt oft gerade bei soziologischen Anwendungen.

Reaktive Gen-Umwelt-Korrelationen stellen ein zweites Beispiel für Gene als distale Ursachen dar. Auch hier wird dieser Umstand in Abbildung 40 durch einen vorgelagerten Einfluss genetischer Unterschiede auf in diesem Fall die Reaktionen der sozialen Umwelt dargestellt. Ebenso wie zum Beispiel der aktiven rGE stellen reaktive rGE ein Inferenzproblem aufgrund von Selektionseffekten bei den Experimentalkonditionen dar. So muss in diesem Fall die kausale Frage „Was ist der Effekt des sozialen Kontexts X auf das Verhalten Y?" ebenfalls um die vorgelagerte Frage „Welche Individuen haben eine höhere Wahrscheinlichkeit, sich in sozialem Kontext X zu befinden?" erweitert werden. Während aktive rGE tendenziell mit zunehmendem Alter, das als ein Indikator für das anstei-

a) Kausales Umweltmodell / klassischer soziologischer Ansatz

Umwelt ⟶ Ergebnis

----

b) Aktive rGE

Gene als ...

Gene ⟶ Umwelt ⟶ Ergebnis   vorgelagerte Ursache

c) Reaktive rGE

Gene ⟶ Umwelt ⇄ Ergebnis   vorgelagerte Ursache

d) Passive rGE

Gene$_{Eltern}$ ⟶ Umwelt ←

                                  konfundierende Ursache

Gene$_{Kinder}$ ⟶ Ergebnis ←

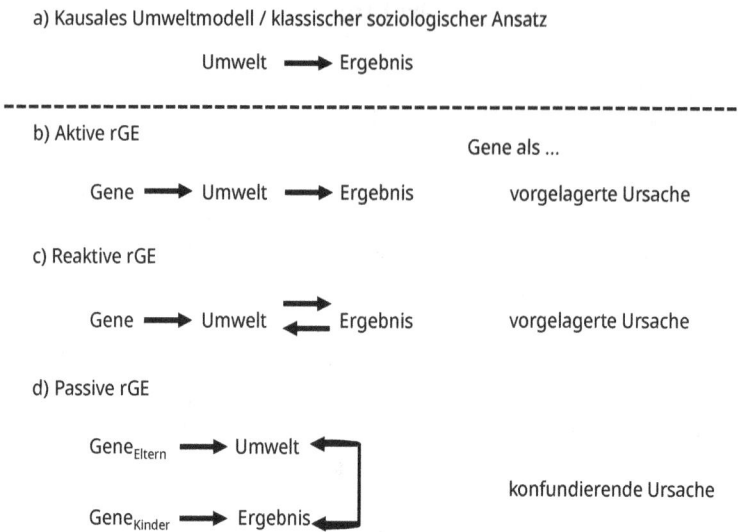

Abbildung 40: Inferenz und Gen-Umwelt-Korrelationen.
Quelle: Eigene Darstellung.

gende Ausmaß individueller Handlungsressourcen bzw. den abnehmenden Einfluss dritter Parteien herangezogen wird, sinken, so nimmt die Relevanz reaktiver rGE im Gegenzug eher mit dem Alter ab. Anders ausgedrückt: Personen selektieren sich in diesem Fall selten aktiv in einen sozialen Kontext, sondern werden den Kontexten von ihrem Umfeld häufiger zugewiesen. Was im ersten Moment vielleicht wie die Zuweisung durch einen Forscher oder eine Forscherin in die Experimentalkondition klingt, hat jedoch aufgrund der Reaktion auf genetische Prädispositionen, die wiederum innerhalb einer Bevölkerung ungleich verteilt sind, nichts mehr mit einer randomisierten Gruppeneinteilung zu tun. Konkret muss in diesem Beispiel die Frage „Welchen Einfluss hat der Besuch einer anspruchsvolleren Schulform auf den Kompetenzerwerb von Schülerinnen und Schülern?" um eine Untersuchung der Frage: „Wer besucht die anspruchsvollere Schulform?" erweitert werden. Tabelle 12 fasst die zentrale Problematik noch einmal zusammen. Ersichtlich wird darin auch, dass der primäre Unterschied zwischen aktiven und reaktiven rGE hinsichtlich kausalanalytischer Erkenntnisse ausschließlich konzeptueller Natur ist. Erzeugt das Individuum selbst die Korrelation, dann haben wir es mit dem Typus aktiver rGE zu tun. Erzeugt das soziale Umfeld die Korrelation, dann sprechen wir von reaktiver rGE.

Bei passiven Gen-Umwelt-Korrelationen stellen Gene eine konfundierende Ursache von beobachteten Zusammenhängen dar. Sie kommen ausschließlich in Eltern-Kind-Kontexten vor, da genetische Vererbung die primäre Ursache der Korrelation zwischen Charakteristika des Kindes, die von den Eltern geerbt werden, und der Familienumwelt ist. Sie wiederum wird von den Eltern auch basierend auf deren genetischen Prädispositionen (aktiven rGE der Eltern) aktiv strukturiert. An dieser Stelle wird also die strikte Exogenität der Familienumwelt infrage gestellt. In der klassischen soziologischen Perspektive würde man den Effekt von Familiencharakteristika auf Verhalten unmittelbar mit statistischen Verfahren erheben. Dabei nimmt man jedoch implizit an, dass die Verteilung der Ausprägungen des untersuchten Familienmerkmals zufällig für alle Familien gilt oder zumindest, dass die Verteilung des Merkmals nicht mit dem zu untersuchenden Verhalten korreliert. Diese Annahme ist für viele untersuchte Zusammenhänge nur schwer aufrechtzuerhalten. Nehmen wir zum Beispiel den häufig untersuchten Zusammenhang von sozialer Herkunft als Familienmerkmal mit Indikatoren des Bildungserfolgs (ob Kompetenzmessungen oder Bildungserwerb; z. B. Baumert et al. 2003 für einen klassischen soziologischen Ansatz). Für moderne Gesellschaften ist hier eine strikte Exogenitätsannahme schwer begründbar: Der Familienstatus ist eben auch Resultat des elterlichen Bildungserwerbs, der wiederum selbst durch individuelle Merkmale mit mittleren bis hohen Erblichkeitswerten (zum Beispiel kognitive Fähigkeiten) und damit einer genetischen Grundlage beeinflusst werden. Aufgrund biologischer Vererbung ist zu erwarten, dass die Kinder dieser Individuen einen gewissen Teil der genetischen Varianten erben, die generell förderlich für den Bildungserwerb sind. (Zum Beispiel auch, weil diese einen Einfluss auf kognitive Fähigkeiten haben.) Zweifelsohne sind kognitive Fähigkeiten relevant für den Bildungserfolg der Eltern, womit mindestens eine Korrelation zwischen elterlichen Merkmalen und denen ihrer Kinder besteht. Damit wird eine strikte Exogenitätsannahme verletzt. Die Kausalfrage „Was ist der Effekt des Familienmerkmals X auf das Verhalten Y?" muss also auch hier durch folgende Zusatzfrage erweitert werden: „Ist das Familienmerkmal X Ausdruck einer genetischen Prädisposition der Eltern und erklärt diese Prädisposition des Kindes einen Teil der Unterschiede in Y?" Je eindeutiger man diese Zusatzfrage mit Ja beantworten muss – und dafür benötigt es ebenfalls wieder empirische Evidenz –, desto schwerwiegender ist die genetische Konfundierung des interessierenden Zusammenhangs aufgrund passiver Gen-Umwelt-Korrelationen.

Tabelle 12: Kausalanalytische Fragen und Gen-Umwelt-Korrelationen.

	Gene als Ursache	Kausalinferenzielles Problem	Typische Kausalfrage	Notwendige Zusatzfragen
aktive rGE reaktive rGE	distal	Selektion in sozialen Kontext nicht zufällig	Was ist der Effekt des sozialen Kontexts X auf das Verhalten Y?	Welche Individuen haben eine höhere Wahrscheinlichkeit, in sozialem Kontext X zu sein?
passive rGE	konfundierend	familiärer Kontext und genetische Prädisposition sind korreliert	Was ist der Effekt des Familienmerkmals X auf das Verhalten Y?	Ist das Familienmerkmal X Ausdruck einer genetischen Prädisposition der Eltern und erklärt diese Prädisposition des Kindes einen Teil der Unterschiede bei Y?

Literatur

Avinun, R. and Knafo, A. (2014). Parenting as a Reaction Evoked by Children's Genotype: A Meta-Analysis of Children-as-Twins-Studies. *Personality and Social Psychology Review* 18: 87–102.

Baier, T., Eilertsen, E.M., Ystrøm, Zambrana, I.M. and Lyngstad, T.H. (2022). An anatomy of the intergenerational correlation of educational attainment – Learning from the educational attainments of Norwegian twins and their children. *Research in Social Stratification and Mobility* 79: 100691.

Baum, M.A., Klatzka, C.H., Iser, J. and Hahn, E. (2020). *TwinLife Scales Manual*. TwinLife Technical Report Series 8.

Baumert, J., Watermann, R. and Schümer, G. (2003). Disparitäten der Bildungsbeteiligung und des Kompetenzerwerbs. *Zeitschrift für Erziehungswissenschaft* 6: 46–72.

Boonk, L., Gijselaers, H.J.M., Ritzen, H. and Brand-Gruwel, S. (2018). A review of the relationship between parental involvement indicators and academic achievement. *Educational Research Review* 24: 10–30.

Breinholt, A. and Conley, D. (2023). Child-Driven Parenting: Differential Early Childhood Investment by Offspring Genotype. *Social Forces* 102: 310–329.

Chiswick, B.R. and Miller, P.W. (1995). The Endogeneity between Language and Earnings: International Analyses. *Journal of Labor Economics* 13: 246–288.

Chow, B.W.-Y., Ho, C.S.-H., Wong, S.W.L., Waye, M.M.Y. and Zheng, M. (2017). Home environmental influences on children's language and reading skills in a genetically sensitive design: Are socioeconomic status and home literacy environment environmental mediators and moderators? *Scandinavian Journal of Psychology* 58: 519–529.

Diekmann, A. and Engelhardt, H. (2002). Alter der Kinder bei Ehescheidung der Eltern und soziale Vererbung des Scheidungsrisikos. In: Bien, W. and Marbach, J.H. (Hrsg.), *Familiale Beziehungen, Familienalltag und soziale Netzwerke. Ergebnisse der drei Wellen des Familiensurveys.* Berlin: VS, S. 223–240.

Ditton, H. (2007). Kosten, Nutzen und Erfolgswahrscheinlichkeiten. In: Ditton, H. (Hrsg.), *Kompetenzaufbau und Laufbahnen im Schulsystem. Ergebnisse einer Längsschnittuntersuchung an Grundschulen,* Münster: Waxmann, S. 89–116.

Domingue, B.W. and Fletcher, J. (2020). Separating Measured Genetic and Environmental Effects: Evidence Linking Parental Genotype and Adopted Child Outcomes. *Behavior Genetics* 50: 301–309.

Dumont, H., Maaz, K., Neumann, M. and Becker, M. (2014). Soziale Ungleichheit beim Übergang von der Grundschule in die Sekundarstufe I: Theorie, Forschungsstand, Interventions- und Fördermöglichkeiten. *Zeitschrift für Erziehungswissenschaft* 17: 141–165.

Eifler, E.F. and Riemann, R. (2022). The aetiology of educational attainment: A nuclear twin family study into the genetic and environmental influences on school leaving certificates. *British Journal of Educational Psychology* 92: 881–897.

Evans, M.D.R., Kelley, J. and Sikora, J. (2014). Scholarly Culture and Academic Performance in 42 Nations. *Social Forces* 92: 1573–1605.

Feldhaus, M. and Heintz-Martin, V. (2015). Long-term effects on parental separation: Impacts of parental separation during childhood on the timing and the risk of cohabitation, marriage, and divorce in adulthood. *Advances in Life Course Research* 26: 22–31.

Freese, J. (2008). Genetics and the Social Science Explanation of Individual Outcomes. *American Journal of Sociology* 114: S1–S35.

Gerber, A.S., Huber, G.A., Doherty, D., Dowling, C.M. and Ha, S.E. (2010). Personality and Political Attitudes: Relationships across Issue Domains and Political Contexts. *American Political Science Review* 104: 111–133.

Gölz, N. and Wohlkinger, F. (2019). Determinants of students' idealistic and realistic educational aspirations in elementary school. *Zeitschrift für Erziehungswissenschaften* 22: 1397–1431.

Hatemi, P.K., Hibbing, J.R., Medland, S.E., Keller, M.C., Alford, J.R., Smith, K.B., Martin, N.G. and Eaves, L.J. (2010). Not by Twins Alone: Using the Extended Family Design to Investigate Genetic Influence on Political Beliefs. *American Journal of Political Science* 54: 798–814.

Haworth, C.M.A., Wright, M.J., Luciano, M., Martin, N.G., de Geus, E.J.C., van Beijsterveldt, C.E.M., Bartels, M., Posthuma, D., Boomsma, D. I., Davis, O.S.P., Kovas, Y., Corley, R.P., DeFries, J.C., Hewitt, J.K., Olson, R.K., Rhea, S.-A., Wadsworth, S.J., Iacono, W.G., McGue, M., Thompsonn, L.A., Hart, S. A., Petrill, S. A., Lubinski, D. and Plomin, R., 2010. The heritability of general cognitive ability increases linearly from childhood to young adulthood. *Molecular Psychiatry* 15: 111–1120.

Hur, Y.-M., Odinstova, V.V., Ordañana, J.R., Silventoinen, K. and Willemsen, G. (2022). Twin family registries worldwide. In: Tarnoki, A., Tarnoki, D., Harris, J. and Segal, N. (Hrsg.), *Twin Research for Everyone: From Biology to Health, Epigenetics, and Psychology,* London: Academic Press, 23–50.

Jaffee, S.R. and Price, T.S. (2012). The implications of genotype-environment correlation for establishing causal processes in psychopathology. *Developmental Psychopathology* 24: 1253–1264.

Jocklin, V., McGue, M. and Lykken, D.T. (1996). Personality and divorce: a genetic analysis. *Journal of Personality and Social Psychology* 71: 288–299.

Kandler, C., Bleidorn, W. and Riemann, R. (2012). Left or right? Sources of political orientation: The roles of genetic factors, cultural transmission, assortative mating, and personality. *Journal of Personality and Social Psychology* 102: 633–645.

Kendler, K.S. and Baker, J.H. (2007). Genetic influences on measures of the environment: a systematic review. *Psychological Medicine* 37: 61--626.

Keller, M.C., Medland, S.E., Duncan, L.E., Hatemi, P.K., Neale, M.C., Maes, H.H.M. and Eaves, L.J. (2009). Modeling Extended Twin Family Data I: Description of the Cascade Model. *Twin Research and Human Genetics* 12: 8–18.

Kleine, L., Paulus, W. and Blossfeld, H.-P. (2009). Die Formation elterlicher Bildungsentscheidungen beim Übergang von der Grundschule in die Sekundarstufe I. *Zeitschrift für Erziehungswissenschaft* 12: 103–125.

Knopik, V.S., Neiderhiser, J.M., DeFries, J.C. and Plomin, R. (2017). *Behavioral Genetics*. New York: Worth Publishing.

Kong, A., Thorleifsson, G., Frigge, M.L., Vilhjalmsson, B.J., Young, A.I., Thorgeirsson, T.E., Benonisdottir, S., Oddsson, A., Halldorsson, B.V., Masson, G., Gudbjartsson, D.F., Helgason, A., Bjornsdottir, G., Thorsteinsdottir, U. and Stefansson, K. (2018). The nature of nurture: Effects of parental genotypes. *Science* 359: 424–428.

Kumar, M. and Behera, B. (2022). Influence of home environment on children's foundational literacy and numeracy skills: A systematic synthesis with India in focus. Asian Journal for Mathematics Education: 1: 359–380.

Liu, H. (2018). Social and Genetic Pathways in Multigenerational Transmission of Educational Attainment. *American Sociological Review* 83: 278–304.

Mills, M.C. and Tropf, F.C. (2020). Sociology, Genetics, and the Coming of Age of Sociogenomics. *Annual Review of Sociology* 46: 553–581.

Neale, M.C. and Maes, H.H.M. (2004). *Methodology for Genetic Studies of Twins and Families*. Dordrecht: Kluwer Academic Publishers B.V.

Nielson, F. (2016). The Status-Achievement Process: Insights from Genetics. *Frontiers in Sociology* 1: 9.

Okbay, A., Beauchamp, J.P., Fontana, M.A., Lee, J.J., Pers, T.H., Rietveld, C.A., Turley, P., Chen, G.-B., Emilsson. V., Meddens, S.F.W., Oskarsson, S., Pickrell, J.K., Thom, K., Timshel, P., de Vlaming, R., Abdellaoui, A., Ahluwalia, T.S., Bacelis, J., Baumbach, C., Bjornsdottir, G., Brandsma, J.H., Concas, M.P., Derringer, J., Furlotte, N.A., Galesloot, T.E., Girotto, G., Gupta, R., Hall, L.M., Harris, S.E., Hofer, E., Horikoshi, M., Huffman, J.E., Kaasik, K., Kalafati, I.P., Karlsson, R., Kong, A., Lahti, J., van der Lee, S.J., deLeeuw, C., Lind, P. A., Lindgren, K.-O., Liu, T., Mangino, M., Marten, J., Mihailov, E., Miller, M.B., van der Most, P.J., Oldmeadow, C., Payton, A., Pervjakova, N., Peyrot, W.J., Qian, Y., Raitakari, O., Rueedi, R., Salvi, E., Schmidt, B., Schraut, K.E., Shi, J., Smith, A.V., Poot, R.A., Pourcain, B.St., Teumer, A., Thorleifsson, G., Verweij, N., Vuckovic, D., Wellmann, J., Westra, H.-J., Yang, J., Zhao, W., Zhu, Z., Alizadeh, B.Z., Amin, N., Bakshi, A., Baumeister, S.E., Biino, G., Bønnelykke, K., Boyle, P. A., Campbell, H., Cappuccio, F.P., Davies, G., De Neve, J.-E., Deloukas, P., Demuth, I., Ding, J., Eibich, P., Eisele, L., Eklund, N., Evans, D.M., Faul, J.D., Feitosa, M.F., Forstner, A.J., Gandin, I., Gunnarsson, B., Halldórsson, B.V., Harris, T.B., Heath, A.C., Hocking, L.J., Holliday, E.G., Homuth, G., Horan, M.A., Hottenga, J.-J., de Jager, P.L., Joshi, K.J., Jugessur, A., Kaakinen, M.A., Kähönen, M., Kanoni, S., Keltigangas-Järvinen, L., Kiemeney, L.A.L.M., Kolcic, I., Koskinen, S., Kraja, A.D., Kroh, M., Kutalik, Z., Latvala, A., Launer, L.J., Lebreton, M.P., Levinson, D.F., Lichtenstein, P., Lichtner, P., Liewald, D.C.M., LifeLines Cohort Study, Loukola, A., Madden, P. A., Mägi, R., Mäki-Opas, T., Marioni, R.E., Marques-Vidal, P., Meddens, G.A., McMahon, G., Meisinger, C., Meitinger, T., Milaneschi, Y., Milani, L., Montgomery, G.W., Myhre, R., Nelson, C.P., Nyholt, D.R., Ollier, W.E.R., Palotie, A., Paternoster, L., Pedersen, N.L., Petrovic, K.E., Porteous, D.J., Räikkönen, K., Ring, S.M., Robino, A., Rostapshova, O., Rudan, I., Rustichini, A., Salomaa, V., Sanders, A.R., Sarin, A.-P., Schmidt, H., Scott, R.J., Smith, B.H., Smith, J.A., Staessen, J.A., Steinhagen-Thiessen, E., Strauch, K., Terracciano, A., Tobin, M.D., Ulivi, S., Vaccargiu, S., Quaye,

L., van Rooij, F.J.A., Venturini, C., Vinkhuyzen, A.A.E., Völker, U., Völzke, H., Vonk, J.M., Vozzi, D., Waage, J., Ware, E.B., Willemsen, G., Attia, J.R., Bennett, D.A., Berger, K., Bertram, L., Bisgaard, H., Boomsma, D. I., Borecki, I.B., Bültmann, U., Chabris, C.F., Cucca, F., Cusi, D., Deary, I.J., Dedoussis, G.V., van Duijn, C.M., Eriksson, J.G., Franke, B., Franke, L., Gasparini, P., Gejman, P.V., Gieger, C., Grabe, H.-J., Gratten, J., Groenen, P.J.F., Gudnason, V., van der Harst, P., Hayward, C., Hinds, D.A., Hoffmann, W., Hyppönen, E., Iacono, W.G., Jacobsson, B., Järvelin, M.-R., Jöckel, K.-H., Kaprio, J., Kardia, S.L.R., Lehtimäki, T., Lehrer, S.F., Magnusson, P.K.E., Martin, N.G., McGue, M., Metspalu, A., Pendleton, N., Penninx, B.W.J.H., Perola, M., Pirastu, N., Pirastu, M., Polasek, O., Posthuma, D., Power, C., Province, M.A., Samani, N.J., Schlessinger, D., Schmidt, R., Sørensen, T.I.A., Spector, T.D., Stefansson, K., Thorsteinsdottir, U., Thurik, A.R., Timpson, N.J., Tiemeier, H., Tung, J.Y., Uitterlinden, A.G., Vitart, V., Vollenweider, P., Weir, D.R., Wilson, J.F., Wright, A.F., Conley, D.C., Krueger, R.F., Smith, G.D., Hofman, A., Laibson, D. I., Medland, S.E., Meyer, M.L., Yang, J., Johannesson, M., Visscher, P.M., Esko, T., Koellinger, P.D., Cesarini, D. and Benjamin, D.J. (2016). Genome-wide association study identifies 74 loci associated with educational attainment. *Nature* 533: 539–542.

Paulus, W. and Blossfeld, H.-P. (2007). Schichtspezifische Präferenzen oder sozioökonomisches Entscheidungskalkül? Zur Rolle elterlicher Bildungsaspirationen im Entscheidungsprozess beim Übergang von der Grundschule in die Sekundarstufe. *Zeitschrift für Pädagogik* 53: 491–508.

Perlstein, S. and Waller, R. (2020). Integrating the study of personality and psychopathology in the context of gene-environment correlations across development. *Journal of Personality* 90: 47–60.

Pingault, J.-B., Rijsdijk, F., Schoeler, T., Choi, S.W., Selzam, S., Krapohl, E., O'Reilly, P.F. and Dudbridge, F. (2021). Genetic sensitivity analysis: Adjusting for genetic confounding in epidemiological associations. *PLoS Genetics* 17: e1009590.

Plomin, R. (2018). *Blueprint: How DNA Makes Us Who We Are*. London: Penguin.

Plomin, R., Lichtenstein, P., Pedersen, N.L., McClearn, G.E. and Nesselroade, J.R. (1990). Genetic influence on life events during the last half of the life span. *Psychology and Aging* 5: 25–30.

Raffington, L., Mallard, T. and Harden, K.P. (2020). Polygenic Scores in Developmental Psychology: Invite Genetics In, Leave Biodeterminism Behind. *Annual Review of Developmental Psychology* 2: 389–411.

Roksa, J. and Potter, D. (2011). Parenting and Academic Achievement: Intergenerational Transmission of Educational Advantage. *Sociology of Education* 84: 299–21.

Salvatore, J.E., Lönn, S.L., Sundquist, J., Lichtenstein, P., Sundquist, K. and Kendler, K.S. (2016). Alcohol use disorder and divorce: evidence for a genetic correlation in a population-based Swedish sample. *Addition* 112: 586–593.

Schüttoff, U., Pawlowski, T. and Lechner, M. (2018). Die ökonomische Analyse des individuellen Sporttreibens. In: Güllich, A., Krüger, M. (Hrsg.), *Sport in Kultur und Gesellschaft*. Berlin: Springer

Spera, C. (2005). A Review of the Relationship Among Parenting Practices, Parenting Styles, and Adolescent School Achievement. *Educational Psychology Review* 17: 125–146.

Stocké, V. (2008). Herkunftsstatus und Sekundarschulwahl: die relative Bedeutung primärer und sekundärer Effekte. In: Rehberg, K.-S. (Hrsg.), *Die Natur der Gesellschaft: Verhandlungen des 33. Kongress der Deutschen Gesellschaft für Soziologie in Kassel 2006*, pp. 5489–5503. Frankfurt am Main: Campus.

Stocké, V. (2009). Adaptivity or conformity? The relevance of the reference group and of children's actual achievement for the development of parents' educational aspirations at the end of elementary schooling. *Zeitschrift für Erziehungswissenschaft* 12: 257–281.

Truett, K.R., Eaves, L.J., Walters, E.E., Heath, A.C., Hewitt, J.K., Meyer, J.M., Silberg, J.L., Neal, M.C., Martin, N.G. and Kendler, K.S. (1994). A Model System for the Analysis of Family Resemblance in Extended Kinship of Twins. *Behavior Genetics* 24: 35–49.

Tucker-Drob, E.M. (2017). Measurement Error Correction of Genome-Wide Polygenic Scores in Prediction Samples. bioRxiv 165472.

Turkheimer, E., Haley, A., Waldron, M., D'Onofrio, B. and Gottesman, I.I. (2003). Socioeconomic Status Modifies Heritability of IQ in Young Children. *Psychological Science* 4: 623–628.

Valdivieso, P. and Villena-Roldán, B. (2014). Opening the Black Box of Social Capital Formation. *American Political Science Review* 108: 121–143.

Van Bergen, E., van Zujen, T., Bishop, D. and de Jong, P.F. (2016). Why Are Home Literacy Environment and Children's Reading Skills Associated? What Parental Skills Reveal. *Reading Research Quarterly* 52: 147–160.

De Vries, L.P., van Beijsterveld, T.C.E.M., Maes, H., Colodro-Conde, L. and Bartels, M. (2021). Genetic Influences on the Covariance and Genetic Correlations in a Bivariate Twin Model: An Application to Well-Being. *Behavior Genetics* 51: 191–203.

Wang, B., Baldwin, J.R., Schoeler, T., Cheesmann, R., Barkhuizen, W., Dudbridge, F., Bann, D., Morris, T.T. and Pingault, J.-B. (2021). Genetic nurture effects on education: a systematic review and meta-analysis. *bioRxiv*. DOI: 10.1101/2021.01.15.426782.

Wilder, S. (2014). Effects of parental involvement on academic achievement: a meta-synthesis. Educational Review 66: 377–397.

Zimmermann, T. (2018). Die Bedeutung signifikanter Anderer für eine Erklärung sozial differenzierter Bildungsaspirationen. *Zeitschrift für Erziehungswissenschaft* 21: 339–360.

6 Gen-Umwelt-Interaktionen (GxE)

Im Gegensatz zu Gen-Umwelt-Korrelationen, die uns aufgrund genetischer Konfundierung vor zusätzliche Hürden für die Inferenz von Umwelteffekten setzen, bieten Gen-Umwelt-Interaktionen (GxE, G = gene, x = impliziert eine Interaktion, E = environment) ein spannendes Betätigungsfeld im Kerngebiet soziologischen Denkens – und das umso mehr, seit genetische Risiken über Polygenic Scores in einer Messung abgebildet werden. Damit sind sie in „klassischen" Untersuchungsdesigns mit Bevölkerungsstichproben integrierbar. Im Sinne eines vergleichenden Ansatzes beschäftigen sich GxE zum Beispiel mit der Frage, in welchen Umwelten oder sozialen Kontexten genetische Prädispositionen stärker oder schwächer zur Geltung kommen. Meist wird die Kontextabhängigkeit genetischer Unterschiede mit einem Beispiel von Conley (2009: 238, zitiert bei Diewald 2016: 18) illustriert: Eine genetische Prädisposition für Aggressivität bringt Menschen ins Gefängnis, wenn sie in einem Ghetto geboren werden. Die gleiche genetische Prädisposition katapultiert andere Menschen in die Vorstandsetage, kommen sie in einer Villa zur Welt. Methodisch lässt sich mit Interaktionen untersuchen, inwiefern der Zusammenhang eines Merkmals (z. B. der genetischen Prädisposition) mit dem zu erklärenden Ereignis (z. B. dem Kompetenzerwerb) von den Werten eines anderen Merkmals (z. B. der sozialen Umwelt) abhängt. Dabei übernimmt die Umwelt eine ganze Reihe von Funktionen: Sie kann genetische Risiken erst auslösen und damit manifest werden lassen, genetische Risiken über soziale Mechanismen unterdrücken oder genetische Risiken kompensieren und je nach genetischen Risiken gänzlich unterschiedlich wirken (Scabrook & Avison 2010: 1279 1281; Mills & Tropf 2020: 567–568). Die direkteste soziologische Analogie für Gen-Umwelt-Interaktionen findet sich in der empirischen Idee von Kontexteffekten wieder, die die Möglichkeiten von Individuen strukturieren, Handlungen oder Präferenzen zu verfolgen. Dieses Thema findet sich in der international vergleichenden Literatur zu Bildungserträgen, wenn bestimmte Gruppen (genetische Risiken) in bestimmten Kontexten (Umwelten) geringere Erträge am Arbeitsmarkt für ihr erworbenes Humankapital erhalten als in anderen Kontexten (z. B. Gangl 2003). Auch die Literatur zur intergenerationalen Vererbung von Bildung bezieht sich auf Kontexteffekte, wenn Familien sich zum Beispiel in ihren Neigungen und Fähigkeiten unterscheiden (Umwelten), das schulische Potenzial (genetische Risiken) ihrer Kinder adäquat zu fördern (z. B. Castro et al. 2015 oder Breen & Jonsson 2005 für eine Kombination der beiden Perspektiven). Damit wird auch deutlich, dass die analytische Ebene der Umweltcharakteristika (Ländervergleich oder die Untersuchung von Unterschieden zwischen Familien) je nach Forschungsfrage stark variieren kann. Wie wir aber noch sehen werden, findet sich diese Variation der analytischen Ebenen

https://doi.org/10.1515/9783111421919-006

gleichfalls auch in der verhaltensgenetischen Literatur mit soziologischen Fragestellungen wieder. Die vier Typen werden eingehender definiert, bevor wir uns ihren soziologischen Äquivalenten der Gen-Umwelt-Interaktionen zuwenden.

6.1 Das Triggering-Modell

Die vier Idealtypen von Gen-Umwelt-Interaktionen beruhen zwar alle auf der Grundidee einer Interaktion, gehen jedoch von unterschiedlichen theoretischen Annahmen für die erwarteten Muster aus. Typen von GxE firmieren je nach Literatur unter unterschiedlichen Bezeichnungen. Im Folgenden werden jeweils die soziologisch informativeren (englischen) Bezeichnungen genutzt und Alternativbezeichnungen in Klammern angegeben. Das „Triggering"-Modell (auch Diathesis-Stress) untersucht, unter welchen Umweltbedingungen genetische Prädispositionen – meist für Erkrankungen – ausgelöst (getriggert) werden. Die Studie von Kendler und Kolleginnen und Kollegen (1995) ist ein klassischer Vertreter dieses Modells: Die Autorinnen und Autoren untersuchten den Einfluss von stressreichen Lebensereignissen wie Eheproblemen, Scheidung, Arbeitsplatzverlust, finanziellen Problemen oder Gewalterfahrung auf das Auftreten einer schweren Depression. Das genetische Risiko für Depression wurde indirekt über Zwillingsdaten abgebildet. Einmal mit der Annahme, dass eineiige Zwillinge die genetische Risiken stärker teilen als das bei zweieiigen Zwillingen der Fall ist (siehe Tabelle 1 für ähnliche Ergebnisse mit den TwinLife-Daten), sowie zusätzlich aufgrund eines früheren Vorliegens von Episoden schwerer Depression beim jeweils anderen Zwilling. Die grundlegende Erwartung ist damit, dass das genetische Risiko eines eineiigen Zwillings, an einer schweren Depression zu erkranken, aufgrund der stärkeren genetischen Überlappung mit seinem Zwilling höher ist als bei einem zweieiigen Zwilling mit ebenfalls vorbelastetem Geschwisterkind. Niedrige genetische Risiken liegen dann bei Zwillingen ohne frühere Episoden von schwerer Depression vor, und zwar seltener bei eineiigen als bei zweieiigen. Denn auch für den umgekehrten Fall für die Abwesenheit von schweren depressiven Episoden ist die höhere genetische Überschneidung von eineiigen Zwillingen vorhersagekräftiger und legt damit auch ein niedrigeres Risiko nahe als bei zweieiigen Zwillingen, die sich nur etwa 50 Prozent ihrer Gene teilen. Insgesamt wurden mehr als 50.000 Personenmonate für etwas mehr als 1.000 weibliche Zwillinge untersucht. Abbildung 41 gibt das Hauptergebnis von Kendler und Kolleginnen und Kollegen (1995: 837, Figure 1) wieder.

Demnach sind Unterschiede in den genetischen Risiken für schwere Depression effektiv irrelevant, *wenn* es keine umweltbedingten Auslöser für ihre Manifestation gibt. In diesem Fall finden sich in circa 1 Prozent der untersuchten Personenmonate schwere depressive Episoden. Sobald jedoch stressreiche Lebensereignisse vorliegen,

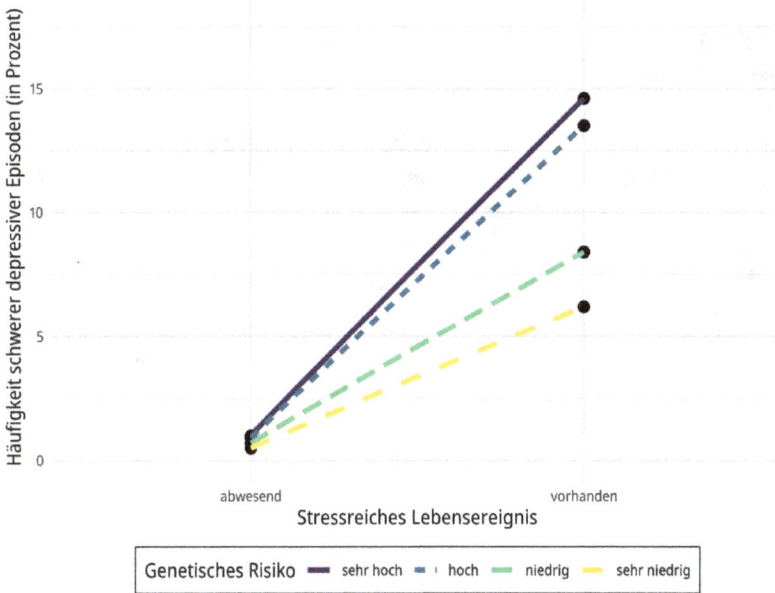

Abbildung 41: GxE des Types „Triggering", stressreiche Lebensereignisse und schwere Depression bei Frauen.
Quelle: Kendler et al. (1995: 837), eigene Darstellung.

schnellt die Rate schwerer Depressionen um ein Vielfaches in die Höhe – und zwar für alle Gruppen, ob niedriges oder hohes genetisches Risiko. Dennoch findet sich ein für Gen-Umwelt-Interaktionen charakteristisches Muster: Der Anstieg des Depressionsrisikos ist höher, je höher ein genetisches Risiko für schwere Depressionen vorliegt. Für diejenigen Personen mit einem (indirekt angenommenen) niedrigen genetischen Risiko versiebenfacht sich die Depressionsrate, während sie ungefähr dreizehnfach für Frauen mit hohem genetischem Risiko steigt. Wichtig ist auch hier noch einmal hervorzuheben, dass die Umweltbedingung „stressreiches Lebensereignis" für alle Individuen die Rate der schweren Depression erhöht. Die Erhöhung variiert jedoch systematisch mit dem genetischen Risiko. Neuere Forschung, die das genetische Risiko nicht mehr indirekt, sondern direkt über Polygenic Scores für Depression abbildet, repliziert diese Muster (Colodro-Conde et al. 2018; Arnau-Soler et al. 2019).

Genuin soziologische Anwendungen des Triggering-Modells sind rar und weisen fast ausschließlich einen gesundheitssoziologischen Bezug auf. So untersucht ein Beispiel des Triggering-Modells den Einfluss von Jobverlust auf Gesundheit und gesundheitsbezogenes Verhalten von älteren Arbeitnehmerinnen und Arbeitnehmern (Schmitz et al. 2021). Die Autorinnen und Autoren nutzten in ihrer Untersuchung eine innovative Messung des genetischen Risikos für die Höhe des Body-Mass-Index (BMI). Gemessen wurde jedoch nicht nur das genetische Risiko für den BMI, sondern auch die individuelle Variation im BMI: Manche Menschen halten im Lebensverlauf ihr Gewicht relativ konstant, während andere deutlich stärker um einen Mittelwert variieren. Der Arbeitsplatzverlust fungiert im Rahmen der Untersuchung als Auslöser für vorhandene genetische Risiken. Er moderierte die genetischen Risiken für den durchschnittlichen BMI jedoch nicht: Für beide Gruppen – diejenigen, die ihren Job verloren und diejenigen, die weiterhin beschäftigt waren – stieg der BMI mit dem genetischen Risiko. Für die Variation im BMI fanden die Autorinnen und Autoren jedoch Hinweise auf eine GxE des Triggering-Modells: Individuen mit genetischen Risiken für hohe BMI-Variabilität waren besser in der Lage, den Jobverlust „abzufangen" als vergleichbare Individuen mit genetischen Risiken für niedrige Variabilität.

Auch wenn bisher vergleichsweise wenig soziologische Anwendungen des Triggering-Modells existieren, liegen Erweiterungen mit gesundheitsbezogenen Explananda im Kontext breiterer Muster sozialer Ungleichheit auf der Hand: A priori gibt es keine Hinweise, anzunehmen, dass genetische Risiken für einen durchschnittlichen BMI oder die Variabilität des BMI im Lebensverlauf sozial stratifiziert wären. Das Risiko für Jobverlust ist jedoch zweifellos höher bei sozial niedriger gestellten Individuen. Allgemeiner ausgedrückt kann man davon ausgehen, dass viele häufig vorkommenden „Umwelttrigger" sozial stratifiziert sind: differenzielle Arbeitsbelastung über Berufsgruppen, Unfallrisiken oder generell sozial stratifizierte Muster des Gesundheitsverhaltens (z. B. Vorsorge, sportliche Aktivität oder Rauchen). „Triggerkonditionen" sind sozial ungleich verteilt und sollten bei sozial gleich verteilten genetischen Risiken deshalb zu Mustern sozialer Ungleichheit beitragen.

6.2 Das Social-Compensation-Modell

Der zweite Typ wird als „Social-Compensation"-Modell (auch „Bioecological-" oder „Social-Enhancement"-Modell) bezeichnet und beschreibt Situationen, in denen genetische Risiken in stabilen Umwelten maximiert werden. Während das Trigger-Modell die Umwelt als Auslöser für Risiken konzeptualisiert, bietet nach dem Social-Compensation-Modell die Umwelt Ressourcen und Möglichkeiten, „negative" Risiken abzufedern. Die entsprechende Literatur ist stärker auf sozialstrukturelle Phänomene fokussiert, da Forschung zum Kompetenzerwerb und zur Bildungsbeteiligung eine zentrale Rolle spielt und die soziale Herkunft (oder allgemeine Charakteristika der Eltern und der Herkunftsfamilie) wichtige Umweltbedingungen und Mechanismen der sozialen Kompensierung darstellt. Ein viel zitiertes Beispiel dieses Typus Gen-Umwelt-Interaktion ist die Studie von Turkheimer und Kolleginnen und Kollegen (2003). Darin wird anhand von Zwillingsdaten untersucht, wie die relativen Anteile von Gene und Umwelt in den Unterschieden kognitiver Fähigkeiten zwischen Familien verschiedener sozialer Herkunft variieren. Die Ergebnisse zeigen, dass für sozial schwache Familien Unterschiede in den kognitiven Fähigkeiten fast ausschließlich auf Umweltunterschiede zurückzuführen sind. Genauer sind ungefähr 60 Prozent der Unterschiede durch Unterschiede in der geteilten Umwelt und die verbleibenden 40 Prozent auf die nichtgeteilte Umwelt zurückzuführen. Genetische Unterschiede spielen keine Rolle, um Unterschiede zwischen Kindern aus sozial schwachen Familien zu erklären. Im Gegenzug spielt die *Umwelt* so gut wie keine Rolle für die Erklärungen von Unterschieden in den kognitiven Fähigkeiten von Kindern aus Familien mit hohem sozioökonomischem Status, sondern fast ausschließlich genetische Unterschiede. Ein Grund für die Muster kann im Grad der Unterschiedlichkeit häuslicher Umwelten über soziale Herkunftsgruppen hinweg liegen: Während in Hochstatusfamilien die Umwelten vergleichsweise homogen sein dürften (hohe Ressourcenausstattung für etwaige Kompensationsanstrengungen, bessere Verfügbarkeit von kulturellem Kapital, bildungsfördernde Einstellungen, Normen und Aspirationen der Eltern und Bezugsgruppen), tragen sie kaum zu Unterschieden in den kognitiven Fähigkeiten bei. Eltern niedriger sozialer Herkunft sind zwar auch in einigen Dimensionen homogen (Ressourcenausstattung), in anderen relevanten Dimensionen, wie bildungsbezogenen Einstellungen, mag es jedoch substanziellere Unterschiede geben. Dann ist weniger das Ergebnis der Genlotterie ausschlaggebend, und familiale Merkmale entscheiden stärker, ob Kinder in ihrer kognitiven Entwicklung unterstützende Umwelten erfahren oder nicht. Abbildung 42 zeigt die zentralen Ergebnisse: Mit dem sozioökonomischen Status der Herkunftsfamilie steigt die Bedeutung genetischer Unterschiede zur Erklärung von Unterschieden in den kognitiven Fähigkeiten von Kindern (rote Linie), während gleichzeitig die Bedeutung von Umweltunterschieden sinkt (grüne und blaue Linie).

Abbildung 43 „übersetzt" die indirekten da zwillingsbasierten Ergebnisse in ein hypothetisches Interaktionsmodell. Für die genetische Komponente wird angenommen, dass sie über einen Polygenic Score für kognitive Fähigkeiten abgebildet wird. Dieser hängt damit für Kinder aus Familien mit niedrigem sozioökonomischem Status nicht mit kognitiven Fähigkeiten zusammen (horizontale gestrichelte Linie), während für Kinder aus Hochstatusfamilien der erwartete positive Zusammenhang besteht (Linie mit positiver Steigung). Für Umweltbedingungen im rechten Teil der Grafik ist die Situation dann umgekehrt. Hier profitieren Kinder aus Familien mit hohem sozioökonomischem Status kaum von förderlichen Umweltbedingungen, während diese stark mit kognitiven Fähigkeiten für Kinder aus Niedrigstatusfamilien

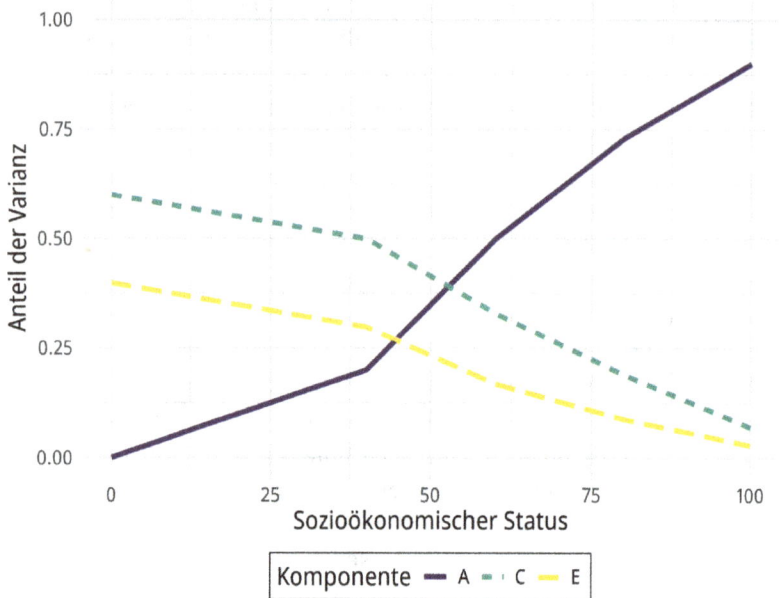

Abbildung 42: GxE des Typus „Social Compensation".
Quelle: Turkheimer et al. (2003: 627), höhere Werte der x-Achse geben höhere Werte des
sozioökonomischen Status wieder, eigene Darstellung.

zusammenhängen. Der indirekte Ansatz über Zwillingsdaten ist zwar sparsamer in
der Modellierung, bezieht sich aber ausschließlich auf die Ursachen von Unterschieden! Die unmittelbare Untersuchung über regressionsbasierte Interaktionsmodelle
und direkte Messung genetischer Risiken modelliert den Einfluss der Unterschiede
in den genetischen Risiken und Umweltbedingungen jedoch auf die intuitiveren mittleren kognitiven Fähigkeiten.

Als Scarr-Rowe-Hypothese findet sich der verhaltensgenetische Blick auf kognitive Kompetenzen und soziale Herkunft bereits seit Anfang der 1970er-Jahre in der
Literatur. Für Deutschland demonstrierten Baier und Lang (2019) mit Daten des
TwinLife-Panels ähnliche Muster, wenngleich nicht so eindrücklich wie bei Turkheimer und Kollegen und Kolleginnen (2003). In einer Metastudie tritt sogar noch ein
weiterer Umwelteffekt zutage: Die Scarr-Row-Hypothese bestätigt sich konsistenter
in den USA als in anderen Ländern (Tucker-Drob & Bates 2016). Als Grund dafür
nennen die Autoren die stärkere soziale Ungleichheit im Zugang in den USA zu
hochwertiger Bildung und anderen relevanten Bereichen, wie dem Gesundheitssystem, verglichen mit anderen Kontexten. Wie in soziologischer Forschung ist es also
auch für verhaltensgenetische Untersuchung entscheidend, die Mehrebenenstruk-

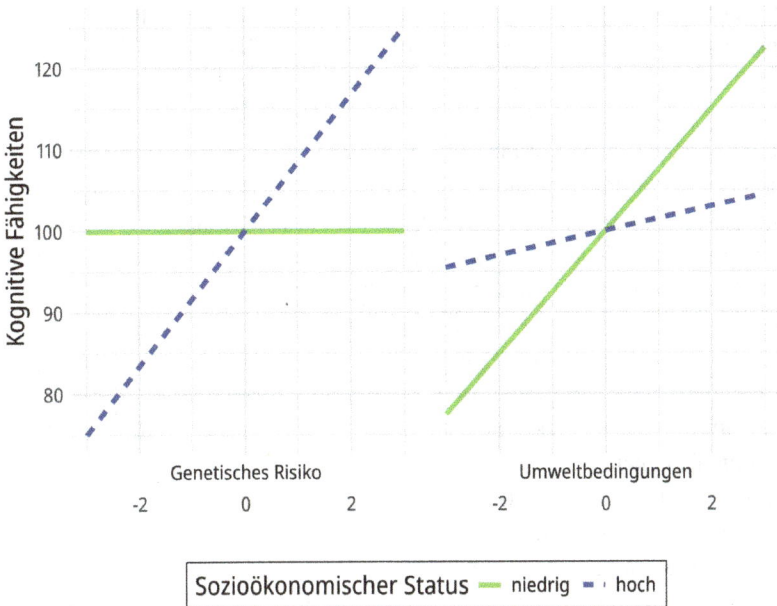

Abbildung 43: Eigene Darstellung einer hypothetischen GxE nach dem Vorbild von Turkheimer et al. (2003) auf Grundlage von Polygenic Scores und fiktivem Umweltindikator.

tur sozialer Phänomene und ihrer Erklärungen im Blick zu behalten und Umwelt- oder Kontextbedingungen auf analytisch relevanten Ebenen zu definieren. Turkheimer und Kollegen und Kolleginnen (2003) deckten einen sozialen Gradienten zwischen Familien auf, der wiederum im internationalen Vergleich einen eigenen Gradienten hat. Als Resultat dieses Forschungsfeldes hat sich auch eine Interpretation etabliert, der wir bereits häufiger begegnet sind: Das Ausmaß der Erblichkeit eines Merkmals in einer Population wird als ein Indikator für Chancengleichheit gewertet. Je höher die Erblichkeit ist, desto geringer muss zwangsläufig die Relevanz von Umweltunterschieden sein. Da wir wissen, dass auch Umwelten sozial stratifiziert sind, kann es bezüglich der Chancengleichheit erstrebenswert sein, diese Einflüsse weitestgehend zu minimieren. Im Gegensatz zur Scarr-Rowe-Hypothese geht die Saunders-Hypothese von einer negativen Gen-Umwelt-Interaktion zwischen genetischem Risiko und sozioökonomischem Status aus (Saunders 2010). Soziale Eliten wären demnach besser in der Lage, eventuelle „negative" genetische Risiken für kognitive Fähigkeiten ihres Nachwuchses zu korrigieren oder besitzen Ressourcen, um andere soziale Vorteile zu mobilisieren, weshalb genetische Unterschiede für die Erklärung von kognitiven bzw. bildungsbezogenen Unterschieden bei Hochstatusfamilien weniger relevant sind. Lin (2020) testet für das Beispiel des Bildungserwerbs die konkurrierenden Scarr-Rowe- und Saunders-Hypothesen mit US-amerikanischen Daten gegeneinander, die das genetische Risiko für hohe Bildung anhand der zum damaligen Zeitpunkt aktuellen Polygenic Scores von 2018 abbildeten. Der verwendete Polygenic Score erklärt mit 11–13 Prozent etwas weniger Unterschiede im Bildungserwerb als die Variante von 2022 mit etwa 16 Prozent (Lee et al. 2018; Okbay et al. 2022). Die Ergebnisse zeigen einen durchschnittlich positiven Zusammenhang zwischen dem genetischen Risiko für hohe Bildung und dem Bildungserwerb. Die Gen-Umwelt-Interaktion ist jedoch negativ und entspricht damit dem vorhergesagten Muster von Saunders und nicht der Scarr-Row-Hypothese. Aber auch für dieses Beispiel scheinen die Ergebnisse nur auf den ersten Blick im Widerspruch zu bisher diskutierten Ergebnissen zu stehen. Die Scarr-Row-Hypothese bezieht sich primär auf die kognitiven Fähigkeiten und damit auf ein Merkmal, das durch hohe Erblichkeit und niedrige Effekte der geteilten Umwelt gekennzeichnet ist. Zwar sind kognitive Fähigkeiten eng mit Bildungserwerb verknüpft, aber eben nicht synonym. Der Ausnahmecharakter der Bildung hinsichtlich relativ niedriger Erblichkeit bei vergleichsweise hohem Einfluss der geteilten Umwelt wurde bereits diskutiert. Geteilte Umwelteffekte für kognitive Fähigkeiten beziehen sich theoretisch stärker auf die Gestaltung stimulierender und fordernder häuslicher (Lern-) Umwelten. Geteilte Umwelteffekte für den Bildungserwerb beziehen darüber hinaus stärker auf individuelle Entscheidungen an Bildungsübergängen, die oftmals deutlich mehr Einflussspielraum für sozial stratifizierte elterliche Ambitionen und Motivationen (zum Beispiel hinsichtlich des Statuserhalts) bieten.

Ebenfalls anhand eines Polygenic Scores für hohe Bildung untersuchen Harden und Kolleginnen und Kollegen (2020), wie die Kurswahl und die Beharrlichkeit im Mathematikkurrikulum an US-amerikanischen Sekundarschulen durch die soziale Komposition der Schulen moderiert wird. Im Gegensatz zum deutschen Schulsystem, in dem Kinder anhand bisheriger Leistungen (mehr oder weniger verpflichtend) frühzeitig auf verschiedene Schulformen mit ihren jeweils eigenen Kurrikula aufgeteilt werden, erfolgt das sogenannte „tracking" in den USA innerhalb von Schulen: Je nach Leistung und Präferenz erhalten Schülerinnen und Schüler die Möglichkeit, Kurse mit variierendem Anspruchsniveau in ausgewählten Fächern zu belegen. Mitunter ist es ihnen sogar erlaubt, im deutschen Bildungssystem als Kernfächer deklarierte Bereiche wie Mathematik nach einer Mindestbelegdauer abzuwählen. Demnach stehen den Autorinnen und Autoren zwei aufeinander bezogene Indikatoren zur Verfügung, um die „Talentpipeline" für Mathematik zu untersuchen: Die Kurswahl legt den inhaltlichen Anspruch fest (von grundlegenden Veranstaltungen zur Algebra bis hin zu fortgeschrittenen Kursen zur Infinitesimalrechnung) und die aufeinanderfolgende Wahl weiterer mathematischer Kurse gibt die Persistenz im Fach Mathematik wieder. Jene Schülerinnen und Schüler mit höherem genetischem Risiko für hohe Bildung wählten im Durchschnitt häufiger anspruchsvollere Kurse und entschieden sich häufiger, diese Kurse länger in ihrer Schulkarriere fortzuführen (Harden et al. 2020: Figure 1). Das Flussdiagramm in Abbildung 44 zeigt dieses Ergebnis grafisch von der 9. bis zur 12. Klasse sowie für postsekundäre Bildung. Die vertikale Anordnung der englischen Kursbezeichnungen geben das Anspruchsniveau an (je höher, desto anspruchsvoller), während die „Stärke" der Flüsse Einblick in die Häufigkeit der gewählten Kurse und die Farbe das durchschnittliche genetische Risiko der jeweiligen Kurspopulation angibt. Mit steigendem Anspruchsniveau steigt also auch das durchschnittliche genetische Risiko für hohe Bildung der betreffenden Schüler und Schülerinnen. Betrachtet man nur die zeitlichen Abschnitte der Schulkarrieren (Klasse 9 bis 12), so fällt zudem auf, dass die Schülerinnen und Schüler, die anspruchsvollere Kurse belegen, deutlich seltener Mathematik abwählen und das Fach häufiger – oft sogar mit zusätzlichem Anspruchsniveau – belegen (visuell „fließt" der Fluss in den oberen Segmenten nach oben mit weniger Abzweigungen nach unten). Insgesamt besteht also ein positiver Zusammenhang zwischen genetischem Risiko für hohe Bildung und dem weiteren Verfolgen bzw. Verbleiben in mathematischen Kursen.

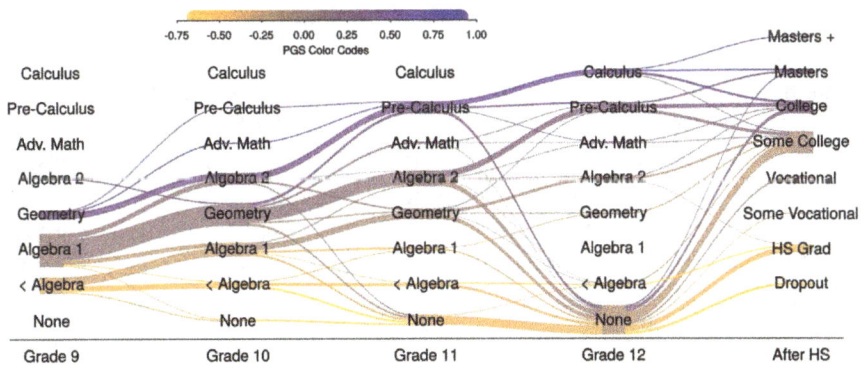

Abbildung 44: Genetisch-sensitive Kursprogression im US-amerikanischen Mathematikkurrikulum. Quelle: Harden et al. (2020: Figure 3). Die erste Spalte gibt die Kurse wieder: Infinitesimalrechnung, vorbereitende Infinitesimalrechnung, fortgeschrittene Mathematik, Algebra 2, Geometrie, Algebra 1, grundlegende Algebra und keine (von oben nach unten). In der letzten Spalte sind zudem Abschlüsse abgetragen: mehr als Master, Master, Bachelor, nichtabgeschlossener Bachelor, Berufsausbildung, nichtabgeschlossene Berufsausbildung, Highschool-Abschluss, kein Abschluss (ebenfalls von oben nach unten).

Die Gen-Umwelt-Interaktion des Typus sozialer Kompensierung untersucht dann, inwiefern diese genetisch stratifizierten Muster des Trackings und der Persistenz durch soziale Prozesse moderiert werden. Sind zum Beispiel Schulen, deren Schülerschaft eher durch hohe soziale Herkunft geprägt ist, besser in der Lage, Schülerinnen und Schülern mit unterdurchschnittlichen genetischen Risiken für hohe Bildung anspruchsvolle Kurse schmackhaft zu machen? Können sie sie davon abhalten, in die weniger anspruchsvollen Kurse zu gehen und damit eventuelle Nachteile in der postsekundären Bildungswahl zu generieren oder sie länger für Mathematikkurse generell zu begeistern?

Abbildung 45 zeigt die Ergebnisse zu diesen Fragen. Auf den x-Achsen sind jeweils die genetischen Risiken für hohe Bildung angegeben. Linienfarbe und Linientyp entsprechen der Schulzusammensetzung hinsichtlich der sozialen Herkunft (25-Prozent-Perzentil als Repräsentanten für eine Zusammensetzung aus Familien mit weitestgehend niedrigem Status sowie das 75-Prozent-Perzentil für den umgekehrten Fall mit hohem sozioökonomischen Status). Die y-Achsen geben bereichsspezifisch die Wahrscheinlichkeit des Belegens fortgeschrittener Mathematikkurse (Tracking) und die Anzahl weiterführender Kursbelegung (Persistenz) an. In beiden Fällen finden sich Hinweise für sozial-kompensatorische Gen-Umwelt-Interaktionen. Hinsichtlich des Trackings wird hier noch einmal das allgemeine Muster bestätigt, dass die Wahl fortgeschrittener Kurse mit dem genetischen Risiko ansteigt. Dabei ist der Anstieg jedoch substanziell ausgeprägter in Schulen mit hoher sozioökonomischer Zusammensetzung. Für Kinder mit sehr niedrigen genetischen Risiken für hohe Bildung ist die Schulzusammensetzung ohne Bedeutung. Die Wahrscheinlichkeit, anspruchsvolle Kurse zu wählen, liegt im einstelligen Bereich. Für Kinder am anderen Ende des Risikospektrums – und zwar gerade bei jenen mit außergewöhnlich hohen genetischen Risiken, ausgedrückt durch den Trendbruch für die letzten beiden Beobachtungen – spielt die Schulzusammensetzung eine gewichtige Rolle. In Hochstatusschulen wählt fast die Hälfte aller Schülerinnen und Schüler mit hohen genetischen Risiken einen anspruchsvollen Kurs, während es in Niedrigstatusschulen nur etwa ein Drittel der Schülerschaft tut. Die weitestgehend aus Hochstatusfamilien zusammengesetzten Schulen scheinen also maßgeblich daran beteiligt zu sein, genetische Potenziale gerade derjenigen Schülerinnen und Schüler zu realisieren, die ein hohes Bildungsrisiko besitzen. Für den Fall der Persistenz scheint soziale Kompensation eher im niedrigen Risikospektrum zu wirken. Hier sehen wir in der rechten Seite von Abbildung 45, dass Hochstatusschulen eher in der Lage zu sein scheinen, selbst Kinder mit niedrigen genetischen Risiken für hohe Bildung zu einer weiterführenden Kursbelegung motivieren zu können. Der Schulstatus verliert mit steigendem genetischem Risiko zunehmend an Relevanz und für Kinder mit außergewöhnlich hohen genetischen Risiken gibt es effektiv keine Unterschiede in der Persistenz bei der Belegung von Mathematikkursen.

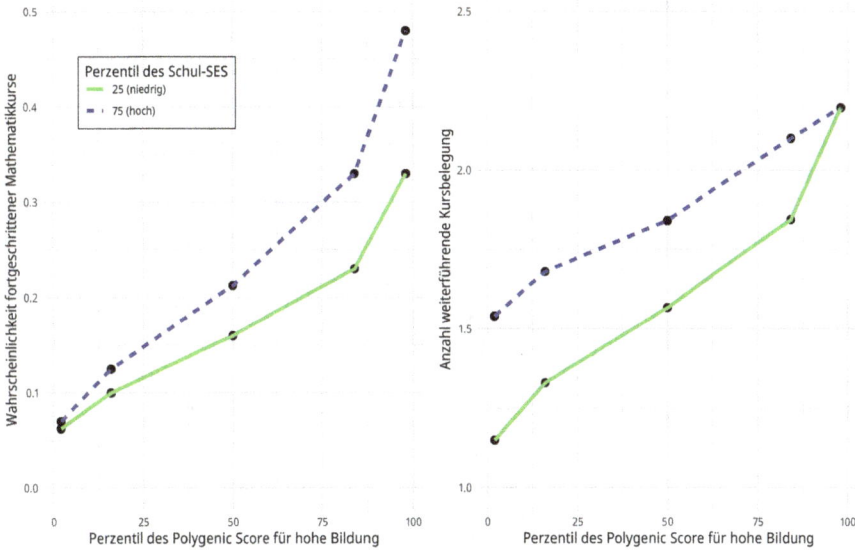

Abbildung 45: Kursform und Persistenz im Mathematikunterricht nach Schulstatus und genetischem Risiko für hohe Bildung.
Quelle: Harden et al. (2020: Figure 4), eigene Darstellung. Schul-SES bezieht sich auf die sozioökonomische Zusammensetzung der besuchten Schule.

Zu den genauen Ursachen bzw. Mechanismen, über die die soziale Kompensation in diesem Anwendungsbeispiel erzeugt wird – und vor allem in welchem Kontext dies geschieht, ob Schule und/oder Familie – kann die vorliegende Studie leider keine Aussagen treffen. Des Weiteren bleibt unklar, inwiefern Tracking und Persistenz andere Dimensionen von Bildungsentscheidungen ansprechen. Denn bei genauer Betrachtung der Ergebnisse fällt auf, dass Tracking konsistent mit der Scarr-Row-Interpretation sozialer Kompensation ist, während Persistenz aber im Einklang mit der Saunders-Hypothese steht. Dabei entspricht das Tracking aber einer einzelnen Bildungsentscheidung in Klasse 9 während Persistenz letztlich dem Aggregat aufeinanderfolgender Bildungsentscheidungen der Klassen 10, 11 und 12 angibt, denn es geht um die Anzahl positiver Entscheidungen für das Weiterbelegen von Mathekursen. Auch sind die Ergebnisse nur teilweise konsistent mit Erwartungen bezüglich des Musters des Zusammenspiels von primären Effekten (jene auf den Kompetenzerwerb) und sekundären Effekten (jene auf die Bildungsentscheidungen) der sozialen Herkunft in der Bildungsbeteiligung (Jackson et al. 2007). Diese beziehen sich zwar explizit auf Bildungsübergänge in vertikal stratifizierten Bildungssystemen – also auf Muster zwischen Schulformen –, eine ähnliche Logik dürfte aber auch auf Bildungsentscheidungen innerhalb einer Schule anwendbar sein. Nehmen wir daher vorläufig an, dass die genetischen Risiken für hohe Bildung ein brauchbarer Indikator für die realisierten Kompetenzen sind. Dann würde man – bei gleichen Leistungen – gerade im mittleren Kompetenzspektrum die ausgeprägtesten sozialen Unterschiede in den Bildungsentscheidungen erwarten, da diese im Gegensatz zu sehr schlechten bzw. sehr guten Leistungen hier kein klares Signal für die Erfolgswahrscheinlichkeit im anspruchsvolleren Zweig bzw. Fach geben. Das zu diesen Erwartungen abweichende Muster bei Harden und Kolleginnen und Kollegen (2020), nämlich, dass soziale Effekte nicht im mittleren Spektrum, sondern je nach Indikator für sehr niedrige oder sehr hohe genetische Risiken am stärksten ausgeprägt sind, könnte mehrere Ursachen haben. Klassische Bildungsentscheidungen – also welche Schulform Kinder besuchen sollen – werden primär in Familien getroffen. Das abweichende Muster könnte daher dafür sprechen, dass die Ursachen in den Schulunterschieden zu suchen sind. Speziell vor dem Hintergrund deutlich ausgeprägterer Ressourcenungleichheit zwischen US-amerikanischen Schulen im Vergleich zu europäischen oder speziell dem deutschen Schulsystem scheint hier auch ein Möglichkeitsgefälle zum Tragen zu kommen, schwächere Schülerinnen und Schüler besser zur Teilnahme an anspruchsvolleren Veranstaltungen zu motivieren. Darüber hinaus werden ihnen möglicherweise sogar stärkere Unterstützungsleistungen angeboten. Ebenso könnte das Muster Ausdruck struktureller Ungleichheit dahingehend sein, dass ressourcenschwächere Schulen Mathematikkurse nicht in voller Anspruchsbandbreite anbieten können und damit künstlich die Auswahlmöglichkeiten beschränken. Alternativ können die Unterschiede auch durch die Annahme getrieben sein, dass die genetischen Risiken als imperfekte Messung der Leistungen verbleiben. Und das dürfte auch nicht verwundern, denn diese bilden ja eben *nur* die Risiken ab, nicht aber die *Realisierung* dieser Risiken.

Neben international vergleichenden Perspektiven sind auch andere Forschungsdesigns in der GxE-Literatur anzutreffen, um Muster des sozialen Wandels zu untersuchen. Conley und Kollegen (2016) zeigen mittels eines Kohortenvergleichs, dass der Body-Mass-Index der US-amerikanischen Bevölkerung über Geburtskohorten hinweg ansteigt. Für Individuen mit höherem genetischem Risiko für Übergewicht ist dieser Anstieg jedoch deutlich stärker ausgeprägt als für Personen mit einem niedrigen genetischen Risiko. Die Umweltbedingungen ändern sich zwar für alle Personen einer Geburtskohorte in ähnlichem Maße (z. B. nimmt die Verfügbarkeit von billiger, kalorienreicher Nahrung im Kohortenverlauf deutlich zu), die Konsequenzen der Kontextänderung sind jedoch genetisch stratifiziert. Die soziale Kompensation muss also nicht zwangsläufig in eine wünschenswerte Richtung gehen. Die zugrundeliegende Idee bezieht sich lediglich auf Umweltkonditionen, die die Realisierung eines genetischen Risikos begünstigen. Das kann auch bedeuten, dass die Risiken mit langfristig negativen Ergebnissen (für das Beispiel Übergewicht etwa Gelenk- oder Gefäßprobleme bzw. allgemein höhere Mortalität) verknüpft sind.

6.3 Das Differential-Susceptibility-Modell

Der dritte Typ wird als „Differential-Susceptibility"-Modell bezeichnet und bezieht sich auf Unterschiede in der Plastizität von Individuen hinsichtlich Umweltunterschieden (Mills & Tropf 2020: 568). Während bestimmte genetische Prädispositionen manche Personen hochgradig „anfällig" für jede Art Umwelt machen, sind andere Personen sehr stabil in ihrem Verhalten und reagieren damit kaum auf Umwelteinflüsse und deren Änderung. Als Analogie für das Spektrum des Plastizitätsgrades wird oft der Vergleich zwischen Löwenzahn und Orchidee herangezogen. Letztere Pflanze reagiert hochgradig sensibel auf Änderungen der Umwelt bzw. benötigt spezifische Umweltkonditionen, um zu gedeihen. Dagegen ist Löwenzahn anspruchsloser und resilienter, was Umweltbedingungen betrifft. Die Nähe zum Triggering-Modell liegt auf der Hand, jedoch fokussiert sich das Differential-Susceptibility-Modell nicht ausschließlich auf den konditionalen Einfluss negativer Umweltbedingungen, sondern formuliert allgemeiner, dass die Anfälligkeit in beide Richtungen geht. Damit sind jene Individuen, die einem erhöhten Risiko ausgesetzt sind, auch diejenigen, die am sensibelsten auf Interventionen ansprechen sollten (Belsky & Pluess 2009). Dieser Typ GxE wird ebenfalls mittels der indirekten Zwillingsmethoden sowie direkten Messungen genetischer Unterschiede untersucht. Deutlich häufiger sind die Formen direkter Messungen anzutreffen – jedoch nicht über Polygenic Scores! Hier wird weiterhin an der Tradition von Kandidatengenstudien festgehalten (z. B. 5-HTTLPR, DRD4 oder das bereits angesprochene MAO-A-Gen und damit verknüpfte Unterschiede im Dopamin-System). Dies geschieht, obwohl Kandidatengenstudien durch die Erkenntnisse von genomweiten Assoziationsstudien – dass komplexes menschliches Verhalten hochgradig polygenetisch ist – und die schwierige Replizierbarkeit einzelner Studien als veralteter Ansatz betrachtet werden. An dieser Stelle beschränken wir uns daher lediglich auf einen kurzen Überblick zur experimentellen GxE-Literatur, mit der Annahme, dass experimentelle Methoden kausale Muster direkter abbilden können, als das bei Korrelationsstudien der Fall ist. Zudem kann das Erkenntispotenzial des Differential-Susceptibility-Modells gerade für das Design aussichtsreicher sozialer Interventionen von großer Bedeutung sein.

Van Ijzendoorn und Bakermans-Kranenburg (2015) demonstrieren in ihrer Metastudie zur experimentellen GxE-Literatur, dass gerade randomisierte Kontrollstudien zu Interventionen in Form von breit angelegten Trainingsprogrammen oder Maßnahmen, die die Lebensumstände betroffener Personen direkt verändern sollen, substanzielle und konsistente Effekte aufzeigten. Eine Intervention zur Drogenprävention versuchte beispielsweise mittels regelmäßiger Gruppentreffen von Eltern und ihren jugendlichen Kindern Fähigkeiten zu vermitteln, um emotional zu unterstützen und verantwortungsbewusstere Entscheidungen zu treffen (Beach et al. 2010). Mehr als zwei Jahre nach der Intervention stieg der Drogenkonsum der

Kontrollgruppe stark an, nicht aber der Experimentalgruppe – und zwar nur dann, wenn ein genetisches Risiko für hohe Plastizität vorlag. (In diesem Fall eine bestimmte Form des DRD4-Gens, welches für Dopamin-Rezeptoren kodiert.) Die hohe Plastizität war damit wirksam in beiden Richtungen: Sie sicherte den Erfolg der Intervention für die Experimentalgruppe, machte aber die Kontrollgruppe anfälliger für drogenbezogene Einflüsse von Bezugsgruppen. Abbildung 46 visualisiert das zentrale Ergebnis:

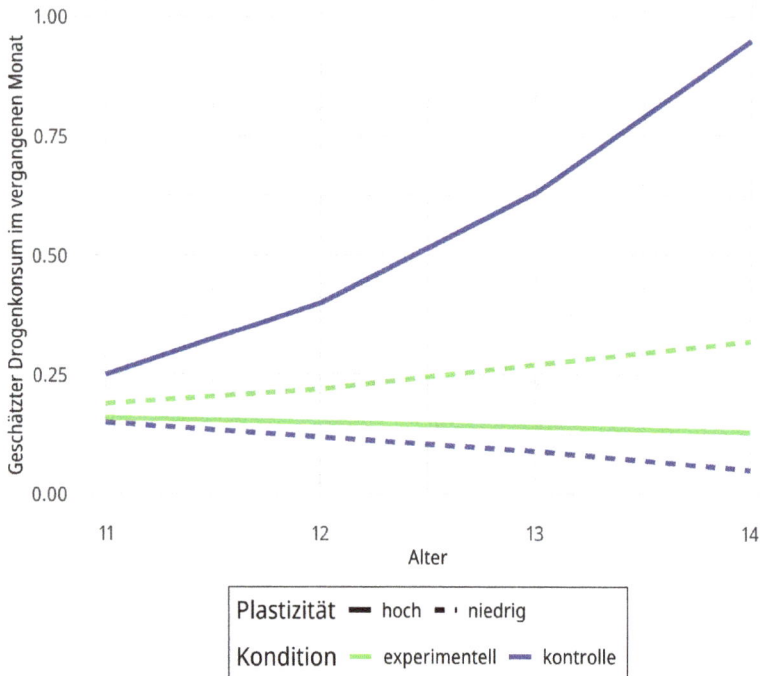

Abbildung 46: GxE des Differential-Susceptibility-Modells.
Quelle: Beach et al. (2010: 518), eigene Darstellung.

Direkte soziologische Beispiele für das Differential-Susceptibility-Modell sind eher selten. An der Schnittstelle zwischen Psychologie und Soziologie angesiedelt sind jedoch Studien, die diesen GxE-Typus im Rahmen von Untersuchungen zu den Effekten elterlicher Erziehung auf Verhalten und Merkmale der Kinder untersuchen. Im Kern untersuchen diese Studien also die Grundlage für Variation im Ausmaß sozialer Transmissionsprozesse. Um bei unserem Vergleich zu bleiben: Während Orchideen hochgradig anfällig für elterliche Erziehung sind, ist deren Wirksamkeit für kindlichen Löwenzahn stark reduziert oder sogar nichtig, und soziale Transmission findet bei diesen Pflänzchen kaum statt. Abseits der genetischen Indikatoren für Plastizität (die bereits angeführten Genvarianten von MAOA, 5-HTTLPR und DRD4) wird in dieser Literatur auf temperamentbezogene Messungen zurückgegriffen (Pluess & Belsky 2010: 18). Hohe Plastizität wird hier beispielsweise abgebildet über schwieriges Temperament (negative Stimmung, Zurückgezogenheit oder niedrige Anpassungsfähigkeit; Micalizzi, Wang & Saudino 2017: 1), hohe Impulsivität oder hohe sensorische Verarbeitungssensitivität. Empirisch zeigt sich eine differenzielle Anfälligkeit unter anderem darin, dass die höchste Rate an Verhaltensauffälligkeiten bei Kindern mit hoher Plastizität aufzufinden war – aber nur wenn die elterliche Erziehung von niedriger Qualität war (Pluess & Belsky 2010: 17). Im Gegenzug fand sich die niedrigste Rate von Verhaltensproblemen bei Kindern mit ebenfalls hoher Plastizität, aber hoher elterlicher Erziehungsqualität. Ein ähnliches Muster findet sich für Lese-, Mathematik- und Sozialkompetenzen: Kindliche Plastizität, gemessen über schwieriges Temperament, und die Qualität elterlicher Erziehung interagieren zum Guten *ebenso* wie zum Schlechten.

Am Beispiel der Kontextabhängigkeit von aggressivem Verhalten lässt sich der moderierende Einfluss von Plastizität ebenfalls gut demonstrieren (Simons et al. 2011). Soziale Umwelten wurden im Rahmen der Untersuchung anhand der Kriterien soziale Kontrolle und soziale Belastungen in dem Spektrum von förderlich bis nachteilig klassifiziert. Kontexte mit hoher sozialer Kontrolle waren durch unterstützende Erziehung, positive Einbindung in schulische Kontexte, religiöse Partizipation sowie hohe informelle nachbarschaftliche Kontrolle gekennzeichnet. Im Gegensatz dazu konstituieren harsche Erziehung, Viktimisierung in der Nachbarschaft sowie gewaltbereite Gleichaltrige einen nachteiligen sozialen Kontext. Individuelle Plastizität wurde zwar auch über einige wenige Kandidatengene anstelle von besser geeigneten Polygenic Scores gemessen, jedoch abweichend von anderen Studien über das Vorliegen der Plastizität implizierenden Allele von sowohl 5-HTTLPR als auch DRD4. Aus der Kombination der beiden Genvarianten wurden drei Gruppen generiert: keine Allele, die Plastizität implizieren; ein Allel oder beide Allele. Aus Abbildung 47 ist ersichtlich, dass für die Gruppe mit der niedrigsten Plastizität nur ein schwacher Zusammenhang zwischen dem sozialen Kontext und Aggressivität besteht: Je nachteiliger die Kontextcharakteristika, desto höher die Aggressivität (Simons et al. 2011: Figure 2). Je plastischer beziehungsweise je anfälliger das Individuum für Umwelteinflüsse, desto stärker wird dieser Zusammenhang. Das niedrigste Aggressionsniveau bestand daher bei Individuen, die beide Plastizitätsallele besaßen und in einem förderlichen sozialen Kontext aufwuchsen. Das höchste Aggressionsniveau war ebenfalls bei denjenigen zu finden, die beide Plastizitätsallele besaßen, die jedoch in Kontexten aufwuchsen, die durch niedrige soziale Kontrolle und hohe Belastung gekennzeichnet waren.

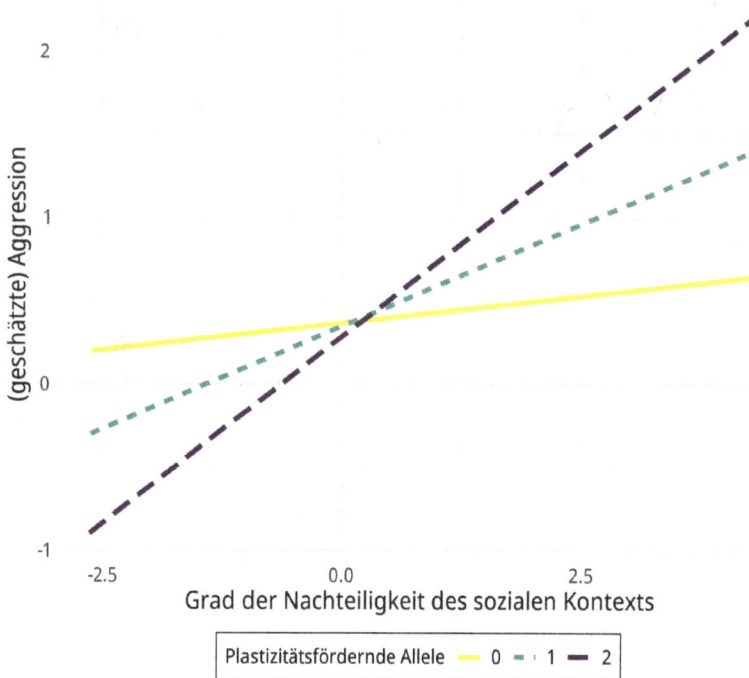

Abbildung 47: Ausmaß der Aggression in Abhängigkeit vom sozialen Kontext und dem Grad der genetischen Plastizität.
Quelle: Simons et al. (2011: Figure 2, Panel a), eigene Darstellung.

Im Kontext von Vererbungsuntersuchungen kann die (kindliche) Plastizität damit also zum Beispiel eine wichtige Erklärung für Unterschiede über Familien hinweg für die Stärke der sozialen Transmission liefern. Allgemeiner liefert das Konzept genetischer Plastizität wichtige Denkanstöße für die vergleichende Soziologie: Formulieren wir Randbedingungen für die Kontextualität menschlichen Verhaltens – also die Frage, wer unter welchen Bedingungen sein Verhalten wie anpasst – so gehen wir meist von einer uniformen Plastizität der Akteurinnen und Akteure hinsichtlich der Wirkung von Unterschieden in den Kontexten aus. Die Ideen des Differential-Susceptibility-Modells erlauben uns nun möglicherweise besser zu verstehen, warum Änderungen in den Kontextbedingungen eben nicht zu einheitlichen Verhaltensänderungen führen, sondern meist nur einen Teil der betrachteten Population betreffen. Integrieren wir nun Messungen für individuelle Plastizitätsunterschiede, so können wir mindestens diese Heterogenitätsquelle in den beobachteten Mustern ausschließen und damit gezielter auf andere soziale Mechanismen eingehen, die ebenfalls zu einer variierenden Anfälligkeit für die betrachteten Kontextbedingungen führen können.

6.4 Das Social-Control-Modell

Der vierte und letzte Typ ist das „Social-Control"-Modell und bietet speziell für vergleichende soziologische Fragestellungen interessante Ansätze. In diesem Modell wird die Manifestation eines genetischen Risikos durch Umweltbedingungen unterdrückt. Meist beschäftigen sich Untersuchungen in dieser Literatur mit „negativen" Risiken wie Suchtverhalten oder Gewalt und den sozialen Normen, strukturellen Möglichkeiten und Umweltbedingungen, die diese Risiken regulieren. Die grundlegende Argumentation entspricht damit fast eins zu eins dem strukturellen Ansatz in der Soziologie: Der soziale Kontext bietet die Basis für strukturelle Möglichkeiten und Restriktionen, in denen Individuen mit ihrem Verhalten eigene Präferenzen und Ziele realisieren. Als Beispiel für eine Gen-Umwelt-Interaktion des Typs Social-Compensation-Modell haben wir oben gesehen, dass die gestiegene Verfügbarkeit hochkalorischen Essens den Zusammenhang zwischen genetischem Risiko für Übergewicht und dem Body-Mass-Index (BMI) im Kohortenverlauf verstärkte (Conley et al. 2016). Gestaltet man nun zum Beispiel die schulische Umwelt so, dass diese strukturelle Verfügbarkeit beschränkt wird oder starke soziale Normen gegen den Verzehr hochkalorischen Essens existieren, so wird ein geringerer Teil der Unterschiede im BMI über genetische Unterschiede erklärt und Umweltbedingungen steigen im Umkehrschluss in ihrer Relevanz (Boardman et al. 2012). In Schulen, in denen stärkere Normen gegen Übergewicht signalisiert wurden, Normverletzungen tendenziell einfacher sanktioniert werden konnten und Schulen, in denen strukturelle Möglichkeiten zur Vermeidung von Übergewicht (z. B. Sportangebote und Gewichtsberatung) vorhanden waren, war die Erblichkeit des BMI der untersuchten Schülerinnen und Schüler deutlich niedrig. Auch die Realisierung des genetischen Risikos für Zigarettenrauchen wird durch Merkmale des Kontexts reduziert. Boardman (2009) zeigt, dass deskriptive Normen gegen Rauchen, staatliche Besteuerung und Werbeeinschränkungen den Zusammenhang zwischen genetischem Risiko und tatsächlichem Zigarettenkonsum reduzieren.

Eine stärker an der Mikroebene des Handels verortete Gen-Umwelt-Interaktion des Typs Social-Sontrol-Modells findet sich in Paarbeziehungen. So wird die Realisierung des genetischen Risikos für Alkoholmissbrauch durch die Einbindung in romantische Partnerschaften moderiert (Barr et al. 2019). Geben Individuen an, dass sie aktuell in einer intimen Beziehung leben, so wird der ansonsten positive Zusammenhang zwischen genetischem Risiko für Alkoholmissbrauch und der gemessenen Häufigkeit von Alkoholräuschen effektiv eliminiert. Dies gilt allerdings nur für Männer (vgl. Abbildung 48).

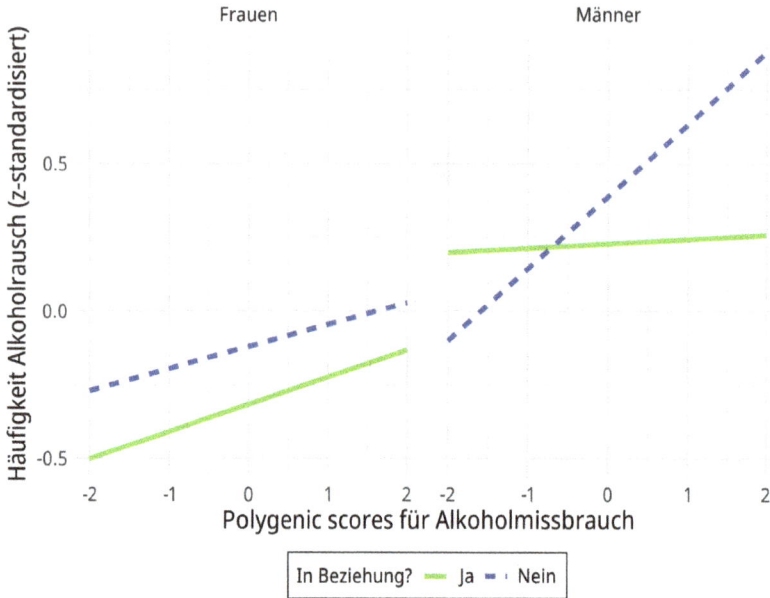

Abbildung 48: GxE des Typus Social-Control-Modells.
Quelle: Barr et al. (2019: 1759), eigene Darstellung.

Die Gründe für diese Muster werden in der soziologischen Literatur über die Effekte von Paarbeziehungen auf allgemeine gesundheits- bzw. mortalitätsbezogene Ergebnisse zurückgeführt und deuten sowohl auf sozialisierende Mechanismen (Männer leben gesundheitsbewusster) sowie auf eine strukturelle Reduktion der Gelegenheiten für Alkoholexzesse aufgrund eines veränderten (paarbezogenen) Freizeitverhaltens hin (Lee & Bhargava 2004).

Herd und Kolleginnen und Kollegen (2019) liefern mit ihrer Untersuchung zum Wandel von geschlechtsbezogener Ungleichheit in der Bildungsbeteiligung das bisher eindrucksvollste Beispiel des Social-Control-Modells einer Gen-Umwelt-Interaktion in der soziologischen Literatur. Zwischen den 1950er- und 1960er-Jahren sahen soziale Normen hinsichtlich der Erwerbskarrieren von Männern und Frauen eine klare Aufgabenteilung vor, die eine tragende Rolle der Frau eher im Haushalt als am Arbeitsmarkt vorsah. Investitionen in höhere Bildung und die damit erwarteten Erträge am Arbeitsmarkt waren vor dem Hintergrund dieser Erwartungen für die meisten

Frauen damit ineffizient. Durch Muster des sozialen Wandels haben sich im Laufe des 20. Jahrhunderts diese Erwartungen geändert und damit auch die erwarteten Erträge für Bildungsinvestitionen am Arbeitsmarkt für Frauen erhöht. Empirisch spiegeln sich diese groben Muster zum Beispiel in einer massiven Bildungsexpansion wider, die zu einer Angleichung der Bildungsbeteiligung zwischen Männern und Frauen beigetragen haben. Herd und Kolleginnen und Kollegen (2019) analysieren genau diese groben Muster des sozialen Wandels sozialstruktureller Phänomene – aber aus einer Perspektive, die anhand eines Kohortenvergleichs Geschlechterunterscheide in der Realisierung genetischen Potenzials in den Vordergrund stellt. Für die frühe Kohorte (Geburtsjahr 1939/40) ist die soziale Kontrolle des weiblichen genetischen Potenzials hoch, da normative Erwartungen und institutionelle Beschränkungen auch bei hohem genetischem Potenzial verhindern, dass die Mehrheit der Frauen Institutionen höherer Bildung besucht und dort erfolgreich Abschlüsse erwerben kann. Kurzum: Für frühe Kohorten muss daher die Verknüpfung zwischen dem genetischen Risiko für hohe Bildung und den realisierten Bildungsabschlüssen bei Frauen schwächer sein, als das bei Männern der Fall ist. Mit dem normbezogenen Wandel und dem Abbau institutioneller Beschränkungen reduziert sich der Nachteil in der Realisierung genetischen Potenzials. In der jüngsten Kohorte (Geburtsjahr 1975–82) dreht sich der vormalige Nachteil sogar in einen Vorteil: Der Zusammenhang zwischen genetischem Risiko für hohe Bildung und realisierten Bildungsabschlüssen ist nun für Frauen stärker als für Männer und entspricht damit auch dem Muster des weiblichen Vorsprungs in der Bildungsbeteiligung.

Die Moderierung des Realisierungspotenzials genetischer Risiken für hohe Bildung durch breit angelegte Kontext- bzw. Umweltveränderungen bekommt in der Literatur allgemein ein hohes Maß an Aufmerksamkeit. Unabhängig von geschlechtsspezifischen Effekten findet Lin (2020) beispielsweise, dass der Zusammenhang zwischen dem genetischen Risiko und dem faktischen Bildungserwerb im Kohortenverlauf stärker wird und damit auf substanzielle Egalisierungsmuster hindeutet. Andere Studien greifen auf quasi-experimentelle Forschungsdesigns zurück, um den Einfluss rapider gesellschaftlicher Transformationen auf genetische Realisierungspotenziale zu untersuchen. Grundlegend ist auch in diesen Ansätzen die Annahme, dass nicht-meritokratische soziale Prozesse individuelle Präferenzen und Entscheidungen überlagern und so dazu führen können, Realisierungsmöglichkeiten genetischer Potenziale zu unterdrücken. Im oben genannten Beispiel von Herd und Kolleginnen und Kollegen (2019) waren es Geschlechternormen bzw. deren Wandel, die eine freie Bildungs- und Berufswahl von Frauen verhinderten. Nicht nur normative Erwartungen hinsichtlich gesellschaftlicher Geschlechterrollen können zu einer sozialen Unterdrückung genetischer Potenziale führen, sondern auch andere Merkmale des zeitlichen Kontexts wie die konkrete Ausgestaltung bildungsbezogener Institutionen und rechtlicher

Rahmenbedingungen sowie rapide Änderungen in der dominanten politischen Ideologie einer Gesellschaft. Colodro-Conde und Kolleginnen und Kollegen (2015) nutzen eine umfassende Modernisierung des spanischen Bildungssystems im Jahr 1970, um den Einfluss der Relevanz genetischer bzw. umweltbedingter Faktoren für die Erklärung von Bildungserwerbsunterschieden vor und nach der Reform zu untersuchen. Dabei kennzeichnete sich die Post-Reform-Kohorte durch einen deutlich gestiegenen Erkläranteil der genetischen Unterschiede auf Kosten der geteilten Umweltunterschiede. Es handelt sich also um ein konsistentes Muster mit der Annahme, dass soziale Ungleichheit im spanischen Bildungssystem abgebaut worden sei. Jedoch findet sich das Muster in dieser Deutlichkeit nur für Männer, während nur geringe Unterschiede zwischen den weiblichen Kohorten vor und nach der Bildungsreform 1970 auszumachen waren. Ähnliche Muster wurden im Vorfeld bereits für ähnliche Zeiträume und vor dem Hintergrund ähnlich gelagerter Bildungsreformen in Norwegen und Schweden gezeigt (Heath et al. 1985; Tambs et al. 1989; Lichtenstein et al. 1992). Obwohl Reformen in allen drei Ländern explizit auch den Abbau geschlechtsspezifischer Ungleichheit zum Ziel hatten, scheinen die empirischen Ergebnisse auf den ersten Blick weitestgehend auf ein Scheitern diesbezüglich hinzudeuten. Vor dem Hintergrund der US-amerikanischen Ergebnisse von Herd und Kolleginnen und Kollegen (2018) liegt als Alternativerklärung jedoch auch nahe, dass der zeitliche Abstand zur Reform zu kurz war, um ein empirisches Signal des Reformerfolgs aufzugreifen. Die jüngste *Geburtskohorte* bei Herd und Kolleginnen und Kollegen (2019), bei der deutliche Vorteile für die weiblichen Untersuchten festgestellt wurden, entspricht dem *Publikationszeitraum* der oben genannten Studien. Ein längerer Untersuchungszeitraum wäre besser in der Lage, den Reformeffekt auf kohortenspezifische Bildungsungleichheit abzubilden.

Bildungsreformen betreffen ein gesellschaftliches Subsystem. Der Zusammenbruch der Sowjetunion war jedoch durch eine gesamtgesellschaftliche Transformation gekennzeichnet: Neben einem institutionellen Strukturwandel – und damit auch einem Wandel, was in einer Gesellschaft als kulturelle Ziele definiert wird sowie den legitimen Mitteln zu ihrer Realisierung – war also auch ein Wandel der gesellschaftlichen Superstruktur als Gesamtheit kollektiven Wissens sowie übergreifender Weltbilder und Weltanschauungen zu beobachten (Esser 1993: 419–442). Mit dem Wechsel hin zu einer kapitalistisch-demokratischen Grundordnung wäre es in Estland auch zu einer stärkeren Betonung meritokratischer Prinzipien auf Kosten parteipolitischer Erwägungen gekommen hinsichtlich der Frage, wer welche Bildungskarrieren durchlaufen darf (Rimfeld et al. 2018). Demnach kennzeichnete sich die Sowjetzeit in Estland dadurch, dass individuelle Präferenzen und damit Entscheidungen eingeschränkt wurden, die mit dem Systemwechsel mindestens reduziert werden sollten. Also auch für dieses experimentelle Design liegt die Erwartung auf stärkeren Effekten genetischer Unterschiede auf Kosten der geteilten Umwelt –

diesmal in der post-sowjetischen Ära, im Vergleich zu davor. Die Ergebnisse bestätigen diese Erwartung, ersichtlich an einer Verdoppelung der Varianzerklärung des Bildungserwerbs durch einen Polygenic Score für hohe Bildung mit dem Fall der Sowjetunion bzw. der Unabhängigkeit Estlands.

Als finales Beispiel einer GxE des Typus sozialer Kontrolle verbleiben wir bei Bildung, aber verknüpfen diese mit Rauchverhalten im Kohortenvergleich als variierende Umweltbedingung – und ersetzen das G durch das rG einer genetischen Korrelation. Wedow und Kolleginnen und Kollegen (2018) gehen in ihrer Untersuchung der Frage nach, inwiefern sich die empirische negative Korrelation zwischen Bildung und Rauchverhalten auf eine geteilte genetische Architektur zurückführen lässt. Gehen also jene genetischen Faktoren, die mit höherer Bildung verknüpft sind, auch mit niedrigerem Rauchverhalten einher? Ähnlich gelagerte Fragestellungen haben wir bereits im Kapitel zu Gen-Umwelt-Korrelationen besprochen, wenn etwa bivariate ACE-Modelle dazu genutzt werden, die genetische Überschneidung zweier Merkmale (z. B. sozialer Partizipation und Persönlichkeitsmerkmale) zu untersuchen. Je höher diese ausfällt, desto stärker teilen sich die beiden Merkmale eine genetische Architektur (Pleiotropie). Für den Fall von Bildung und Rauchverhalten liegt nach den Ergebnissen von Wedow und Kolleginnen und Kollegen (2018: Tabelle 3) ebenfalls Pleiotropie vor, denn es besteht eine moderate negative genetische Überschneidung zwischen den beiden Merkmalen. Genetische Faktoren, die mit höherer Bildung verknüpft sind, hängen mit niedrigerem Rauchverhalten zusammen.

Pleiotropie in zwei oder mehr Merkmalen kann aus mehreren unabhängigen Gründen vorliegen: Biologische Pleiotropie bezeichnet den Umstand, dass die Korrelation zwischen Bildung und Rauchverhalten durch andere, genetisch beeinflusste Merkmale erzeugt wird (Wedow et al. 2018: 807). Im vorliegenden Fall könnten das beispielsweise kognitive Kompetenzen oder kognitive Kontrolle sein. Diese sind beide hochgradig erblich und würden positiv mit dem Bildungserwerb sowie negativ mit Rauchverhalten korrelieren. Alternativ schlagen die Autorinnen und Autoren die Idee der mediierten Pleiotropie vor, bei der genetische Effekte für Unterschiede im Bildungserwerb mitverantwortlich seien und jener kausal mit Rauchverhalten verknüpft sei. In den empirischen Analysen wird dieser zweite Typus der mediierten Pleiotropie als plausibler erachtet. Bisher haben die vorgestellten Ergebnisse jedoch nichts mit Gen-Umwelt-Interaktionen zu tun. Diese werden durch eine Kohortenstudie eingeführt. Vor dem Hintergrund einer massiven Bildungsexpansion Mitte des 20. Jahrhunderts sowie wissenschaftlicher Erkenntnisse zu den gesundheitlichen Risiken des Rauchens, eines öffentlichen Diskurses darüber in den USA sowie einer enormen Reduktion der Rauchprävalenz im Zeitverlauf finden die Autorinnen und Autoren eine Zunahme des Ausmaßes der Pleiotropie im Kohortenverlauf. Diese steigt von einer etwa 36-prozentigen genetischen

Überlappung (mit negativem Vorzeichen wohlgemerkt) in der frühen Geburtskohorte (1920–1959) auf etwas über 70 Prozent in der späten Kohorte (1974–1983) an.
Insgesamt könnten bildungsförderliche genetische Prädispositionen daher im Kohortenverlauf zu einer verstärkten Selektion in soziale Kontexte geführt haben, die
dem Rauchen entgegentreten. Die Bildungsexpansion erhöhte den Anteil der Be-
treuungszeit für junge Erwachsene, wodurch eine Kontrolle durch Schule und Eltern ermöglicht wurde und damit das Rauchen leichter unterbunden werden
konnte. Gleichzeitig erzeugte ein gestiegenes Bewusstsein für die gesundheitlichen
Risiken Normen und Gesetzgebung gegen das Rauchen selbst (Wedow et al. 2018:
808; 817). Konsistente Ergebnisse zu dieser Interpretation der zugrundeliegenden
Zusammenhänge produziert jedenfalls eine Analyse zur mediierten Pleiotropie.
Darin zeigt sich, dass der Zusammenhang zwischen dem genetischen Risiko für
hohe Bildung und Rauchverhalten in zunehmenden Maßen durch die realisierte
Bildung, gemessen als Bildungsjahre, erklärt wird. Waren es in der frühesten Kohorte nur etwa 15 Prozent des Gesamtzusammenhangs, so wuchs dies in der jüngsten Geburtskohorte auf etwa 70 Prozent an.

Tabelle 13 fasst die verschiedenen Gen-Umwelt-Interaktionstypen noch einmal
zusammen. Wie in der Beschreibung der Typen stellenweise offensichtlich wurde, ist
eine genaue Unterscheidung oder zweifelsfreie Zuordnung zu den einzelnen Typen
nicht immer einfach. Das hängt unter anderem damit zusammen, ob ein Risiko sozial
positiv oder negativ bewertet wird. Bei positiver Bewertung ist dann von Social Compensation die Rede, während negative Risiken getriggert werden. Zudem scheint das
Triggering-Modell auch nur eine Spezialform des Differential-Susceptibility-Models
zu sein, bei dem die Plastizität für Umwelteinflüsse ausschließlich in eine Richtung
konzeptualisiert wird. Inwiefern also jeweils eine dezidierte Zuordnung zu einzelnen
Idealtypen hilfreich und notwendig ist, hängt vermutlich von der Forschungsfrage
ab. Letztlich ist die zentrale Erkenntnis, dass GxE allgemein die direkteste Abbildung
des interaktionistischen Konsenses darstellen und aufgrund ihres expliziten Fokus
auf die Bedeutung von Umweltunterschieden damit als wichtige Schnittstelle von
Verhaltensgenetik und Soziologie fungieren.

Bisherige Forschung zu Gen-Umwelt-Interaktionen besitzen jedoch auch ganz
eigene Schwierigkeiten, die in der Interpretation der Ergebnisse berücksichtigt
werden müssen. Ein großes Problem bleibt weiterhin, dass die biologischen Pfade,
über die Gene und Verhalten verknüpft sind, unklar sind und daher oftmals als
„Black-Box"-Erklärung in Erscheinung treten (Mills & Tropf 2020: 569). Damit bleibt
unklar, ob die genetischen Risiken Kausalfaktoren abbilden oder nicht. Nehmen
wir vorläufig aber an, dass die genetischen Risiken zu großen Teilen kausale Mechanismen abbilden, dann bleibt aber im Dunkeln, welche Gene, wann und warum
aktiviert werden und was ihre Aktivierung für Verhaltensunterschiede bedeutet.
Aktuell scheint eine Antwort auf diese Frage auch für die relativ gut erforschten

Tabelle 13: Gen-Umwelt-Interaktionstypen im Überblick.

Typ/Modell	Beschreibung	Merkmale	Klassisches Beispiel	Beispiel mit soziologischem Bezug
Triggering	genetisches Risiko wird durch Umwelt ausgelöst	Umweltbedingungen meist negativer Art bzw. als Stressoren konzeptualisiert genetisches Risiko meist in Bezug auf Erkrankungen	Kendler et al. 1995	Schmitz et al. 2021
Social Compensation	genetisches Risiko wird in stabilen Umwelten maximiert	Umweltbedingungen meist in ihrer unterstützenden Funktion Genetisches Risiko meist für Merkmale mit positiver sozialer Bewertung	Turkheimer et al. 2003	Baier & Lang 2019
Differential Susceptibility	Individuen unterscheiden sich (genetisch bedingt) in ihrer Anfälligkeit für Umwelteinflüsse	Umweltbedingungen rein forschungsfragenbezogen Genetisches Risiko generisch hinsichtlich Plastizität und damit nicht zwangsläufig auf das Explanandum bezogen	Beach et al. 2010	Simons et al. 2011
Social Control	Umwelt reguliert genetisches Risiko	Umweltbedingung meist in ihrer unterstützenden Form genetisches Risiko meist für Merkmale mit negativer sozialer Bewertung	Barr et al. 2019	Herd et al. 2019

Merkmale wie kognitive Fähigkeiten und Bildung noch in ferner Zukunft zu liegen. Zumindest die Ergebnisse der GWAS legen nahe, dass die Black Box aus vielen kleinen Einzelteilen besteht und deren detaillierte Erforschung daher aufwändig erscheint. Hinzukommt, dass der analytische Ansatz von GWAS explizit darauf abzielt, diejenigen Gene zu identifizieren, die „am stärksten" mit Unterschieden im untersuchten Verhalten zusammenhängen und damit per Definition möglichst umweltunabhängig wirken (Conley 2017: 202). Da heißt: Diejenigen Gene, die hochgradig umweltsensible Unterschiede im Verhalten erzeugen – und die damit eine wichtige Säule für Untersuchungen von Gen-Umwelt-Interaktionen darstellen –, werden in GWAS häufiger übersehen, fließen damit nicht in die Polygenic Scores des zu untersuchenden Verhaltens ein und sind damit auch nicht Teil unserer Messung genetischer Risiken (also des „G" in GxE). Eine zweite große Schwierigkeit betrifft die Umweltkonditionen selbst. Diese müssen zur Identifikation einer GxE zum Beispiel strenggenommen exogen für das untersuchte Verhalten sein (Conley 2017). Für viele soziologisch relevante Umweltbedingungen und Verhalten ist die Exogenitätsannahme aber schwer aufrechtzuerhalten. Die Diskussion zu Gen-Umwelt-Korrelationen und Genetic Nurture dürfte dafür beispielhaft eine ganze Reihe von Argumenten liefern. Das mag möglicherweise auch ein Grund sein, warum Kohortenvergleiche in der soziologischen GxE-Literatur häufig anzutreffen sind. Nicht nur kann hierbei auf eine lange Tradition theoretischer und empirischer Modelle der Soziologie zurückgegriffen werden, auch die Annahme, dass die Veränderung der Umweltbedingungen exogen vom untersuchten Verhalten besteht, ist einfacher zu begründen. Im Beispiel zu Geschlechterunterschieden in der Bildungsbeteiligung im Zeitverlauf lässt sich gut begründen, dass der normative und strukturelle Wandel als Umweltbedingung seine Ursprünge in Entwicklungen am Arbeitsmarkt hatte und damit nicht direkt mit dem genetischen Risiko oder der faktisch erworbenen hohen Bildung in Zusammenhang stand. Dennoch ist die konzeptionelle und empirische Messung von „Umwelt" oftmals hochgradig reduktionistisch – eben auch, weil die statistischen Methoden, um GxE-Forschungsfragen zu beantworten, die Messung in einem Indikator favorisieren (z. B. Regressionsmodelle mit Interaktionsterm von genetischem Risiko und einer Umweltmessung). Kohortenvergleiche reduzieren zwar auch dieses Problem, weil sie über den Zeitkontext Umweltbedingungen indirekt aber umfassender bündeln. Gleichzeitig erlauben sie dadurch jedoch auch eine wenig spezifische Untersuchung von konkreten Umweltbedingungen, weil die Bündelung gleichzeitig auch Umweltkonditionen umfasst, die für das zu untersuchende Verhalten irrelevant sind.

6.5 Mehrebenen GxE

Erweiterungen der Gen-Umwelt-Interaktionen in einem genuinen Mehrebenenansatz, bei dem die Literatur zu GxE und die international vergleichende Literatur zusammengebracht werden, wurden ebenfalls bereits als plausibel diskutiert, bisher jedoch noch nicht empirisch umgesetzt. Diewald (2016: 20) plädiert beispielsweise dafür, systematische Kontextunterschiede in Lebensverlaufsrisiken oder wohlfahrtsstaatliche Institutionen heranzuziehen, um zu untersuchen, wie diese makrostrukturellen Faktoren ihrerseits entweder direkt an Gen-Umwelt-Interaktionen beteiligt sind oder GxE im internationalen Vergleich moderieren (also GxExE oder Multilevel-GxE). Als Argument wurde die Idee von Multilevel-GxE bereits beim Social-Compensation-Modell angeführt. Hier variierte der soziale Gradient der Erblichkeit kognitiver Kompetenzen ebenfalls international: In den USA waren Unterschiede in den kognitiven Kompetenzen von Kindern aus Hochstatusfamilien stärker durch genetische Unterschiede bestimmt als das in anderen Ländern der Fall war. Die vermutete Erklärung für dieses Muster lag bei Unterschieden in wohlfahrtsstaatlichen Institutionen (Tucker-Drob & Bates 2016) mit der Arbeitshypothese, dass diese geringer wären, je ausgeprägter wohlfahrtsstaatliche Institutionen sozialer Ungleichheit in verschiedenen institutionellen Kontexten entgegensteuern (Genetisches Risiko für kognitive Kompetenzen x Soziale Herkunft x Wohlfahrtsstaatliche Institutionen). Diese Idee lässt sich für andere Typen von GxE sowie weitere Fragestellungen generalisieren. Danach könnte zum Beispiel das belastende Lebensereignis Scheidung als Auslöser depressiver Episoden in Erweiterungen in breiterer sozialen Kontext untersucht werden. So lassen sich etwa für internationale Unterschiede im Scheidungsaufkommen zu diesem Zweck konkurrierende Hypothesen hinsichtlich Multilevel-GxE formulieren: Je höher die Scheidungsrate eines Kontexts, desto häufiger besteht die Möglichkeit, dass genetische Prädispositionen für Depression durch speziell dieses stressreiche Lebensereignis ausgelöst werden können (GxE also stärker in Kontexten mit höherer Scheidungshäufigkeit). Umgekehrt könnte aber eine hohe Scheidungsrate das mit Scheidung assoziierte Stigma aufgrund deskriptiver sozialer Normen reduzieren und dadurch das insgesamte Stressausmaß dieses Lebensereignisses reduzieren (GxE also schwächer in Kontexten mit höherer Scheidungshäufigkeit). Ein weiterer moderierender Kontextfaktor könnte der einfache Zugang zu psychologischer Unterstützung in Notsituationen als Multilevel-Gen-Umwelt-Interaktion des Social-Compensation-Typus untersucht werden: Je einfacher Hilfe in Ausnahmesituationen verfügbar ist, desto schwächer sollte der Einfluss stressreicher Lebensereignisse auf die Manifestation des genetischen Risikos für Depression sein. Hilfe in Ausnahmesituationen kann verschiedenste Quellen haben: auf institutionalisierte Art in Form von Hilfsangeboten, aber auch direkter in sozialen Unterstützungsnetzwerken des betreffenden Individuums (GxE also schwächer in Kontexten mit einfacherem Zugang zu Unterstützung). Abbildung 49 stellt die vermuteten Zusammenhänge grafisch dar.

Die Integration verschiedener analytischer Ebenen (Mesoebene über soziale Netzwerke, Makroebene über sozialstrukturelle Faktoren) scheint daher problemlos möglich. Auch die bereits vorgestellte Studie von Herd und Kolleginnen und Kollegen (2019) zu Geschlechterunterschieden in der Bildungsbeteiligung im Kohortenverlauf legt eine Erweiterung als Multilevel-GxE nahe: Ist der Wandel in Beteiligungsnormen primär durch gestiegenen Arbeitsmarktnachfrage und der damit verknüpften Erhöhung der Bildungserträge für Frauen getrieben, dann sollte die geschlechtsspezifische Angleichung des Zusammenhangs zwischen genetischem Ri-

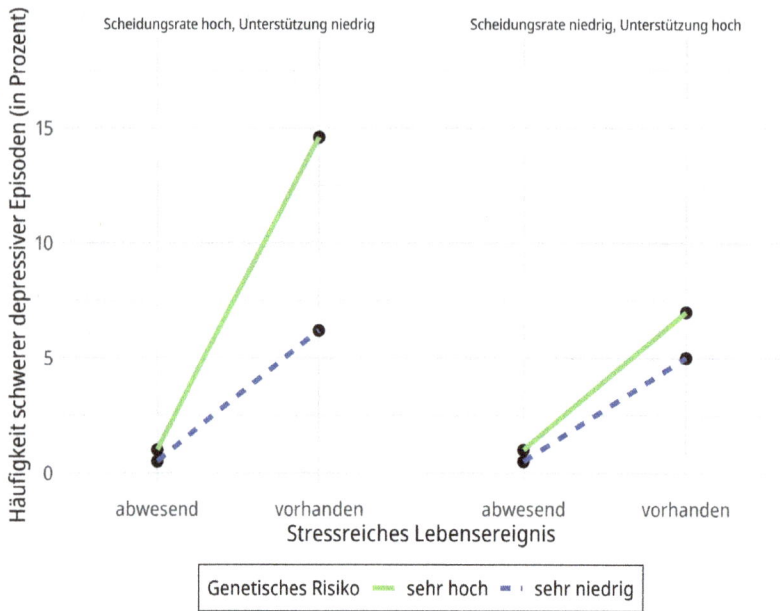

Abbildung 49: Hypothetische Multilevel-GxE des Triggering-Typs.
Quelle: Eigene Darstellung.

siko für hohe Bildung und dem faktischen Bildungsabschluss in jenen Kontexten langsamer verlaufen, in denen wohlfahrtsstaatliche Regelungen die Arbeitsmarktbeteiligung relativ zu Alternativen allgemein weniger attraktiv machen oder spezifisch die Bildungserträge geringer ausfallen lassen (siehe Abbildung 50). Dabei ist die Geschlechterdifferenz im Koeffizienten des Polygenic Scores für hohe Bildung auf die realisierte Bildung auf der y-Achse abgetragen, während die x-Achse Geburtskohorten angibt. In den frühen Geburtskohorten ist die Differenz positiv, was auf einen stärkeren Zusammenhang zwischen genetischem Risiko und realisierter Bildung für Männer hindeutet. In den USA, wo nur wenige Alternativen zum Arbeitsmarkt vom Staat bereitgestellt werden, gleicht sich beispielsweise der Geschlechterunterschied eine Dekade früher an, als das für die hypothetischen deutschen Daten der Fall ist.

So spannend und so einfach die gerade vorgestellten hypothetischen Beispiele für Multilevel-GxE auch auf andere Fragestellungen übertragbar sind, so sollten konsistente und replizierbare Ergebnisse in einem ersten Schritt für Fragestellungen produziert werden, die analytisch näher am menschlichen Verhalten angesiedelt sind, da zu vermuten ist, dass die Effektstärken auf höheren

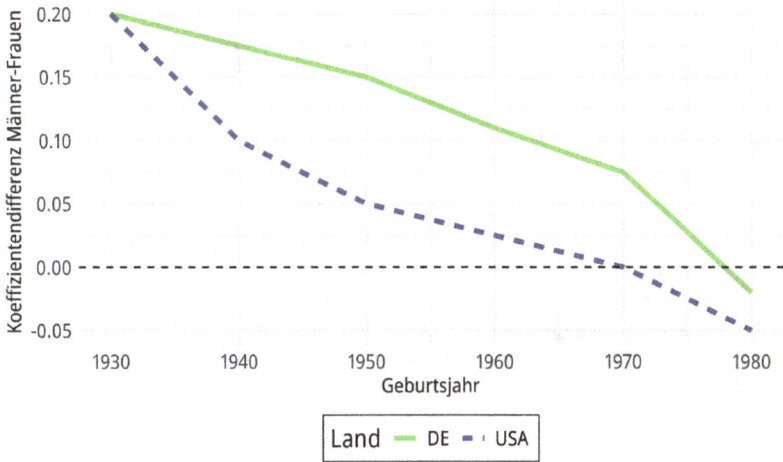

Abbildung 50: Hypothetische Beispiele für Multilevel-GxE des Typus Social-Control-Modell. Quelle: Eigene Darstellung. Y-Achse gibt die Höhe der Differenz zwischen dem Effekt des Polygenic Score auf den Bildungserwerb von Männern und dem der Frauen an.

analytischen Ebenen (Makro vs. Mikro) kleiner werden und Interaktionsmodelle typischerweise höheren statistischen Aufwand bedeuten (Mills & Tropf 2020: 569).

Literatur

Arnau-Soler, A., Adams, M.J., Clarke, T.-K., MacIntyre, D.J., Milburn, K., Navrady, L., Generation Scotland, Major Depressive Disorder Working Group pf the Psychiatric Genomics Consortium, Hayward, C., McIntosh, A. and Thomson, P. A. (2019). A validation of the diathesis-stress model for depression in Generation Scotland. *Translational Psychiatry* 9: 25–34.

Baier, T. and Lang, V. (2019). The Social Stratification of Environmental and Genetic Influences on Education: New Evidence Using a Register-Based Twin Sample. *Sociological Science* 6: 143–171.

Barr, P.B., Kuo, S.I.-C., Aliev, F., Latvala, A., Viken, R., Rose, R.J., Kaprio, J., Salvatore, J.E., Dick, D.M. (2019). Polygenic risk for alcohol misuse is moderated by romantic partnership. *Addiction* 114: 1753–1762.

Beach, S.R., Brody, G.H., Lei, M.-K. and Philibert, R.A. (2010). Differential Susceptibility to Parenting Among African American Youths: Testing the DRD4 Hypothesis. *Journal of Family Psychology* 24: 513–521.

Belsky, J. and Pluess, M. (2009). Beyond diathesis stress: differential susceptibility to environmental influences. *Psychological Bulletin* 135: 885–908.

Boardman, J.D. (2009). State-Level Moderation of Genetic Tendencies to Smoke. *American Journal of Public Health* 99: 480–486.

Boardman, J.D., Roettger, M.E., Domingue, B.W., McQueen, M.B., Haberstick, B.C. and Harris, K.M. (2012). Gene-environment interactions related to body mass: School policies and social context as environmental moderators. *Journal of Theoretical Politics* 24: 370–388.

Breen, R. and Jonsson, J.O. (2005). Inequality of Opportunity in Comparative Perspective: Recent Research on Educational Attainment and Social Mobility. *Annual Review of Sociology* 31: 223-243.

Castro, M., Expósito-Casas, E., López-Martín, E., Lizasoain, L., Navarro-Ascencio, E. and Gaviria, J.L. (2015). Parental involvement on student academic achievement: A meta-analysis. *Educational Research Review* 14: 33–46.

Colodro-Conde, L., Rijsdijk, F., Tornero-Gómez, M.J., Sánchez-Romera, J.F., Ordoñana, J.R. (2015). Equality in Educational Policy and the Heritability of Educational Attainment. *PLoS One* 10: e0143796.

Colodro-Conde, L., Couvy-Duchesne, B., Zhu, G., Convetry, W.L., Byrne, E.M., Gordon, S., Wright, M.J., Montgomery, G.W., Madden, P. A.F., Major Depressive Disorder Working Group of the Psychiatric Genomics Consortium, Ripke, S., Eaves, L.J., Heath, A.C., Wray, N.R., Medland, S.E. and Martin, N.G. (2018). A direct test of the diathesis-stress model for depression. *Molecular Psychiatry* 23: 1590–1596.

Conley, D. (2009). The Promise and Challenges of Incorporating Genetic Data into Longitudinal Social Science Surveys and Research. *Biodemography and Social Biology* 55: 238–251.

Conley, D., Laidley, T.M., Boardman, J.D. and Domingue, B.W. (2016). Changing Polygenic Penetrance on Phenotypes in the 20th Century Among Adults in the US Population. *Scientific Reports* 6: 30348.

Conley, D. (2017). The challenges of GxE: Commentary on "Genetic Endowments, parental resources and adult health. Evidence from the Young Finns Study". *Social Science & Medicine* 188: 201–203.

Diewald, M. (2016). The challenges of genetics to social inequality research. *ZiF-Mitteilungen* 2: 14-22.

Esser, H. (1993). *Soziologie: Allgemeine Grundlagen*. Frankfurt a. M.: Campus.

Gangl, M. (2003). Returns to education in context: individual education and transition outcomes in European labour markets. In: Müller, W. and Gangl, M. (eds.), *Transitions from Education to Work in Europe. The Integration of Youth into EU Labour Markets*. Oxford: Oxford University Press.

Harden, P.K., Domingue, B.W., Belsky, D.W., Boardman, J.D., Crosnoe, R., Malachini, M., Nivard, M., Tucker-Drob, E.M. and Harris, K.M. (2020). Genetic associations with mathematics tracking and persistence in secondary school. *Npj Science of Learning* 5: 1–8.

Heath, A.C., Berg, K., Eaves, L.J., Solaas, M.H., Corey, L.A., Sundet, J., Magnus, P. and Nance, W.E. (1985). Education policy and the heritability of educational attainment. *Nature* 314: 734–736.

Herd, P., Freese, J., Sicinski, K., Domingue, B.W., Harris, K.M., Wei, C. and Hauser, R.M. (2019). Genes, Gender Inequality, and Educational Attainment. *American Sociological Review* 84: 1069–1098.

Jackson, M., Erikson, R., Goldthorpe, J.H. and Yaish, M. (2007). Primary and Secondary Effects in Class Differentials in Educational Attainment. The Transition to A-Level Courses in England and Wales. *Acta Sociologica* 50: 211–229.

Kendler, K.S., Kessler, R.C., Walters, E.E., MacLean, C., Neale, M.C., Heath, A.C. and Eaves, L.J. (1995). Stressful Life Events, Genetic Liability, and Onset of an Episode of Major Depression in Women. *American Journal of Psychiatry* 152: 833–842.

Knigge, A., Maas, I., Stienstra, K., de Zeeuw, E.L. and Boomsma, D. I. (2022). Delayed tracking and inequality of opportunity: Gene-environment interactions in educational attainment. *Npj Science of Learning* 7: 6–23.

Lee, Y.G. and Bhargava, V. (2004). Leisure Time: Do Married and Single Individuals Spend It Differently? *Family & Consumer Sciences* 32: 254–274.

Lee, J.J., Wedow, R., Okbay, A., Kong, E., Maghzian, O., Zacher, M., Nguyen-Viet, T.A., Bowers, P., Sidorenko, J., Linnér, R.K., Fontana, M.A., Kundu, T., Lee, C., Li, H., Li, R., Royer, R., Timshel, P.N., Walters, R.K., Willoughby, E.A., Yengo, L., 23andMe Research Team, COGENT (Cognitive Genomics Consortium), Social Science Genetic Association Consortium, Alver, M., Bao, Y., Clark, D.W., Day, F.R., Furlotte, N.A., Joshi, P.K., Kemper, K.E., Kleinman, A., Langenberg, C., Mägi, R., Trampush, J.W., Verma, S.S., Wu, Y., Lam, M., Zhao, J.H., Zheng, Z., Boardman, J.D., Campbell, H., Freese, J., Harris, K.M., Hayward, C., Herd, P., Kumari, M., Lencz, T., Luan, J., Malhotra, A.K., Metspalu, A., Milani, L., Ong, K.K., Perry, J.R.B., Porteous, D.J., Ritchie, M.D., Smart, M.C., Smith, B.H., Tung, J.Y., Wareham, N.J., Wilson, J.F., Beauchamp, J.P., Conley, D.C., Esko, T., Lehrer, S.F., Magnusson, P.K.E., Oskarsson, S. Pers, T.H., Robinson, M.R., Thom, K., Watson, C., Chabris, C.F., Meyer, M.N., Laibson, D. I., Yang, J., Johannesson, M., Koellinger, P.D., Turley, P., Visscher, P.M., Benjamin, D.J. and Cesarini, D. (2018). Gene discovery and polygenic prediction from a genome-wide association study of educational attainment in 1.1 million individuals. *Nature Genetics* 50: 1112–1121.

Lichtenstein, P., Pedersen, N. and McClearn, G.E. (1992). The origins of individual differences in occupational status and educational level: A study of twins reared apart and together. *Acta Sociologica* 35: 13–31.

Lin, M.-J. (2020). The social and genetic inheritance of educational attainment: Genes, parental education, and educational expansion. *Social Science Research* 86: 102387.

Micalizzi, L., Wang, M. and Saudino, K.J. (2017). Difficult temperament and negative parenting in early childhood: a genetically informed cross-lagged analysis. *Developmental Science* 20: e12355.

Mills, M.C. and Tropf, F.C. (2020). Sociology, Genetics, and the Coming of Age of Sociogenomics. *Annual Review of Sociology* 46: 553-581.

Okbay, A., Wu, Y., Wang, N., Jayashankar, H., Bennett, M., Nehzati, S.M., Sidorenko, J., Kweon, H., Goldman, G., Gjorgjieva, T., Jiang, Y., Hicks, B., Tian, C., Hinds, D.A., Ahlskog, R., Magnusson, P.K.E., Oskarsson, S., Hayward, C., Campbell, A., Porteous, D.J., Freese, J., Herd, P., 23andMe Research Team, Social Science Genetic Association Consortium, Watson, C., Jala, J., Conley, D., Koellinger, P.D., Johannesson, M., Laibson, D., Meyer, M.N., Lee, J.J., Kong, A., Yengo, L., Cesarlnl, D., Turley, P., Visscher, P.M., Beauchamp, J.P., Denjamin, D.J. and Young, A.I. (2022). Polygenic prediction of educational attainment within and between families from genome-wide association analyses in 3 million individuals. *Nature Genetics* 54: 437–449.

Pluess, M. and Belsky, J. (2010). Children's differential susceptibility to effects of parenting. *Family Science* 1: 14–25.

Rimfeld, K., Krapohl, E., Trzaskowski, M., Coleman, J.R.I., Selzam, S., Dale, P.S., Esko, T., Metspalu, A. and Plomin, R. (2018). Genetic influence on social outcomes during and after the Soviet era in Estonia. *Nature Human Behavior* 2: 269–275.

Saunders, P. (2010). *Social Mobility Myths*. London: Civitas.

Schmitz, L.L., Goodwin, J., Miao, J., Lu, Q. and Conley, D. (2021). The impact of late-career job loss and genetic risk on body mass index: Evidence from variance Polygenic Scores. *Nature Scientific Reports* 11: 7647.

Seabrook, J.A. and Avison, W.R. (2010). Genotype-environment interaction and sociology: Contributions and complexities. *Social Science & Medicine* 70: 1277–1284.

Simons, R.L., Lei, M.K., Beach, S.R.H., Brody, G.H., Philibert, R.A. and Gibbons, F.X. (2011). Social Environment, Genes and Aggression: Evidence Supporting the Differential Susceptibility Perspective. *American Sociological Review* 76: 883–912.

Tambs, K., Sundet, J.M., Magnus, P. and Berg, K. (1989). Genetic and environmental contributions to the covariance between occupational status, educational attainment, and IQ: a study of twins. *Behavioral Genetics* 19: 209–222.

Tucker-Drob, E.M. and Bates, T.C. (2016). Large Cross-National Differences in Gene x Socioeconomic Status Interaction on Intelligence. *Psychological Science* 27: 138–149.

Turkheimer, E., Haley, A., Waldron, M., D'Onofrio, B. and Gottesman, I.I. (2003). Socioeconomic Status Modifies Heritability of IQ in Young Children. *Psychological Science* 4: 623–628.

Van Ijzendoorn, M.H. and Bakermans-Kranenburg, M.J. (2015). Genetic differential susceptibility on trial: Meta-analytic support from randomized controlled experiments. *Development and Psychopathology* 27: 151–162.

Wedow, R., Zacher, M., Huibregtse, B.M., Harris, K.M., Domingue, B.W. and Boardman, J.D. (2018). Education, Smoking, and Cohort Change: Forwarding a Multidimensional Theory of the Environmental Moderation of Genetic Effects. *American Sociological Review* 83: 802–832.

7 Epigenetik

Bisher wurde die Verknüpfung zwischen Umwelt und Genen eher indirekt oder als Black Box diskutiert. Dass es eine Verknüpfung geben muss, legen zumindest empirische Untersuchungen nahe, die eigentlich analytisch gesehen weit weg von den zugrundeliegenden biologischen Prozessen sind. Nehmen wir zum Beispiel das Triggering-Modell, bei dem Umweltbedingungen außerhalb des menschlichen Körpers genetische Risiken in bestimmten Körperzellen auslösen. Oder noch mittelbarer, wenn man sich mit dem moderierenden Einfluss sozialer Normen auf die Realisierung genetischer Risiken befasst. Unabhängig von der analytischen Distanz zwischen Genen und der untersuchten Umwelt benötigt es einen messbaren und theoretisch plausiblen Mechanismus, der beide Ebenen verknüpft und so eine kausale Verbindung herstellt. Epigenetische Prozesse sind sehr wahrscheinlich genau dieser Mechanismus. Auch wenn die genauen biologischen Abläufe aus soziologischer Sicht zweitrangig sind, erscheint eine Diskussion der Grundlagen dennoch essenziell für eine kritische Auseinandersetzung mit den epigenetischen Maßzahlen, die für die Soziologie sehr wohl direkte Relevanz besitzen. Ähnlich den Polygenic Scores, die vorliegende genetische Risiken für die Realisierung eines bestimmten Merkmals zusammenfassen, existieren mit sogenannten epigenetischen Profilen vergleichbare Messungen, die sich jedoch auf die Frage beziehen, ob und in welchem Ausmaß bestimmte Gene aktiviert oder deaktiviert werden, was mit einer Reduktion oder Erhöhung der Realisierungswahrscheinlichkeit genetischer Risiken einhergehen kann. Wie im Laufe der folgenden Diskussion noch ersichtlich wird, ist die häufige Nutzung des Konjunktivs (noch) nötig, da eine ganze Reihe von kritischen Punkten an der Plausibilität und Validität bzw. – sofern die gerade genannten Punkte ausgeräumt wären – die praktische Umsetzbarkeit einschränken (Scorza et al. 2019: 123–126). Dessen ungeachtet existieren bereits einige wenige Studien mit direkten soziologischen Bezügen, die hinsichtlich ihrer Ergebnisse und der Aussicht, Licht in die Black Box genetischer Erklärungen zu bringen, enormes Potenzial für zukünftige Forschung bieten können.

7.1 Grundlagen und Mechanismen

Epigenetische Phänomene finden sich in vielen Beispielen, ohne dass es uns bewusst ist. Wenn sich eine Raupe verpuppt und die Metamorphose zum Schmetterling durchlebt, dann ändert sich im Zuge dieser Verwandlung nichts an der DNA des Insekts. Lediglich die *Expression*, also welche Gene wann ausgedrückt werden, verändert sich. Ähnlich sieht es bei Pflanzen im Frühling aus: Die Umweltänderung

https://doi.org/10.1515/9783111421919-007

(z. B. höhere Temperaturen) setzen Wachstumsprozesse in Gang, die Blätter und Blüten ausbilden lassen. Der genetische Code der Pflanzen ändert sich dabei nicht; lediglich welche Teile davon aktiviert oder unterdrückt werden, wird durch die geänderten Umweltbedingungen gesteuert. Die Epigenetik beschäftigt sich genau mit dieser Verknüpfung zwischen Umwelt und Genen beziehungsweise umfasst alle Mechanismen, die diese Verknüpfung biologisch erzeugen. Die DNA selbst bleibt in ihrem Inhalt bzw. der Basenabfolge von diesen Prozessen unberührt, da sie ausschließlich die Expression von Genen steuern und Aufschluss darüber geben, warum Unterschiede zwischen Menschen entstehen können, obwohl diese „die gleichen" Gene besitzen. Epigenetik und mit ihr verknüpfte Prozesse sind damit für die Soziologie in mehrerer Hinsicht von Bedeutung: Erstens repräsentieren sie die grundlegenden biologischen Prozesse, die die „soziale" Umwelt mit genetischen Risiken und ihrer Manifestierung verknüpfen. Zweitens gibt es Hinweise darauf, dass sich epigenetische Markierungen möglicherweise vererben. Neben genetischer und sozialer Vererbung gibt es daher möglicherweise einen dritten Pfad, über den Muster sozialer Ungleichheit im Generationenverlauf reproduziert werden können. Die folgenden Ausführungen zur Epigenetik gehen stellenweise weiter als die bisher diskutierten Inhalte der Verhaltensgenetik. Des Weiteren ist die unmittelbare forschungspraktische Relevanz epigenetischer Phänomene für die soziologische Forschung zum aktuellen Zeitpunkt schwer abschätzbar. Für die Entwicklung eines vertieften Verständnisses der biologischen Prozesse (für einen Blick in die Black Box) sind die Inhalte dieses Teilkapitels aber trotzdem hilfreich.

Man muss nicht in die Natur blicken, um auf epigenetische Prozesse aufmerksam zu werden. Jede Zelle unseres Körpers – ob im Gehirn, in Schweißdrüsen, in der Haut oder im Herz – alle besitzen identische DNA (Carey 2015: 114). Gehen wir zurück an den Anfang eines jeden menschlichen Lebens, dann sehen wir, dass alles seinen Anfang in einer einzigen Zelle nimmt. Damit muss jede Zelle das Potenzial besitzen, die Funktionen eines jeden Zelltyps im menschlichen Körper zu übernehmen. Mit der Reifung und Entwicklung des menschlichen Embryos werden diese sogenannten totipotenten Stammzellen – also Zellen, die potenziell jede Funktion im Körper übernehmen können – aber auf bestimmte Entwicklungspfade gebracht, von denen es (ohne menschlichen Eingriff) kein Zurück mehr gibt. Diese Idee der Zelldifferenzierung bei gleichem Ausgangspunkt (sprich identischer DNA) wird meist durch die „Waddington landscape" oder „epigenetische Landschaft" illustriert (siehe Abbildung 51). Eine totipotente Stammzelle (die Kugel am oberen Rand des Bildes) rollt in ein Tal mit verschiedenen Endpunkten, an denen die Kugel liegen bleiben kann. Jeder dieser Endpunkte entspricht dabei einem anderen Zelltyp. Es ist leicht vorstellbar, dass kleinste Einflüsse auf ihre Rollrichtung und -geschwindigkeit am Ausgangspunkt und während des Vorgangs zu anderen Endpunkten führen können. Im weiteren Lebensverlauf ist die Zelle

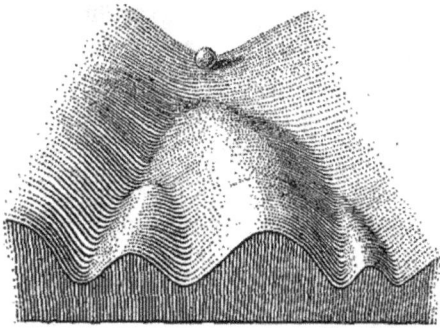

Abbildung 51: Waddington landscape, wie epigenetische Prozesse von der totipotenten Stammzelle zu verschiedenen Zelltypen führen können.
Quelle: https://www.sciencedirect.com/science/article/pii/S1369848613000897 (Abrufdatum: 05.02.2024).

damit auf einen Zelltypus festgelegt, welchen sie im Rahmen der Zellteilung epigenetisch geprägt („imprinting") an alle Tochtergenerationen weitergibt.

Im Laufe eines menschlichen Lebens werden weiterhin mittels epigenetischer Prozesse verschiedene Genkomplexe mit ihren spezifischen Funktionen aktiviert: Während der pränatalen Entwicklung, während der frühen postnatalen Entwicklung, in der Pubertät, im jungen Erwachsenalter etc. Nicht zuletzt existieren für viele entwicklungsbezogene oder kognitive Prozesse (räumliche Wahrnehmung oder Sprachentwicklung) sogenannte kritische Perioden, die durch besondere neuronale Plastizität gekennzeichnet sind. Sind diese kritischen Perioden abgelaufen, wird die Plastizität über epigenetische Mechanismen wieder zurückgefahren oder sogar eingestellt (Lappé & Landecker 2015: 162; Mollon et al. 2021: 657). Typischerweise sind wir jedoch weniger daran interessiert, zu untersuchen, warum und über welche Pfade sich ein totipotenter Zellhaufen zu einem funktionsfähigen Menschen entwickelt. Für die Untersuchung handelnder Akteurinnen und Akteure spielen sich diese Prozesse zumeist im Vorfeld ab. Dennoch ist das Prinzip – identischer genetischer Code mit zum Teil drastischen Unterschieden in der Funktion von Zellen – essenziell, da „Entwicklung" keinen Endpunkt per se besitzt. Zellen bleiben im Rahmen ihrer Funktion über epigenetische Prozesse inhärent reaktionsfähig für Änderungen der Umwelt. Die Epigenetik stellt also die Plastizität des Genoms sicher.

Damit wird aber auch impliziert, dass die Epigenetik eine zeitliche Dimension für ein zeitunabhängiges, da festgeschriebenes Genom etabliert. Denn finden Änderungen in den Umweltbedingungen statt, etwa im Rahmen von allgemeinen Lebensverlaufsprozessen, dann kann dies auch zu Änderungen in der Genexpression über epigenetische Prozesse führen. Eine Person hat damit zwar lebenslang das gleiche Genom, je nach Lebensphase oder generellen Umweltbedingungen unterscheidet sich aber das *Epigenom* und trägt damit zu intraindividuellen Verhaltensunterschieden im Lebensverlauf bei. Eineiige und damit genetisch identische Zwillinge sind dafür wie so oft das beste Beispiel: Während in frühen Lebensjahren kaum epigenetische Unterschiede zwischen ihnen ausmachbar sind, häufen sich divergierende epigenetische Marker bei älteren eineiigen Zwillingen und spiegeln damit direkt divergierende Lebensverlaufsmuster im Epigenom wieder (siehe Abbildung 52). Diese Unterschiede in epigenetischen Markern implizieren Unterschiede in der Genregulation zwischen Individuen, was in letzter Konsequenz auch Unterschiede in der Ausprägung von Merkmalen und Verhalten impliziert.

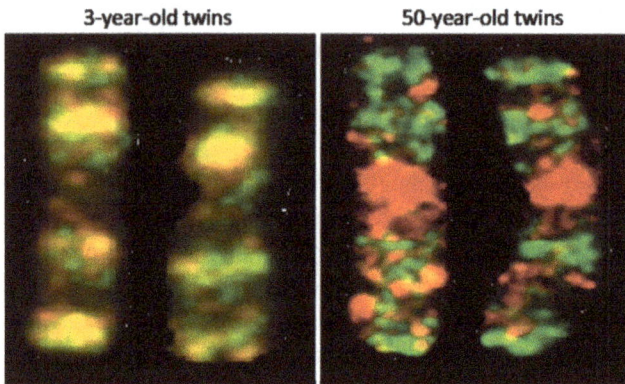

Abbildung 52: Epigenetische Unterschiede bei eineiigen Zwillingen im Lebensverlauf. Quelle: Fraga et al. (2005: Figure 3)., © (2005) National Academy of Sciences, U. S. A.

Der einfachste epigenetische Prozess ist die DNA-Methylierung. Dabei wird eine Methylgruppe (CH_3, eine Verbindung aus einem Kohlenstoff und drei Wasserstoffatomen) an bestimmte Stellen der DNA angegliedert (dem Cytosin eines CpG-Dinukleotids) und verhindert damit physisch die Transkription der betroffenen DNA-Sequenz. Dieser Vorgang stoppt bereits die Proteinsynthese, bevor sie eigentlich beginnen kann (Fitz-James & Cavalli 2022). Kann ein Gen nicht gelesen werden, dann kann dieses Gen auch nicht ausgedrückt werden. Epigenetische Prozesse sind daher primär für die Expression von Genen verantwortlich. Innerhalb *einer* Zelle fungiert die DNA-Methylierung zwar als Ein/Aus-Schalter. Da Zellen jedoch immer in Anhäufungen vorkommen, fungiert die Methylierung im Aggregat eher als Dimmer und erlaubt also eine graduelle Abstufung der Genexpression (Moore 2015: 43). Je höher der Anteil einer Zellanhäufung, der DNA-Methylierungen eines Gens aufweist, desto stärker wird dieses Gen an der Expression gehindert. Damit ist im Extremfall auch eine völlige Verhinderung von Genexpression möglich (wenn ein Gen in jeder Zelle eines Typs methyliert wurde), ebenso wie unbeschränkte Expression, wenn keine Methylierung eines Gens vorhanden ist. So extrem oder selten muss eine komplette Methylierung auch gar nicht sein, denn bei ca. 50 Prozent der menschlichen Bevölkerung wird sogar ein gesamtes Chromosom in jeder Körperzelle epigenetisch ausgeschaltet: das zusätzliche zweite X-Chromosom bei Frauen (Carey 2015: 82–84). Dieses Phänomen findet sich daher in allen Zellen: Soll eine Zelle die Funktion eines bestimmten Zelltyps erfüllen, dann müssen die Gene für Funktionen aller anderer Zelltypen epigenetisch reguliert werden.

Abbildung 53 stellt das Prinzip der DNA-Methylierung als epigenetischen Mechanismus vor. Auf der linken Seite ist ein DNA-Abschnitt ohne Methylierung abgebildet. Aus diesem wird mittels Transkription mRNA hergestellt, die ihrerseits „ausgelesen" wird (symbolisiert durch das sich von links nach rechts verschiebende blaue Rechteck) und dadurch Proteine generiert. Auf der rechten Seite findet sich die analoge Situation, jedoch ist hier der DNA-Abschnitt methyliert (eine CH_3-Verbindung wurde an das Cytosin des Abschnitts angegliedert). Bereits im ersten Schritt verhindert die Methylierung dann physisch (indem sie das blaue Rechteck daran hindert, den Rest der DNA-Sequenz von links nach rechts auszulesen), dass die Transkription stattfindet, und dadurch werden keine Proteine erzeugt.

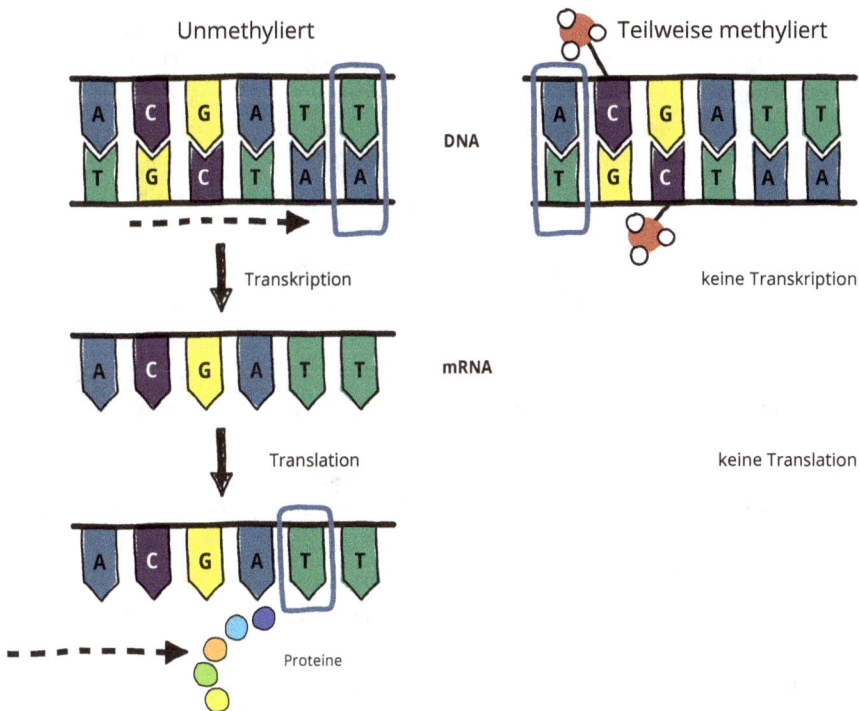

Abbildung 53: Schematische Darstellung epigenetischer Regulierung der Gen-Expression. Quelle: Eigene Darstellung.

DNA-Methylierung ist dabei nur einer von mehreren epigenetischen Mechanismen zur Regulierung von Genexpression. Zusätzlich sind zum Beispiel Histon-Methylierung und -Acetylierung bekannt, die Gene nicht direkt an der Expression hindern, sondern eher die Expression benachbarter Gene beeinflussen. Histonen sind spulenähnliche Proteinkomplexe, um die die DNA gewickelt ist (Histonen und DNA zusammengenommen werden auch Chromatin genannt). Epigenetisch werden dann die Chromatingerüste verändert: Eine enge Klumpung unterdrückt Genexpression, während ein „Auseinanderziehen" der Histone die DNA „öffnet" und Gene so leichter ausgedrückt werden können. Genexpression wird auch über die microRNA beeinflusst, die unter anderem die Degradierung von mRNA reguliert: Je schneller diese abgebaut wird, desto weniger Proteine können erzeugt werden (Szyf & Bick 2013: 50; Moore 2015: 41). Diese Typen sind zeitlich deutlich variabler und instabiler als DNA-Methylierung und damit vielleicht für langfristige, etablierte Verhaltensunterschiede aufgrund systematischer Umwelteinflüsse eher sekundär relevant. Außerdem soll dieser kurze Einblick nicht über die Komplexität und vor allem Konditionalität der beteiligten Prozesse hinwegtäuschen. Carey (2015: 5) vergleicht Genregulation etwa mit Bühnenanweisungen eines Theaterstücks. Die obige verkürzte Darstellung würde suggerieren, dass Epigenetik Bühnenanweisungen à la „Schauspieler verlässt die Bühne verfolgt von einem Bären" (wenn Umweltbedingung x vorhanden ist, dann Gen y hochregulieren) geben würde. In der Realität wäre diese jedoch deutlich konditionaler: *„Wenn* Hamlet in Vancouver *und* Der Sturm in Perth aufgeführt wird, *dann* bitte die vierte Silbe des ersten Satzes von Hamlet betonen. *Es sei denn*, es gibt eine Laienaufführung von Richard III in Mombasa *und* es regnet in Quito." (Carey 2015: 5)

Zum Einstieg in die Grundlagen der Genetik wurde auf die Analogie von Mukherjee (2017) zurückgriffen, nach der DNA ein Manuskript repräsentiert und die Umwelt als Redakteur den Text des Manuskripts redigiert. Epigenetische Prozesse stellen damit die Werkzeuge des Redakteurs Umwelt dar: Sie können Wörter, Sätze oder ganze Seiten schwärzen, hervorheben oder Anmerkungen einfügen. Im Folgenden wird diese Idee weiterverfolgt, um die Kernprinzipien zu verdeutlichen. Der nachstehende Textausschnitt in Abbildung 54 könnte sich in einem Neuron befinden und veranschaulicht das epigenetische Ausschalten „fremder" Zellfunktionen durch DNA-Methylierung:

Funktionen, die typischerweise von anderen, nicht neuronalen Zelltypen erfüllt werden – z. B. Gastrinproduktion durch Magenzellen oder Oxytozin-Rezeptoren in Nasenzellen – werden epigenetisch ausgeschaltet (symbolisiert durch die durchgestrichenen Anweisungen und durch die Methylierung der betroffenen Gene). Stellen wir uns vor, dass aufgrund von Umweltänderungen eine gehäufte Stimulierung bestimmter Neuronen registriert wird (z. B. in Phasen intensiven Lernens). Die Umwelt erfordert nun, dass die synaptische Verschaltung bestimmter Gehirnareale intensiviert wird

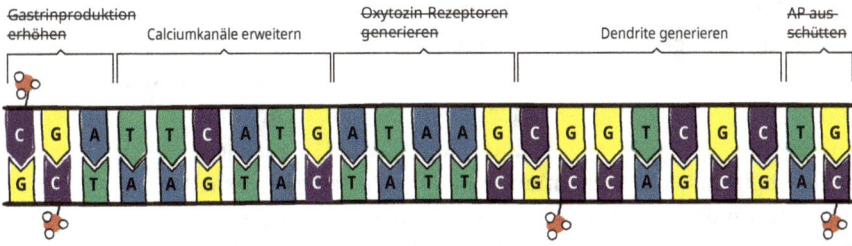

Abbildung 54: Schematische Darstellung eines epigenetisch regulierten DNA-Abschnitts in einer Neuronenzelle.
Quelle: Eigene Darstellung.

und die Kommunikationskanäle Signale effizienter leiten müssen. Die Anweisungen, um neue Dendriten zu erzeugen sowie die Signalleitfähigkeit durch erweiterte Calciumkanäle in Nervenzellen zu verbessern, werden daher intensiviert: Hier symbolisiert durch Histon-Acetylierung, die die DNA effektiv auseinanderzieht und so die Transkription – also das Ablesen der Gene – vereinfacht. In unserer Redakteursanalogie hat dieser somit die relevanten Textteile fett hervorgehoben (siehe Abbildung 55). Wohlgemerkt, Abbildung 54 und Abbildung 55 stellen hochgradige Reduktionen der beteiligten Prozesse dar und ignorieren aus Gründen der simpleren Darstellung eine ganze Reihe von Details (z. B. besteht DNA nur in kleinen Teilen aus Genen).

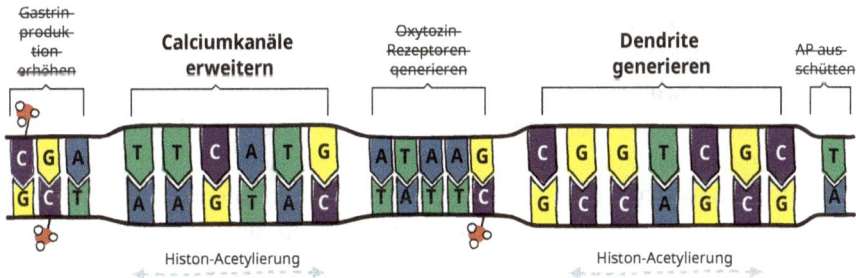

Abbildung 55: Schematische Darstellung der epigenetischen Hochregulierung von DNA-Abschnitten ausgewählter neuronaler Strukturen.
Quelle: Eigene Darstellung.

7.2 Epigenetische Forschung

Damit kennen wir nun mit Prozessen wie der DNA-Methylierung zumindest einige simple Mechanismen, die plausibel machen, wie identischer genetischer

Code über Genregulierung zu Unterschieden im Verhalten führen kann. Dabei gibt es nur ein gravierendes Problem: Unbemerkt haben wir die eingangs erwähnte Black-Box-Erklärung einfach an eine andere Stelle der Kausalkette geschoben beziehungsweise einfach einen Zwischenschritt eingefügt. Denn was vorher Umwelt → Gene → Proteine → Verhalten war, wird jetzt erweitert zu Umwelt → epigenetische Regulation → Gene → Proteine → Verhalten. Die Verknüpfung von Umwelt und epigenetischer Regulation bleibt aber weiterhin eine Black Box, denn es ist für viele Phänomene unklar, welche Signale genau epigenetische Reaktionen hervorrufen. Erschwerend kommt hinzu, dass epigenetische Prozesse nicht identisch in jeder Zelle ablaufen, denn sie müssen je nach Typ andere Funktionen erfüllen, und damit müssen auch andere Gene reguliert werden. Daher ist auch eine simple Erhebung des Epigenoms analog zum Genom des Menschen deutlich schwieriger, da dieses eben genau nicht in jeder Zelle identisch ist (und natürlich auch zeitlich variiert, zum Beispiel im Lebensverlauf).

7.2.1 Allgemeine Anwendungen

Möglicherweise ist es aber gar nicht notwendig, epigenetische Änderungen aller Zelltypen zu erheben. Wollen wir zum Beispiel untersuchen, unter welchen Umweltbedingungen kognitive Potenziale besser realisiert werden können als unter anderen – und nehmen wir vorläufig an, dass wir auch in der Lage wären, die relevanten Umweltbedingungen zu identifizieren und zu messen –, dann könnte ein Fokus auf epigenetische Marker in Gehirnzellen für eine approximative Erhebung ausreichen. Das würde zwar die Erhebung vereinfachen, bringt aber wiederum neue Probleme mit sich. Gehirnzelle ist nicht gleich Gehirnzelle: Sollten epigenetische Änderung in Hirnregionen, die für das zu untersuchende Phänomen zentraler sind, nicht bedeutender sein? Wenn ja, welche sind das überhaupt? Außerdem funktionieren epigenetische Prozesse im Aggregat als Dimmer, in einzelnen Zellen als An/Aus-Schalter. Wie viele Hirnzellen müssen „gesampelt" werden, um den Dimmgrad einigermaßen genau abzubilden? Und das letzte Problem, das aber sicherlich mit den passenden Incentives in den Griff zu bekommen ist: Wie reagieren Probandinnen und Probanden, wenn Forscherinnen und Forscher neben Speichelproben zur DNA-Sequenzierung bitte auch noch Gewebeproben aus ihren Gehirnen entnehmen möchten? Das erscheint, selbst wenn man die biologischen Grundlagen für soziologisch relevante Phänomene komplexen menschlichen Verhaltens verstehen würde und damit gezielt nur bestimmte Zelltypen ansprechen könnte, im Rahmen von breit angelegter quantitativer Survey-Forschung kaum praktikabel.

Bei Tierversuchen bestehen viele der angeführten Einschränkungen nicht. Eine ganze Reihe von wichtigen und kontroversen Studien zur epigenetischen Regulierung von genetischen Risiken basiert daher auch auf Untersuchungen von Modellorganismen wie etwa Ratten (Caldji et al. 1998; Weaver et al. 2004). Säugende Rattenmütter lecken und putzen typischerweise das Fell ihres Nachwuchses. Dabei existieren individuelle Unterschiede zwischen Rattenmüttern im Ausmaß dieser Formen der Nachwuchspflege. Manche Mütter widmen der Fellpflege ihres Nachwuchses mehr Zeit als andere. Caldji und Kolleginnen und Kollegen (1998) konnten zeigen, dass die Unterschiede im Pflegeverhalten in den sehr frühen Lebensphasen des Nachwuchses langfristig mit Unterschieden in Stressreaktionen verknüpft waren. Um den Effekt des mütterlichen Pflegeverhaltens auf das Verhalten des Nachwuchses zu testen, wurde den mittlerweile ausgewachsenen Ratten 24 Stunden vor dem Experiment das Futter entzogen, um Hunger zu induzieren. Am nächsten Tag wurden sie in eine neue, ihnen unbekannte Käfigumgebung mit Futter gesetzt und es wurde festgehalten, wie lange sie benötigten, um mit dem Fressen anzufangen, und wie lange sie fraßen. Nachwuchs von Rattenmüttern, die ausgiebigen Körperkontakt und Pflege ihrer Kinder betrieben hatten, benötigten nur etwa halb so lange, bis sie mit dem Fressen begannen, und nahmen mehr als 10-mal so lange Futter zu sich wie Nachkommen von Rattenmüttern, die ihre Kinder nicht oder selten abgeleckt und gereinigt hatten. In für die Ratten bereits bekannter Käfigumgebung unterschieden sich die beiden Gruppen jedoch nicht. Die engere körperliche Bindung zwischen einigen Rattenmüttern und ihren Nachkommen scheint also das Ausmaß von ängstlichen Verhaltensreaktionen reduziert zu haben. Das Bahnbrechende an diesen Ergebnissen war jedoch nicht nur das Ergebnis des Verhaltensexperiments, sondern dass die Autorinnen und Autoren sowie weitere nach ihnen demonstrieren konnten, dass das bindungsförderliche Verhalten der Mütter für eine messbare Methylierung bei ihren Nachkommen gesorgt hat. Spezifisch wurden Gene reguliert, die mit neuroendokrinologischen Reaktionen auf Stress in Verbindung stehen. In Folgestudien konnte außerdem gezeigt werden, dass diese DNA-Methylierung sich früh im Leben etabliert, im Lebensverlauf der Ratten stabil war, aber pharmakologisch rückgängig gemacht werden konnte (Weaver et al. 2004: 850–851). Weibliche Nachkommen, die selbst viel von ihren Müttern geleckt und geputzt worden sind, haben dieses Verhalten häufiger bei ihren eigenen Nachkommen praktiziert, was wiederum Muster intergenerationaler Vererbung implizierte. Dass es sich hierbei nicht um genetische Vererbung handelte, konnte gezeigt werden, indem Mütter, die viel leckten und putzten, die Kinder von Müttern, die dies nicht taten, aufzogen und umgekehrt. Die Ergebnisse zur DNA-Methylierung dieser Experimente basieren auf Biopsien der toten Ratten, was neben der generellen Schwierigkeit des Transfers von Erkenntnissen aus Tiermodellen auf den Menschen damit zusätzliche praktische Nachteile für soziologische Forschung nach sich zieht.

Ein Forschungsstrang, der ähnliche epigenetische Prozesse auch bei Menschen detailliert untersucht, beschränkt sich auf die Körper von Suizidopfern. Hierbei wurden bei ähnlichen Genregionen wie in den Rattenexperimenten DNA-Methylierungsunterschiede zwischen Suizidopfern mit und ohne Misshandlungserfahrung festgestellt. Als weiterer Unterschied zwischen den beiden Gruppen fanden sich Methylierungen speziell im Hippocampus von Missbrauchsopfern, nicht aber in den Gehirnen von jenen ohne diese belastenden Erfahrungen in der Kindheit (Szyf & Bick 2013: 54).

Mittlerweile existieren auch Studien, die Muster der DNA-Methylierung in lebenden Menschen untersuchen. Naumova und Kolleginnen und Kollegen (2012) verglichen beispielsweise Kinder, die bei ihren biologischen Eltern aufwuchsen, mit in Heimen aufgewachsenen Kindern mit der Vermutung, dass ein Aufwachsen im Heim relativ zu den biologischen Eltern Unterschiede im Grad der emotionalen Nähe und Zuneigung implizieren würde. Die Ergebnisse zeigten systematische Unterschiede zwischen beiden Gruppen dahingehend, dass Gensysteme für neuronale Kommunikation sowie Gehirnentwicklung und -funktion bei den im Heim aufgewachsenen Kindern stärker methyliert waren, die Gene also herunterreguliert wurden.

7.2.2 Epigenome-wide association studies

Grundlegend für die Validität dieser Ergebnisse ist die Annahme, dass Methylierung nicht nur an verhaltensrelevanten Regionen im Körper messbar ist, sondern auch in anderen oder gar im gesamten Körpersystem. Das bleibt jedoch weiterhin umstritten, auch wenn „epigenome-wide association studies" (EWAS) bereits versuchen, epigenetische Unterschiede zwischen Menschen analog zu GWAS systematisch zu untersuchen (Landecker & Panofsky 2013: 344; Linnér et al. 2017; Fitz-James & Cavalli 2022; Montalvo-Ortiz et al. 2022). Auch bei EWAS wird über einen hypothesenlosen, data-driven Ansatz versucht, die Korrelation zwischen einem Merkmal (z. B. kognitiven Fähigkeiten) und epigenetischen Profilen herzustellen. Da EWAS und GWAS viele Gemeinsamkeiten besitzen, wird hier nur in aller Kürze auf die Besonderheiten der EWAS eingegangen. Die Erhebung und Auswertung von EWAS gestaltet sich ungemein schwieriger, als das bei GWAS der Fall ist. Bei GWAS besteht kein Zweifel, was die zu untersuchenden Daten charakterisiert: Es werden Speichelproben entnommen, die darin enthaltenen Zellen besitzen alle die gleiche DNA, welche auf Mikrochip-Arrays sequenziert und dann hinsichtlich bestehender Zusammenhänge zu interessierenden Merkmalen ausgewertet werden. Diese „Prozesspipeline" ist bei EWAS deutlich probabilistischer und funktioniert nur mit zusätzlichen Annahmen. Das liegt zum einen an der bereits besprochenen Spezifität epigenetischer Profile je nach Zelltypus. Gewöhnlich basieren EWAS-Daten auf Speichel- und Blutproben. Dabei erhofft man sich, dass epigenetische Spuren des zu untersuchenden Merkmals in ausreichender Zahl in den gewonnenen Proben auffindbar sind. Sowohl Speichel wie auch Blut sind natürlich ein Amalgam verschiedenster Zelltypen (rote und weiße Blutkörperchen, (tote) Zellen der Mundschleimhaut etc.), und jeder Typus besitzt qua Funktion ein anderes epigenetisches Profil. Daher benötigt es vor der Erstellung epigenetischer Profile bereits ein Arsenal statistischer Methoden, um Zelltypenproportionen in den Stichproben zu ermitteln und Zelltypen differenzieren zu können (Campagna et al. 2021: 230). Zusätzlich – was bei GWAS ebenfalls kein Problem darstellt – spielen im Vorfeld der Erstellung epigenetischer Profile Alterskorrekturen aufgrund altersspezifischer epigenetischer Muster eine wichtige Rolle. Insgesamt werden aktuell über sogenannte Bisulphatmikroarrays 450.000 bis 850.000 Methylierungspositionen erhoben (Campagna et al. 2021: 216, Abbildung 1). Zum Vergleich: In der neuesten GWAS für hohen Bildungserwerb wurden etwa 10 Millionen SNPs untersucht (Okbay et al. 2022: 439). Das gewünschte Ergebnis von EWAS ist genau wie bei GWAS ein Koeffizientenvektor für all jene Methylierungspositionen, die statistisch signifikante Zusammenhänge mit dem betrachteten Merkmal besitzen. Auch für dieses Verfahren gilt ein deutlich strengeres Signifikanzniveau als das in den Sozialwissenschaften gängige 0,05-Niveau aufgrund der bis zu 850.000 statistischen Tests im Rahmen einer EWAS (z. B. $p < 1{,}15^{*}10^{-7}$; Raffington et al. 2023: 173).

Die epigenetischen Profile oder „Methylation Risk Scores" (MRS) selbst sind analog zu den Polygenic Risk Scores als effektgewichtete lineare Kombination der statistisch signifikanten Effekte einzelner Methylierungspositionen (sog. DMP oder differentially Methylated Positions, was sich auf die oben erwähnten CpG-Dinukleotiden bezieht) der DNA auf das zu untersuchende Merkmal konzipiert (Campagna et al. 2021: 228). Formal berechnen sich MRS folgendermaßen:

$$MRS_i = \sum_{j=1}^{J} b_j * DMP_{ij}$$

wobei i Individuen indiziert und j die Methylierungspositionen. Der Unterschied zur Berechnung der Polygenic Risk Scores besteht damit lediglich in der Messung des Methylisierungsgrades einzelner DMPs anstelle der SNPs. Der Methylisierungsgrad selbst rangiert kontinuierlich zwischen 0 (~ keinerlei Methylierung) bis 1 (~vollständige Methylierung) und gibt damit den „Dimmgrad" des jeweiligen DNA-Abschnitts an (Singer 2019: 423). Ein Wert von 0,80 bedeutet also, dass 80 Prozent der untersuchten Zellen an dieser Stelle methyliert waren. Auch hier ist die resultierende Messung annähernd standardnormalverteilt und gibt die Position eines Individuums in der populationsspezifischen Verteilung an: Negative Werte stehen für unterdurchschnittliche Methylierungsprofile, Werte um 0 für durchschnittliche und Werte über 0 für überdurchschnittliche Methylierung. Die inhaltliche Richtung der Interpretation – also die Frage, ob hohe Werte „wünschenswert" sind – hängt natürlich vom betrachteten Merkmal ab.

Ein Merkmal, bei dem hohe Werte für gewöhnlich (sozial bewertet) wünschenswert sind, sind kognitive Fähigkeiten. Für dieses existiert indessen eine EWAS, die es erlaubt, einen Methylation Risk Score zu konstruieren (McCartney et al. 2022). Für Gen- sowie blutbasierte Methylierungsdaten von etwas mehr als 9.000 Probandinnen und Probanden identifizieren die Autorinnen und Autoren drei Methylierungs*regionen* (örtliche Häufungen von statistisch signifikanten Methylierungen). Der daraus konstruierte MRS erklärte in einem Validierungssample etwa 4 Prozent der Varianz in den kognitiven Fähigkeiten. Auf Grundlage der ebenfalls erhobenen Gendaten konnte zusätzlich ein Polygenic Risk Score für kognitive Fähigkeiten konstruiert werden, der wiederum ca. 7 Prozent der Unterschiede erklären konnte. Beide Maßzahlen zusammengenommen steigern die Varianzerklärung auf etwa 11 Prozent und legen damit nahe, dass Methylierungs- und genetische Risiken unabhängige Unterschiedsdimensionen kognitiver Fähigkeiten abbilden und jeweils völlig eigenständige Beiträge zur Erklärung leisten (McCartney et al. 2022: Abbildung 1, Panel A). Langsam aber sicher scheint man dem interaktionistischen Konsens auch über epigenetische und genetische Risikowertemessungen in der empirischen Methodologie näher zu kommen. Dennoch offenbart gerade der Vergleich mit der GWAS für hohe Bildung, dass EWAS aktuell noch weit von Stichprobengrößen entfernt sind, um kleine Zusammenhänge zu identifizieren (9.000 vs. 3 Millionen). Laut Berechnungen der Autorinnen und Autoren würde eine Verzehnfachung der Trainingsstichprobe von 9.000 auf 100.000 die durch epigenetische Unterschiede erzeugte Varianzerklärung von 4 auf 29 Prozent steigern können. Ein oberes Limit als Gütekriterium ist wie bei Polygenic Scores jedoch schwer einschätzbar, da Methylation Risk Scores sowohl genetische wie auch umweltbedingte Varianz erklären. Die Erblichkeit von in diesem Fall kognitiven Fähigkeiten (die wiederum bei ca. 50 Prozent liegt, Polderman et al. 2015: Abbildung 2) ist deshalb mitnichten ein guter Richtwert, da er schließlich lediglich genetische Varianz abbildet.

Bei aller Ähnlichkeit zu GWAS reproduziert man bei der EWAS aber gleichermaßen deren Schwächen und fügt weitere, verfahrensspezifische Schwächen hinzu. Auch hier wird eben „nur" eine Korrelation zwischen Methylierungspositionen und Merkmalen aufgedeckt. Ob es sich um kausale Zusammenhänge handelt, bleibt dabei weitestgehend offen und erfordert weiterführende Untersuchungen der beteiligten biologischen Prozesse. Vielmehr hängt bereits ganz grundsätzlich die Validität des gesamten Verfahrens von der Frage ab, inwieweit Methylierungsprofile von DNA aus „peripherem" Gewebe wie Speichel und Blut wirklich Profile abbilden können, mit denen sich die – soziologisch relevanten – epigenetische Regulierung in den

Gehirnen der Probandinnen und Probanden abbilden lässt. Das ist unklar und es hat den Anschein, als verfahre man hier nach dem Motto: „Wir nutzen das Verfahren, denn die Analysen mit epigenetischen Profilen liefern plausible und theoretisch konsistente Ergebnisse." Und dass, obwohl MRS auf Grundlage von *Speicheldaten* von *Kindern bzw. Jugendlichen* erzeugt werden, die zugrundeliegende EWAS jedoch auf *Blutdaten Erwachsener* basieren und gleichzeitig bekannt ist, dass epigenetische Regulierung hochgradig zeit-, gewebe- und lebensphasenabhängig ist (z. B. Raffington et al. 2023: 181). Der zeitlich variablen Wirkung und Entfaltung des Genoms aufgrund umweltbedingter Unterschiede Rechnung zu tragen, ist schließlich der große Zugewinn epigenetischer Konzepte und Ideen. Aber genau dieser Umstand macht EWAS bereits im Ansatz weitaus komplexer als GWAS. Letztere untersuchen ein konstantes, unveränderliches Phänomen, während EWAS eben jene Prozesse untersuchen, die die enorme Variation in menschlichen Merkmalen und Verhalten bei 98 Prozent identischer DNA erzeugen. Auch sind viele praktische Hürden für eine sinnvolle Integration epigenetischer Informationen in sozialwissenschaftliche Forschung noch nicht überwunden. Beispielsweise existieren zum jetzigen Zeitpunkt nur wenige qualitativ-hochwertige „Referenzepigenome", anhand derer kausal relevante epigenetische Variation, Zelltypen- sowie Altersprofile bestimmt werden können (Teschendorff & Relton 2018: 143–144).

Somit bestehen aktuell noch viele methodologische Fragezeichen hinsichtlich der Validität und praktischen Nutzbarkeit von EWAS und – wichtiger noch – zu den aus ihnen generierbaren epigenetischen Profilen. EWAS und MRS stecken noch in den Kinderschuhen, und die zukünftige Forschung wird zeigen, ob und inwiefern sie ihr methodologisches Potenzial entfalten können. Ein großer Schritt in Richtung einer umfassenden Abbildung des interaktionistischen Konsenses wäre es allemal. Erste Studien mit direkten soziologischen Bezügen verheißen spannende Einblicke in das Zusammenspiel von Genen und Umwelt. Ihnen widmet sich das folgende Teilkapitel und sie müssen vor dem Hintergrund der hier diskutierten Aspekte bewertet werden.

7.2.3 Sozialwissenschaftliche Beispiele epigenetischer Forschung

Bisherige Forschung mit direkteren soziologischen Bezügen hat versucht, das Problem des Datensammelns bei lebenden Untersuchungsobjekten über verschiedene Ansätze zu umgehen. Ein klassisches Beispiel macht sich einen Kriegsvorfall als Form eines natürlichen Experiments zunutze, um epigenetische Effekte zu untersuchen. Als Reaktion auf Aktivitäten des niederländischen Untergrunds schnitt die deutsche Wehrmacht ab Herbst 1944 den Zugang zu Nahrungsmitteln für die Bevölkerung in Westholland radikal ab. In der Folge sank die durchschnittliche Kalorienverfügbarkeit um bis zu 50 Prozent und circa 20.000 Menschen starben an den Folgen von Unterernährung (Moore 2015: 126). Mit der Befreiung dieser Region durch die US-amerikanischen Streitkräfte endete der „Hungerwinter" abrupt. Die Zeit der Hungersnot überlappte in unterschiedlichem Maße mit Schwangerschaften in der lokalen Population. Dadurch war es Forscherinnen und Forschern nach Kriegsende möglich, den Effekt der Mangelernährung auf die fötale Entwicklung zu untersuchen. Darüber hinaus waren andere gesundheitliche Unterschiede im Lebensverlauf der betroffenen Kinder als ein Beispiel für pränatale Umweltunterschiede und frühe epigenetische Prägung Forschungsgegenstand. Neben neurologischen Abnormalitäten war eines der konsistenteren Ergebnisse dieser Literatur, dass Föten, die den Hungerwinter in den ersten beiden Trimestern durchleben, am stärksten von den Konsequenzen der Mangelernährung betroffen waren. Für diese Nachkommen wurde bestätigt, was bereits aus Tierstudien bekannt war: Änderte sich die Nährstoffbereitstellung von Mangel in den ersten beiden Trimestern auf „normal" im letzten Trimester, so erhöhte sich die Insulinkonzentration bei trächtigen Ratten und deren Nachkommen waren systematisch übergewichtiger im Erwachsenenalter. DNA-Methylierungsunterschiede in DNA-Segmenten, die für die Produktion von Wachstumshormonen relevant sind, waren selbst 60 Jahre nach dem Erleben der pränatalen Mangelernährung bei den Probandinnen und Probanden feststellbar (Heijmans et al. 2008). Neuere Studien suggerieren, dass selbst in der dritten Generation noch Einflüsse der Mangelernährung der Großmutter auftraten und legen damit nahe, dass epigenetische Änderungen vererbt werden können – also inter- oder sogar transgenerationale Effekte haben (Veenendaal et al. 2013).

Damit kommen wir zu einer weiteren großen Kontroverse in der Literatur: Inwiefern können epigenetische Prägungen vererbt werden? Dass epigenetische Änderungen in regulärer Zellteilung (Mitose) erhalten bleiben, ist unzweifelhaft erwiesen. Eine Herzzelle bleibt epigenetisch reguliert Zeit ihres Lebens eine Herzzelle und gibt diese Funktion während der Zellteilung an ihre Tochterzellen weiter. Gegen intergenerationale Vererbung sprach anfänglich, dass während der Meiose männlicher Samenzellen alle im Lebensverlauf angesammelten epigenetischen Änderungen reprogrammiert, also entfernt werden. Eine ähnliche Reprogrammierung findet noch einmal im frühen Embryonalstadium statt (Fitz-James & Cavalli 2022: 10–11). Diese zweite Reprogrammierung sollte prinzipiell auch verhindern, dass eine epigenetische Änderung bei weiblichen Eizellen vererbbar ist. Denn anders als bei Spermien sind die weiblichen Eizellen bereits im ungeborenen Kind angelegt, und damit kann die pränatale Umwelt zumindest potenziell bereits zu epigenetischen Änderungen an ihnen führen (Ashe, Colot & Oldroyd 2021). Ohne diese zweite Repogrammierung wäre es damit auch plausibel, dass es direkte Effekte der großmütterlichen (!) Lebenserfahrung nicht nur auf die Töchter, sondern auch auf die bereits in deren Eizellen angelegte Enkelgeneration geben kann. Die Möglichkeit inter- und transgenerationaler Vererbung epigenetischer Prägungen ist jedoch empirisch schwierig kausal identifizierbar: Ähnliche epigenetische Marker zwischen Eltern und Kindern könnten Ausdruck ähnlicher Umwelten sein, die damit ähnliche epigenetische Prozesse in Gang setzen. Dennoch hat man mittlerweile eine ganze Reihe von Mechanismen identifiziert, die inter- und transgenerationale Vererbung epigenetischer Marker plausibel erscheinen lassen (Fitz-James & Cavalli 2022: Abbildung 2).

Ein nachvollziehbarer Mechanismus ist die „rekonstruktive Vererbung". Dabei werden epigenetische Marker wie beschrieben im Rahmen der Keimzellenbildung und Befruchtung entfernt. Jedoch können diese durch vererbte sekundäre Signale rekonstruiert werden. Diese sekundären Signale finden sich zum Beispiel in der nicht kodierenden DNA (also den 98 Prozent der DNA, über deren Funktion man bisher nur vergleichsweise wenige Erkenntnisse hat) oder Transkriptionsfaktorbindungen. Damit erhalten Muster intergenerationaler Vererbung epigenetischer Marker aufgrund pränataler Erlebnisse während des „Hungerwinters" eine biologisch plausible Fundierung. Ähnliche, aber indirektere Muster wurden auch in eindrucksvollen historischen Untersuchungen in Schweden aufgezeigt (Kaati, Byrgen & Edvinsson 2002; Vågerö et al. 2018). Die Autorinnen und Autoren quantifizierten über regionale Ernteerträge den Nahrungszugang der Großelterngeneration (ca. 1865–1900) während ihrer präpubertären Wachstumsphase (zwischen 8 und 12 Jahren). Diese Phase ist möglicherweise besonders relevant für epigenetische Programmierung der Keimbahn und damit nachfolgender Generationen. War die Ernte und damit der Nahrungszugang besonders reichlich während dieser Wachstumsphase der Großeltern, so fand sich zwar kein Effekt für die direkten Nachkommen, aber die Mortalität der Enkelgeneration war systematisch höher – primär aufgrund eines höheren Krebsaufkommens und ausschließlich für die männliche Linie einer Familie (Vågerö et al. 2018). Auch wenn die Autorinnen und Autoren anhand des Studiendesigns keine Aussagen über die genauen kausalen Pfade der aufgedeckten Zusammenhänge treffen können, so spekulieren sie dennoch, dass Fehlernährung (sowohl Mangel als auch ein Übermaß) zu verfrühter epigenetischer Alterung und damit zu einer erhöhten Anfälligkeit für chronische Erkrankungen im späteren Leben führen könnte (Vågerö et al. 2018: 5). Warum diese Vermutung jedoch empirisch nur für Überernährung, nur für die Enkelgeneration und nur für die männliche Linie nachweisbar war, bleibt vorerst unklar.

Abseits einer gesundheitssoziologischen Fragestellung sticht eine epigenetische Studie mit Bezug zu sozialstrukturellen Phänomenen besonders hervor. Raffington und Kolleginnen und Kollegen (2023) gingen darin der Frage nach, ob sich umweltbedingte Unterschiede im ungleichheitsbezogenen Belastungsniveau epigenetisch nachweisen lassen und diese systematisch mit kognitiven Funktionen von Kindern und Jugendlichen, wie Verarbeitungsgeschwindigkeit, verbalem Verständnis sowie

Mathematik- und Lesekompetenzen, zusammenhingen. Demnach würden Folgen sozialer Ungleichheit wie unter anderem der ungleiche Zugang zu Bildung, Gesundheitsleistungen und Ernährung oder familiärer Stress sozial stratifizierte epigenetische Profile erzeugen. Aus Sicht der Armuts- und Deprivationsforschung ist diese These nachvollziehbar: So sind beispielsweise längere und häufige Episoden elterlicher Arbeitslosigkeit mit einer Steigerung des latenten Konfliktpotenzials innerhalb von Familien sowie (diagnostizierten) Verhaltensauffälligkeiten außerhalb der Familie verknüpft (Neuberger 1997: 87–88). Da Mitglieder höherer sozialer Schichten ein deutlich niedrigeres Arbeitslosigkeitsrisiko besitzen und durchschnittlich deutlich kürzer in Episoden von Arbeitslosigkeit verharren, sind damit verknüpfte innerfamiliäre Konflikte und kindliche Auffälligkeiten in starkem Maße ungleich über Familien verschiedener sozialer Lagen verteilt (Giesselmann & Goebel 2013; Kott 2021). Körperliche Reaktionen auf (chronische) Stressoren umfassen zum Beispiel (chronische) Entzündungsmuster sowie reduzierte Konzentrationsfähigkeit und Gedächtnisleistung – sie stehen also in direktem Bezug zu kognitiven Fähigkeiten (McEwen 1998: 35; Liu, Wang & Jiang 2017: 2). Die Ergebnisse bestätigen den vermuteten Zusammenhang von sozialer Lage und epigenetischen Profilen: Ungünstige Umweltbedingungen, sowohl in der Familie wie auch in der unmittelbaren Nachbarschaft, als Folge einer niedrigen sozialen Positionierung äußern sich systematisch in den epigenetischen Profilen. Diese sind mit chronischen Entzündungen, schnellerer biologischer Alterung sowie mit niedrigeren kognitiven Fähigkeiten verknüpft (letzterer Methylation Risk Score wurde aus der oben diskutierten EWAS gebildet). Diese Ergebnisse liefern somit direkte Hinweise, dass Unterschiede in der sozialen Umwelt sich in epigenetischen Regulierungsunterschieden manifestieren. Anders ausgedrückt können die täglichen Erlebnisse von sozialer und materieller Deprivation in chronischen Stress und chronischer Entzündung münden und gehen damit im wahrsten Sinne des Wortes unter die Haut, nämlich direkt in die Zellen, und methylieren bestimmte DNA-Abschnitte.

Gerade die wissenschaftlichen und nicht zuletzt sozialpolitischen Implikationen dieser Studie suggerieren spannende Einblicke für zukünftige Forschung. Auch wenn die sozial stratifizierten Methylierungsmuster noch ausführlicher Replikation in anderen Populationen, mit anderen Indikatoren und einer tiefergehenden Untersuchung der biologischen Mechanismen bedürfen, um die Validität des allgemeinen Zusammenhangs zu fundieren, so zwingen sich doch eine Reihe von soziologischen Folgefragestellungen auf: Warum finden sich beispielsweise stärkere Zusammenhänge auf der analytisch höheren Ebene der Nachbarschaften im Vergleich zur direkten Familienumwelt? Deckt man möglicherweise bereits relativ gut die (epi-)genetischen Verschränkungen innerhalb von Familien ab (also die A- und C-Komponenten aus Zwillingsmodellen) und greift damit stärker auf all jene Faktoren außerhalb von Familien zu, die dazu führen, dass deren Mitglieder sich stärker voneinander unterscheiden (also die E-Komponente der nichtgeteilten Umwelt)? Und natürlich ist es für die Forschung zu intergenerationaler Vererbung von Nachteilen von enormer Bedeutung, die genauen Umweltfaktoren zu identifizieren, die sich epigenetisch niederschlagen. Die Autorinnen und Autoren nennen zahlreiche Einflussfaktoren, die zu sozial stratifizierten Belastungsniveaus führen können (siehe oben). Zweifelsohne wird die Erklärung multifaktorieller Natur sein, aber dennoch gibt es wichtigere und weniger wichtige Einflüsse, die es zu identifizieren gilt. Denn gerade aus sozialpolitischer Sicht ist es einerseits kritisch, Interventionsstellschrauben so genau wie möglich zu benennen und diejenigen Faktoren zu identifizieren, die den größtmöglichen Einfluss versprechen. Darüber hinaus sollte an dieser Studie äußerst attraktiv sein, dass man ein potenzielles Werkzeug entwickelt hat, um die *Wirksamkeit* von Interventionen einschätzen zu können. Angenommen, es sind primär sozial stratifizierte Ernährungsgewohnheiten, die zu epigenetischen Profilen schnelleren Alterns, ausgeprägten chronischen Entzündungen oder reduzierten kognitiven Funktionen führen, dann ließe sich gezielter an Maßnahmen forschen, um die soziale Ungleichheit in diesem Faktor zu reduzieren. Der Erfolg wäre in einer Angleichung der epigenetischen Profile messbar – soweit, so spektakulär theoretisch. Denn die Beantwortung jeder Forschungsfrage, geschweige denn eine umfassende und valide Messung der beteiligten Faktoren, ist weder trivial noch schnell zu erreichen. Dennoch erscheint der Ansatz in höchsten Maßen aussichtsreich. Warum sollte man nicht die Änderung in den kognitiven Funktionen erheben, schließlich sind die dafür nötigen Messinstrumente seit fast mindestens 80 Jahren in Gebrauch (z. B. Wechsler 1945)? Der größte Vorteil einer epigenetischen Messung läge wahrscheinlich darin, dass die Erhebung im Vergleich zu einer zeit- und personalaufwendigen Testung kognitiver Funktionen relativ einfach wäre. Gesetz dem Falle – und das muss sich wie bereits besprochen erst zweifelsfrei zeigen –, dass eine Speichelprobe relevante epigenetische Profile abbilden kann, so ist deren Erhebung in wenigen Sekunden erledigt und ermöglicht potenziell eine tägliche Messung ohne allzu invasive Eingriffe in Tagesabläufe der Probandinnen und Probanden. Somit könnte die Entwicklung der epigenetischen Profile in einem selten in der Sozialforschung erreichten Detailgrad gemessen werden.

7.3 Zusammenfassung

Insgesamt hinterlässt nicht nur diese Studie einen vielleicht ernüchternden, aber hoffentlich auch erwartungsvollen Blick auf die Relevanz oder Integrierbarkeit epigenetischer Erkenntnisse für sozialwissenschaftliche Fragestellungen. Einerseits benötigt es epigenetische Erklärungen für die kausale Fundierung des interaktionistischen

Konsenses. Dass die Umwelt über epigenetische Prozesse Gene reguliert, steht dabei außer Frage. Wie genau aber Umweltsignale – und vor allem welche – in epigenetische Programmierung übersetzt und damit Gene reguliert werden, ist für die meisten Phänomene noch völlig unklar (Fitz-James & Cavalli 2022). Aktuell verhindern erhebungs- und messbezogene Unsicherheiten eine direkte und breite Integration epigenetischer Informationen in soziologisch relevante Forschung. Inwiefern über EWAS ein tieferes Verständnis der Interaktion von Genom und Umwelt über das Epigenom führen wird, ist daher schwer einzuschätzen. Ein gesundes Maß an Skepsis ist zweifelsohne angebracht: GWAS, die wohlgemerkt unveränderliche DNA-Unterschiede messen, wurden bereits als „explorativ" oder „theorielos" beschrieben und verbleiben fundamental korrelativ in ihren Erkenntnissen. Dennoch erlauben sie es, potenziell plausible Genkomplexe zu identifizieren und diese in detaillierten Folgeuntersuchungen hinsichtlich kausaler Relevanz zumindest im Prinzip zu testen. Ob jedoch ein ähnlich „theorieloser" Ansatz für das Epigenom auch fruchtbar sein kann, wenn damit hochgradig plastische, zeit- und ortsabhängige Interaktionseffekte zwischen Genen und Umwelt und nicht mehr nur „einfache" Haupteffekte erklärt werden sollen, ist fraglich. Von der Schwierigkeit, relevante Umweltsignale zu identifizieren, einmal ganz abgesehen. Auch darin lässt sich begründen, warum der Fokus bisher stark auf die Einflüsse von Extremereignissen wie Hunger auf gesundheitsbezogene Unterschiede zwischen Menschen lag. Die kausalen Pfade und die damit verknüpften biologischen Mechanismen sind leichter zu identifizieren, da man aus Vorstudien bereits Anhaltspunkte über die möglichen Wirkungen dieser Ereignisse auf menschliche Zellen hat. Geht es uns um extrem latentes oder mehrdimensionales Verhalten (z. B. Einstellungen oder Bildungserwerb) in hochgradig komplexen Umwelten, die selten bis nie ein einziges „Signal" senden, so ist die explizite Verknüpfung von Umwelt, epigenetischen Prozessen und Genexpression komplex und empirisch um ein Vielfaches schwieriger greifbar – einmal ganz abgesehen von der inhärenten Dynamik epigenetischer Regulierung.

Aber gerade dieses Versprechen, plastische, zeit- und ortsabhängige Interaktionseffekte zwischen Genen und Umwelt über eine simple Speichelprobe abbilden zu können, verheißt ungemeines Erkenntnispotenzial für die soziologische Forschung im Allgemeinen, aber gerade auch für Sozialwissenschaftlerinnen und Sozialwissenschaftler, die sich mit den Mustern intergenerationaler Vererbung von Einstellungen und Positionen befassen. Ließe sich beispielsweise zeigen, dass „in Armut geboren" zu werden bereits unmittelbar bei Geburt mit dem epigenetischen Profil chronischer Entzündung einhergeht, dann hätte man einen weiteren, bisher nahezu unberücksichtigten Mechanismus, der dazu beiträgt, dass Kinder aus niedrigeren sozialen Schichten genetische Potenziale für hohe kognitive Fähigkeiten oder hohen Bildungserwerb nicht in gleichem Maße realisieren können, wie Kinder aus höheren sozialen Schichten.

Licht in die Black Box bringen: Am Beispiel Lernen als Erinnerungen

Mit dem kombinierten Wissen über Gene und ihre Regulierung mittels epigenetischer Prozesse versuchen wir im Folgenden, ihr Zusammenspiel für ein soziologisch relevantes Phänomen beispielhaft zu beschreiben. Da Bildung als zentrale Weichenstellung in modernen Gesellschaften auch im vorliegenden Text eine zentrale Rolle spielte, geht es an dieser Stelle um das Lernen. Dafür sind eine ganze Reihe von Abstraktionen notwendig, die nicht immer dienlich für eine präzise und detaillierte Erklärung der empirischen Realität sind, jedoch die prinzipiellen Abläufe zumindest illustrieren.

Folgende Darstellung lehnt sich an die Ergebnisse von Kim, Wheeler und Ashley bezüglich der Konsequenzen sportlicher Trainings für die epigenetische Regulierung von sportaktivitätsbezogenen Genen an (2022: Abbildung 4). In aller Kürze veranschaulichen die Autoren epigenetische Änderung, ausgelöst durch den Wechsel eines „sesshaften" Lebensstils ohne nennenswerte sportliche Aktivitäten hin zu auf Dauer angelegten regelmäßigen Trainingsintervallen. Für den sesshaften Lebensstil finden sich vermehrt methylierte Abschnitte von sportbezogenen Genen, was eine Hochregulierung von bestimmten entzündungsrelevanten Genen und eine Herunterregulierung von Genen, die den Fettmetabolismus oder die Energieproduktion der Mitochondrien steuern, zur Konsequenz hat. Im Stadium regelmäßiger sportlicher Betätigung kommt es ebenfalls mittels epigenetischer Prozesse zu einem dauerhaften physischen „Auseinanderziehen" der Histonen, um die die DNA gewickelt ist, wodurch das Auslesen der DNA erleichtert wird. Des Weiteren findet eine De-Methylierung von DNA-Abschnitten statt, die für die Regulierung des Fettmetabolismus und Insulinreaktionen zuständig sind. In Folge werden jene Gene hochreguliert, die am Fettmetabolismus, an der Energieproduktion in den Mitochondrien und am Wechsel beteiligt sind, infolgedessen sich Muskelfasern hin zu ausdauernderen Varianten entwickeln. Herunterreguliert werden über diesen Prozess Gene, die am Wachstum der Blutgefäße beteiligt sind. (Diese Angiogenese spielt zwar eine wichtige Rolle z. B. bei Wundheilung, ist gleichzeitig aber auch zentral für das Wachstum und die Verbreitung von Krebszellen). Zusammengenommen folgt aus dem regelmäßigen „Umwelteinfluss" sportlicher Aktivität, dass epigenetische Muster mit ganz konkreter Regulierung und Ausprägung genetischer Pfade etabliert werden, die wiederum in ihrer Konsequenz zu einer verbesserten Sauerstoffextraktion der Muskeln, einer erhöhten Sauerstoffkapazität des Blutes, Anpassungen des Herzmuskels sowie einer Veränderung der Bakterienkomposition des Mikrobioms führen. Wohlgemerkt, die DNA verändert sich mit zunehmender sportlicher Aktivität dabei nicht – lediglich die Muster ihrer Ausprägung.

Unsere erste Reduktion zur Veranschaulichung der Rolle epigenetischer Prozesse für das soziologisch relevantere Phänomen „Lernen" besteht darin, eine Analogie zwischen physischem und kognitivem Training aufzuzeigen. Beide Formen beinhalten das Erlernen von Inhalten und Routinen über eine wiederholte Auseinandersetzung bzw. Anwendung mit dafür förderlichen Übungen. Beim Sport umfasst dies unter Umständen ein bestimmtes Trainingsregiment, bei dem systematisch einzelne Aspekte des Endziels trainiert werden. Ist das Endziel zum Beispiel die Teilnahme an einem Marathon, so werden typischerweise Übungen für Ausdauer und Intervalltraining über einen langen Zeitraum wiederholt. Ähnlich gestaltet sich Lernen. Ist das Endziel etwa das Meistern einer statistischen Methode, so benötigt man auch dafür eine über einen längeren Zeitraum wiederholte Auseinandersetzung mit den theoretischen Grundlagen, Beispielen in sinnvollen Anwendungsgebieten sowie selbstständiges Üben des Gelernten anhand von Beispieldaten und letztlich den Transfer des Geübten auf einen spezifischen Anwendungsfall. Hier behandeln wir das Gehirn als Ort des Lernens analog zu Muskeln: Wird es trainiert, dann werden Informationen gespeichert. Werden diese für längere Zeit nicht abgerufen, so werden die antrainierten neuronalen Verbindungen für diese Informationen auch mit der Zeit wieder abgebaut. Für Muskeln firmiert diese Idee unter dem Slogan „use it or lose it": Muskeln verkümmern, wenn sie nicht genutzt werden. Für neuronale Verbindungen im menschlichen Gehirn kommt ein ähnliches Prinzip zum Tragen. Im Verlauf embryonaler Entwicklung werden beispielsweise deutlich mehr Nervenzellen angelegt, von denen ein Teil aufgrund fehlender Nutzung wieder zurückgebildet wird („synaptisches Pruning", Harris 2022).

Für die zweite Reduktion fokussieren wir uns auf die aus Sicht einer Kompetenzpyramide einfachste Form des Lernens, die Reproduktion von Wissen. Vorgelagert müssen dafür Inhalte auswendig gelernt werden, damit diese dann reproduziert werden können. Dieser Typ des Lernens ist damit stark und direkt damit verknüpft, Erinnerungen anzulegen. Erinnerungen existieren in verschiedenen Formen (z. B. autobiografisch, räumlich, faktenbezogen), hier unterscheiden wir jedoch nur zwischen kurzfristigen (short-term memory) und langfristigen (long-term memory) Erinnerungen (Moore 2015: 114). Für unsere Anwendung stellen langfristige Erinnerung das Endziel „erfolgreiches Lernen" dar, während kurzfristige Erinnerungen lediglich ein Teilziel ausmachen und damit höchstens für befriedigende Kenntnisse stehen. Und die dritte und letzte Abstraktion besteht in der Diskussion von Mechanismen und Ergebnissen aus Tierstudien für die Situation im menschlichen Organismus. Ob einzelne spezifische Mechanismen zwischen verschiedenen Modellorganismen und dem Menschen identisch sind, ist offensichtlich ohne direkte Replikation im Menschen eine offene Frage. Dennoch dürften die Abläufe in ihren groben Zügen identisch sein. Wohlgemerkt, wir wollen im Folgenden die Black Box nicht in ihren Details beleuchten, sondern ein plausibles Überblicksschema zu den möglichen Pfaden darstellen. Für eine detaillierte und vor allem vollständige Darstellung sind weder alle Details bekannt, noch lässt sich ein interaktives und komplexes System mit wahrscheinlich Tausenden von Stellschrauben (Gene), die über mehrere Prozesse (Epigenetik) in wiederum abertausende Positionen (Verhalten) gebracht werden können, einfach beschreiben oder visualisieren.[10] Analog zum Beispiel sportlicher Aktivität bezieht sich die nachfolgende Beschreibung der beteiligten Prozesse auf einen Überblicksartikel (Bernstein 2022, siehe dort Figure 10 für einen grafischen Überblick).

Das Stadium der Sesshaftigkeit bezeichnen wir im Beispiel des Lernens als den Status quo. Diesen setzen wir als Referenzpunkt für Änderungen ausgelöst durch den Umweltreiz „Erlenen von Fachwissen mit dem Ziel der Wissensreproduktion" (kurz: lernen). Als erster Schritt müssen im Zuge des Lernprozesses Erinnerungen im Kurzzeitgedächtnis angelegt werden. Dabei führt das wiederholte Stimulieren von Nervenzellen durch mit dem Lernen verknüpfte Umweltreize (das Ansehen Videos mit Lerninhalten, der Besuch von Vorlesungen, das Lesen von Fachbüchern etc.) zur Transkription von bestimmten „Immediate Early Genes" (IEG) im Hippocampus des Gehirns. Diese IEGs sind nur wenige Minuten aktiv und haben zum einen den Zweck, bestimmte „Promoter" (diese setzen die Transkription von Genen in Gang) zu methylieren und damit mehr als 1.000 Gene herunterzuregulieren, die typischerweise an Prozessen der *Erinnerungsunterdrückung* beteiligt sind. Gleichzeitig sind andere IEGs damit beschäftigt, andere Promoter zu demythlieren, was zu einer Hochregulierung von mehreren hundert Genen führt, die zum Beispiel wichtig sind für das sogenannte Erregungs-Hemmungs-Gleichgewicht in neuronalen Netzen oder die strukturelle und funktionale Plastizität von Neuronen. Zur Erinnerung: Neuronale Verknüpfungen entstehen durch wiederholte Nutzung bzw. werden abgebaut bei Nichtgebrauch. Grundlegend für die Entscheidung, inwiefern neuronale Verknüpfungen „genutzt" werden – also Signale zwischen Nervenzellen gesendet und empfangen werden – ist dabei

---

10 Ein fachspezifischer Überblick des aktuellen Erkenntnisstandes zur Epigenetik der Entstehung von Erinnerung findet sich frei verfügbar im Open Access bei Bernstein (2022). Ohne Grundkenntnisse in Epigenetik und Genetik ist diese Zusammenfassung jedoch eine außerordentliche Herausforderung für Leserinnen und Leser der soziologischen Literatur. Dennoch ist der Detailgrad der beschriebenen Prozesse ebenso faszinierend.

das Erregungs-Hemmungs-Gleichgewicht (Froemke 2015): Je leichter Nervenzellen erregt werden, desto häufiger können sie genutzt werden. Werden nun Gene hochreguliert, die das Gleichgewicht in Richtung leichterer Erregung verschieben und solche, die höhere neuronale Plastizität erzeugen, so wird die Genese neuer neuronaler Verknüpfungen oder die Verstärkung bestehender Verknüpfungen maßgeblich gefördert. Aber die Grundlage der Erinnerungen im Kurzzeitgedächtnis sind nicht, wie man vermuten könnte, die neuronalen Verknüpfungen selbst, sondern die Muster der epigenetischen Regulierung, also welche Gene zu welchem Grad hoch- oder herunterreguliert werden. Langzeiterinnerungen – so vermutet man – entstehen nun, wenn die Muster der epigenetischen Regulierung, die die Kurzzeiterinnerung wiedergeben, über einen bisher unbekannten Prozess vom Hippocampus in den Neocortex des menschlichen Gehirns transferiert werden. Der gerade beschriebene Prozess bezieht sich auf eine Nervenzelle. In realen Situationen findet dieser in abertausenden Zellen an verschiedenen Orten des Gehirns statt.

So oder so ähnlich könnte ein Blick in die Black Box von Umwelt → Gene → Verhalten aussehen. Doch noch mal zur Erinnerung: Der obige Text basiert zu weiten Teilen auf Analogien, Spekulationen und Verallgemeinerung und wird die empirische Realität bestenfalls sehr krude abbilden – sofern man überhaupt über die beteiligten Mechanismen ausführliche Kenntnisse über deren konstituierende Faktoren und Abläufe hat. Auch wenn es einmal möglich sein sollte, jede Ecke der Black Box genauestens auszuleuchten, für Soziologinnen und Soziologen ist in den meisten Fällen das Wissen (auch ohne Biologiestudium) ausreichend, dass die (soziale) Umwelt über epigenetische Einflüsse zu Unterschieden in der Regulierung von Genen und letzten Endes zu Unterschieden im menschlichen Verhalten beitragen kann.

Literatur

Ashe, A., Colot, V. and Oldroyd, B.P. (2021). How does epigenetics influence the course of evolution? *Philosophical Transactions B* 376: 20200111.

Bernstein, C. (2022). DNA Methylation and Establishing Memory. *Epigenetics Insights* 15: 1–15.

Caldji, C., Tannenbaum, B., Sharma, S., Francis, D., Plotsky, P.M. and Meaney, M.J. (1998). Maternal care during infancy regulates the development of neural systems mediating the expression of fearfulness in rats. *Proceedings of the National Academy of Sciences* 95: 5335–5340.

Campagna, M.P., Xavier, A., Lechner-Scott, J., Maltby, V., Scott, R.J., Butzkueven, H., Jokubaitis, V.G. and Lea, R.A. (2021). Epigenome-wide association studies: current knowledge, strategies and recommendations. *Clinical Epigenetics* 13: 213–238.

Carey, N. (2012). *The Epigenetics Revolution: How Modern Biology is Rewriting Our Understanding of Genetics, Disease and Inheritance*. London: Icon Books.

Carey, N. (2015). *Junk DNA: A Journey Through the Dark Matter of the Genome*. London: Icon Books.

Fitz-James, M.H. and Cavalli, G. (2022). Molecular mechanisms of transgenerational epigenetic inheritance. *Nature Review Genetics* 23: 325–341.

Fraga, M.F., Ballestar, E., Paz, M.F., Ropero, S., Setien, F., Ballestar, M.L., Heine-Suñer, D., Cigudosa, J.C., Urioste, M., Benitez, J., Boix-Chornet, M., Sanchez-Aguilera, A., Ling, C., Carlsson, E., Poulsen, P., Vaag, A., Stephan, Z., Spector, T.D., Wu, Y.-Z., Plass, C. and Esteller, M. (2005). Epigenetic differences arise during the lifetime of monozygotic twins. *Proceedings of the National Academy of Sciences* 102: 10604–10609.

Froemke. R.C. (2015). Plasticity for Cortical Excitatory-Inhibitor Balance. *Annual Review of Neuroscience* 38: 195–219.

Giesselmann, M. and Goebel, J. (2013). Soziale Ungleichheit in Deutschland in der Längsschnittperspektive. Befunde zur Armutsproblematik auf Basis des Sozio-oekonomischen Panels (SOEP). *Analyse & Kritik* 35: 277–302

Harris, W.A. (2022). *Zero to Birth: How the Human Brain is Built*. Princeton: Princeton University Press.

Heijmans, B.T., Tobi, E.W., Stein, A.D., Putter, H., Blauw, G.J., Susser, E.S., Slagboom, P.E. and Lumey, L.H. (2008). Persistent epigenetic differences associated with prenatal exposure to famine in humans. *Proceedings of the National Academy of Sciences USA* 105: 17046–17049.

Kaati, G., Byrgen, L.O. and Edvinsson, S. (2002). Cardiovascular and diabetes mortality determined by nutrition during parents' and grandparents' slow growth period. *European Journal of Human Genetics* 10: 68--688.

Kim, D.S., Wheeler, M.T. and Ashley, E.A. (2022). The genetics of human performance. *Nature Genetics Reviews* 23: 40–54.

Kott, K. (2021). 6.2 Armutsgefährdung und materielle Entbehrung. In: Statistisches Bundesamt, Wirtschaftszentrum Berlin für Sozialforschung und Bundesinstitut für Bevölkerungsforschung (Hrsg.), *Datenreport 2021. Ein Sozialbericht für die Bundesrepublik Deutschland*, S. 222–228. Bonn: Bundeszentrale für politische Bildung.

Landecker, H. and Panofsky, A. (2013). From Social Structures to Gene Regulation, and Back: A Critical Introduction to Environmental Epigenetics for Sociology. *Annual Review of Sociology* 39: 333–357.

Lappé, M. and Landecker, H. (2015). How the genome got a life span. *New Genetics and Society* 34: 152–176.

Linnér, R.K., Marioni, R.E., Rietveld, C.A., Simpkin, A.J., Davies, N.W., Watanabe, K., Armstrong, N.J., Auro, K., Baumbach, C., Bonder, M.J., Buchwald, J., Fiorito, G., Ismail, K., Iurato, S., Joensuu, A., Karell, P., Kasela, S., Lahti, J., McRae, A.F., Mandaviya, P.R., Seppälä, I., Wang, Y., Baglietto, L., Binder, E.B., Harris, S.E., Hodge, A. M., Horvath, S., Hurme, M., Johannesson, M., Latvala, A., Mather, K.A., Medland, S.E., Metspalu, A., Milani, L., Milne, R.L., Pattie, A., Pedersen, N.L., Peters, A., Polidor, S., Räikkönen, K., Severi, G., Starr, J.M., Stolk, L., Waldenberger, M., Eriksson, J.G., Esko, T., Franke, L., Gieger, C., Giles, G.G., Hägg, S., Jousilahti, P., Kaprio, J., Kähönen, M., Lehtimäki, T., Martin, N.G., van Meurs, J.B.C., Ollikainen, M., Perola, M., Posthuma, D., Raitakari, O.T., Sachdev, P.S., Taskesen, E., Uitterlinden, A.G., Vineus, P., Wijmenga, C., Wright, M.J., Relton, C., Smith, G.D., Deary, I.J., Koellinger, P.D. and Benjamin, D.J. (2017). An epigenome-wide association study meta-analysis of educational attainment. *Molecular Psychiatry* 22: 1680–1690.

Liu, Y.-Z., Wang, Y.-X. and Jiang, C.-L. (2017). Inflammation: The Common Pathway of Stress-Related Diseases. *Frontiers in Human Neuroscience* 11: 316.

McCartney, D.L., Hillary, R.F., Conole, E.L.S., Bano, D.T., Gadd, D.A., Walker, R.M., Nangle, C., Flaig, R., Campbell, A., Murray, A.D., Maniega, S.M., Valdés-Hernandéz, M. del C., Harris, M.A., Bastin, M.E., Wardlaw, J.M., Harris, S.E., Porteous, D.J., Tucker-Drob, E.M., McIntosh, A. M., Evans, K.L., Deary, I.J., Cox, S.R., Robinson, M.R. and Marioni, R.E. (2022). Blood-based epigenome-wide analyses of cognitive abilities. *Genome Biology* 23: 26–42.

McEwen, B.S. (1998). Stress, Adaption, and Disease: Allostasis and Allostatic Load. *Annals of the New York Academy of Sciences* 840: 33–44.

Mollon, J., Knowles, E.E.M., Mathias, S.R., Gur, R., Peralta, J.M., Weiner, D.J., Robinson, E.B., Gur, R.E., Blangero, J., Almasy, L. and Glahn, D.C. (2021). Genetic influences on cognitive development between childhood and adulthood. *Molecular Psychiatry* 26:656–665.

Montalvo-Ortiz, J.L., Gelernter, J., Cheng, Z., Girgenti, M.J., Xu, K., Zhang, X., Gopalan, S., Zhou, H., Duman, R.S., Southwick, S.M., Krystal, J.H., Traumatic Stress Brain Research Study Group and

Pietrzak, R.H. (2022). Epigenome-wide association study of posttraumatic stress disorder identifies novel loci in U. S. military veterans. *Nature Translational Psychiatry* 12: 65

Moore, D.S. (2015). *The Developing Genome: An Introduction to Behavioral Epigenetics*. Oxford: Oxford University Press.

Mukherjee, S. (2017). *The Gene: An Intimate History*. London: Vintage.

Naumova, O.Y., Lee, M., Koposov, R., Szyf, M., Dozier, M. and Grigorenko, E.L. (2012). Differential patterns of whole-genome DNA methylation in institutionalized children and children raised by their biological parents. *Developmental Psychopathology* 24: 143–155.

Neuberger, C. (1997). Auswirkungen elterlicher Arbeitslosigkeit und Armut auf Familien und Kinder – ein mehrdimensionaler empirisch gestützter Zugang. In: Otto, U. (Hrsg.), *Aufwachsen in Armut. Erfahrungswelten und soziale Lagen von Kindern armer Familien*, S. 79–122. Opladen: Leske + Budrich.

Okbay, A., Wu, Y., Wang, N., Jayashankar, H., Bennett, M., Nehzati, S.M., Sidorenko, J., Kweon, H., Goldman, G., Gjorgjieva, T., Jiang, Y., Hicks, B., Tian, C., Hinds, D.A., Ahlskog, R., Magnusson, P.K.E., Oskarsson, S., Hayward, C., Campbell, A., Porteous, D.J., Freese, J., Herd, P., 23andMe Research Team, Social Science Genetic Association Consortium, Watson, C., Jala, J., Conley, D., Koellinger, P.D., Johannesson, M., Laibson, D., Meyer, M.N., Lee, J.J., Kong, A., Yengo, L., Cesarini, D., Turley, P., Visscher, P.M., Beauchamp, J.P., Benjamin, D.J. and Young, A.I. (2022). Polygenic prediction of educational attainment within and between families from genome-wide association analyses in 3 million individuals. *Nature Genetics* 54: 437–449.

Polderman, T.J.C. et al. (2015). Meta-analysis of the heritability of human traits based on fifty years of twin studies. *Nature Genetics* 47: 702–709.

Raffington, L., Tanksley, P.T., Sabhlok, A., Vinnik, L., Mallard, T., King, L.S., Goosby, B:, Harden, P.K. and Tucker-Drob, E.M. (2023). Socially stratified epigenetic profiles are associated with cognitive functioning in children and adolescents. *Psychological Science* 34: 170–185.

Scorza, P., Duarte, C.S., Hipwell, A.E., Posner, J., Ortin, A., Canino, G. and Monk, C. (2019). Research Review: Intergenerational Transmission of disadvantage: epigenetics and parents' childhood as the first exposure. *The Journal of Child Psychology and Psychiatry* 60: 119–132.

Singer, B.D. (2019). A Practical Guide to the Measurement and Analysis of DNA Methylation. *American Journal of Respiratory Cell and Molecular Biology* 61: 417–428.

Syzf, M. and Bick, J. (2013). DNA Methylation: A Mechanism for Embedding Early Life Experience in the Genome. *Child Development* 84: 49–57.

Teschendorff, A.E. and Relton, C.L. (2018). Statistical and integrative system-level analysis of DNA methylation data. *Nature Review Genetics* 19: 129–147.

Weaver, I.C.G., Cervoni, N., Champagne, F.A., D'Alessio, A., Sharma, S., Seckl, J.R., Dymov, S., Szyf, M. and Meaney, M.J. (2004). Epigenetic programming by maternal behavior. *Nature Neuroscience* 7: 847–854.

Wechsler, D. (1945). *Wechsler Memory Scale: Manual*. San Antonio: The Psychological Corporation.

Vågerö, D., Pinger, P.R., Aronsson, V. and van den Berg, G.J. (2018). Paternal grandfather's access to food predicts all-cause and cancer mortality in grandsons. *Nature Communications* 9: 5124.

Veenendaal, M.V.E., Painter, R.C., de Rooij, S.R., Bossuyt, P.M.M., van der Post, J.A. M., Gluckman, P.D., Hanson, M.A. and Roseboom, T.J. (2013). Transgenerational effects of prenatal exposure to the 1944–1945 Dutch famine. *British Journal of Obstetrics and Gynaecology* 120: 548–554.

8 Implikationen der soziologischen Verhaltensgenetik

In diesem abschließenden Teil werden noch einmal die Kernaussagen der vorangegangenen Kapitel in aller Kürze rekapituliert. Zunächst führten wir in die biologischen Grundlagen hinsichtlich Struktur und Vererbung von DNA ein, präsentierten die grundlegende Idee von Familienstudien und im speziellen Zwillings- und Adoptionsstudien, beschrieben moderne Ansätze der Messung genetischer Risiken mit molekulargenetischen Daten, diskutierten Gene als kausalinferenzielle Problemquelle, unterstrichen den die Wirkung von Genen moderierenden Einfluss der sozialen Umwelt und endeten mit einer Diskussion des biologischen Mechanismus, der Umwelt und Gene über epigenetische Regulierung verknüpft. Diese grundlegenden Muster und Mechanismen haben aber – der Komplexität der dargestellten Phänomene geschuldet – immer eine gewisse Konditionalität und Randbedingungsgebundenheit. Daher sollte die folgende Liste an Kernaussagen vor dem Hintergrund einer nötigen Reduktion auf das Wesentliche betrachtet werden. Jede Aussage verweist dabei auf eine Abbildung oder eine Tabelle aus dem dazugehörigen Kapitel, die den jeweiligen Inhalt in zentralen Aspekten visuell zusammenfasst. So gelingt es hoffentlich, durch den bildlich gestützten Wiederaufruf einer Aussage, die Kapitelinhalte zu festigen.

1. Gene spielen bei allen menschlichen Merkmalen und Verhalten eine Rolle. Ob in Zwillings-, Adoptions- oder molekulargenetischen Studien, stets ist ein Teil der beobachteten Unterschiede zwischen Menschen auf Unterschiede in ihren genetischen Ausstattungen zurückzuführen. Wie hoch der jeweilige Anteil ist, der durch genetische Unterschiede erklärt werden kann, hängt ebenso vom untersuchten Merkmal ab, wie auch von den Charakteristika der untersuchten Population hinsichtlich ihrer Altersstruktur oder aber ihres gesellschaftlichen Kontexts. Über welche genauen biologischen Mechanismen und Pfade Gene dabei Unterschiede erzeugen, ist jedoch weitestgehend eine Black Box-Erklärung. **Tabelle 3**: *Standardisierte Varianzzerlegung mittels ACE-Modellen für ausgewählte Merkmale* bietet einen umfassenden Überblick für eine Auswahl soziologisch relevanter Merkmale.

2. Je stärker ein Merkmal oder Verhalten sozialer Konstruktion unterliegt – also je stärker Menschen darüber entscheiden, welches Verhalten wünschenswert und welches deviant ist, und je dezidierter dies in sozialen Institutionen erlernt werden muss sowie in ihnen bewertet wird –, **desto bedeutsamer ist der Einfluss der geteilten Familienumwelt für die Erklärung von Unterschieden zwischen Individuen.** Das eigene Leben in einer anderen Familie noch einmal auf START zurück-

https://doi.org/10.1515/9783111421919-008

setzen, wird beispielsweise nicht zu systematisch unterschiedlicher Spiritualität (niedriges Niveau sozialer Konstruktion) führen, könnte aber sehr wohl mit anderer religiöser Praxis einhergehen (hohes Maß an sozialer Konstruktion). **Tabelle 9**: *Intergenerationale Korrelation für Religiosität und Spiritualität in ACE-Modellen* verdeutlicht dies.

3. **Gemessen werden bei direkten verhaltensgenetischen Ansätzen wie Polygenic Scores immer genetische Risiken**, also ein fundamental probabilistisches Maß: Selbst wenn eine starke genetische Prädisposition für ein bestimmtes Merkmal vorliegt, ist die Realisierung dieses Risikos keineswegs gesichert. Eindrücklich wird die probabilistische Natur genetischer Risiken durch Punktwolkendarstellungen des Zusammenhangs zwischen genetischem Risiko für hohe Bildung und der tatsächlich erreichten Bildung zusammengefasst. Dass Gene keine Merkmale oder Verhalten vorherbestimmen, ist aus der enormen Streuung um die Zusammenhangsgerade erkennbar: Wenngleich im Mittel ein positiver Zusammenhang besteht, so können selbst hohe genetische Risiken zu geringer Bildung und niedrige Risiken zu hoher Bildung führen. **Abbildung 21**: *Zusammenhang zwischen genetischem Risiko für hohe Bildung und Bildungserwerb* stellt diese Aussage grafisch dar.

4. **Unterschiede in den (sozialen) Umwelten der Individuen sind von substanzieller Bedeutung auch für die Frage, ob und in welchem Umfang genetische Risiken realisiert werden.** Stressreiche Lebensumstände lösen genetische Veranlagungen für depressive Episoden aus. Romantische Beziehungen können die genetischen Risiken für Alkoholismus bei Männern ausbalancieren. Änderungen in den sozialen Normen hinsichtlich typischer Geschlechterrollen ermöglichen Frauen in selbem Maße, ihre genetischen Potenziale für hohe Bildung zu realisieren wie Männer, und tun dies sogar in stärkerem Maße in Geburtskohorten seit den 1980er Jahren. Zusammengenommen repräsentieren diese Ergebnisse Beispiele von Gen-Umwelt-Interaktionen und damit auch dem interaktionistischen Konsens; also der Idee, dass Unterschiede zwischen Individuen in Merkmalen und Verhalten nur im Zusammenspiel von Genen und Umwelt und nicht in einem Entweder-oder entstehen. Die „zivilisierende" Wirkung romantischer Beziehungen wird in **Abbildung 48**: *GxE des Typus Social-control-Modell* dargestellt.

5. **Durch das systematische Ignorieren von Genen als wichtigem Einflussfaktor für individuelle Merkmale und Verhalten wird das Ziehen kausaler Schlüsse in sozialwissenschaftlicher Forschung fundamental erschwert.** So erzeugen passive Gen-Umwelt-Korrelationen genetisch bedingte Ähnlichkeit in Eltern-Kind-Dyaden, die klassische sozialwissenschaftliche Untersuchungsdesigns je nach konkretem Merkmal fälschlicherweise als intergenerationale Transmission identifizieren, welche auf sozialen Mechanismen basiert. Darüber hinaus sind reaktive und aktive Gen-

Umwelt-Korrelationen teilweise mitverantwortlich für differenzielle Selektion in soziale Kontexte und Umwelten, wodurch eine eindeutige Identifikation der Effekte dieser Kontexte auf menschliche Attribute und Verhalten erschwert wird. Das Risiko einer vollständigen genetischen Konfundierung wird in **Abbildung 26**: *Varianzzerlegung soziales Vertrauen vor und nach Hinzufügen der elterlichen Werte* über die Replikation einer intergenerationalen Sozialisierungsstudie verdeutlicht.

6. Epigenetische Regulierung stellt den biologischen Mechanismus dar, über den Umwelt und Gene verknüpft werden. Eindrücklich zeigt sich dieses Phänomen anhand empirisch messbarer Änderungen in epigenetischen Profilen für schnellere biologische Alterung, chronische Entzündungen und reduzierten kognitiven Funktionen aufgrund von Armutserfahrung in der Kindheit. Für eine direkte empirische Abbildung des interaktionistischen Konsenses benötigt es epigenetische Konzepte. **Abbildung 52**: *Epigenetische Unterschiede bei eineiigen Zwillingen im Lebensverlauf* verdeutlicht den Einfluss unterschiedlicher Lebensverläufe auf die epigenetische Regulierung von Genen.

8.1 Die Integration verhaltensgenetischer Inhalte in eigene Arbeiten

Sind die Argumente und empirischen Beispielstudien überzeugend, dann dürfte einleuchten, warum kein Weg an einer breiten Adaption genetisch sensitiver Forschungsdesigns vorbeiführt – sofern Forschungsfragen bearbeitet werden, die bekanntermaßen Themen behandeln, bei denen das Ignorieren genetischer Konfundierung mit Fehlschlüssen verknüpft ist. Besonders ist hier die Forschung zur intergenerationalen Vererbung von Positionen und Einstellungen betroffen. Ein verändertes Bewusstsein für die Relevanz biologischer Einflüsse in ausgewählten Bereichen der Soziologie ist ein wichtiger Schritt. Der gute Wille allein reicht nicht. Denn ohne eine breite Datengrundlage lassen sich selbst methodologisch einfach zu integrierende polygenetische Risikomessungen nicht berücksichtigen. Die TwinLife-Daten stellen in vieler Hinsicht eine herausragende Datengrundlage dar – von der thematischen Breite bis hin zum umfassenden Längsschnittdesign – aber obwohl Zwillingsmethoden sicherlich kein unüberwindbares Hindernis darstellen, so erfordern sie es dennoch, einen anspruchsvollen Analysekanon zu erlernen. Solange Forschungsarbeiten mit klassischen Methoden ohne genetische Kontrollen nur selten kritisiert werden und Standard bleiben, bleibt die Investition, diese Methoden zu erlernen, groß: Die möglichen Vorteile (aus Sicht der Wissenschaft: genauere Forschung, aus einer individuellen Sicht: Publikationen bei einflussreicheren Zeitschriften) sind überschaubar.

Forderungen früherer Autorinnen und Autoren, das Fehlen genetisch sensitiver Methoden in betroffenen Feldern bei Kolleginnen und Kollegen auf Konferenzen, in Peer-Review-Verfahren oder im Begutachtungsprozess von Drittmitteln zu monieren, mag zwar vor dem Hintergrund wissenschaftlich präziserer Erkenntnis langfristig sinnvoll erscheinen, die dürftige deutsche Datenbasis erschwert dies aber deutlich (Freese 2008, Harden 2021).

Darüber hinaus existieren weitere Hürden entlang der Publikationspipeline: Die große Mehrheit der Soziologinnen und Soziologen reagiert mit einer Mischung aus Erstaunen und Ablehnung auf Forschung mit genetisch sensitiven Inhalten. Erstaunen, weil aus disziplinärer Sicht kein Platz für biologische Einflüsse bestehen kann, und Ablehnung, weil der Verhaltensgenetik der Geruch der Eugenik anhaftet und befürchtet wird, hier an einem Instrument zu arbeiten, um die Diskriminierung und Ungleichbehandlung vulnerabler sozialer Gruppen zu legitimieren und festigen (dazu in Kapitel 8.2 Vorbehalte gegen eine Integration verhaltensgenetischer Inhalte ausführlicher). Forschungsaufsätze mit verhaltensgenetischen Inhalten sind daher mit mindestens zwei zusätzlichen Problemen konfrontiert: Einerseits bedarf es einer ausführlichen Begründung, warum genetische Unterschiede eine Rolle spielen, warum die interdisziplinäre Literatur sich dessen sicher ist, was das für soziologische Forschung bedeutet, und warum ein Ignorieren dieser Forschung kausale Fehlschlüsse nach sich ziehen kann. Die resultierenden Papers kennzeichnen sich dann oft durch ein Ungleichgewicht zwischen inhaltlicher und methodischer Tiefe aus – Letzteres auf Kosten der inhaltlichen Argumentation. Andererseits liegt eine weitere Konsequenz aus der Überbetonung verhaltensgenetischer Aspekte in der Komposition des Feldes der Gutachterinnen und Gutachter: Möglicherweise lehnen klassisch soziologisch Arbeitende eine Begutachtung häufiger ab und/oder Herausgebende sprechen gezielt eher Personen aus dem verhaltensgenetischen Spektrum an. Das Ergebnis ist häufig ein Ungleichgewicht von Artikeln, die grundlegende Inhalte diskutieren, und Expertinnen und Experten auf dem Feld der Verhaltensgenetik, die davon weder überzeugt werden müssen, noch beeindruckt sind von Analysen, die ihrer Ansicht nach längst bekannte Ergebnisse lediglich in einem neuen Anwendungsfeld generieren. Damit soll keineswegs angedeutet werden, wie unfair es doch wäre, dass verhaltensgenetische Aufsätze einer besonderen Begründungs- und Sorgfaltspflicht unterliegen – ganz im Gegenteil. Aber solange die kritische Masse an Soziologinnen und Soziologen fehlt, die die Relevanz verhaltensgenetischer Inhalte anerkennt, bleibt ein Teil der inhaltlichen Tiefe, die durch eine Verschmelzung von soziologischen Fragestellungen und verhaltensgenetischen Methoden entstehen kann, an die Vermittlung von Grundlagen gebunden. Und bis dahin werden verhaltensgenetische Gutachterinnen oder Gutachter weiter Sätze schreiben, die zwar den inhaltlich korrekten Sachverhalt, aber nicht die aktuell gängige Forschungspraxis wiedergeben: „[...] given that genetic confounding is such a huge problem and given that it has long been completely overlooked, it is more than warranted to provide a bit of a cold shower and a reality check. [...] Frankly, research on parental socialization using designs that cannot control for genetic confounding needs to stop, period."[11]

Die Nutzung von Polygenic Scores ist möglicherweise nicht durch vergleichbare methodologische Hürden gekennzeichnet, wie das bei Zwillingsmethoden der Fall ist, und bietet dadurch einen deutlich leichteren Einstieg. Das Problem hier besteht vielmehr darin, dass Forschende bislang keinen breiten Zugang zu Surveydaten mit Messungen genetischer Risiken erhalten haben und gezwungen sind, auf teuer und langwierig zu beantragende Datensätze aus dem Ausland zurückzugreifen. Nicht nur fokussiert sich dadurch die gesamte Forschung auf einige wenige Datensätze aus einer Handvoll gesellschaftlicher Kontexte, es wird dadurch auch die Bandbreite sozialer Kontexte reduziert, ihre jeweiligen Idiosynkrasien bleiben unberücksichtigt oder international vergleichende Forschung verfügt über geringe statistische Aussagekraft. Kurzum: Die generelle Replikation vermeintlich bekannter und gültiger Zusammenhänge wird erschwert. Für die Untersuchung von Übertrittsverhalten von der Primar- in die Sekundarstufe oder von Fertilitätsverhalten in Ländern mit umfassendem Gesundheitssystem stellen Daten aus den Vereinigten Staaten leider keine zweckdienliche Alternative dar. Dabei existiert in Deutschland eine lange Tradition qualitativ hochwertiger Paneldatensätze, wie etwa dem Sozio-oekonomischen Panel mit Daten zu zehntausenden von Haushalten und einer Laufzeit seit Mitte der 1980er-Jahre. Ebenso lässt sich auf das Nationale Bildungspanel mit seiner längsschnittlichen Abdeckung wichtiger Stationen im Bildungssystem über weite Strecken des Lebensverlaufs oder das deutsche Beziehungs- und Familienpanel pairfam mit Daten zu Personen, ihren Partnern, Kindern sowie Eltern zurückgreifen, um die hiesige Forscherinnen und Forscher aus dem Ausland beneidet werden. Alle drei Datenprogramme sind mit Fug und Recht die Standarddatenquellen für Forschung zu Fragestellungen der Arbeitsmarkt-, Bildungs-, Familien- und anderer Bindestrichsoziologien. Und genau Datenquellen dieser Art bergen das größte Potenzial für eine Anreicherung mit molekulargenetischen Daten: Große, längsschnittliche Stichproben mit thematischer Breite und langfristig angelegter infrastruktureller Verankerung bieten Forschenden attraktive Daten für präzise Forschung und wären gleichzeitig in der Lage, die hohen Sicherheits- und Datenschutzstandards für die Bereitstellung von Polygenic Scores zu erfüllen. Ohne eine weitreichende Anreicherung dieser und ähnlicher Datenquellen mit molekulargenetischen Messungen ist die quantitativ ar-

---

11 Zitat aus einem Gutachten für ein Paper mit verhaltensgenetischen und soziologischen Inhalten. Das gesamte Gutachten mit weiteren Schmankerln stellt der Autor auf Nachfrage gerne zur Verfügung.

beitende Soziologie, die sich mit sozialen vererbungs- und ungleichheitsbezogenen Mustern innerhalb der deutschen Gesellschaft befasst, weiterhin verdammt, potenziell genetisch konfundierte Ergebnisse zu produzieren.

8.2 Vorbehalte gegen eine Integration verhaltensgenetischer Inhalte

Wissenschaftliche Präzision besitzt für viele Wissenschaftlerinnen und Wissenschaftler einen inhärenten Wert, der jedoch nicht per se über anderen wichtigen gesellschaftlichen Werten stehen muss. Auch wenn verhaltensgenetische Inhalte die wissenschaftliche Exaktheit soziologischer Forschung erhöhen können, so bringen Kritikerinnen und Kritiker zahlreiche Gegenargumente ins Feld, da sie einen hohen gesellschaftlichen Preis für die zusätzlich gewonnene Genauigkeit befürchten und daher einen Ausbau der Dateninfrastruktur mit verhaltensgenetischen Inhalten ablehnen. In Deutschland warnt zum Beispiel das Gen-ethische Netzwerk e.V. vor einer „Biologisierung sozialer Ungleichheit"[12]. Aufgrund der bereits etablierteren Bereitstellung von Datenprogrammen mit verhaltensgenetischen Inhalten und universitären Einrichtungen, an denen zu verhaltensgenetischen Inhalten geforscht und gelehrt wird, findet der Dialog zwischen Befürwortenden und kritisch Eingestellten in den Vereinigten Staaten bereits in formalisiertem Rahmen statt. Beispielhaft sei im Folgenden auf den Bericht des Hastings Centers – eines bioethischen Think Tanks – verwiesen, der beide Lager zum Diskurs lud, um zu identifizieren, wo ein Konsens der Positionen möglich, beziehungsweise, wo ein Abrücken von Positionen unwahrscheinlich ist (Meyer et al. 2023). Die Pro-Seite führt die oben schon diskutierten Argumente der wissenschaftlichen Präzision ins Feld sowie den Umstand, dass bereits ein umfassender Kanon verhaltensgenetischer Forschung existiere. Gesellschaften müssten lernen, mit den Ergebnissen verantwortungsvoll umzugehen, da diese nicht einfach zensiert oder „ungesehen" gemacht werden können. Die Kontra-Seite verweist auf historische Verbrechen verschiedenster eugenischer Bewegungen und sieht in Polygenic Scores einen erneuten Versuch, diskriminierende Praktiken gegen soziale, ethnische oder sexuelle Minderheiten biologisch und wissenschaftlich zu legitimieren. Würde man beispielsweise belegen können, dass Mitglieder niedriger sozialer Schichten genetisch bedingt niedrigere Risiken für hohe kognitive Fähigkeiten besitzen, so würde das einerseits sozialpolitischen Fatalismus generieren und andererseits staatlichen und/oder anderen gesellschaftlichen Gruppierungen erlauben, Betroffene zu identifizieren

---

12 Die vollständige Stellungnahme findet sich unter https://www.gen-ethisches-netzwerk.de/node/4456 (Abrufdatum: 28.01.2024).

und zu diskriminieren. Wenngleich Vertreterinnen und Vertreter der Kontra-Seite wiederholt auf die Gefahren deterministischer Interpretationen verhaltensgenetischer Studien verweisen, ist es umso verwunderlicher, dass ihre Argumentation in genau dieser Sicht ihren Ursprung findet und diese somit gleichfalls fälschlicherweise perpetuiert. Nicht ein einziges in diesem Buch vorgestelltes Beispiel aus der Literatur legt nahe, dass genetische Risiken für bestimmte menschliche Merkmale und komplexes Verhalten ein Ergebnis *determinieren* würden. Das ist auch angesichts des interaktionistischen Konsenses nicht plausibel begründbar. Gene spielen zweifelsfrei eine Rolle für die Entstehung und Reproduktion sozialer Ungleichheit – aber in Abhängigkeit von ihrer spezifischen sozialen Umwelt. Des Weiteren besitzt die Verteilung genetischer Risiken über soziale Gruppierungen hinweg – sofern es überhaupt systematische Unterschiede gibt – keine hinreichende Trennschärfe, um von den genetischen Risiken auf die Mitgliedschaft in einer sozialen Gruppe und umgekehrt zu schließen.

Die Diskussion um die Gefahren der Messung genetischer Risiken dreht sich damit oft um die grundlegende Frage, ob eine Gesellschaft in der Lage ist, ein Werkzeug im Großen und Ganzen zum Wohle oder zum Schaden ihrer Mitglieder zu nutzen. Für beide Fälle gibt es unzählige Beispiele aus der jüngeren Geschichte, und beide Seiten haben sicherlich gute Gründe, warum sie der Meinung sind, dass die Waagschale eher in die eine oder andere Richtung neigt. Letztlich kann damit keine endgültige und eindeutige Bewertung der Frage „Werkzeug oder Waffe?" gegeben werden. Daher bleibt es der und dem Einzelnen selbst überlassen, sich in dieser Diskussion vor dem Hintergrund eigener ethischer Werte und Präferenzen zu positionieren.

Auch wenn die Kraft eines guten Argumentes selten bei tiefsitzenden Überzeugungen und Vorbehalten das letzte Wort hat, so ist es dennoch hilfreich, einige Bedenken zu relativieren. Dabei haben andere Beispiele wie die im Infokasten *Ethnische Herkunft als soziales Konstrukt* gezeigt, dass erst mit molekulargenetischen Daten die Plausibilität einer biologischen Fundierung unterminiert werden konnte. Prominente Verhaltensgenetikerinnen wie Kathryn Paige Harden gehen sogar einen Schritt weiter und argumentieren, dass systematische genetische Unterschiede in einem sozial relevanten Merkmal den Imperativ für sozialpolitische Ausgleichsprogramme im Kampf gegen Ungleichheit umso stärker legitimieren (Harden 2021: 234–251). Die Ausstattung mit Merkmalen der eigenen Herkunftsfamilie kommt eben nicht nur unter *sozialen* Gesichtspunkten einem Lottospiel ohne Handlungsmöglichkeiten gleich. Das trifft auch auf mögliche biologische Einflüsse zu. Der gesellschaftliche Anspruch auf Chancengerechtigkeit unabhängig von der familiären Herkunft lässt sich ungeachtet dessen, ob die spezifischen Ungleichheitsquellen durch soziale, biologische oder beide Faktoren erklärt werden, am einfachsten über soziale Interventionen realisieren. Hingegen würde ein „genomblinder" Ansatz maßgeblich dazu führen, Ressourcen zu verschwenden. Er bremst wissenschaftliche Erkenntnis und trägt dazu bei, meritokratische Prinzipien zu betonen, wenngleich bekannt ist, dass die genetische Lotterie eine wichtige Rolle in der Genese meritokratisch begründeter Merkmale spielt.

Zusammenfassend fand die US-amerikanische Expertenkommission ebenfalls keinen abschließenden Konsens zur Frage, ob Pro- oder Kontra-Punkte zur Messung genetischer Risiken in sozialwissenschaftlicher Forschung überwiegen und damit ein Aussetzen oder eine verstärkte Fortführung dieser Methodologie aus bioethischer Sicht wünschenswert wären. Worin Konsens bestand, ist die Wichtigkeit einer wissenschaftlich korrekten Kommunikation darüber, was genetische Risiken abbilden können; was die gemessenen Werte bedeuten und welche Schlüsse die erzeugten Ergebnisse zulassen und welche genau nicht. So könne man der Mär vom genetischen Determinismus entschieden entgegentreten. Dennoch sollte man sich auch nicht der Illusion hingeben, dass Gruppierungen, die den Missbrauch dieser Ergebnisse für ihre Agenda im Sinn haben, durch Infokästen und Formulierungsvorgaben davon abzuhalten wären. Tabelle 14 stellt die beiden Extrempositionen in der Nutzung genetischer Risikomessung gegenüber.

Tabelle 14: Diskurspositionen hinsichtlich der Nutzung von genetischen Risikomessungen in den Sozialwissenschaften.

Befürwortende Position	Ablehnende Position
Wissenschaftliche Genauigkeit	Historische Verbrechen im Namen der Wissenschaft bzw. durch sie legitimiert
Messung genetischer Risiken als Werkzeug, um Ungleichheit zu reduzieren	Messung genetischer Risiken als Instrument zur Rechtfertigung von Ungleichheit
Messung genetischer Risiken als Werkzeug zum Abbau von Vorurteilen	Messung genetischer Risiken, um Vorurteile zu begründen und zu verstetigen

Quelle: Meyer et al. 2023, eigene Darstellung.

Wenngleich die Expertenkommission die zentralen Diskurspunkte verhaltensgenetischer Bewertungen identifiziert hat, so verbleiben dennoch gesellschaftspolitische Aspekte, die zwar an einzelnen Kritikpunkten mehr oder weniger explizit anknüpfen, diese aber für Vorbehalte abseits von Forschungsinteressen von größerer Relevanz sind. Gerade datenschutzrechtliche Befürchtungen zählen dazu. Was, wenn Versicherungen, Arbeitgeber oder Justiz großflächig Zugang zu individuellen genetischen Daten erhalten und so Ungleichbehandlung durch die jeweiligen Institutionen ermöglicht wird? Erzeugt eine breitere Durchdringung verhaltensgenetischer Primärforschung im Rahmen einzelner sozialwissenschaftlicher Datenprogramme nicht deskriptive Normen, die die Weitergabe persönlicher DNA an Dritte für den Einzelnen entproblematisieren? Heute SOEP, morgen Krankenkasse, übermorgen „genetisch berichtigte Beitragserhöhung"? Auszuschließen ist dieser Trend nicht, er hängt zentral von gesellschaftlichen Aushandlungsprozessen der beteiligten Akteurinnen und Akteure ab. Mitnichten ist die Implikation verhaltensgenetischer Forschung aber, dass eine umfassende Genotypisierung oder sogar eine regelmäßige Typisierung des Epigenoms womöglich *aller* Personen einer Gesellschaft anzustreben sei. Verhaltensgenetische Studien besitzen das Potenzial, soziale Mechanismen umso stärker hervortreten zu lassen, da sich genetische Konfundierung der Ergebnisse minimieren und bestenfalls ausschließen lassen. Sie sind also hervorragend geeignet, um genau jene kausalen Umweltbedingungen mit wissenschaftlichen Methoden zu identifizieren, die die ursächlichen Treiber bestimmter Ungleichheitsmuster sind. Aufbauend darauf – so die Hoffnung – lassen sich sozialpolitische Maßnahmen erstellen, die nicht nur *effektiv,* sondern auch *effizient* sind. Schließlich werden durch sie nicht nur die kausalen Wirkmechanismen identifiziert, sondern sie ermöglichen auch, soziale Maßnahmen zu generieren, die ausschließlich kausal wirkende soziale Umweltbedingungen ändern und nicht ein Amalgam aus verschiedenen, mitunter für das Phänomen irrelevanten Faktoren. Der entscheidende Maßnahmenkatalog verbleibt also weiter in der Sphäre des Sozialen und zieht zu keinem Zeitpunkt den Einsatz von Genscheren und anderen Methoden der Veränderung des Erbguts in Betracht. Abgesehen davon sind Genscheren aus heutiger Sicht überhaupt nicht im Rahmen des Möglichen. Für hochgradig polygenetische Merkmale – und damit alle Merkmale und Verhalten, die für die Soziologie typischerweise relevant sind – würde dies eine Erbgutveränderung in vielen tausend Positionen in der Mehrzahl der Billionen von Körperzellen mit Methoden wie CRISPR-Cas9 bedeuten. Dieses Vorgehen kann bei monogenetischen Merkmalen (z. B. der Sichelzellenanomie) erfolgversprechende Ergebnisse liefern (Doudna & Sternberg 2018; Frangoul et al. 2021). Aber bei allem Hype um diese Methode bleiben eine kontrollierte Änderung im Erbgut und dessen epigenetische Ausprägungen bei *polygenetischen* Merkmalen im Großen und Ganzen Science Fiction und ist daher keine praktikable Alternative zu Interventionen über Veränderungen der sozialen Umwelt.

Für die Implementierung effektiver und effizienter Maßnahmen als Resultat verhaltensgenetischer Forschung spielen die genetischen Profile abseits der Primärstudie keine Rolle mehr und müssen damit auch nicht für die Empfängerinnen und Empfänger der Maßnahme erhoben werden. Stellen wir uns beispielsweise vor, eine genetisch sensitive Studie identifiziert eindeutig und kausal Schulcharakteristikum X als zentrale Umweltbedingung, die dazu führt, dass die genetischen Potenziale von Schülerinnen und Schülern gerade mit schwächeren Leistungen unterdrückt werden und so einen gewichtigen Beitrag zum schulischen Leistungsgradienten leistet. Das Umweltcharakteristikum hat weiterhin mindestens keine negativen Konsequenzen für Schülerinnen und Schüler mit anderen Leistungsprofilen. Für eine Implementierung von Maßnahmen zur Eliminierung des Schulcharakteristikums X müssten nur die Teilnehmerinnen und Teilnehmer der Studie ihre DNA-Daten preisgeben. Die allgemeine hiesige Schülerschaft muss dies nicht tun, um aber dennoch effektiv von der Maßnahme zu profitieren. Einerseits relativiert dieser potenzielle Ablauf von der Identifikation eines sozialen Problems über die präzise wissenschaftliche Erklärung der kausalen Wirkmechanismen bis zum Design effektiver Maßnahmen zwar den Umfang der zu erhebenden genetischen Informationen, aber andere ethische Bedenken, wie zum Beispiel die Erhebung dieser Daten von minderjährigen Probandinnen und Probanden nach Zustimmung ihrer Eltern oder Erziehungsberechtigten, bleiben davon unberührt.

8.3 Die Zukunft

Letztlich bleibt also nur abzuwarten, ob sich das Argument der wissenschaftlichen Präzision langfristig gegen Vorbehalte genetisch sensitiver sozialwissenschaftlicher Forschung auch in Deutschland durchsetzen wird und eine entsprechende Datenbasis ausgebaut werden kann. Überbrücken lässt sich das Warten allemal mit dem Datenfundus des deutschen TwinLife Panels und einem Einstieg in die Methodik der Zwillingsforschung. Verdeutlicht wird das wachsende Interesse mit einer jährlich wachsenden Anzahl an Publikationen mit inhaltlichem Schwerpunkt und einem wachsenden Autorinnen- und Autorenfeld (siehe www.twin-life.de/publika tionen, Abrufdatum: 28.01.2024). Angesichts der im Vorfeld diskutierten Ergebnisse verspricht die Erforschung von Unterschieden bei menschlichen Merkmalen und Verhalten, über ein Zusammenspiel von Genen und Umwelt langfristig besser in der Lage zu sein, diejenigen sozialen Faktoren zu benennen, die kausal zu Mustern sozialer Ungleichheit in gesellschaftlichen Positionen und deren Vererbung beitragen. Es liegt daher an uns, die wir aufgrund der Fülle verhaltensgenetischer Ergebnisse hochgradig an der Plausibilität vieler klassischer soziologischer Studien zur intergenerationalen Vererbung von Positionen und Einstellungen innerhalb von Familien zweifeln, diese Erkenntnis in verantwortungsvoller Weise und so beharrlich wie nachdrücklich in unserem Fach zu vertreten. Mit der passenden genetisch sensitiven Methodologie lässt sich der Stein des Anstoßes aus dem Weg räumen. Den Kopf hingegen in den Sand zu stecken und weiterhin genomblinde Ansätze zu verfolgen, hilft niemandem, sondern verhindert vielmehr, einen Beitrag zu sozialpolitischen Erfolgen für mehr Chancengerechtigkeit auf soziologischer Erkenntnisgrundlage zu leisten.

Literatur

Doudna, J.A. and Sternberg, S.H. (2018). *A Crack in Creation. Gene Editing and the Unthinkable Power to Control Evolution*. Boston: Mariner Books.

Freese, J. (2008). Genetics and the Social Science Explanation of Individual Outcomes. *American Journal of Sociology* 114: S1–S35.

Frangoul, H., Altshuler, D., Cappellini, M.D., Chen, Y.-S., Domm, J., Eustace, B.K., Foell, J., de la Fuente, J., Grupp, S., Handgretinger, R., Ho, T.W., Kattamis, A., Kernytsky, A., Lekstrom-Himes, J., Li, A. M., Locatelli, F., Mapara, M.Y., de Montalembert, M., Rondelli, D., Sharma, A., Sheth, S., Soni, S., Steinberg, M.H., Wall, D., Yen, A. and Corbacioglu, S. (2021). CRISPR-Cas9 Gene Editing for Sickle Cell Disease and β-Thalassemia. *New England Journal of Medicine* 384: 252–260.

Harden, K.P. (2021). *The Genetic Lottery: Why DNA Matters for Social Equality*. Princeton: Princeton University Press.

Meyer, M.N., Applebaum, P.S., Benjamin, D.J., Callier, S.L., Comfort, N., Conley, D., Freese, J., Garrison, N. N., Hammonds, E.M., Harden, K.P., Lee, S.S.-J., Martin, A.R., Martschenko, D.O., Neale, B.M., Palmer, R.H.C., Tabery, J., Turkheimer, E., Turley, P. and Parens, E. (2023). Wrestling with Social and Behavioral Genomics: Risks, Potential Benefits, and Ethical Responsibility. *The Hasting Center Report* 53: S2–S49.

Register

https://doi.org/10.1515/9783111421919-009